"大学堂" 开放给所有向往知识、崇尚科学，对宇宙和人生有所追问的人。

"大学堂" 中展开一本本书，阐明各种传统和新兴的学科，导向真理和智慧。既有接引之台阶，又具深化之门径。无论何时，无论何地，请你把它翻开……

—— 插图第 11 版 ——

考古学入门

ARCHAEOLOGY
A BRIEF INTRODUCTION, 11E

[美]布赖恩·费根（Brian M. Fagan）著
钱益汇 朱雪峰 邓晨钰 译

北京联合出版公司

早在 1977 年，露西娅、卡伦和惠蒂尔学院的其他朋友首先给了我出版本书的想法。我们的猫如往常一样，总是搞些破坏，它们想尽一切办法阻止我修改书稿，用泥泞的爪子在书稿上踩来踩去，在电脑键盘上跳着复杂的芭蕾舞。但正如你们看到的，它们没有成功！

设想一下，一张有1000名客人的餐桌，每个人都坐在自己的父亲和儿子之间。桌子的一端可能是一个获得诺贝尔奖的法国人，他系着白色领带，穿着燕尾服，胸前佩戴着荣誉勋章；在桌子的另一端，一个克罗马农人身着兽皮，佩戴熊牙项链。然而，每个人都能与左边和右边的邻居交谈，他们是他的父亲或儿子。因此，从那时到现在的距离并不是真的很远。

——比约恩·库尔滕（Björn kurtén），
《独牙：冰河时代》（*Singletusk: A Novel of the Ice Age*），1986年

简 目

前　言　1

第1章　化石、城市和文明：学科的诞生　6

第2章　考古学与史前史　36

第3章　文化与背景　66

第4章　解读过去　88

第5章　空间与时间　114

第6章　四处探寻：研究和发现考古遗址的过程　142

第7章　考古发掘　172

第8章　考古学分类与古代工艺　204

第9章　现在与过去　234

第10章　古代气候与环境　258

第11章　以何为生？　280

第12章　聚落与景观　302

第13章　人的考古学　330

第14章　管理过去　362

第15章　你想成为考古学家吗？　384

重要词汇　397

考古遗址和文化词汇　408

延伸阅读　417

目 录

前 言 1

第1章 化石、城市和文明：学科的诞生 6

1.1 什么是考古学？ 9

1.2 考古学的开端 11

    三期论和人类古迹 13

1.3 古代文明的发现 16

    古埃及人 16

    亚述人和苏美尔人 17

    特洛伊和迈锡尼 20

1.4 亚洲：佛经卷轴和肩胛骨 21

1.5 非洲的腓尼基人？ 23

1.6 早期美洲考古 24

    造墩人 24

    玛雅文明 25

    美国西南地区考古与直接历史研究法 28

1.7 多样性、扩散与人类发展 28

    "从他们到我们"：单线进化论 29

    文化传播论：文明如何传播？ 29

1.8 现代科学考古学的发展 30

    科学发掘 30

    考古学与生态学 31

    科学方法 32

1.9 "从他们到我们"：当代考古学理论 32

    生态/进化方法 32

    历史唯物主义方法 33

本章总结

问题

第2章 考古学与史前史 36

2.1 旅行者、收藏家与考古学家 38

2.2 谁需要并拥有过去？ 45

2.3 考古学家都做些什么？ 47

    人类学、考古学与历史学 47

    考古学家的工作 48

2.4 大量遗址与考古学家 49

2.5 考古学为什么重要？ 50

神秘的过去　51
边界：伪考古学　52
考古学与人类多样性　53
作为政治工具的考古学　54
考古学与经济发展　56
历史无法抗拒的诱惑　57
2.6 考古学家眼中的人类史前史　59
早期史前史　59
现代人类的起源与迁移　61
食物生产的起源　62
国家（文明）的起源　63
欧洲的扩张　63

本章总结

问题

第3章　文化与背景　66

3.1　人类文化　68
3.2　文化系统　72
3.3　文化变迁　76
3.4　考古学的目标　78
职责：保护过去的文化遗产　80
建构文化史　80
重建古代生活方式　80
阐释文化与社会变迁　82
理解考古记录　82
3.5　考古记录　82
考古遗址　83
遗物、遗迹与生态因素　84
3.6　背景　86

本章总结

问题

第4章　解读过去　88

4.1　解读文化史　90
发明　91
传播　95
迁移　96
非文化案例　98
4.2　遗传学和DNA　98
4.3　生态/环境（过程）考古学　99
系统和文化生态学　100
多线文化进化　101
4.4　历史唯物主义方法　101
4.5　认知－过程考古学　104
4.6　考古学理论的现在和未来："过程的加"　107
多学科视角　108
可选择的历史　108
DNA研究　108
生态和进化论　108
理解人类心智的作用　109
外部和内部约束　109
一般理论框架？　112

本章总结

问题

第5章 空间与时间 114

5.1 空　间 116
　　关联法则 117
　　组合与子组合 117
5.2 时　间 120
　　线性与循环时间 121
5.3 相对年代 122
　　叠压原则 123
　　遗物与相对年代 124
　　交叉断代 127
　　黑曜石水合法断代 128
5.4 绝对年代 128
　　历史记录和已知年代实物 128
　　树轮定年（树木年代学） 129
5.5 计时年表 132
　　放射性碳定年法 132
　　光释光测年 135
　　电子自旋共振测年法 137
　　铀系法测年 137
　　钾氩测年法 138
　　裂变径迹测年 139
本章总结
问题

第6章 四处探寻：研究和发现考古遗址的过程 142

6.1 考古学研究的程序 144
　　规划和构想 147
　　执　行 149
　　数据采集 149
　　处理和分析 149
　　阐　释 149
　　发　表 150
6.2 考古学田野工作步骤 150
6.3 意外发现 150
6.4 遥感或实验室中的考古调查 154
　　谷歌地球 154
　　飞机和卫星影像 155
　　航空摄影 158
6.5 地面考古调查 160
6.6 采样和考古调查 163
6.7 记录考古遗址 164
　　地理信息系统（GIS） 165
6.8 评估考古遗址 166
　　地面采集 167
6.9 地下探测方法 168
本章总结
问题

第7章 考古发掘 172

7.1 有计划的发掘：研究规划 174
7.2 发掘类型 179
　　遗址探测 180

　　　　分解过程　180
　　　　垂直和水平发掘　184
　7.3　发掘、工具和人员　187
　7.4　记　录　189
　7.5　地层观察　190
　7.6　发掘问题　192
　　　　开放的露营地和村庄　192
　　　　洞穴与岩居　193
　　　　土墩遗址　194
　　　　土方工程与要塞　195
　　　　贝丘遗址　196
　　　　仪式性和其他特殊遗址　197
　　　　墓葬及墓地　198
　7.7　再次安葬和返还　200
　本章总结
　问题

第8章　考古学分类与古代工艺　204

　8.1　从野外回到室内　206
　8.2　分类和分类法　207
　8.3　类型学　210
　8.4　考古类型　211
　　　　类型的概念　214
　　　　属性与类型的类型　215
　8.5　器物组合与人工制品的图案结构具有什么意义？　218
　8.6　排序组合　220
　　　　构成要素与阶段　220
　　　　更大的考古单元　222

　8.7　古代工艺　223
　　　　石　料　223
　　　　黏　土　226
　　　　金属及冶金　228
　　　　骨料、木料、编织和纺织　230
　本章总结
　问题

第9章　现在与过去　234

　9.1　再谈谈考古学记录　236
　9.2　遗址形成过程　239
　9.3　保　存　242
　　　　良好的保存条件　244
　9.4　中程理论与考古记录　249
　9.5　生动的过去　249
　9.6　民族学类比法　251

9.7 生活考古学（民族考古学） 252
　　昆桑人 252
　　玛雅人的磨盘 253
　　努那缪提因纽特人 254
　　美国亚利桑那州图森市：现代物质文化和废弃物 255
9.8 实验考古学 255
本章总结
问题

第10章　古代气候与环境 258

10.1 短期与长期气候变化 260
10.2 长期气候变化：大冰期 261
　　深海沉积与冰芯 261
　　更新世框架 265
10.3 孢粉分析 268

10.4 短期气候变化：全新世 270
　　世纪性的变化：新仙女木事件与黑海 270
10.5 短期气候变化：厄尔尼诺 271
　　莫切文明 272
　　树轮：研究美国西南部干旱 275
10.6 地质考古学 277
本章总结
问题

第11章　以何为生？ 280

11.1 生活的证据 282
11.2 古代饮食 283
11.3 动物骨骼 286
　　动物群分析（动物考古学） 287
　　比较骨骼组合 290
　　物种丰富度和文化变迁 290
　　狩猎动物 291
　　家　畜 291
　　古代屠宰场 292
11.4 植物遗存 294
11.5 鸟类、鱼类和软体动物 298
11.6 岩　画 300
本章总结
问题

第12章　聚落与景观 302

12.1 聚落模式 306
　　家　庭 308

群　落　310

群落分布　315

地理信息系统与罗克斯特罗马城镇遗址　317

12.2　人　口　320

12.3　景观考古学　321

12.4　神圣的景观：无形的真实反映　323

麦豪石室与斯丹尼斯立石　324

本章总结

问题

第13章　人的考古学　330

13.1　研究死者：生物考古学　332

性别与年龄　333

营养不良、负重和工伤　333

暴　力　335

锶和人们的生活　337

13.2　个　体　338

13.3　群　体　339

社会等级　339

种族和社会不平等　341

13.4　性　别　344

性别化的过去　346

13.5　更广泛的社会：前国家与国家社会　348

13.6　互动：贸易和交换　349

贸易类型　350

研究古代贸易：来源法　351

长途贸易与乌鲁布伦沉船　353

13.7　相互作用：宗教信仰　355

研究宗教与意识形态　357

本章总结

问题

第14章　管理过去　362

14.1　为过去立法　364

14.2　保护什么？　365

14.3　评估、缓和损失与合法性　368

第一阶段：鉴定和初步评估　369

第二阶段：评估重要性　369

第三阶段：管理计划与缓和措施　370

14.4　管理和研究　370

14.5　文化资源管理研究策略　372

  地貌学　372
  安　全　374
  技　术　374
14.6　管理挑战　375
  质量问题　375
  遗址记录问题　375
  管理问题　376
  出版与传播　377
14.7　美国原住民与文化资源管理　377
14.8　公众考古学　378
  考古旅游　379
本章总结
问题

第15章　你想成为考古学家吗？　384

15.1　作为职业的考古学　386
  决定成为一名考古学家　387
  获得实习经验　388
  就业机会　389
15.2　学历和研究生院　390
15.3　对不成为职业考古学家的思考　391
15.4　我们对过去的责任　392
15.5　考古学道德准则的简单守则　395
本章总结

重要词汇　397

考古遗址和文化词汇　408

延伸阅读　417

前　言

考古学是一个浪漫的学科，它令人想起失落的文明和微笑的黄金骷髅。考古学就像印第安纳·琼斯（Indiana Jones）的冒险电影一样，这个行业中头戴遮阳帽的男人和女人既是学者也是冒险者。但是，这是实际情况吗？大多数考古学家从来不戴遮阳帽，没有发现过金矿，也没有找到被长期遗忘的文明。大多数考古遗址没有丰富的宝藏，甚至没有人类遗骸。浪漫并非总是存在，然而当代考古学仍然让人深深着迷。本书将带你领略世界的奇妙与丰富多彩，目的在于告诉各位，考古学家是如何研究过去的人类行为的。

第11版《考古学入门》是对考古学理论方法与基本原则的简要叙述，本书以介绍考古学的目标为开端；之后是对文化、时间与空间的概念进行探究，讨论考古遗址的发现与发掘；接下来的6章总结了考古学家规划和研究考古发现并为子孙后代管理这份财富的一些方法。在本书中，我强调了考古学背后的伦理道德，结尾讨论考古学事业和我们应该如何管理好关于人类过去的有限记录。考古学是最具全球性的科学，它不仅包含美洲和欧洲，还涵盖所有人类的科学，因此本书也是一本极具国际视野的著作。

大多数读者会将本书作为人类学课程或是广义考古学的参考读物。本书专为初学者设计，所以尽可能地将专业术语的使用率降至最低。不可避免的是，本书在一定程度上忽略了许多复杂问题和不明确的争论。我的假设是，在这个阶段，积极夸张的叙述好过那些复杂且不确定的推论，而夸张叙述中的错误可以在课堂上或更高级的阶段得到纠正。

如果本书只有一个主题，那就是我们在地下发现的文物特征会为人类过去的行为提供有价值的见解。为了这一目标，我试图专注于考古学的基本概念，并在各章节中摒弃了研究者强加的理论观点。同时，简单起见，我多次使用了几个比较知名的新旧世界考古遗址，如奥杜威峡谷（Olduvai Gorge）和特奥蒂瓦坎（Teotihuacán），避免读者被众多遗址名称所困扰。书的结尾，在专门的"考古遗址和文化词汇"部分，我加入了对各遗址的简要描述，正文之后也附有重要词汇表。

第11版特色

由于诸多领域的重大科学进步正改变着我们重建遥远过去的能力，因此撰写考古学适逢其时。考古学正在成为一个多学科的领域，本书的第11版反映了这一事实。一般而言，无论什么新的理论方法和高科技被用于对过去的研究，考古学的基本原则多年来都坚持不变，所以本书的许多内容也保持不变。无论远近，不管是学术研究或文化资源管理，这些基本原则为考古学家们开展各种研究项目奠定了基础。许多老师和学生告诉我，他们喜欢现在的编排结构。

更新和修订

- **考古学的新观念**　第4章讨论了考古学关于过去的不同观点，反映了这一重要议题的新思路并更新了当代考古理论。
- **第4章的调整**　为满足众多读者的要求，本书将"解读过去"部分提前。这是为讨论通过调查、发掘、分析而收集的数据并重建过去的章节做准备。
- **经过改良的考古发掘方法**　随着考古学家们不断开创出越来越细致的遗址分解方法，发掘方法变得越来越精细了。
- **古代技术篇幅有所增加**　应广大读者的要求，在本书有限的空间内增加了古代技术的篇幅。
- **扩大了气候与环境的篇幅**　第10章归纳了科学家如何研究长期或短期的气候变化。近年来，对古代气候及其对古代社会影响的研究已经发生革命性变化，反映了考古学的巨大进步。
- **聚落与景观的讨论**　本书增加了一定篇幅，介绍最新的聚落与景观研究，尤其强调了人类在观念上对景观和礼仪性景观日益增长的兴趣。第13章我们将关注与人类过去有关的无形考古资产。
- **生物考古学的讨论**　作为考古学的一个分支学科，生物考古学发展迅速，这有助于个人和团体的新学说研究。我在第13章中总结了该学科的主要贡献。
- **管理过去**　第14章对文化资源管理和公共考古进行了一个独立的基本讨论，反映了人们对这些新兴课题日益增长的兴趣。

- **职业建议**　与之前一样，在这个学术地位下滑，考古学逐渐成为一个职业的时代，第15章对这一职业给出了坦诚的建议。
- **"发现"专题**　在每章中加入了特色版块，介绍著名的与最近的发现。我并没有添加更多的版块，因为在这样一本简单的书中插入这些会打破原有的叙述，分散读者的注意力。
- **导言**　我在每一章的开始添加了简短的导言。
- **对整本书的修订与更新**　在逐页更新的基础上，我对整本书的文本和扩展阅读指南做了重新修订。

新增和修订的艺术项目

第11版大幅增加了新照片和新修订的手绘图。新的插图为新的发现提供了更多的背景，增强了叙述效果，或用新图片取代了旧图片。一些章节添加了与插图配套的说明，使其与文本更贴切。

辅助材料

与本书配套的辅助材料是为提炼讨论的主题而精心挑选出来的。

我的搜索实验室　写作、语法和研究工具，以及获得各种学术期刊、调查数据、美联社新闻推送和特定学科的文献阅读材料的途径，能够帮助你不断磨练自己的写作和研究技能。此外，某些培生教材在我的搜索实验室中还可查到电子文本。要想知道哪些教材在我的搜索实验室中有电子资源，请点击 http://www.pearsonhighered.com/mediaproducts/mysearchlab/books-available/index.html。

教师测试手册（0205240879）　这本书的每一个章节均包含一个详细的大纲、目录、待讨论问题和推荐阅读书目。此外，每个章节还配有测试题，题型有多选、判断对错、填空以及简答；在提及的书页里可以找到答案。

考试（0205240844）　该软件使教师能够创建自己的个性化考试，对任何或所有的考题进行编辑，并且还可以增加新的考题。该程序还包括其他特殊功能，如可以随机生成测试问题、创建同场考试的备选测试版本、重新调整问题序列、在打印前预先进行测试。为了方便，我们将该软件的链接放在 www.pearsonhighered.com/irc 上，以供大家随时查询。

PowerPoint 幻灯片（0205240836）　这些幻灯片可以帮助老师们以一种更为清

晰和吸引人的方式来讲授人类学的知识。为了方便，我们将该软件的链接放在www.pearsonhighered.com/irc上，以供大家随时查询。

DK与普伦蒂斯·霍尔（Dorling Kindersley/Prentice Hall）的人类学地图集（0-13-191879-6） 这是一本引人注目的地图集，包括30幅全彩地图、大事记和插图。DK出版社制作的精美插图和本人的叙述，从四个人类学领域讨论了高度可视化、富于说明性的地理概况。对于包装的选择，您可以联系当地的销售代表。

致　谢

第11版得益于很多专业同事的帮助，在这里无法一一列举。我深深地感谢他们的鼓励和帮助。

感谢为这一版本的修订提出宝贵意见的各位评论者；感谢该书的编辑南希·罗伯茨（Nancy Roberts）；感谢凯特·费尔南德斯（Kate Fernandes）和纳尔特·瓦洛克（Nart Varoqua）的鼓励和善意爱护；也要感谢该书的制作团队。他们尽力将意想不到的困难最小化，把一部复杂的手稿变成了一本极具吸引力的图书。

一如既往，我会非常感激读者对我工作提出的批评和意见，具体请发邮件至我的邮箱brian@brianfagan.com。

布赖恩·M.费根

作者说明

词汇表

在本书的结尾，重要词汇表中的关键词均在书中用黑体字标注。

日　期

本书遵循下列规定：

· 10 000年前的日期均以距今年份（B.P.）表示。这是常见的用法，虽然本书不常用。

· 10 000年后的日期，均以耶稣基督诞生前（B.C.）或公元（A.D.）表示。

另一个惯例是B.C.E/C.E.（公元前/公元），但在本书里并没有使用。按照科学惯例，"现在"指的是公元1950年。

请注意，所有放射性碳年代测定和钾氩测年法应被理解为存在被本书所省略的正负值，仅是一个统计性的估值。在可能的情况下，放射性碳年代已与树轮年表校准，它大大增加了元素的精度（见第 5 章）。树轮校正的放射性碳年代，请参阅 1998 年的《放射性碳》（*Radiocarbon*）期刊。

第 1 章　化石、城市和文明：学科的诞生

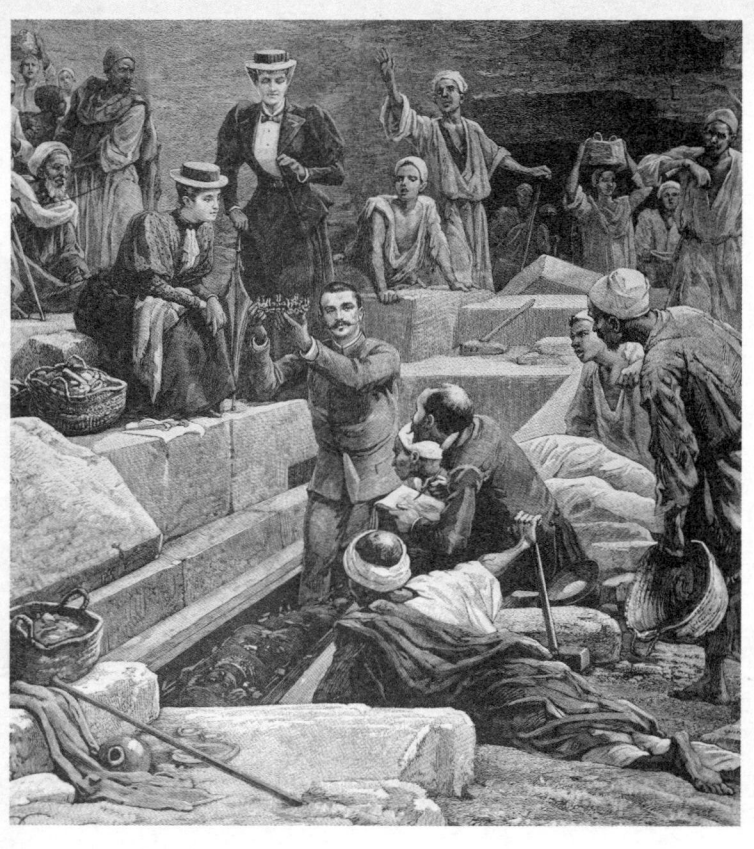

大发现！考古学家雅克·德·摩根（Jacques de Morgan）手持古埃及王后赫纳米特（Khnemet）的金冠，她是法老辛努塞尔特二世（Senusret Ⅱ）的妻子（公元前19世纪）。这张传奇的图片刊登在1896年的《伦敦新闻画报》（*Illustrated London News*）上。

1.1 什么是考古学？	1.6 早期美洲考古	考古学与生态学
1.2 考古学的开端	造墩人	科学方法
三期论和人类古迹	玛雅文明	1.9 "从他们到我们"：当代考古
1.3 古代文明的发现	美国西南地区考古与直接历史	学理论
古埃及人	研究法	生态/进化方法
亚述人和苏美尔人	1.7 多样性、扩散与人类发展	历史唯物主义方法
特洛伊和迈锡尼	"从他们到我们"：单线进化论	本章总结
1.4 亚洲：佛经卷轴和肩胛骨	文化传播论：文明如何传播？	问题
1.5 非洲的腓尼基人？	1.8 现代科学考古学的发展	
	科学发掘	

导 言

什么是考古学？它是怎样产生的？本章记述了那些推动现代考古学发展的早期考古发现。我们会走进早期古文物收藏家和发掘者的世界，探索围绕人类古代遗物的争论。然后，我们会走入埃及、美索不达米亚和东地中海，去了解关于世界上最早文明的发现。接下来，我们将从约翰·劳埃德·斯蒂芬斯（John Lloyd Stephens）与弗雷德里克·卡瑟伍德（Frederick Catherwood）关于中美洲玛雅文明的重大发现和土著印第安人"造墩人"（Moundbuilders）的争论中追寻美洲考古的开端。最后，我们还要检视一些寻求解释古代人类社会发展的早期理论与方法，正是它们最终促生了当代基本理论与方法。

> 这些雄伟村落、庙宇和建筑发源于水边，都由石头制成，看起来令人陶醉……我看着它，心想着整个世界上再难发现这样一片土地了……但今天我所看到的一切都是倾覆与毁坏，一切已成虚无。
>
> ——伯纳尔·迪亚斯·德尔·卡斯蒂略（Bernal Díaz del Castillo），
> 　　墨西哥阿兹特克首都特诺奇蒂特兰，1519年

公元前2100年，在今天的伊拉克南部，乌尔（Ur）的祭司们花了几天时间监督在王室墓地中匆忙挖掘巨坑的工作。几十名工人搬运装满土的篮子爬上一个延长了的土堤斜坡，把土倒在一边。而在坑的底部，一些石匠用拱形砖建造了一间石制墓室。一小列由高级官员组成的队伍把死去的王室成员抬进了坟墓中，逝者身上还穿着华贵的服饰。由黄金、白银制成的碗摆放在灵柩的侧面，碗中盛满了食物。死者的贴身随从们静静地跪在地上，吞下毒药，与主人一起永生于地下。围墙环绕的墓室位于葬坑后面，祭司在坑中主持了豪华的葬礼。

一长列士兵、侍臣和男女仆役排队进入葬坑，他们穿着最华美的长袍和制服，佩戴着象征等级的徽章，每个人的手中都拿着一个装满毒药的小陶杯。乐官演奏着七弦琴，王室车夫驾着四轮牛车从斜坡驶入埋葬坑，直至坑底指定的位置。车夫们握着缰绳，让焦躁不安的动物安静下来（图1.1）。每个人都按照次序，站在属于自己的位置上。

音乐响起。一小队士兵机警地守卫着斜坡的顶部。埋葬坑中的每个人都不约而同地举起陶杯，把毒药倒入口中。每个人在事先为他们安排好的地方躺下，等待死亡的

图1.1 乌尔王室墓地下葬仪式的重现。不同等级的人员站立在指定位置，车夫驾驭着四轮牛车。（© The Trustees of the British Museum/ Art Resource, NY.）

降临，随着身体的抽搐，他们渐渐静止不动了，坑上的一些人快速地下到坑内将牛杀死。王室成员由此开始了他们在死后的漫长旅程。

祭司们用土和砖结构覆盖墓室，随后回填埋葬坑，并将一层层的黏土运入坡道。每层之间用一个牺牲作为标记，直到整座墓葬被填平。

众所期待的考古学就是发掘埋于地底的宝藏、满饰黄金的法老和带有传奇色彩的失落文明。很多人把考古学家想象成经历传奇的探险家，像电影中的印第安纳·琼斯一样。漫画家经常把我们刻画成偏执的学者，戴着遮阳帽在金字塔的某个角落寻找字陵。公众把我们当成一群书呆子，认为我们过于好古，以致对现实生活鲜有关注。诸如图坦卡蒙（Tutankhamun）陵墓的发现也确实强化了人们把考古学与冒险、传奇相联系的想法（见发现专题"图坦卡蒙墓，埃及，1922年"）。

1926年，英国考古学家伦纳德·伍利（Leonard Woolley）爵士通过卓越的考古发掘工作，重现了乌尔陵墓；他揭露出一层置于黄金地毯上的人骨架。伍利是在非常严苛的条件下获得这些惊人发现的，与他一同发掘的有为数不多的专家和100多名雇来的工人。当发掘遇到困难时，他便请来幼发拉底河的船夫吟唱船歌，以鼓舞大家的士气。在4年中，伍利清理了2000多处平民墓葬和16座皇室贵族墓葬，他用小刷子和小刀认真地清理每一具遗骸。在用液态石蜡油对头骨进行处理后，伍利举起王后的头骨，发状的冠巾完好无损地保存在上面。伍利注意到不远处的一个壁龛，他把石膏浇入其中，复原出了一个木制琴箱的轮廓。他还从细小的碎片中复原出了山羊画像的轮廓。伍利称这次墓葬发掘就像在做"三维拼图"，在记录人殉时他写道："赤红色的服饰、黄金、白银，五颜六色；很显然，这些人并非如同牲畜般被杀死的奴隶，他们还穿着官服，留有荣耀。"（Woolley, 1982:123）可惜的是，伍利的复原无法被验证，他的发掘记录对于验证来说还不够充分。

1.1 什么是考古学？

虽然印第安纳·琼斯被称为是20世纪早期几位发掘者的虚构组合，但我至今还没有见过一位这样的职业考古学家——倒是有少数几位爱戴遮阳帽。一个月就发现一个古代文明，一周就能找到几个王宫，这样的英雄时代已经过去很久了。如今的考古学是多学科交叉的学科，而人类学和**历史学**（history）是它的根基。

考古学（archaeology）是对于人类过去、古代人类行为和生活方式的科学研究，它的研究时段从人类最早期一直到现在。就这一点而言，大多数考古学研究都可作为广

发现

图坦卡蒙墓，埃及，1922年

一些考古学家和围观者站在密封着法老封印的墓门前。1917—1922年，他们为了这个时刻已经等了6年。现场极为安静，霍华德·卡特（Howard Carter）在古老的灰泥墙上掏了个洞，一股热气涌出，拂过他的面颊。卡特用手电筒透过小洞照向墓内，然后顺光而望，满眼金光灿灿的物件使他目瞪口呆（图1.2）。

在卡特身后，卡纳冯（Carnarvon）勋爵焦躁不安，而卡特却仍旧一言不发。

"你看到了什么？"卡纳冯急切地问道，嗓音嘶哑而激动。

"美妙的事物。"卡特边后退边低声说道（Carter et al., 1923–1933: 63）。

人们很快便以破坏性方式打开墓门。卡特和卡纳冯在法老陵墓的前室勘察，所见相当惊人。他们拨弄着金制葬珠，欣羡于精美的镶嵌木箱，检查着堆放在墙对面的战车。黄金随处可见——木制塑像上、王座和箱盒上、珠宝上，甚至儿童的方凳上（Reeves, 2007）。图坦卡蒙很快因"黄金法老"而声名鹊起，考古学也以与埋藏的宝藏和王室墓葬相关的领域而为人所知。

至于卡特和卡纳冯，当两人计划清理这座陵墓后，立即给陵墓装配了铁门，并在入口布置了24小时警卫。当天深夜，他们在密封的墓室上凿了一个小洞，悄悄溜入，查证法老是否还完好无损地躺在石棺中。

霍华德·卡特用了8年时间来清理图坦卡蒙陵墓，这个最伟大的考古发现之一。不幸的是，在这个重大发现后不久，卡纳冯勋爵便死于蚊虫叮咬带来的病毒。此事不可避免地引起了新闻话题，即古埃及祭司会对破坏墓葬的人施加"法老的诅咒"——这完全是胡言乱语。事实上，那些曾在图坦卡蒙陵墓工作且活到80多岁的人，被"适当"地忽略了。

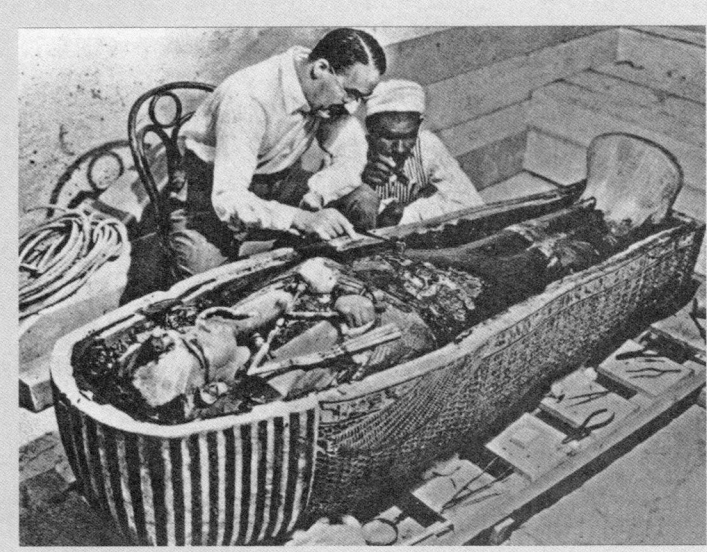

图1.2 考古学家霍华德·卡特正在清理已尘封了3000多年的图坦卡蒙法老的石棺。（© Pictorial Press Ltd/ Alamy）

义**人类学**（anthropology）的一部分，关注古代与现代人类的方方面面。然而**考古学家**（archaeologist）又是科学家中非常独特的群体，他们研究的是长时段人类文化的变化。

考古学是仅有的一个源于寻宝的学科和专业。19世纪的考古学通常由寻找遗失的城市或王族陵墓组成，那是一个充满冒险与刺激的时代，同时也不得不承认，那也是一个肆无忌惮劫掠文物的时代。残破的王室陵墓和庙宇、城市中几近被夷平的土墩，无不是对人类历史难以估量的破坏。所幸，寻宝逐渐被科学发掘所取代，最终成为我们今天看到的这门高度复杂的学科。考古学能发展至今天，不但得益于科学技术的变革，还依靠那些卓越的前辈，是他们发现并找到了遥远陆地上的失落文明。

那么，考古学是如何产生的呢？这里列举了一些重要事迹，它们是从众多重要发现中拣选出来的。

1.2 考古学的开端

人们在几个世纪以前就开始猜测人类起源和遥远的过去。公元前8世纪，希腊作家赫西俄德（Hesiod）就已经写下人类经历过的五个伟大历史时代。最先是黄金时代，"人们过得自由自在"；最后是战乱时代，每个人都历经巨大的悲痛，非常艰难地生存。公元前6世纪，巴比伦国王那波尼德（Nabonidus）在底格里斯河与幼发拉底河附近挖到了深埋于地下的古代城墙，他的工人还在巴比伦附近的阿卡德（Agade）找到了伊什塔尔（Ishtar）女神庙的建筑基址。一块古代石碑记载道："这些发现令国王心花怒放并颁发了奖赏。"

之后的几个世纪，希腊人和罗马人都对他们的远古祖先抱有极大兴趣。居住在北方平原上的斯基泰"野蛮人"用人头骨制成的杯子喝酒，而远在西北的不列颠人则把蓝色色彩涂抹在自己的身上。古典时期的作家们描写了人类长期连续性的生活。公元前1世纪的罗马诗人卢克莱修（Lucretius）写道："事物总是不断往复更新，有些民族强大了，有些衰落了，在短短的时间内代代更替，像赛跑者一样把生命的火炬传递下去。"（*De Rerum Natura* II: 75）

考古学的历史真正开始于文艺复兴时期，在那个时代，获取知识的渴望被重新唤醒，人们对欧洲大陆以外的世界和古代文明都充满着好奇。有空闲时间的有钱人也追随着当时学者的脚步，在希腊和意大利广泛游历，研究古物并收集罗马时期的艺术品。当然，也不能排除这些旅行者中有人通过非法挖掘，在古代神庙和罗马庭院中找到雕像。那些富有的文物收藏爱好者们的收藏柜内很快堆满了大量古代艺术珍宝，关于古代大陆的学术研究也成为显学。

1738年，意大利国王派遣西班牙工匠罗克·杰奎因·德·阿尔库维雷（Rocque Joaquin de Alcubierre）发掘著名的赫库兰尼姆城（Herculaneum），这座古罗马城市在公元79年被突然爆发的维苏威火山深埋于火山灰之下。阿尔库维雷爆破了坚硬如石的灰层，凿开一条隧道，一直斜伸至地下厅室。在那里，他发现了珠宝、典型的赫库兰尼姆雕塑和残碎的铜马。参观者走进狭窄的隧道，徜徉在埋藏于地下的剧院、石柱式住宅以及装饰着壁画的房屋之间。包括囚犯在内的数以百计的男性在地下工作着，复原那些铜器碎片和莎草纸卷轴上的文本，并抄录下那些现已遗失的希腊杰作。最终，毒气、泥浆和垮塌的隧道给这次荣耀的寻宝行动画上了句点。

许多文物收藏者没有足够的资金去古代大陆进行探险，所以他们就在自己的家乡找寻古物。英格兰南部高地的巨石阵是最著名的一处古迹，"这些巨石尺寸精妙，像门廊一样屹立在地面上"（Chippindale, 1994:21）。收藏者们的欲望难以满足，他们挖掘地下的古代坟墓和河里的砾石，并修复各式各样的史前遗物，包括陶器、石斧、石锛、铜制工具，甚至还有并不多见的金饰。他们的发掘方式粗鲁而野蛮，经常是急匆匆地

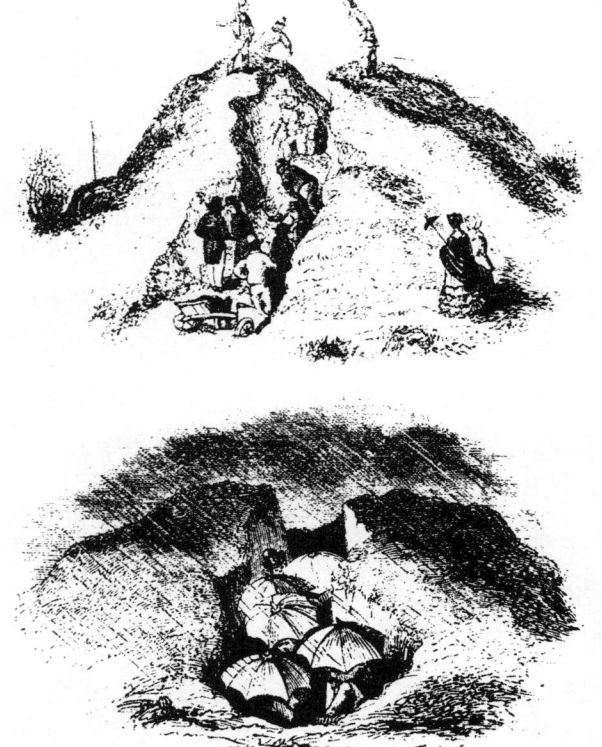

图1.3 1840年的《绅士杂志》（Gentleman's Magazine）描绘了19世纪英国人发掘古墓时的场景。这样的科学考察不过是个野餐郊游："发现了8座坟丘……大都保存有完整度不同的骨架，还有铁制武器、盾饰、瓶、串珠、胸针……偶尔会有更多容器。"

直接挖进墓中央，然后尽可能快地找到骨骸和随葬品（图1.3）。一些身手敏捷的挖掘者一天就可以挖完两三座墓葬。他们在发掘记录中频繁地抱怨许多纤弱的文物"在他们能够一睹其形状之前就化为乌有了"。考虑到他们采取的野蛮发掘方法，出现这种情况一点都不奇怪。

直到19世纪，考古学与寻宝行动都没有多大差别，甚至成为一种炫耀。不仅如此，史前时代的考古学记录还仅仅是一堆乱糟糟的石头、金属工具和陶器。"所有这些对于我们来说……都像笼罩在一层薄雾中一样。"一位丹麦学者在1806年这样抱怨道。

三期论和人类古迹

虽然一些18世纪的古物收藏者乐于把发现的宝物在展厅中展出，但也有一些人被"谁制造了这些器物"这一问题所困扰。器物制造者是像北美印第安人那样过着狩猎采集与农耕的生活呢？还是与动物别无两样？随着时间的流逝，他们是否发展出了更为复杂的社会？我们需要一些为过去分类与定年的方法。

第一个突破出现在1816年。这一年，丹麦考古学家克里斯蒂安·于恩森·汤姆森（Christian Jurgensen Thomsen）在哥本哈根将国家博物馆馆藏古物向公众开放。多年来，学者们经常提及的三期论是没有金属的石器时代、铜器时代、铁器时代。凭借着对排序的热情，汤姆森把博物馆中杂乱无章的藏品摆放到不同的房间中。在一个展厅中，他陈列了石器时代的工具，"在那时，人们对于金属基本上一无所知"；另一个展厅里，展示的则是石器和铜器，但没有铁器；第三个展厅是铁器时代墓葬中的随葬品。

汤姆森的新体系——"**三期论**"（Three-age System）——很快便为人们所知晓，直到今天它仍然被用于史前时期的划分。汤姆森知道他的构想仅仅是个理论，但他的一个助手，延斯·雅各布·沃索（Jens Jacob Worsaae）走到田野中，发掘了更多的墓葬和遗址。沃索在地层上证实了石器时代遗存位于铜器时代地层之下，而铁器时代的遗址是年代最晚的。三期论的合理性至此完全建立起来，并在19世纪60年代得到了广泛传播。

但是人类究竟在地球上生活了多久？从中世纪到18世纪晚期，西方人一直都相信《圣经》中的记载，《创世记》（Genesis 1）记述了上帝在6天内创造世界和它的居民。亚当和夏娃的故事为人类的诞生和世界人口提供了一系列的解释。在17世纪，詹姆斯·厄谢尔大主教（Archbishop James Ussher）曾用《圣经·旧约》里记载的谱系计算出整个世界是在公元前4004年10月23日前夜被创造出来的。这些古怪算法得出的结论很快就成为神学信条，在19世纪早期，当另外一些专家指出人类在地球上的生存时间要比6000

年长得多时，这一信条还依然被那些狂热的神学家们捍卫着。

伴随着大量运河与铁路的修建，18世纪晚期的工业革命催生出了一类新兴科学家——田野地质学家。像地层学奠基人、英国人威廉·史密斯（William Smith）一样，很多人都在进行对土壤地层的日常调查。史密斯认识到地球并非由神创造，而是由侵蚀、风化、沉积等自然作用形成的，这些步骤需要很长一段时间来完成——远远超过6000年。这个地球形成的理论即**均变论**（uniformitarianism）。史密斯调查的许多地质地层中包含了早已灭绝动物的化石，法国科学家乔治·居维叶（Georges Cuvier）将它们结合在了一起。居维叶再现了翼龙和猛犸象，并用动物化石为地质层进行排序，每个地质层都含有特征明显的动物化石。但这些地层的年代是多少？居维叶相信上帝在用大洪水淹没了早期生物之后，创造出了地球上的连续地层，人类是在最近一次洪水之后被创造出来的。换句话说，这个世界仅有6000年历史。

居维叶的说法是错误的，因为摆在他眼前的就是人类在更早时候就已经生活存在的证据。早在1600年，在伦敦的中心地带就发现过一些猛犸象骨和一把石斧，但遗憾的是，没有知名科学家采集这些标本，随后也没有发现同样类型的标本。19世纪30年代，均变论得以完善，特别是英国地质学家查尔斯·莱尔（Charles Lyell）爵士所著《地质学原理》（*Principles of Geology*）一书，该书对查尔斯·达尔文（Charles Darwin）有着巨大影响。

1836年，一名古怪的法国海关官员布歇·德·佩尔特斯（Boucher de Perthes）开始在法国北部阿布维尔（Abbeville）附近的索姆河（Somme River）砾石中挖掘化石，他在一类已经灭绝的河马骨骼旁边发现了许多石斧。布歇·德·佩尔特斯宣称，这些石斧是大洪水前就已经生活在地球上的人类所使用的工具，但他的这一说法却遭到了学者们的讥笑。直到1858年，当石制工具和犀牛、猛犸象、穴熊的骨骼在英格兰西南布里克瑟姆（Brixham）附近一个洞穴的封闭地层中被发现时，科学机构才最终意识到这个伴生现象的重要性。1859年，多批英国地质学家、考古学家穿过英吉利海峡，去考察佩尔特斯的发现。

同年，即1859年，查尔斯·达尔文的《物种起源》（*Origin of Species*）出版，这是19世纪一部重要的科学著作。它阐释了进化的理论和机制，提供了人类历史的理论框架，人类的历史可以延长至遥远的过去，绝不仅仅有6000年。达尔文本人关于人类祖先所言不多，但人类由类人猿进化而来的假说还是使许多维多利亚时代的虔诚教徒感到恐惧（图1.4）。"我的天哪，让我们祈祷这不是真的。"一位心神不安的母亲惊呼道。关于进化的争论十分激烈，科学家们开始了对于人类祖先的长期探究，这种探究一直

图1.4 托马斯·纳斯特（Thomas Nast）在英国讽刺漫画杂志《笨拙》（*Punch*）中刊登的一幅漫画，讽刺了查尔斯·达尔文将类人猿与人联系在一起的观点。

延续到了今天。

1857年，在德国杜塞尔多夫（Düsseldorf）附近的尼安德特山洞中工作的采石匠发现了一个样子奇特、额头突出的人类头骨，它与解剖学家先前所见过的人类头骨都不一样。许多专家认为它属于某个现代隐士，或者拿破仑的士兵，但维多利亚时期伟大的生物学家托马斯·赫胥黎（Thomas Huxley）对此有不同看法。他分析了这个头盖骨，并且与现代人类和黑猩猩的头骨相比较，指出它具有一些类人猿特征。这是人类进化与类人猿有关的第一个科学例证。赫胥黎把人类与类人猿的演化关系称作"问题的问题"（the question of questions），它一直是科学家研究的主题。

接下来的数十年里，类人猿与人类之间的过渡动物成了人们广泛关注的研究对象。甚至在今天，早期人类化石的发现仍会引起全社会的兴奋，它们的发现者也经常会成为公众关注的对象。当雷蒙德·达特（Raymond Dart）宣称，他于1924年在南非发现了原始类人猿"南方古猿"（Australopithecus，南方类人猿）时，引发了国际社会的热议。著名的利基家族——路易斯、玛丽、儿子理查德及其妻子米薇——凭借专业的田野工作、直觉和十足的耐心，在有关早期人类进化的篇章中出现的次数比其他科学家加在一起还要多。例如，路易斯和玛丽·利基（Louis and Mary Leakey）在坦桑尼亚的奥杜威峡谷寻找人类化石将近25年，最终才于1959年发现了距今175万年的南方古猿头盖骨。自那以后，他们的关注地区向北转移到肯尼亚北部的图尔卡纳湖（Lake Turkana）地区和荒无人烟的埃塞俄比亚阿瓦什（Awash）地区，该地区在500万年前曾覆盖有茂盛的林地。过去半个世纪以来新发现的大量人类化石并没有消除分歧。在当今世界，关于人类进化和早期人类行为的激烈争论与达尔文时代并没有多大差别。

1.3　古代文明的发现

古埃及人

　　古希腊人和古罗马人认为智慧与医学知识——所有文明的源头——都产生于古代埃及。但直到1798年拿破仑·波拿巴（Napoleon Bonaparte）入侵埃及，试图控制通往印度的陆路交通之前，古代埃及文明一直是一个谜。拿破仑对科学的兴趣众所周知，他带着40名科学家一起去记录埃及的一切，无论古代的还是现代的。学者们被士兵称为"拿破仑的犟驴"，他们对于在埃及的发现十分兴奋。这些学者用了6年的时间，画出草图并勘探、收集古物，描绘出了一个不同于希腊和意大利，建有庙宇和金字塔的壮丽异国文明。在这些发现中就有著名的罗塞塔石碑（Rosetta Stone），其上刻有3种不同的语言。1822年，年轻的法国语言天才让－弗朗索瓦·商博良（Jean François Champollion）用它破译了古埃及象形文字。这是破解尼罗河流域神秘文明的一大突破，但从那时起，科学家们的卓越发现紧接着就给埃及带去了另一些造访者——盗墓贼。

　　埃及的古物奇异而又充满价值，它们在欧洲价格很高，新落成的大英博物馆和巴黎卢浮宫为举办一场引人注目的展览，也尽力搜罗它们。19世纪的绝大部分时间里，尼罗河谷地吸引着成群结队的冒险家、收藏家和科学家们，这里上演着一个个反派大战英雄的经典戏码。

　　一些盗墓贼会掩饰身份，正如马戏团的大力士乔瓦尼·贝尔佐尼（Giovanni Belzoni）摇身一变成为"考古学家"那样。1817—1819年，贝尔佐尼在埃及各地进行盗掘。他在木乃伊洞穴中搜寻莎草纸文献，并记录："我试图坐下来，但当我的体重压在一具古埃及人尸体上时，这具尸体就像一个纸盒子一样粉碎了。"他蹲在"那些碎裂的木乃伊、一堆碎骨头、破布和一些木箱之间"，无奈地等待了15分钟，直到尘埃落定（Belzoni, 1820:183）。贝尔佐尼发现了底比斯附近帝王谷中法老塞提一世（Seti I）的（空）陵墓，他也是几个世纪以来第一个进入法老拉美西斯二世（Ramses II）在阿布辛贝（Abu Simbel）修建的壮观庙宇的人。贝尔佐尼身材高大、强壮并相当有魅力，他也是杠杆、重量工具和火药方面的专家，这些对于19世纪早期的盗墓者而言是必不可少的条件。

贝尔佐尼在1819年突然离开埃及（在擦枪走火后与对手争吵），然后在伦敦展出了他在埃及的一些发现。贝尔佐尼在西非寻找尼日尔河（Niger River）的源头时暴亡。

直到19世纪末，对墓葬的盗掘和劫掠在埃及仍然不受管制，甚至到今天仍旧存在。但神秘的象形文字给尼罗河带去了另一类造访者——具有献身精神的科学家。例如，英国人约翰·加德纳·威尔金森（John Gardiner Wilkinson）用了10年时间来记录埃及墓葬的碑文。他写下了关于古代埃及日常生活的详细报告，这些报告揭示了一个多姿多彩而又保守的，有着十分浓厚的宗教气息，同时看重来世的古老文明。

现代埃及学建构在商博良和他同时代学者的工作成果之上，19世纪晚期，英国考古学家弗林德斯·皮特里（Flinders Petrie）和其他学者把更科学的发掘方法引入了尼罗河流域。

亚述人和苏美尔人

"他将伸出双手摧毁亚述，"《圣经·旧约》中的先知西番雅怒吼，"还会把尼尼微夷为平地，使其干旱至寸草不生。"对于偶尔到来的欧洲探险家们，现在底格里斯河和幼发拉底河边的伊拉克看起来就像是先知谴责的证明。尼尼微（Nineveh）留下的就是些荒凉的土墩和破碎的砖石，所有残存下来的亚述遗存与《圣经》中的记载似乎有着某种模糊的联系。

1840年，法国政府派遣保罗–埃米尔·博塔（Paul-Emile Botta）领事造访底格里斯河边与尼尼微遗址隔岸相对的摩苏尔的一个小镇。他真正的任务是进入尼尼微进行发掘，以求一个惊世骇俗的考古大发现，就像拿破仑的科学家们在埃及做过的那样。博塔没有古物学的经历，他在尼尼微没有发掘到足够的深度，未能找到任何有价值的东西。当一个工人向他描述了距尼尼微22.4千米远，位于豪尔萨巴德（Khorsabad）另一个高地的自家房子下面有丰富的文化层时，博塔表现出了极大的兴趣。博塔派这名工人带一些帮手去看看能在那里发现些什么。一周之后，这个工人带着一些雕刻有奇特动物图案的墙体回来了。前去参观遗址时，博塔被那些刻有长着翅膀的人首动物图案以及成队留着长长胡须男子的浅浮雕吸引住了。他挑选了300多人在那里继续工作，来证明这就是亚述国王萨尔贡（Sargon）的宫殿——一个多房间结构，装饰着大量歌功颂德浮雕的巨大场所。

5年后，一名年轻的英格兰人奥斯丁·亨利·莱亚德（Austen Henry Layard）开始发掘位于尼尼微下游的尼姆鲁德（Nimrud）。第一天他就发现了两座亚述建筑，不久就挖

图 1.5　19世纪美索不达米亚考古：莱亚德手下的工人们修复了在伊拉克尼姆鲁德一个亚述遗址中发现的狮身人面像。

到了壮丽的宫殿（图1.5）。一个考古学传奇就此诞生。参观者都会先去尼姆鲁德，然后再去尼尼微。莱亚德在这里取得了比博塔更大的成功，沿着深深的隧道，他在宫殿中从一个房间走向另一个房间。在这里，人们凝视着"庄严的国王形象……它是如此逼真，好像正要翻越围墙去质问这些侵犯它隐私的外来者"（Layard, 1849:226）。

莱亚德带着一小队工人进行挖掘，就像一位部落首领。他安排婚事，处理冲突，指导和监督每日的发掘，记录碑文直到深夜。这位年轻的考古学家是一名很有天赋的作家，他所写的关于尼姆鲁德的书至今仍在印刷。莱亚德的发现在欧洲大陆引起了轰动。此外，他还发现了刻有王室猎狮图的浅浮雕和雕带，这些都是为纪念围攻拉吉（Lachish）这座《圣经·旧约》中提到的犹太城市而做。他的工人们甚至在国王辛那赫里布（Sennacherib）的宫殿入口找到了被压在厚重石灰石板下面的战车车辙痕迹。

莱亚德最伟大的发现是他在尼尼微完整地揭露了一座王室图书馆，现场可见成堆的泥板文书存放在约30厘米厚的别致的大厅地面上。与其他所有发现一样，莱亚德把它们铲到篮子里，放到用充气羊皮支撑的木筏上，沿着河流运送出去。大约25年后，才有少量的文书被破译出来，这在社会上引起了更大的震动。1872年，还从来没到过美索不达米亚地区的年轻楔形文字专家乔治·史密斯（George Smith）发现了一块文书，它讲述了先知因建造了一艘大船，从而在上帝为惩罚人类而降下的大洪水中幸免于难，但先知的船在山上搁浅，他放出飞鸟以找到能够落脚的地方。整个故事都与《圣经》中的"大洪水"十分类似。这个故事遗失了17行，因此史密斯被派到伊拉克去寻找遗失的部分。难以置信的是，他仅用了5天就在莱亚德的发掘遗弃品中找到了想找的文书碎片！

显然，那些相信《圣经》历史真实性的人对于这块文书感到十分振奋。但学者们更关心的是这些文书为更久远的文明所能提供的证据，因为亚述文明也仅仅是对更早期文明的继承和复制。1877年，另一位法国文献学者埃内斯特·德·萨尔泽克（Ernest de Sarzec）发掘了美索不达米亚南部的古代城市铁罗（Telloh），他在那里发现

图1.6　格特鲁德·贝尔

了一些泥板文书和比亚述更早的宏伟庙宇。萨尔泽克发现的就是苏美尔文明，这是世界上最早出现文字的社会，它与古埃及的年代相当，甚至比后者更为久远。19世纪90年代到20世纪30年代之间，在其他苏美尔城市——如尼普尔（Nippur）和乌尔——进行的一系列长期发掘，记录了这个绚烂且好战的文明的更多细节，拼凑出了5000年前位于两河流域之间的那些小型城邦的繁荣图景。近东许多地区在当时仍然是人迹罕至，除了极少数大胆的旅行者，其中包括一位英国女人——格特鲁德·贝尔（Gertrude Bell，图1.6）。她跟随一小部分当地人，乘坐古老的大篷车，深入阿拉伯地区，并穿越了叙利亚沙漠地区。她勘察了伊斯兰宫殿，最终在第一次世界大战后成立的新的伊拉克王国成为考古发掘部门的管理人员，还在那儿创办了伊拉克博物馆。

特洛伊和迈锡尼

19世纪的许多著名考古学家都是职业旅行者或冒险家。其中一些人，如德国商人海因里希·施里曼（Heinrich Schliemann），对过去十分着迷。施里曼年轻时就被古希腊诗人荷马（Homer）所吸引，46岁就从商场隐退，决定去证实荷马的《伊利亚特》(*Iliad*)和《奥德赛》(*Odyssey*)故事的真实性。1871年，他开始在土耳其东北部的希萨利克（Hissarlik）开展发掘活动，并很快宣称这里就是荷马所写的特洛伊城遗址（事实上，英国领事弗兰克·卡尔弗特[Frank Calvert]先于施里曼发现了这处遗址）。

施里曼的想法和实践都十分宏大。他雇用曾参与修建埃及苏伊士运河的工程师来指导发掘，发现了7座相互叠压在一起的古代城市。在发掘的高潮阶段，施里曼称总共发现了8000多件黄金饰品和人工制品，他坚信这就是荷马所写的特洛伊国王普里阿摩斯（Priams）的宝藏。施里曼并不是科学信徒，几乎可以确定的是，他花费了几个月时间，把分散零星的金饰集合成宝藏。有意思的是，这些宝物在"二战"后期消失了，直到苏联解体后在俄罗斯重见天日之前，人们一直以为它们已经丢失了（图1.7）。

施里曼在特洛伊的发现引起了巨大反响，在影响到达顶峰时——1876年，他把注意力转向了希腊的迈锡尼（Mycenae）。施里曼认为这里是特洛伊战役中希腊军队主帅阿伽门农（Agamemnon）国王的埋葬地。超过125人参与了迈锡尼的发掘，揭露出一圈石板。施里曼在迈锡尼发现了超过15处墓葬，其中有许多都随葬有金制面具、珠宝佩饰和镶饰武器。"我已经看见阿伽门农的脸了。"施里曼呼喊道。他相信他发现的就是荷马史诗中的国王，但目前考古学家一般把这些发现的年代定在大约公元前1190年，也就是特洛伊战争之前的至少3个或4个世纪。

图1.7 索菲亚·施里曼，海因里希·施里曼的第二任妻子。她身上穿戴的珍贵首饰，据说来自特洛伊一处窖藏。

海因里希·施里曼是最后一个在地中海地区开展工作的伟大的冒险考古学家，他的发掘方法即使在他那个年代也是非常不科学的。到19世纪70年代，奥地利和德国的考古学家便已经采用了远比贝尔佐尼、莱亚德或施里曼更精确的发掘方法，并将其运用于像奥林匹亚（Olympia）这样的古希腊遗址发掘中。在奥林匹亚，还有一支建筑师队伍与考古学家一同工作。德国人并没有把这些发现据为己有，而是在当地建造了一座专门的博物馆。考古学研究的新纪元正在形成，科学记录比壮观的大发现更为重要，精确发掘比快速铲土更科学。

1.4 亚洲：佛经卷轴和肩胛骨

本章讲述的历史大部分涉及欧洲、近东地区和美洲。这些地区的考古发现和发掘水平在19世纪加快了步伐。早期考古学大部分是由旅行者开创的，与其说他们是旅行者，不如说他们也是考古学家。1895年，在对从伊朗穿越中亚直至中国的丝绸之路的考察感兴趣的首批探险家中，瑞典探险家斯文·赫定（Sven Hedin）就是其中一个。另外一个来自英国的探险者奥莱尔·斯坦因（Aurel Stein）还特地学习了亚洲语言，在中国西部的偏远地区进行了深入"探险"。他是最早到达中国西部地区敦煌千佛洞的欧洲人之一，在那儿他悄悄地购买了7箱极为宝贵的佛经卷轴，后用骆驼和小型马将这些文物走私贩运到了现在的大英博物馆（图1.8）。斯坦因的这些行为用今天的道德标准来评判，是十分不道德的抢劫活动。这无疑已让他名声扫地，尤其是在中国，但需要指出的是，就考古和历史研究地图而言，他填补了一个巨大的空白，打开了一扇重要的学术之窗。

1860年，法国动物学家亨利·穆奥（Henri Mouhot）到达杂草丛生的吴哥窟遗址——现已成为柬埔寨最宏伟的寺庙建筑群。在这之前约10年，有一位传教士来过这里，但是为吴哥窟留下生动文字的是穆奥，不幸的是，1年后他因高热而去世。在柬埔寨沦为法国保护国之后，其他法国探险者也到过吴哥窟。1873年，来自吴哥城和其他高棉寺庙的第一批雕塑在巴黎展出，随即引起轰动。伟大的吴哥窟艺术传统的第一批展品受到了全世界的关注（图4.6）。

而当斯坦因和其他探险者在考察中亚的时候，总部位于伦敦的英国皇家亚洲学会将研究兴趣放在了亚洲古物和文化上面。1877年，美国人爱德华·莫尔斯（Edward Morse）发掘了位于东京附近的一处贝冢，里面出土了饰有绳纹的陶器，这引起了学术界的广泛关注。日本考古学的正式教学工作在滨田耕作的领导下始于1907年。他曾拜师于埃及古物学者和尼罗河沿岸考古先驱弗林德斯·皮特里，学到了很多有关考古发掘

图1.8 中国敦煌千佛洞的一幅壁画

的先进理念和方法。

  中国的考古学历史,或者至少是对古玩产生兴趣的时间要早得多。早在11世纪,在中国北方的平原地区——传说中的古老商文明的繁盛之地,当地学者从墓葬中收集了一批独特的青铜器。零星收集引起了一些古物学家和考古学家的兴趣,他们纷纷走访当地的古玩店。20世纪20年代末,考古学家董作宾在中国北方黄河流域的河南省安阳附近的一个小店里,发现了一片刻字的牛肩胛骨。之后他在曾发生变道的黄河河岸进行了试掘,发现了大量的古物碎片,其中包括更多的刻有文字的牛肩胛骨。他在好几个灰坑中都发现了捆缚扎实的甲骨"档案",此外还发现了一些龟壳,上面刻有商王的世系表。商文明繁盛了多年,直至遭受一场大洪水的冲击,这场洪水冲垮了商朝的都城。1930—1931年,中国的考古学家正在发掘山东省一处带有围墙的定居地——城子崖遗址,他们发现了许多裂开的肩胛骨。刻在这些甲骨上面的占卜记录可追溯至早期的殷商文明。从那以后,对中国北方国家文明的探索和研究一直在进行。

1.5 非洲的腓尼基人？

达尔文曾宣称，非洲是人类的摇篮。撒哈拉以南非洲的确是因利基家族（Leakey Family）、唐·约翰森（Don Johanson）和蒂姆·怀特（Tim White）等人发现的壮观的化石遗迹而闻名。但是，我们从这些遗迹中能发现更多信息，而不仅仅是一些新闻头条。19世纪的非洲探险家在洞穴和悬岩岩画中发现了一些古生物遗迹，这些遗迹和现代东南非洲闪族猎人的祖先紧密相关（图9.11和图11.7）。除此之外，还有其他发现，其中最有名的是1871年德国地质学家卡尔·毛赫（Karl Mauch）在南非的北部边境林波波河（Limpopo river）的最北部偶然发现了杂草丛生的大津巴布韦遗址（图1.9）。尽管非洲人就居住在遗址附近，但是卡尔·毛赫却宣称他发现了《圣经》中提到的失传已久的示巴女王宫殿。卡尔·毛赫的断言和后来一些探险者的说法在白人定居者的圈子里引起了很大的轰动。如果津巴布韦确实是被遗忘已久的腓尼基人创建的，那么他们对于非洲的殖民统治就无可非议了。有关津巴布韦的争议始于白人定居者和考古学家之间的对抗。多年之后，另一位卓越的女考古学家格特鲁德·卡顿－汤普森（Gertrude Caton-Thompson）在1929年结束了这场争论。她用当地发现的标有日期的中国外销瓷器最终证

图1.9 大津巴布韦的壮观围场

明了津巴布韦大约成立于800年前,并且完全是由非洲人建立起来的。注重实物的卡顿–汤普森将来自腓尼基理论家的信件归在"疯狂"这一名录下。

从卡顿–汤普森那个时代开始,非洲考古学不仅与早期的人类进化密切相关,还与非洲黑人引人入胜的多样化历史紧密相连。

在20世纪,考古学逐步发展成一门科学。今天它真正走向全球化,研究几十万,甚至上百万年前的古人类的历史。如果要研究人类多样性是如何发展的,以及人类社会在很长一段时间内是如何变化的,考古学是唯一科学的方法。因此,考古学的研究超越了国界,为我们提供了探索人类历史的全球视角。

1.6　早期美洲考古

从克里斯托弗·哥伦布(Christopher Columbus)于1492年在巴哈马登陆的那一刻起,人们便一直在猜测美洲印第安人的起源。1589年,耶稣会传教士何塞·德·阿科斯塔(José de Acosta)率先提出了关于印第安人起源的基本理论框架,为这个学科的现代构想奠定了基础。他认为很有可能是"一小群原始狩猎者由于饥荒和其他一些困难被迫离开了原先居住的地区",他们从亚洲沿着一条跨越大陆的路线,"经过短暂航行"来到现在的家园。他的观点写于1728年维他斯·白令(Vitus Bering)航行穿越白令海峡的150年之前。可以说,关于第一批美洲人选择的路线以及到达时间的争论一直延续至今。

在一些学者关注印第安人起源问题的同时,另一些人则惊奇于美洲土著人口内部的多样性。一些人——如遥远北部的因纽特人——还过着狩猎采集的生活;另一些则居住在大型村邑中,或像墨西哥的阿兹特克(Aztec)和秘鲁的印加(Inka)那样有着高度发达的文明。如何解释这种多样性?为什么一些社会要比另一些社会更复杂?这些仍是考古学家们关注的问题。

造墩人①

当渴望占有土地的殖民者在18世纪晚期向阿勒格尼(Allegheny)山脉以西进发时,他们惊讶地发现这片陆地上点缀有许多土方工程和坟冢。这些人挖开土冢后并没有发现金子,只发现一些人类骨骼、铜、云母饰品和石烟斗。谁建造了这些土方工程?许

---

① 原文为"The 'Moundbuilders'",美洲北部的印第安人原始部落,营造大量特色土冢作为墓葬或宗教祭祀仪式的场所。——译者

多殖民者和所谓的知识分子不相信"野蛮"的印第安人能建造出这些东西。他们认为这是异域某个消失已久的文明留下的杰作。

只有少量学者不同意这个观点,其中就有托马斯·杰斐逊(Thomas Jefferson)。由于被造墩人的墓葬所吸引,18世纪80年代,他在弗吉尼亚的土地上挖开了一座土冢,揭露出若干层人骨架。与同时代的那些寻宝者不同,杰斐逊对土冢的每一层都做了详细记录,这是美洲大陆第一次系统的地层式发掘。

整个19世纪都持续着关于造墩人的争论,论战的一方是那些相信土方工程"外来说"的人,另一方则是像美国文物协会的塞缪尔·黑文(Samuel Haven)这样清醒的学者,他们认为土冢中的人工制品与当时北美土著居民使用的物品有相似性。作家们写出了许多关于造墩人的文学幻想,他们写道:"有着伟大智慧和技术的白种人"在数千年前就已经对美国中西部地区发动了征服战争。这些激进主义者的理论虽然并没有科学基础,但直到19世纪90年代,美国民族学局(Bureau of American Ethnology)的赛勒斯·托马斯(Cyrus Thomas)才最终证明了土冢是北美土著居民建造的。

玛雅文明

在更远的南边,西班牙征服者伯纳尔·迪亚斯在墨西哥谷地的阿兹特克首都写道:"我们惊讶于在水中矗立的巨大塔楼和建筑,一些士兵甚至在问他们是否在做梦。"然而,阿兹特克和更早的北美土著文明几乎完全被历史所遗忘,浓密的森林覆盖了位于墨西哥和危地马拉低地地区的玛雅中心。仅有一些天主教教士在玛雅文明消失之前记录过它的一些细节,其中就有西班牙主教迭戈·德·兰达(Diego de Landa)。兰达在1566年曾进入过一些玛雅庙宇并记录下一些刻文,当时他曾折磨和监禁那些拒绝接受基督教的印第安人,同时也烧掉了他们独一无二的象形文字文献。

当时只有一些关于密林深处庙宇和金字塔的报道流露出对古代玛雅遗存的兴趣。这些遗存激起了由律师转行成为旅行家的约翰·劳埃德·斯蒂芬斯和艺术家弗雷德里克·卡瑟伍德的无限遐想,两人都是早期考古学界的不朽传奇。他们都是有经验的考古学旅行家,曾到过埃及和圣地巴勒斯坦。1839年,斯蒂芬斯和卡瑟伍德航行至中美洲,靠着双脚和骡子进入热带低地深处。他们艰难地穿过浓密的热带雨林,到达了玛雅城市科潘(Copán),在这里也发现了一些金字塔建筑,"部分工艺与埃及金字塔最好的工艺相当"。丛林覆盖的遗存绵延数千米。卡瑟伍德专注于画下这些错综复杂的雕刻,同时斯蒂芬斯尝试用50美元向当地人购买此处遗址,这样他就可以在纽约展出这些重要

图1.10　约翰·劳埃德·斯蒂芬斯与弗雷德里克·卡瑟伍德查看一座位于尤卡坦（Yucatán）雨林深处的玛雅神庙。

发现。交易完成后，他还十分满足于自己对科潘的记录："能够打扰到这座地下城市的声响就只有猴子在树顶发出的声音了，还有就是被猴子体重压垮的干树杈发出的开裂的声音。每次有40只或50只猴子在我们头顶快速地移动着。"（Stephens, 1841:112）

　　斯蒂芬斯和卡瑟伍德尽可能多地记录下关于科潘的信息，接着他们去了帕伦克（Palenque）。在那里，他们在遗址上寻找人像，这与在古埃及进行过的调查类似（图1.10）。回到纽约，斯蒂芬斯第一次对玛雅文明进行了评估。"正如废墟为我们揭示的信息一样，这些人类的作品与以往所知的任何人类都不同，"他写道，"我们认为他们比埃及和其

图1.11 佩科斯普韦布洛人村庄与一座西班牙殖民时期的教堂废墟,附近即是古代普韦布洛基瓦会堂(地下厅室)。

他任何建设者都要有趣和精彩。这是一群奇特的人……出生并生长在这里,有一个独立的、特别的、土生土长的生存环境,就像这片土地上生长的植物一样。"(Stephens, 1841:332)玛雅文明所有后续科学工作都建立在这些经典字句的基础之上。斯蒂芬斯和卡瑟伍德曾第二次前往玛雅低地,去研究乌斯马尔(Uxmal)、奇琴伊察(Chichén Itza)和其他著名遗址。而这些研究再次证实了斯蒂芬斯的话:"这些城市……不是我们过去所知道的那些人类建造的。"(Stephens, 1841:332)

和奥斯丁·亨利·莱亚德一样,约翰·劳埃德·斯蒂芬斯也是一位极优秀的作家,他撰写的关于玛雅的著作持续畅销。弗雷德里克·卡瑟伍德所绘的遗存画作也是考古学绘图的范例。在斯蒂芬斯的书中,他表达了与波士顿历史学者威廉·普雷斯科特(William Prescott)相同的观点,后者所著《墨西哥征服史》(History of the Conquest of Mexico)把西班牙征服与阿兹特克快速崛起的背景相对比。这两个人和另外一些人的著作帮助读者意识到,除了造墩人和外来的神秘文明,美洲还有着更为丰富的过去。

美国西南地区考古与直接历史研究法

19世纪末，考古学家和人类学家都相信，现存的美洲印第安人是最早的美洲居民的后裔。因此他们从研究现存印第安人出发，以此来追溯过去。1879年，史密森学会的弗兰克·汉密尔顿·库欣（Frank Hamilton Cushing）和其他一些人来到了新墨西哥州普韦布洛（Pueblo）人中的祖尼人（Zuñi）之中。库欣原本计划只逗留3个月，结果他最终在那里待了将近5年，观察祖尼人生活中的显著特征和细节，甚至融入这个神秘的社群中——成为祭司。他的《祖尼探险记》（*My Adventures in Zuñi*，1882）一书被广泛传阅，该书描述了普韦布洛人从过去延续下来的社会生活与习俗。与其同时代的人类学家阿道夫·班德利尔（Adolph Bandelier）花费数年时间骑着骡子遍访美国西南地区，探寻佩科斯（Pecos）普韦布洛人村庄和其他地点的口述历史（图1.11）。

从1915年到1929年，哈佛大学的艾尔弗雷德·基德尔（Alfred Kidder）在新墨西哥州的佩科斯指导完成了口述史工作，它也成为考古学研究的基石。班德利尔和库欣都认为研究现代人类的人类学与研究古代社会的考古学之间存在着紧密联系，同时他们也是实践这类方法的先驱（见第2章）。所以基德尔顺理成章地运用**直接历史研究法**（direct historical approach）来发掘佩科斯复杂的地层，从有详细记载的文献历史时期向前追溯史前史。美洲考古学正是建立在这些由先驱学者们发展而来的基本原则上，这些原则显示出古代与现代美洲印第安土著社会有着密切联系，考古学与人类学之间亦存在着密切联系。

1.7 多样性、扩散与人类发展

当考古学家开始研究人类早期史前史和灿烂文明时，人类学家们正关注于许多不同的社会形态——探险家和传教士们每年都会提供一些范例。这些社会形态，既有像火地岛（Tierra del Fuego）的印第安人和澳大利亚土著居民这样的单一狩猎采集社会，也包括诸如日本人和美国西南部普韦布洛人这样的高度组织化的复杂社会，还包括与西方文明的早期发展有关联的古代埃及人和美索不达米亚的苏美尔人。如何来解释这些文明的多样性以及从狩猎采集到城市定居之间的人类社会变化呢？

"从他们到我们": 单线进化论

19世纪是一个工业与科技发生巨大变革的时代,人类的发展和成就主导了公众观念。达尔文的生物进化论似乎是对社会发展信条的自然延伸。相应地,考古学家和人类学家也很快就书写出了从整个早期史前史到现代社会这几千年中的人类文化演变过程。

英国人类学家爱德华·泰勒(Edward Tylor)研究了人类发展的所有形态,从早期人类的粗制石斧,到墨西哥的玛雅神庙,再到维多利亚时代的文明。他将人类发展过程划分为3个阶段,从简单狩猎采集的野蛮阶段到以简单农业和动物驯化为特征的原始阶段,再到最复杂化的人类文明阶段。而美国人类学家路易斯·亨利·摩尔根(Lewis Henry Morgan)则走得更远,把人类发展过程分出了不少于7个阶段,从"野蛮"开始,以"国家文明"为终。

这种**单线文化进化**(unilinear cultural evolution)——由简单到复杂的线性人类发展过程的概念,在一个仍然在探索新领域的世界中很容易得到维护。考古学还在它的初始期,对遥远过去的认知大多来自于欧洲和亚洲西南部发现的古代文明。对于生活在19世纪晚期的这些种族优越感从未受到过挑战的学者们来讲,很容易用一种线性的方式——从简单的原始未开化的狩猎采集到有着复杂文字的文明——去看待人类社会。很显然,这些把历史如此简单化的假说是无法令人信服的。

文化传播论: 文明如何传播?

随着世界各地的考古发掘资料积累得越来越多,人们越发清楚地意识到了单线进化论对历史的解释过于简单化。文化是否会因外部影响而发生变化?比如,古埃及是否把文明传播到了亚洲西南部或更远的地方?是否可以将人类社会的差异视作观念传播与人口迁徙的产物?**文化传播论**(diffusionism)更极端的形态,是假定人类很多的主要发明起源于同一个地方,然后通过贸易、迁徙、文化交流甚至探险,扩散到世界其他地区。

史前文化传播论在20世纪早期十分流行,以古埃及学家埃利奥特·格拉夫顿·史密斯(Elliot Grafton Smith)为代表的一些学者认为,古埃及人的"太阳之子"把古埃及文明和太阳崇拜观念传播到了全世界。同单线进化论一样,特别是当20世纪的考古学家意识到他们要处理的是漫长史前时期中的文化变化这一非常复杂的问题时,像格拉夫顿·史密斯这样的极端文化传播论在精细的科学研究面前是无法立足的。虽然勇敢的埃及人远航至美洲,或青铜时代手握长剑的首领在3500年前从匈牙利一路打到比利时这种情景十分有诱惑力,但不幸的是,人类的过去要比这复杂得多。当然,这还是未能阻止一些极端主义者,他们仍在乐此不疲地书写着史诗般的航行和南极冰层下的失落文明,更不必说古代宇航员降落地球并创造了古代玛雅文明的说法了。

直到20世纪20年代,由于考古学越来越成熟,单线进化论和文化传播论对历史的解释才最终成为过去。

1.8 现代科学考古学的发展

科学考古学的发展和史前史的重要发现是19—20世纪最显著的成就之一。这一发展进程始于人类古代社会的重建和三期论对史前史的再划分,包括莱亚德和施里曼的粗野发掘,同样也包括库欣和班德利尔从现在追溯过去的努力。但如今技术复杂的考古学则主要来自于四个方面的发展:现代科学发掘技术的发明,应用多学科方法研究人与环境的关系,科学技术对考古学逐渐增加的影响,以及20世纪60年代以来考古学理论的改进。

科学发掘

科学发掘是系统记录古人类行为的重要方式,始于19世纪70年代德国人在希腊奥林匹亚的工作。相比于寻找重大发现,这些细心的发掘者将记录工作置于优先地位。

一位退伍的英国陆军将军奥古斯都·莱恩·福克斯·皮特-里弗斯(Augustus Lane Fox Pitt-Rivers)早在19世纪80年代就进一步优化了发掘方法。皮特-里弗斯是一位火器专家,他对史前古器物和武器的发展抱有很大热情。后来,他继承了一笔丰厚财产和英格兰南部的大量土地,并开始在领地内花费大量时间发掘古代墓葬和遗迹。皮特-里弗斯并不是一个普通的发掘者,他的发掘就像军事行动,雇用的都是受过专业调查训练的监理人员。不像同时代那些渴求重大发现的发掘者,皮特-里弗斯坚信不管是多么小的发现都同样重要。他坚持进行精确记录,重建遗址模型,观察各种地层中最详尽的细节。在他的工作中,军事化标准随处可见,甚至照片也是如此,他在一张照片的说明中写道:"前面立正的人给出了标准。"

皮特-里弗斯的卓越发掘一直到20世纪20年代还名不见经传,直到新一代田野工作者更进一步地发展和改良了他的方法。其中最著名的是另一位英国考古学家莫蒂默·惠勒(Mortimer Wheeler),在20世纪20年代到50年代之间,他出色地发掘了罗马和英国的一系列铁器时代遗址，以及巴基斯坦印度河谷地的哈拉帕文明（Harappan civilization）城邦。惠勒有着军人一样的良好口碑。同皮特-里弗斯一样，他坚持精确记录，雇用摄影师和其他方面的专家，并且在他发掘的遗址率先使用了受过训练的业余发掘者。惠勒是个严谨的学者，他知道一切发掘活动都意味着破坏，也知道科学的考古学会比较沉闷，这使得他力求生动地撰写历史。他曾经评论道："枯燥的考古学就像扬起的干燥尘土。"多么准确！

20世纪后期的发掘仍然沿袭着惠勒创立的基本原则（见第7章）。这些原则包括发掘被水淹没的遗址的专业方法，运用电子设备的微观记录方法，以及发掘时分辨土色的复杂方法，部分方法甚至可以记录那些埋于沙土中消失已久的墓葬位置。其中最重要的是，今天的考古学家已经脱离单个遗址的发掘与研究，转而调查区域内的大量遗址（见第6章）。他们同样意识到了所有的发掘都意味着破坏，因此为了后代，任何发掘都维持在最低限度，以保存有限的历史遗存。

考古学与生态学

尽管用于重建环境的许多工具在20世纪初期就已出现，但直到20世纪50年代，还是很少有考古学家把遗址与它们周边更广泛范围内的生态环境放在一起考量。1916年，瑞典科学家伦纳特·冯·波斯特（Lennart von Post）开创了**孢粉学**（palynology），这是研究古代环境的方法，可以准确鉴定出化石孢粉（见第10章）。考古学家最终意识到他们可以利用这门新兴技术来研究处于环境背景下的古代社会，但对所谓的文化生态学的研究直到二十世纪五六十年代还没有达到成熟的水平。

文化生态学（cultural ecology）由人类学家朱利安·斯图尔德（Julian Steward）最先倡导研究，旨在研究人类文化与自然环境间的生态联系。20世纪40年代后期，英国考古学家格雷厄姆·克拉克（Grahame Clark）在英格兰东北部斯塔卡（Star Carr）狩猎采集遗址开展的发掘中开始关注遗址与环境间的关系。他利用花粉分析、植物遗存和动物骨骼，展现了一个有1.1万年历史的位于桦树林后密集芦苇荡中的狩猎遗址，他甚至通过研究沉积物中的红鹿茸论证出该遗址是在冬天末段被使用的（克拉克对斯塔卡遗址的解读已被其后的研究修正，见第10章）。克拉克十分倚重植物学家和动物学家的研究成果。如今，不同学科的科学家们已在田野中一起工作，重建法国末次冰期社会的生态环境，研究10万年前南非地区狩猎者对景观的开发利用，勘察1200年前农业给美国中西部景观带来的变化。

科学方法

考古学是历史学和研究现代人类的人类学中必不可少的一部分，高科技方法已在田野考古中呈现越来越大的影响。花粉分析是最早的应用之一，航空摄影也一样，它给考古学家们提供了一种俯瞰视角（见第6章）。**放射性碳定年**（radiocarbon dating）或许是20世纪50年代出现的一个伟大变革，它更新了史前时期的年代序列，为过去4万年建立了第一份有把握的时间尺度（见第5章）。

从这以后，科技就全面影响了考古学，从运用电脑中的复杂方法穿越热带雨林地区寻找古代遗址，到利用人类骨骼的碳同位素研究史前人类的食谱。考古学与其他科学的联系在今天是如此紧密，以至于许多学科的理论和方法都影响着考古学家的研究工作。这些革新在后文中都会介绍。

1.9 "从他们到我们"：当代考古学理论

科学的影响与更多的科学方法使人们对过去的解读有了巨大变化。近些年来随着考古学理论的不断完善，单线进化论与文化传播论已成为遥远的过去（见第4章）。

对于考古学来说，**理论**（theory）是研究者操作的整体框架。与其他社会科学一样，考古学理论一直在缓慢发展，这既是因为研究不同人类的行为是困难的，也是因为研究方法的不足。科学考古学是理论与实践间的持续对话，或多或少的自我批评过程很大程度上基于过去的推论，进而立足于当代世界出现的现象。

当代考古学理论诞生于20世纪60年代，著名考古学家路易斯·宾福德（Lewis Binford）和其他学者提倡运用更为明确的科学方法来研究历史上的文化变迁。这股思潮一直延续至今，在很大程度上促进了研究方法的多样性。一些方法关注文化变迁的总体进程，另一些方法则关注个体和群体对文化变迁所产生的影响。

即使对专家们而言，考古学理论也是很复杂的，但现代流行的主要有两个方法，即生态/进化方法和历史唯物主义方法。

生态/进化方法

生态/进化理论广泛地吸收了其他学科的理论方法，包括十分复杂的生态与进化理论。考古学家运用这个方法，研究古代社会与环境间的交互作用，并且将前者视作整体生态系统的一部分。

在此方法下，文化变迁是对人类社会与生态系统间压力关系的应激反应。这些压力因素包括气候的变化，例如叙利亚幼发拉底河谷的阿布胡赖拉（Abu Hureyra）遗址，公元前1万年左右的剧烈干旱在狩猎采集向农业的转变过程中扮演了重要角色。其他压力因素有大型猎物、橡子等可利用食物资源的变化；人口的迅猛增加；群体流动能力的限制；与其他人群，甚至非人类种群的竞争。

生态/进化方法假定文化与社会的变迁是由许多环境与社会因素相互作用的。例如，植物学家戈登·希尔曼（Gordon Hillman）记录了公元前1.1万年幼发拉底河流域的狩猎采集者的生活是怎样因秋季丰收的坚果而繁荣的。后来，北纬地区的长期干旱和千年寒潮导致了当地森林面积的萎缩，人类的食物从坚果转变为不太受欢迎但容易储存的野草。在短时期内，他们还在小块土地上种植作物，以作为补充性食物。仅经历几代，他们就成为全职农民。当干旱于公元前1万年左右结束时，农业群体已在更广阔的区域内繁荣了。

生态/进化理论被广泛应用于考古学，部分是因为多样化的科技方法为古代生存环境和古人生活方式提供了信息。

历史唯物主义方法

第二个具有竞争力的理论框架可以宽泛地称为"历史唯物主义"，它包含了许多方法，包括对过去男性和女性的大量研究。生态/进化理论把人类社会看作一个完整的系统，历史唯物主义将人类社会视作相互竞争的个体、宗派、社群等折中混合物。人的生存需要与他者——如配偶、家庭、亲属及整个社群等——不断协调，每个群体为了生存和繁荣都有各自的策略，当个体和集体拥有权力后，就会带来社会的不平等。很显然，比起田里拿着锄头耕作的农民，一个国王或首相拥有更多的权力来达成他的目标。

这个方法着重强调个体社会角色在历史中的作用。历史唯物主义者与生态论者一样，运用相同的科技手段，非常严谨地发展和检验所提出的假说。他们还与生态论者一样，关注人类环境的互动，并对科学技术、手工业品与商品的制造、社会群体的动态、劳动力的控制和政治权力有着浓厚的兴趣。但他们认为文化变迁受制于人类行为与唯物主义相互作用。

以幼发拉底河流域的食物生产为例。在历史唯物主义规则下，从大量野生谷物与丰富劳动力可得出这样一个理论：更有竞争力的个体会有意加强野生谷物的收集和储存，然后增加栽培量以获取剩余价值，并将其用作社会资本，通过举办宴会、进行礼仪性交换和其他活动来提升自身财富和社会地位。换句话说，在采集向农业的转变过程中，个体的作用是首要的。

历史唯物主义方法将人置于历史研究的核心。我们永远不能忘记，对于所有的科学方法而言，考古学关注的都是过去的人和他们自己决定的生活方式。

今天的考古学理论似乎与带有浪漫色彩的考古活动已经相去甚远，彼时莱亚德、施里曼、斯蒂芬斯等人几周内就能发现一个文明，而当代考古学是一门严谨、细致的学科，有着很多技术性术语和研究手法。即使在酷暑或雾霭、寒风中度过很多天后，考古发现的兴奋感依旧会存在。

或许最伟大的考古发现是在1922年。那时，在埃及的考古学家霍华德·卡特挖了个小洞，穿过密封的门道，率先进入了法老图坦卡蒙的陵墓。他手持蜡烛，穿洞而过，然后就目瞪口呆地看着眼前的一切。"你看到了什么？"他的同伴卡纳冯勋爵焦急地问道。从洞中撤步回来后，卡特低声回答："美妙的事物。"

我们之中很少有人能有幸体会到卡特那份独特的喜悦。但考古学的魅力在于充满更小的、不那么重要的发现——大多数发现看似没有意义或者和单粒种子一样小。

接下来的内容里，我们会阐释考古学研究的准则和基本方法，这些是考古学研究的前提条件。

—— **本章总结** ——

1. 考古学肇始于欧洲文艺复兴时期旅行者收集古典时代的文物。

2. 古物收藏促成了1738年在古罗马赫库兰尼姆城的发掘，紧接着发掘行为风靡整个欧洲，特别是对墓葬的发掘。

3. 1816年，丹麦博物馆馆长克里斯蒂安·于恩森·汤姆森率先对这些从调查中获得的混乱无序的出土物进行分类，建立了划分史前史的三期论。

4. 1859年，在以地层学方法发掘出石器工具及伴生的已灭绝动物骨骼后，人类古代社会的年代序列得以建立。

5. 其他在埃及和美索不达米亚的发掘者，如英国人奥斯丁·亨利·莱亚德，揭露了亚洲西南部的早期文明。

6. 在19世纪40年代的美洲，约翰·劳埃德·斯蒂芬斯和弗雷德里克·卡瑟伍德调查了古代玛雅文明。

7. 在北美洲，早期考古学家通过现在追溯过去，调查了普韦布洛和造墩人文化。

8. 早期考古学理论借助单线进化论和文化传播论来解释文明的起源与发展。

9. 现代科学考古学具有严谨细致的发掘技术，关注环境变化，运用明确的科学方法，并演化出两个成熟的理论，即生态/进化方法与历史唯物主义方法。

问题

1. 古人类形成的三个关键要素是什么？
2. 美国考古学年代研究是如何开始的？重要发现是什么？
3. 促使现代科学考古学产生的三个关键发展阶段是什么？

第 2 章　考古学与史前史

罗马实力的见证：位于英格兰与苏格兰边界附近的哈德良长城（Hadrian's Wall），公元1世纪由罗马皇帝哈德良建造，意在把苏格兰人阻隔于罗马帝国最北部省份以外。

2.1 旅行者、收藏家与考古学家	神秘的过去	早期史前史
2.2 谁需要并拥有过去？	边界：伪考古学	现代人类的起源与迁移
2.3 考古学家都做些什么？	考古学与人类多样性	食物生产的起源
人类学、考古学与历史学	作为政治工具的考古学	国家（文明）的起源
考古学家的工作	考古学与经济发展	欧洲的扩张
2.4 大量遗址与考古学家	历史无法抗拒的诱惑	**本章总结**
2.5 考古学为什么重要？	2.6 **考古学家眼中的人类史前史**	问题

导　言

　　本章区分了科学考古学与伪考古学。我们会探讨考古学、人类学、历史学三者之间的区别，也会阐释考古学的一些特性。本章还会回答一个基本问题：考古学在今天为何重要？考古学是人类多样性的信息源，为经济发展提供重要工具——特别是自给农业，并且通过考古旅游业能够促进国家经济的发展。在最后，我们将总结人类史前史的主要成就，以此作为后续章节的背景知识。

　　不存在历史记录时，铁铲是最好的历史学家。

　　　　　　　　　　　　——威廉·迈尔斯（William A. Miles），1826年

公元前7000年，一小群狩猎采集者在比利时北部梅尔（Meer）附近的一处沙地上扎营。有一天，一个人从营地离开，坐在附近一块大卵石边，然后用精心准备好的片状和块状燧石制作了一些石器。很短的时间后，又有工匠来到同一个地点，用准备好的燧石剔除石料毛坯，并进行了钻孔。此后，这两个石匠用他们制作好的工具在骨头上钻孔、雕刻。完成这些工作后，他们将废弃物丢弃于工作的地方。

9000年后，比利时考古学家丹尼尔·卡恩（Daniel Cahen）发掘了这处遗址，所有的发现都是散落在地的石器碎屑。卡恩绘制了零散分布的石器，并尽力把石片缀合到它原来的石料上。经过数月的工作，他重建了工匠们的活动，还发现第二个工匠是个左撇子。

这个通过零星分布的不起眼的细小石器来复原人类活动的故事是考古学勘探工作的生动反映。事实上，这一成果得益于数月的仔细发掘，尤其是实验室工作——拼合成百上千的石器碎片来全面复原古代生活。现代科学考古学完全有能力重建祖先行为，接下来的内容会通过科学考古学带你进入一段与冒险一样迷人的旅程。

2.1 旅行者、收藏家与考古学家

任何有思想的人在参观考古遗址时，都会面对真实的历史，回顾人类绵延久远的经历。游览者们也许会好奇，考古学家是怎样知道遗址的年代的？他们的发现有什么信息和意义？考古学家们到底是怎么工作的？他们如何阐明早期人类社会的复杂程度？挖掘历史看起来似乎非常复杂。还有那让人感到浪漫和敬畏的永恒不变、不可思议的古代建筑（发现专题"詹姆斯敦遗址"）。

我们复杂的世界充满着未解之谜和隐藏的惊喜——一些没有显而易见解释的现象。很多人认为考古学家身处秘境，在那里存在与外界失去联系且遗失已久的文明。大胆的作者和电影制片人杜撰出了一些不同常人的考古学家，把我们带入奇特幻想之中。舒适地坐在扶手椅上面对着电视，我们也能寻找遗失的大陆、重建诺亚方舟、探寻外星人飞船的踪迹。以上这些不仅是一种娱乐性的幻想，还带来了巨大商机。这种类型的考古学带来了数百万美元的效益，但不幸的是，它与现实几乎无关。

考古学的传奇色彩让全世界人都在寻找过去。每年都有成千上万的游客参观埃及吉萨（Giza）金字塔（图2.1）。为了推进旅游业，墨西哥政府花费数百万比索修复墨西哥山谷中的特奥蒂瓦坎古城。现在的户外背包客之中，很流行游览一两个考古遗址的旅行方式（图2.3）。许多遗址，如英格兰巨石阵和法国拉斯科岩洞壁画，都因大批游

图2.1　埃及的吉萨金字塔群。这些金字塔由埃及古王国时期（约公元前2600年—前2100年）法老在一个多世纪中建造，是王室金字塔建筑的最高峰。每座金字塔都埋葬着一位法老，并通过一条堤道连接至放有献给死者供品的神殿。金字塔的外形被认为是穿过云层辐射至地球的太阳光线的象征和神圣的法老升入天国并跻身太阳神之列的阶梯。

客的涌入而遭受永久性破坏。在不久的将来，或许你就无法在伫立着的巨石阵中漫步了。法国政府修建了拉斯科岩洞壁画的精美复制品以供游人欣赏，而原始岩洞已经不再对学者以外的任何人开放（图2.4）。

现在，许多考古遗址都建有博物馆。游客们凝视着展品，欣赏着金灿灿的项链或百万年前人类手工制造的粗糙石制工具。也许有参观者会在门口停留一下，买件复制品，它可以放在家中作为纪念，让人时常想起某次短暂而快乐的参观过程。但不幸的是，许多人会更为贪婪，他们痴迷过去，并渴望拥有一件真品。

许多收藏家和寻宝者声称自己是合法的考古学家，这简直是在祸害考古学。古人的精神信仰和虚荣心会让他们在死后拥有大量的陪葬品，而他们贪婪的子孙——今天的人们——垂涎于这些财富。古董商人和私人收藏家愿意花大价钱得到彩绘陶罐和那些从未被破坏的遗址中出土的精美古物，大博物馆间还要相互竞争来获得最上乘的史前艺术藏品。或许纽约大都会艺术博物馆就是其中最有名的案例，当时博物馆花费上百万美元去购买一件从意大利墓葬中盗掘的古希腊花瓶，博物馆目前正要把这个花瓶归还给意大利。

发 现

詹姆斯敦遗址

1607年，在弗吉尼亚公司的赞助下，一小撮冒险家在北美洲中部东岸的切萨皮克湾建立了第一个长久的海外英属殖民地。1619年，广阔的弗吉尼亚地区的定居者选举出了他们的第一届议会议员，第二年，清教徒才到达马萨诸塞州的普利茅斯。有关早期殖民地的历史记录实在是太模糊了，但是它们记录了社会的动荡，与当地印第安人的冲突，以及有关食物和供水方面的问题。1613年，由约翰·罗尔夫（John Rolfe）引进的加勒比海烟草种植业为殖民地提供了经济作物，解决了殖民地居民的生存问题。詹姆斯敦的重要性因烟草种植在内地的蓬勃发展而逐步被削弱，直至1699年弗吉尼亚殖民地的州府迁往威廉斯堡（Williamsburg），詹姆斯敦定居点被废弃。后来，这个初始阶段的定居点渐渐为人所遗忘，据说已被泛滥的詹姆斯河（James River）淹没了。

据不完整的史料记载，国家公园管理局（National Park Service）在詹姆斯敦定居点建立350周年之际，也就是1955年，才开始开展考古工作。考古发掘选取的地点主要是一些17世纪的砖石建筑、水沟、灰坑和水井，而古老的堡垒据点在当时仍然被认为在水下。半个世纪后，1994年弗吉尼亚文物保护协会（Association for the Preservation of Virginia Antiquities）决定针对消失的定居点再开展一次搜寻工作。考古学家威廉·凯尔索（William Kelso）是该项目的主要负责人，他立足于现有的发掘成果、地图和其他记录，并凭直觉认为詹姆斯敦定居点未被洪水完全淹没，它应该还存在。事实证明，他的判断是正确的，最早的定居点被废弃后，为农业生产所用，所以之后并没有在其上叠压建设现代城镇。凯尔索决定在一处教堂附近进行试掘，因为他觉得教堂作为神圣的宗教场所，再加上信仰的连续性，不会被另作他用，即使是不同时间段的教堂，它们应该还是会建在这一固定的范围内。在同一发掘区域内，凯尔索发现了17世纪的大量文物，该位置距离内战期间的联邦据点很近。

1994年的这次发掘出土了沉重的污迹斑斑的大木围栏，还有更多17世纪的文物。回填木围栏时挖出的管道碎片和其他文物，可以将年代基本确定在1607年，即该殖民地堡垒刚建立的时候。这次发掘是在9平方米的范围内开展的，后来在挖到一条壕沟时，又发现了一条弯弯曲曲的沟渠，但是这条沟渠在河流入口处戛然断流。到1996年，凯尔索根据发掘情况，确信自己已经找到了消失已久的1607年建立的詹姆斯敦堡垒（图2.2）。

像所有的历史考古一样，这次发掘就好比由出土文物、建筑构件和历史记录组成的一幅复杂拼图。凯尔索对堡垒内的4处建筑遗存进行了发掘，其中有军营、驻营和一些排房。木围栏外有一个商店遗迹，用于与印第安人做交易。每处建筑的营建方式都几乎一模一样：首先建一个地窖，用一个简陋的盖子封住，再加上一层大的支撑结构，最后用茅草为矩形建筑封顶。其中一处酒窖出土了一枚铸造于1606—1607年刻有英格兰和苏格兰国王詹姆斯一世头像的硬币，这无疑可以证明该建筑遗址的年代可以追溯至詹姆斯敦堡垒最初的创建时间。这些建筑的构建形式被称为"泥浆和螺柱"的结合体，曾在那时候流行于英格兰东部的林肯郡。来到詹姆斯敦城堡的部分殖民者就是来自于林肯郡，比如木匠威廉·拉克斯顿（William Laxton）。

对詹姆斯敦定居点的发掘是近年来最受瞩目的考古发现之一。凯尔索还发掘了一批定居者的墓葬，其中出土了人骨遗骸，有利于人物面部复原及深入了解当时的殖民者，比如可以了解一位死于枪伤的殖民者情况。

图2.2　詹姆斯敦遗址的发掘现场：支承柱坑状，还有地窖和复杂基坑等营房的构成部分。

收藏物品然后在自己的私宅中展出，看起来似乎是人类的基本欲望。收藏曾被认为是一个"太过强烈以至于只钟爱和渴望一些鸡毛蒜皮小事"的喜好。从带刺铁丝网到啤酒罐都会有人收藏，于是很多人认为考古学就是在找东西。但当人们收藏考古发现时，他们收藏的则是一些濒危、有限的且正在迅速消失的资源，这些考古发现是不可取代的、独一无二的档案。人们从遗址买到或挖到的每件物品，都是古代人类行为的产物。通过土壤里发现的物品，确实可以复原古人的部分行为，但更多还要依靠物品出土的时间与空间背景（位置）。把遗物从其埋藏环境中移走是个难以挽回的行为，这会造成我们对相关信息的误判。（或许应当提及的是，专业的考古学家在发掘时同样会对遗址造成破坏，但他们会对考古发现的位置与环境等进行记录，这是科学考古学的关键组成部分。）

现代考古学并非是寻求或收藏宝物，也不是一种寻找遗失世界的幻想，它是对人类历史的系统研究。考古学广义的研究对象不仅包括古代技术和人类行为，还涵盖了社会组织、宗教信仰以及人类文化的各个方面。

我们一定要记住，承载着过去的考古遗址是有限的、不可再生的资源。这便提出了一个基本问题：谁拥有过去？

图2.3 本书中提到的考古遗址,其中省略了显而易见的地理位置的名称。

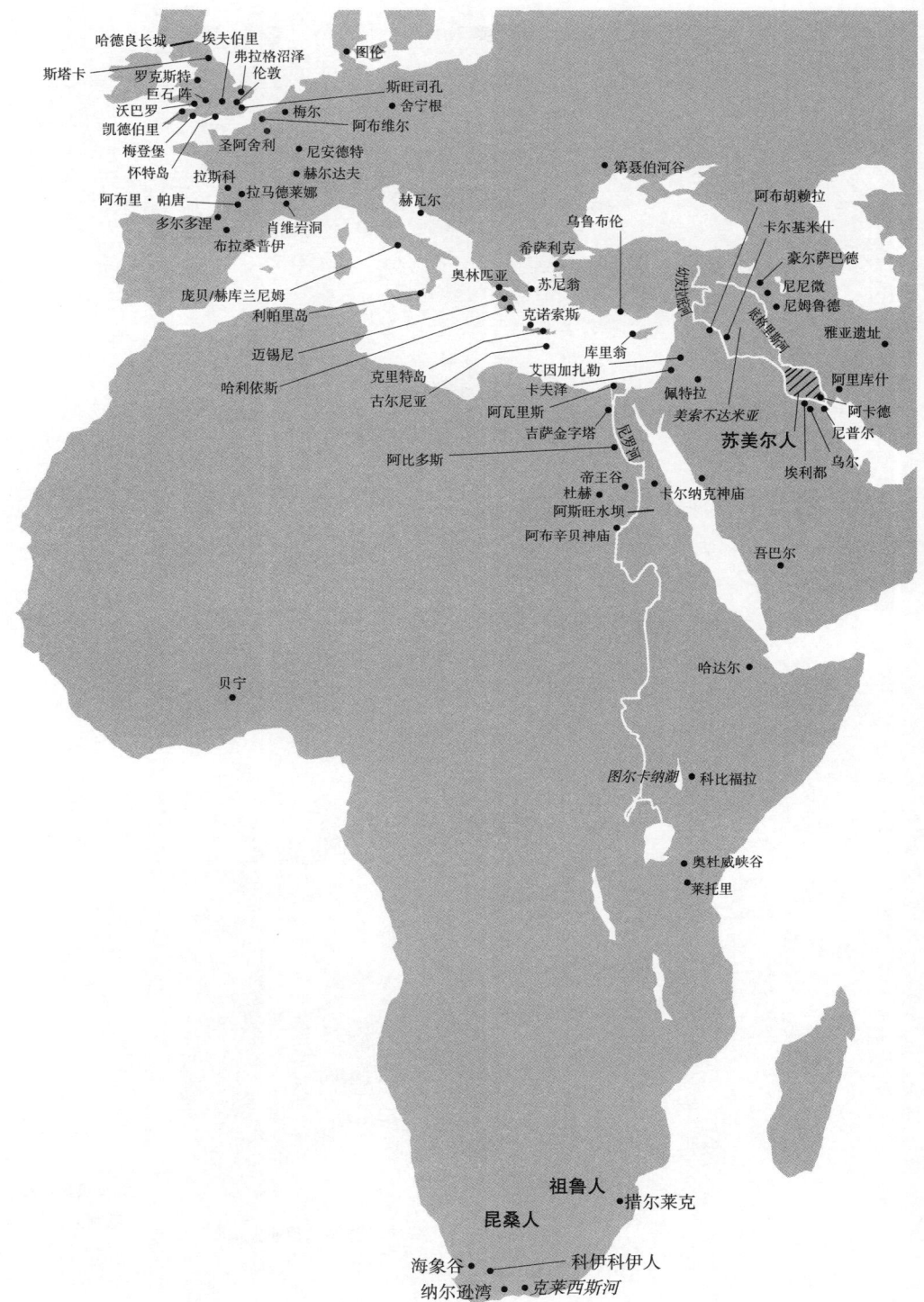

图2.3 （接前页）

图2.3 （接前页）

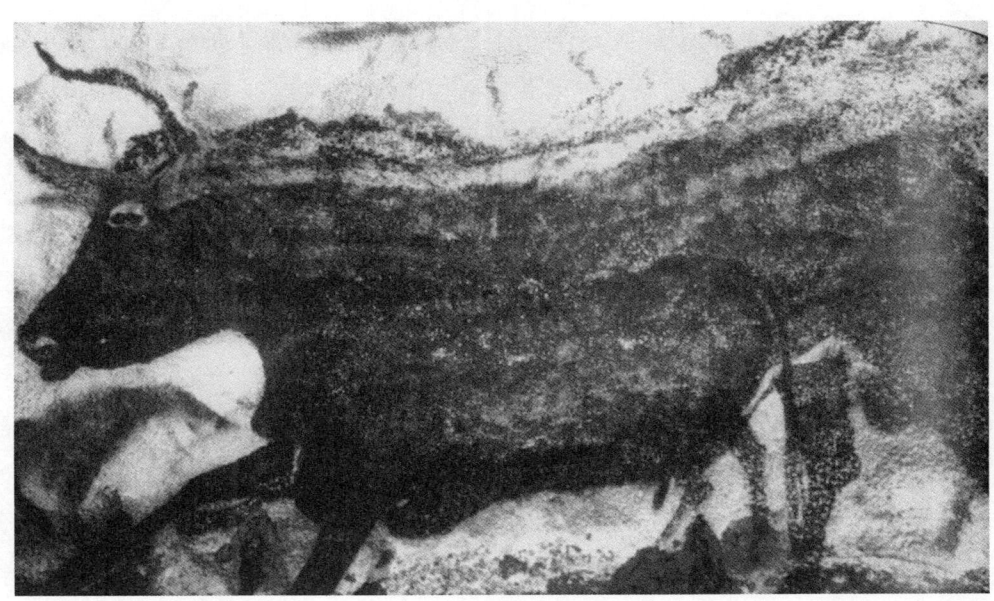

图2.4 拉斯科洞穴岩壁上的公牛,体形硕大,画于大约1.7万年前。

2.2 谁需要并拥有过去?

任何社会都对历史充满兴趣。历史总会萦绕于人们心头,神秘、诱人、令人难以忘怀,有时也为现在和未来提供一些借鉴。历史之所以重要,是因为社会生活贯穿始终,这里面承载着文化的展望与价值。在北极圈,因纽特人依然沿袭着他们传统的生活方式,而在地球上一些环境严苛的区域,也可以见到同样的情形。他们把过去的经验教训整合到现在的生活中。在很多社会中,祖先都成为象征过去、现在和未来的土地守护神。西方人对历史有着强烈的科学兴趣,这其中既有好奇的因素,也有对历史本体的需求。有多种原因促使人们尝试去保存过去的准确记录。没有人,尤其是考古学家,可以妄称他对过去的遗存拥有特权。

我们无法垄断历史。许多非西方社会并未意识到他们自身生活在一个不变的世界中,他们会对仍存于记忆中的晚近历史和更加遥远的历史进行基本区分。例如,居住在澳大利亚东北部昆士兰州的土著居民,用"kuma"表示现代人亲身见证的事情,用"anthantnama"表示许久以前的事,用"yilamu"表示创世期的事情。此外,很多社会都认可历史上的文化变迁。依靠狩猎采集为生的东非哈扎人声称他们最早的祖先是不用火或工具生活的巨人。这些历史上的范例有很多形式,一些涉及文化的神秘创始者,通常是最早的祖先、神灵或动物,是他们创造了现在的社会习俗和熟悉的地理景观;另一些则描绘出一个更加遥远的、不连续的英雄时代,就像希腊人那样,可以让作家们——如埃斯库罗斯(Aeschylus)——来评价同时代的人类行为。

过去的大多数人类社会没有文字,知识和历史以口耳相传的方式传承。阿兹特克人的口述历史是以这种方式传承历史的极好例证,但其中一部分口述历史在公元16世纪西班牙征服者到来之后就消失了。这些记述有着明确的叙事情节,经常围绕大人物、关键性事件——如1487年在阿兹特克都城太阳神维齐洛波奇特利(Huitzilopochtli)庙宇中举办的供奉典礼——以及受历史青睐的群体。与其他的口述历史一样,阿兹特克人的叙事具有一定规则和主题,它们形成了故事的中心思想,这些故事在一个叙述者讲给下一个人时有非常多样的变化形式——即使基本内容一致。很多口述历史都是真实历史与寓言故事的混合,融汇着道德与政治的价值取向。但对于那些听众来说,这些都是公认的历史,是在关键群体面前上演的历史,并且接受以前听过相同故事的那些听众的批评。

口述传统(oral tradition)难以被科学地使用,因为靠这些难以建立古史。在一些案例中——如澳大利亚——有不少口述历史与考古现象相符的情况。例如,口述传统提到了第一批抵达澳大利亚的人,冰期过后的海侵现象,狩猎大型有袋类动物(袋形动物,如袋鼠)。可以说,澳大利亚的历史来源于两方面:考古资料和口述传统。在某些情况下,考古学家与当地人会分享对历史的兴趣,一起去考察历史圣地,经常去确保这些遗产的安全,即使这两群人对这些特别场所的"重要性"有根本性的分歧。(例如,在考古学家并没有发现建筑物或人工制品的地方,当地人仍会认为这是一处"神圣的场所"。)

然而,通常情况下,考古学家与当地社群对历史的兴趣并不相同。对考古学家来说,历史是用现代科学的严密性来进行研究的科学资料;对于当地人,历史常常被高度个人化,仅是祖先们的遗产。这些描述是历史的有效选择版本,值得理解与尊重,因为它们在创造与重申文化特质中起关键性作用。这还引出了一个基本问题,也是许多北美土著居民拒绝考古学研究的原因:考古学家能够为那些已有自身历史的文化群体提供什么帮助?为什么在研究"对于人类来说什么是已知历史"的伪装下,土著居民允许考古学家去发掘他们祖先的遗址、聚落和神圣场所?这是考古学家很少提到的问题。我们应当知道,可选择且引人注目的历史解释是存在的,而且在西方人到来之前它们就存在,它们在帮助少数民族和其他族群保护传统遗产方面起着重要作用。对于历史来说,不仅有考古学家,还有很多利益相关者。

2.3 考古学家都做些什么？

那么，考古学家都做些什么？非常简单，我们是一种特别的人类学家和特殊类型的历史学家。

人类学、考古学与历史学

广义而言，人类学是对人类进行的科学研究。人类学家主要研究作为生物有机体的人类和具有独一无二特征"文化"的人。他们对当代人类社会以及从最早人类以来的人类发展演化展开研究。因此，考古学与人类学之间关系紧密，就像考古学、历史学和其他学科的关系那样。

人类学的研究领域十分广泛，它有四个主要分支学科。**体质（生物）人类学**（physical/biological anthropology）包含有关人类生物进化和现存不同种群差异性的研究。体质人类学家也研究非人灵长类动物的行为习性，如黑猩猩和大猩猩，对它们的研究可以为早期人类行为提供合理解释。**文化人类学**（cultural anthropology）是对过去和现在人类社会生活的分析。它的首要任务是研究人类文化及其对环境的适应。在文化人类学家中，**民族志学者**（ethnographer）阐释现存和已灭绝社会的文化、科技与经济状况；**民族学家**（ethnologist）则对社会进行比较研究，试图建构人类行为一般原则。**社会人类学家**（social anthropologist）分析社会组织，即人们自我组织的形式。最后，**语言人类学家**（linguistic anthropologist）研究人类语言，这类研究有时对分析历史非常重要。

考古学和文化人类学在某种意义上是相同的学科。然而，考古学家是研究古代和相对现代的过去社会，这就意味着研究者与研究对象之间无法对话。他们调查和现场勘测过去人类行为的物质遗存——石器、碎陶片、动物骨骼残余等，这些遗存都是几个世纪甚至千年以前就被有意地制造和加工出来的。考古学家通过建构理论模型，将物质文化遗存与实际人类行为相联系，来解释长时段的人类行为和文化变迁。正如我们所说，考古学是研究250万年前最早人类直至现代人类的文化变迁的独特方法。

通过研究古代社会，考古学家也研究广泛、长时段并且有差异性的人类历史。他们用过去的物质遗存重建历史，正如历史学家用各种文献复原历史一样。由考古学家复原的历史更加倾向匿名性，因为考古年代学很少能在这方面与历史学家竞争，考古学仅能偶尔准确描述某人的一生。但我们是一种特殊类型的历史学家，重要的是，欧洲有数千年的连续历史，而美洲从1492年克里斯托弗·哥伦布至今，连续记载的历史仅仅有几个世纪。

考古学家的工作

现代考古学家与漫画中戴着遮阳帽的教授形象大相径庭。直到20世纪40年代，大多数考古学家仍然花费大量时间在田野中调查和发掘。半个世纪之前，全世界也只有百余名考古学家，其中大部分在欧洲和北美洲。如今，考古学家的足迹遍布世界各个角落——澳大利亚和太平洋岛屿、中国和西伯利亚、热带非洲、拉丁美洲及北极圈地区。没有人确切地知道全世界究竟有多少位考古学家，但大概已接近1.5万人。如今，考古学是全球科学，是一项专业学术活动。甚至有考古学家投身于都市垃圾的研究。

变化开始于"二战"以后。随着考古学家们开始担忧由于之前没有尽最大努力调查而导致考古学遗址的大规模破坏，"抢救性考古"诞生。典型的国际合作行动有在联合国教科文组织的大力支持下，在20世纪60年代因修建阿斯旺水坝而即将被淹没的尼罗河谷地广大区域内寻找考古遗址，美国犹他州葛兰峡谷大坝（Glen Canyon Dam）也是如此。由于意识到劫掠行为、工业发展、农耕与采矿都在导致考古遗址迅速消失，从20世纪60年代到80年代，美国联邦和各州通过了一系列法令以保护历史遗存。在欧洲和北美洲，考古学改变了自身角色，由纯粹的学术研究转变为依靠田野和实验室研究来评估和保存历史，同时尽量减轻基本建设和其他活动对遗存的影响。如**文化资源管理**（cultural resource management，CRM）就是考古学的一个类型，涉及考古遗址这类文化资源的管理和价值评估。在北美考古学中，文化资源管理是一项重要活动。

向文化资源管理的转变在就业数据中也有体现。20世纪60年代，几乎所有考古学家都是大学、学院教授或博物馆的工作人员。在一份1998年的美国考古学家调查报告中，史密森学会的梅琳达·泽达尔（Melinda Zeder）记录了考古学就业的巨大转变。当时的美国考古学家，仅有35%在学术机构工作，8%在博物馆工作，23%在联邦、州和地方政府工作，而且许多是纯粹的行政岗位。就业人数增长最多的是私营企业。在1997年，已有18%的美国考古工作者在从事环境监察和文化资源管理的民营顾问公司工作。这一数字仍在上升。

泽达尔的研究表明，考古学正从一门纯粹的学术学科迅速转变为一个在政府和民营企业中有着深厚根基的专业。这是因为人类的历史正在遭受工业文明的蚕食，包括深度的耕作和采矿、工业发展、铁路建设和不可阻挡的大型城市扩张，更不用说那些劫掠者和盗墓者了，他们为了获得那些可以卖得高价的文物从不考虑对遗址的毁坏。越来越多的考古学家成为管理者而不是教授，管理珍贵且正在迅速消失的资源：人类的过去。过去头戴遮阳帽的教授变成了如今的文化资源管理者，150年前难以想象的冒险家形象正在逐渐消失。

2.4 大量遗址与考古学家

当前的考古学是一个"专家们"的学科和专业，常有令人生畏的晦涩主题。在已有的职业生涯中，我就已经与史前史学者、埃及古物学家和水下考古学家一起工作过。这里所提到的还只是一些相对宽泛的专业，我还与研究古埃及酒类、文化资源管理、冰期蚯蚓、南非老鼠、驯鹿牙齿年轮和18世纪美洲殖民地种植园的专家们合作过，这还不算联邦、各州政府的考古学者和民营企业里的专家。

学术型考古学家中有一些主要的专业领域。**史前考古学家**（**史前史学家**，prehistoric archaeologist/ prehistorian）研究史前时期，从最早的人类时代到文字记载的出现。在史前考古学内还有很多划分，包括**古人类学**（paleoanthropology），研究早期人类文化和手工制品，以及石器工艺、艺术和狩猎采集者。在新旧世界、欧洲、美国西南部和很多其他地区，都有**史前史**（prehistory）的研究专家。

古典考古学家（classical archaeologist）研究伟大的古希腊、古罗马古典文明的遗存（图2.5）。很多古典考古学家研究艺术和建筑，而另一些则与史前史学者的兴趣一致，关注经济、聚落和社会问题。

《圣经》考古学家（Biblical archaeologist）研究居住在今天以色列、黎巴嫩和叙利亚地区少数族群的多样性，他们尝试把《圣经》、迦南人文献和考古资料相联系。

在众多考古学家中，**埃及古物学家**（Egyptologist）、**玛雅文化专家**（Mayanist）和**亚述学家**（Assyriologist）都关注于具体的文明或时段，这样的专家需要特殊的技能，例如要能辨识古埃及象形文字。

历史考古学家（historical archaeologist）在考古遗址中工作，研究有文字记录时期的问题。他们发掘英格兰温彻斯特和约克这样的中世纪城市，研究美洲殖民地的聚落、西班牙教团和19世纪美国西部的边境堡垒。

历史考古学（historical archaeology，有时称作文献考古学）是在文献的帮助下研究古代人类社会（见第5章）。

水下考古学家（underwater archaeologist）研究淹没于海底和湖底的古代遗址和沉船，甚至包括湍急的明尼苏达溪流——皮毛商人曾在此失事，丢失了独木舟上的大宗货品。水下考古和古代航海一样，也使用潜水技术，但是它的研究目的和陆地上的考古是相同的，即重建和解释过去的文化（见第13章乌鲁布伦沉船部分）。

工业考古学家（industrial archaeologist）研究工业革命时代的建筑和其他建筑物，例如维多利亚时代的工厂。

除了上述领域的专家，还有掌握多种考古学方法的专家。包括研究食物遗存的**植

图2.5 雅典的帕特农神庙

物考古学家（paleoethnobotanist），研究石器技术的石器工艺专家，专于古代动物骨骼的**动物考古学家**（zooarchaeologist），甚至还有一些专长于古代（和现代）犯罪鉴证研究的考古学家。

2.5 考古学为什么重要？

考古学有着神奇的吸引力。穴居人、黄金法老、隐藏于浓雾中的废弃城市，这一切都充满了奇幻色彩。那些辉煌的发现也是如此，比如位于秘鲁的莫切文化（Moche）西潘（Sipán）王陵墓被发现时原封不动地位于砖砌台面上，墓主人于公元400年下葬，墓中随葬有金银饰品（图2.6和图3.5）。像西潘王墓室或奥茨（Ötzi）冰人——在意大利阿尔卑斯山发现的一具被冰冻的青铜时代旅行者尸体（图13.4）——确实引人注目，甚至称得上是传奇般的发现。这样的科学珍宝吸引着探险家和冒险家，用戏剧化的方式把过去带到现实生活中来。

如今已很少有发现能够使人们像3个法国洞穴探险家那样感到兴奋与刺激了。1994

年12月18日,他们进入了法国东南部阿尔代什山(Ardèche)峡谷岩壁上的一个76厘米宽的洞穴。艾略特·德尚(Eliette Deschamps)、简-玛丽·肖维(Jean–Marie Chauvet)和克里斯蒂安·希莱尔(Christian Hillaire)挤进狭窄的洞口,他们感觉到来自洞穴深处的呼唤,于是清走堵住道路的砾石,在它们下方3.6米处有一个巨大的洞室。他们用绳梯下至有天然方解石柱的洞室中,钙化了的洞熊骨骸和牙齿散落在地上,地面上凹陷的浅坑表明早已灭绝的野兽曾在这里冬眠。突然间,德尚惊讶地呼喊起来,她的灯照到了墙壁上一幅小型图画,那是一头猛犸象。探险家们逐渐深入洞室,发现了越来越多的图画,有正反两面的手印,还有猛犸象、犀牛(图2.7)、洞狮的形象。当注视着这些壁画时,3位探险家似乎感到时间已化作虚无,仿佛那些艺术家片刻之前才将这些画绘于洞穴中。正如其中的一个探险家形容的那样,"绘画者的灵魂就在我们周围,我们能够感觉到他们的存在"(Chauvet, Deschamps, and Hillaire, 1996:42)。

肖维岩洞(Grotte de Chauvet)以其中的一位发现者命名,岩洞从末次冰期以来一直未被外界打扰,地上的灶台就像前一天还在使用。探险家们发现了一条精美的壁画带,上面有黑色野马、野牛和两头相对的披毛犀形象。在一条9米长的黑色图案带上,刻画了雌狮、犀牛、野牛和猛犸象。右侧站着一个戴牛头面具的人,也许是萨满巫师正在监督巨大壁画的创作。放射性碳定年测试表明,在大约3.1万年到2.4万年前,肖维岩洞曾有人类的重复性活动,这是世界上最早的壁画洞穴之一。

神秘的过去

与图坦卡蒙墓和奥茨冰人一样,肖维岩洞中的冰河时代动物引起了国际轰动。但考古学的魅力要比这更大,因为提到过去,总会使人联想起待解之谜和无法解释的现象。你只需去看一看那些包括搜寻诺亚方舟、法老的诅咒(鲍

图2.6 秘鲁北部海岸身着华丽服饰的莫切文化西潘领主人体模型,时间为大约公元400年。

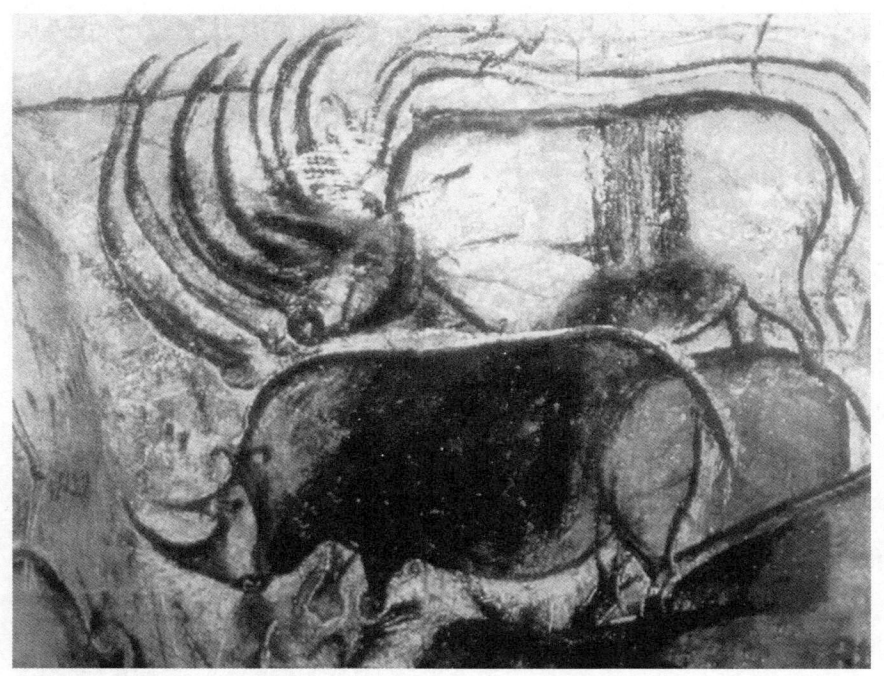

图 2.7　法国肖维岩洞，大约 3.1 万年到 2.4 万年前克罗马农艺术家所画的披毛犀。

里斯·卡洛夫 [Boris Karloff] 的一次经典演绎使之成为现实，在 20 世纪 30 年代的一部电影中，他成功塑造了一个极为生动的木乃伊形象）或是遗失的亚特兰蒂斯大陆等古老传说的奇幻电影，就可窥见过去所蕴藏的无尽魅力了。可是这些奇幻故事仅仅是伪考古学，和印第安纳·琼斯的冒险电影一样，没有什么史实根据。真正的考古学难题，如古埃及人如何建造金字塔？为什么美国新墨西哥州查科峡谷（Chaco Canyon）的古代普韦布洛（阿纳萨齐）人在悬崖峭壁上修路（图 5.10）？这些问题不仅吸引着考古学家的注意，还激起了除专业人员之外很多业余爱好者的兴趣。如今考古学与足球、汽车一样，都是流行文化的一部分。很多人为了消遣而阅读考古学书籍，加入考古学社团，听取有关过去的讲演。

边界：伪考古学

所谓伪考古学，其实根本就不是考古学。无畏的冒险者登上古代帆船、一些令人吃惊的宗教崇拜、一连串的金字塔、大量黄金和藏在迷雾中的异域文明，这些都是一个史诗般考古故事的必要元素。伪考古学在那些爱好冒险、空想和虚构的人群中很有市场。这种文学体裁,一般都是讲述久远而又被人遗忘的关于过去的引人注目的传说。例如,英国记者格雷汉姆·汉考克(Graham Hancock)就声称在南极冰层下存在着一个1.2万年前的高度繁荣的伟大文明(当然,它那壮观的城市已经被厚厚的冰层盖住了,因此不可能被发掘出来),殖民者从故乡南极出发扩张到整个世界,建造了一个个著名的遗址,譬如玻利维亚高原的蒂瓦纳科(Tiwanaku)和尼罗河岸边的狮身人面像。汉考克把各式各样的地质观测和孤立的考古发现拼接在一起,编织成一个独特的故事。他对考古学家们询问如何发现这些古代殖民者和文明的反应置之不理。汉考克十分相信自己这个牵强附会的理论,作为一位畅销书作家,他还设法拼凑出一部读起来像一个业余侦探写的推理小说的畅销书。

追捧伪考古学的人们,往往对严谨的科学没有耐心,而更愿意相信"总会有点微弱的可能性……"。一些"考古狂热者"有个人崇拜倾向,甚至进行宗教运动。那些"狂热"的倡导者所推行的理论,成为能够改变个人信仰的信条。他们尝试给人类赋予意义,并沉浸在符号论和宗教活动中。信徒们几乎都把考古学家看作是自以为高人一等且过于吹毛求疵的人,因为考古学家拒绝一切不被科学证据支持的理论。

讽刺的是,本书虽然呈现的是科学考古学,但要比最好的奇幻故事还有趣。

考古学与人类多样性

考古学的独特之处,在于它有追溯千年以前的能力,能够重建和诠释古代社会难以想象的文化和生活方式,尽管这些社会已经经历了多个世纪或几千年的变迁。为什么在其他社会迈向农业或高度复杂的城市文明时,一些社会却消失得踪迹难寻?第一个使用火的人是谁?谁最早发明了犁?铜、铁的熔炼怎样改变了人类历史进程?考古学的魅力,在于我们不仅能研究最久远的人类起源,还能研究人类持续变化的生物性和文化上的多样性。

我们生活在一个复杂世界中,这里充满着几乎让人眼花缭乱的人类多样性。我们可以登上月球,把探测器送至火星,在热带雨林的几英寸之内立足,制造出拥有难以想象的速度和精密度的计算机。然而,我们对于人类多样性,以及与来自不同文化背景和文化传统的其他人群的合作能力的理解,还停留在初级水准。我们本能地恐惧多样性——与我们存在差异的人,说着不同语言或用不同于自身的文化视角看待世界的人。我们出于恐惧而有这种忧虑,有些也出于偏执,但更多是源自无知。考古学是应对这类无知的主要教育手段。

考古学教给我们关于多样性的最重要一课，就是哈佛大学生物学家史蒂芬·古尔德（Stephen J. Gould）曾讲到的，我们所有人都是"共同非洲人类树"的后代。早在1871年，维多利亚时期的伟大生物学家查尔斯·达尔文在《物种起源》中提出了一个著名理论，即人类起源于非洲，因为在那里找到了种类最多的类人猿定居点。现在，我们知道他是对的。尽管存在更多争议，但多亏了DNA研究和考古发现，我们得以推测自己的直接祖先"智人"（Homo sapiens）源于非洲，然后扩散到其他大陆，取代了更古老的人种。最重要的是，考古学与DNA研究都表明，现代人之间关系的亲密性大于他们之间的差异性。可见，我们都是具有完全相同的能力去概念化和塑造世界的人，我们可以创造发明，体会爱与恨，适应地球上的任何环境。我们只是碰巧使用不同的方式而已。

考古学研究的是最初期的多样性，其时间远在我们被19—20世纪巨大的人口迁移彻底变成复杂的工业社会千年之前。我们在寻找一些基本问题的答案。为什么我们会有生物学与文化上的不同？我们的相同性和差异性体现在哪些方面？人类的巨大差异最早始于何时，形成原因是什么？遗传学家和考古学家都推测现代人类起源于热带非洲，然后在10万年前的末次冰期扩散至整个世界，此后复杂的人口流动和文化变迁可能是早期人类历史的延续。这些延续不仅包括现代人类的优越生物性和文化多样性，还有艺术和宗教生活、农业和动物驯化、乡村生活和城市文明——这些都是我们这个多样且复杂的世界的重要根基。

在这个种族主义司空见惯的世界，考古学一直提醒我们关注共同的、近来的生物学与文化遗产。人工制品不论对古代人类行为还是文化的多样性来说，都是很好的指示剂。早期美洲社会要比我们现在认识到的复杂得多（见第13章）。考古学家凯瑟琳·迪亚冈（Kathleen Deagan）发掘了美国佛罗里达州的莫塞堡（Fort Mose）遗址，它是北美洲最早的非裔美洲人自由社群。这个位于大西洋沿岸的小村庄由37个家庭组成，距西班牙殖民者的圣奥古斯丁3.2千米。它于1738年建立，此后一直由西班牙人占据，直到1763年西班牙放弃佛罗里达地区。在它的全盛期，整个聚落有22座茅草屋、1座教堂、多座哨所和一个较为完备的防御工事。这个遗址的居住者很多来自西非，使用的器物不仅有非洲的，还有英国、美洲本土和西班牙的。迪亚冈和她的同伴希望通过遗物来探究遗址居民的主要文化因素。

作为政治工具的考古学

自文明产生之始，统治者和政府就利用历史为其统治建立合法性。在伊拉克南部的幼发拉底河和底格里斯河流域，建立了世界上最早城市文明的苏美尔人，创造了一个由《吉尔伽美什史诗》（*The Epic of Gilgamesh*）传颂的英雄历史。吉尔伽美什是一位具有传奇色彩的国王，他在那场甚至让众神都感到惧怕的"大洪水"到来之前统治着苏美尔地区。大水退去之后，他们在基什（Kish）城的土地上重建王国，有文字记载的历史自此而始。

对于每个社会制造的历史来讲，过去总要为现在服务。墨西哥高地的阿兹特克人在公元1200年还是一个无名的农耕社会，仅仅3个世纪之后，他们就统治了整个中美洲。一个美洲本土文明从位于墨西哥谷地中的耀眼首都特诺奇蒂特兰（Tenochtitlán）崛起，范围包括墨西哥的大部分高原和低地、危地马拉、伯利兹和洪都拉斯（图6.4）。1426年，一位颇有权势的官员特拉凯利尔（Tlacaelel）成为墨西哥高地15世纪数位阿兹特克统治者的得力助手，他说服统治者烧毁墨西哥谷地中其他城市所有的早期历史记录。与此同时，特拉凯利尔编造了一个令人信服的白手起家的故事，这个故事叙述了作为太阳神维齐洛波奇特利选民的阿兹特克人从默默无闻到墨西哥统治者的崛起历史。这个新历史明显是政治宣传，意图使长达一个世纪的军事帝国主义合法化，这一军事帝国主义也使阿兹特克人成为庞大帝国的统治者。

没有人能客观地看待过去。我们会把个人的文化立场带入历史学与考古学研究，因为我们都会用自己的价值体系与所处社会的狭隘目光去看待过去的发展与历史事件。因此，考古学对过去的任何解释都是一种叙述形式，它基于事实，既是科学的也是政治的，甚至是带有文学色彩的事业。作为这项事业的一部分，考古学理论旨在不仅描述过去，还解读过去。

考古学特别容易受到政治滥用的影响，因为它的研究对象是那些鲜为人知的古代事件和社会，甚至来自考古资料。许多人出于民族主义和政治目的探求辉煌的过去，用一个简单的故事来为自身的政治目的建立合法性。在"二战"前，纳粹不知羞耻地利用考古学鼓吹古代欧洲纯种"北欧日耳曼人"这一概念；在前南斯拉夫，历史早在数个世纪前就已沦为无休止的政治斗争的战利品。若想要改变公共舆论，重建并拥有一个真实或假想的过去，考古学无疑是个至关重要的政治资源。如此一来，考古学家便很难把握逻辑和实证的学术标准。最多也就是把历史史实拉伸到极限，同时促进偏执、民族主义与欺骗。

另一方面，考古学从延长时间的视角，已经给世界上那些文字记录不超过一个世纪的地区增加了新的人类历史篇章。例如，中非的部分地区，最早的文字历史出现于1890年左右殖民统治建立时，以及在此之前几十年极少数维多利亚时代探险家的旅行记录。在非洲很多地方，考古学的主要目标就是书写无文字的历史，以此来提升国家认同感——并非通过档案和文献，而是通过诸如废弃已久的村落和垃圾堆这些过去的物质遗存。

考古学与经济发展

那晚，刺骨的寒风袭扰着玻利维亚高原的的喀喀湖（Lake Titicaca）周边。白霜笼罩着干燥的山坡，当地农民就在这片贫瘠的土地上种植马铃薯。很多家庭彻夜观察，眼看着马铃薯在他们面前凋零、枯萎。破晓时分，他们穿过废弃的田地，低头看到一团轻薄的暖空气覆盖着低处平原的一些试验田。当考古学家在低地处挖出了废弃已久的古代农田时，他们疑惑地看着，然后将马铃薯种子交给其中一人，让他去一块相同的田地上种植。这人把砾石、黏土、土壤分层堆放，然后在田地周围挖出浅灌溉渠。新马铃薯的绿苗长得比干旱坡地里的高出许多。随着气温降至冰点以下，一团暖空气弥漫在田地上方，马铃薯也从人们的视野里消失了。现在，温暖的阳光驱散了雾霭，显露出繁茂、绿油油的马铃薯枝叶，它们只有在霜中才会微微变色。

经过数月的地面调查、发掘和控制农业实验，考古学家重新发现了古代安第斯农民留下的惠及子孙的被遗忘的遗产。先人们用水保护农作物，使其不受霜害，并以此成功支撑了辉煌之城蒂瓦纳科及其王权长达5个多世纪。今天，超过1500名现代农民已经重新意识到了台田的优势（图2.8）。不少附近的社群也开始想要了解古代农业。

考古学表明传统体系有很多优势——庄稼高产、无需施肥，大大减少了霜和洪水危害的风险。此外，高产主要得益于当地劳动力与农作物，以及首都郊区的低廉成本。据最新估算，将近860公顷田地重新恢复，更多的土地已纳入计划中。

的的喀喀湖台田实验取得了巨大成功，让考古学家能够积极参与到美洲其他几个这样的项目中。政府逐渐发现，一些考古学家能够了解很长时间范围内的事。古人虽然并未掌握20世纪的科学技术，但他们十分熟悉并能有效地利用周边环境。用这些通常被遗忘的方式来培育土壤、种植作物、饲养动物毫无问题，工业规模的农业生产并非世界粮食危机的普遍答案。

考古学家威廉·拉思杰（William Rathje）长期应用考古学理论研究图森（Tucson）和其他美国城市的现代垃圾场。他发现废弃的家庭垃圾不会说谎，相比于否认存在大量酒精消费的调查问卷结果，喝光的啤酒罐和酒瓶更能说明家庭的饮酒习惯。拉思杰的长期研究揭示了低收入家庭和富裕家庭的明显差异，即从丢弃的垃圾就可看出前者

图2.8 位于玻利维亚高原的台田（Courtesy of Clark Erickson）

的节约与后者的浪费。这类研究看似对猫粮公司更有用，而不是考古学家，但"垃圾学"传递给我们大量关于现代工业社会废弃习惯的信息。这也是考古学家在调查古罗马、尼尼微、底比斯的垃圾堆时很重要的理论经验。

历史无法抗拒的诱惑

足不出户的考古学是一回事，亲身感受过去的第一手资料——遗址和遗物——是另一回事。古代遗存有着让人无法抗拒的魅力。飞机和背包游成就了考古旅游这个巨大产业。50年前，只有权贵们才有能力去尼罗河旅行、参观希腊古典神庙或探索玛雅文明。而现在，不管是埃及、帕特农神庙（图2.5），还是墨西哥特奥蒂瓦坎古城（图7.18），你都可以进行背包游。除此之外，还有以下这些令人神往的情景：用大量人力建成的巨大的埃及吉萨金字塔（图2.1）；在夕阳照耀下呈现粉红色的希腊苏尼翁岬的波塞冬神庙；沐浴着满月月光，静静矗立着的玛雅蒂卡尔（Tikal）古城。

我曾在一个随着夕阳将世界染成浅粉色之后到来的春日夜晚，坐在希腊古典时代伟大的埃皮达鲁斯剧场中（图2.9）。我在高高的舞台上方坐定，随即看到一小群德国游客聚集在他们的向导周围。向导把他们带至剧场前排的座椅处，自己站在中央，背诵起欧里庇得斯《伊翁》（*Ion*）中令人回味的诗节。古代诗篇响彻宁静的剧场。我闭上眼睛，想象这里满是欢乐的观众，香气飘荡在春日的空气里，诗节大起大落，令人紧张、伤感，吸引了在场的每个人……向导的声音戛然而止。欧里庇得斯的魔力褪去，剧场内重新恢复了寂静。

回溯过去是一种感人至深的体验——冬季的一天，北风吹过英格兰北部的哈德良长城（本章章首图）；或者是亚拉巴马州芒德维尔（Moundville）一个闷热的下午，空气似已静止，带着色彩的茅草屋和壮观土墩呈现在你的脑海中，空气中弥漫着木柴烟熏的味道，不远处传来孩子的哭声和犬吠声。

当你第一次看到法老图坦卡蒙的金面罩或另一位古埃及伟大国王拉美西斯二世的容貌时，你会拥有相同的情感联系，这种联系会带你进入一个充满成就感和认知程度更高的领域中。甚至是再平常不过的器物，像石斧或陶器，依旧可以给人们带来惊奇与领悟。多年以前，我把一个200万年前的锯齿刃石斧拿在手里不停翻转时，突然间，我从其上的刮削痕迹意识到这个工具的古代制造者是一个左撇子，当时，我感觉自己与过去连接起来了。

总有一些时刻，我们会感受到遥远的过去延伸到了现在，给人们以慰藉、鼓励和

图2.9 希腊埃皮达鲁斯（Epidauros）圆形剧场

经验。我们因古人的成就而震惊，他们的遗产令现代人心生敬畏。本书阐述了考古学家研究过去并重建漫长的史前史时使用的一些基本方法和理论手段。

2.6 考古学家眼中的人类史前史

本书关注于科学考古，因此，在探讨考古学的基本准则之前，我们需要对长达250万年的人类史前史进行一个简要说明。这样，当我们更深入探究考古学时，你的大脑里就能有一个基本发展框架（表2.1）。

史前史是指文字产生以前的历史，时间跨度很长——从250多万年前东非出现能制作工具的古人类（类人生物），一直到相对晚近的时期。史前时代与历史时期的根本区别显然是历史时期有文献。在历史时期，文献资料可以使考古资料更为翔实。比如，刻字的泥板文献就是5000年前美索不达米亚苏美尔人的档案，因此严格来说，我们从那时起就已进入历史时期。

史前考古学家们正尝试记录并了解人类适应地球上各种不同环境的方式。通过研究适应性，我们便能开始理解组成我们世界的人类文化的惊人多样性。

为了行文方便，我们将史前史又分成了若干章节，每一章都包含了很长的历史时段和日益复杂的文化发展。事实上，将这些章节归于"发展"更为合适，因为就考古学家们而言，在最后的分析中，关注的是人类文化长时段的演进。

早期史前史

史前史的大部分时间，即早期史前史（图2.10），是从250万年前热带非洲制造工具的直立古人类的出现，到20万年前现代人类的诞生。在这个时期，我们的世界还十分古老，在190万年前，古人类缓慢进化为更高级的直立人。文化与社会变迁甚至比这还要慢，在100多万年里，人类的生活方式或生产技术其实只有很小的变化。

大约180万年前，有些人类离开了热带地区，向北边的中纬度地区迁移，进入欧亚大陆，去适应更剧烈的气候波动。人类之所以能这样做，部分是因为学会了控制火——人们用火取暖或者做饭，当然还会用火对付住在深邃洞穴里的食肉动物，这些洞穴是人类的天然居所。

这些分布地域广阔的直立人，至少花了80万年才进化成为解剖学意义上的现代人类，基因和解剖结构上的巨大改变，让我们一般将其归为早期智人。其中有些便是欧

近代	1492年,哥伦布登陆新大陆
	阿兹特克和印加文明繁盛于墨西哥和秘鲁
公元1000年或稍后	人类首次迁移至新西兰
	查科峡谷的梅萨维德遗迹
公元元年	特诺奇蒂特兰,公元前200年至公元750年
	玛雅文明繁盛于中美洲低地(公元前600年至公元900年及其以后)
公元前1200年	中美洲的奥尔梅克文明
公元前1600年	地中海的克里特与迈锡尼文明
	中国商文明
公元前2700年	巴基斯坦印度河流域的哈拉帕文明
公元前3100年	古埃及和苏美尔文明在近东地区出现
公元前4000年	美索不达米亚的乌鲁克,一个近似城市的庞大聚落
公元前5000年	农业在中美洲出现
公元前6000年或更早	农业在中国出现
公元前9500年	食物生产和动物驯化在近东确立
公元前12 000年	末次冰期结束
公元前15 000年	美洲第一个定居点(?)
35 000年前	澳大利亚第一个定居点(也许更早)
45 000年前	晚期智人开始定居欧洲
75 000年前	尼安德特人扩散至欧洲、欧亚大陆和近东
10万至20万年前	解剖学上的现代人可能在热带非洲出现
25万年前	早期智人在许多地区进化
40万年前	直立人在欧洲和中国北方出现
180万年前	直立人从热带非洲迁徙至亚洲
190万年前	直立人在非洲出现
175万年前	奥杜威峡谷的能人
250万年前	东非首次出现能制作工具的古人类
450万年前	最早的不能制作工具的双足(双足站立)古人类出现于非洲

表2.1 人类史前史的主要发展

亚大陆身材矮胖的尼安德特人,他们在末次冰期的严寒气候中,一直从10万年前繁荣到3.3万年前。

现代人类的起源与迁移

大约在20万年前,晚期智人进入东非和南非的热带林地。然而,少数科学家认为,大约在同时,智人已分布在旧大陆的很多地区。这些现代人类——我们从基因研究上得到的信息要比化石多——仍是狩猎采集者,但适应能力明显要比他们的祖先更强。截止到10万年前,智人从非洲进入亚洲西南部地区,接触到其他狩猎采集人群——比他们更早、更古老的智人。从撒哈拉以南非洲地区向外的大迁徙发生在晚些时候,大约在60 000年前,此时智人已经完全具备了现今人类所拥有的认知能力,比如预先计划、逻辑思考和在需要时进行创新的能力。

图2.10　350万年前,在坦桑尼亚的莱托里(Laetoli),两个阿法南方古猿(Australopithecus afarensis)走过火山软灰层。20世纪70年代,伟大的古人类学家玛丽·利基在发掘中发现了他们保存完好的足迹。

在冰期的最后一千年中，智人由旧大陆向新大陆（美洲）广泛迁移，这也许是人类历史上最激动人心的一章。4.5万年前，人类抵达了澳大利亚；不到1万年以后，人类发明了能够抵御寒冬的复杂技术，他们活跃于天寒地冻的欧洲冰河时代和西伯利亚东北部的开阔平原。1.5万年前或更早，可能有若干小股人群进入阿拉斯加和美洲的其他地区。只有等到深水独木舟和远洋航行技术出现和成熟，太平洋中那些离岸很远的岛屿才可能有人类居住。

食物生产的起源

1.5万年前冰期结束时，全球变暖导致气候与地形发生了剧烈改变。旧大陆和美洲的人类都不得不去适应冰期以后相当多样化的全新环境。大约在公元前1万年，亚洲西南部地区一些狩猎采集的大型定居社群开始培育野生谷类植物，比如小麦和大麦。这可能是为了应对由寒潮引发的强烈干旱，也预示着北半球部分地区回到了冰期时的生存条件。尽管这是人类第一次试图适应这种具有延续性的传统生活方式，但这番适应非常成功。几个世纪中，村落农民就在亚洲西南部的很多地区出现，而且很快扩张到更远的地方。很快，牛、羊、猪的驯养替代了狩猎，成为人类的基本生活方式。

新的经济形式以野火燎原之势，南抵尼罗河谷地，北达欧洲。印度、东南亚和中国在几千年内发展成为独立的植物种植和动物驯化中心。至少在公元前4000年，也许更早，美洲也开始培育本地植物和谷物。

在考古学上，对食物生产的起源尚有一些争议。为什么人类要从狩猎采集转向农业和动物畜养？过度放牧、砍伐森林、犁耕导致了全球环境快速、长期的变化？最早的学者们研究早期农业，是想找出那些最早种植谷物，并用这种可预期的新食物取代原有生计方式的天才们居住过的村庄，但至今，还没有人发现这群神秘天才们的遗存。而我们已经认识到，无论在亚洲西南部还是世界上的其他地区，农业和动物驯化在人类文化中存在数千年的复杂变化过程。气候变化应当为食物生产负责，或者环境多样性、文化、社会因素也参与其中？争论仍在继续。

整个史前时期，人类社会都在尝试应用新理念与技术。只有一些留存下来，并且仅有很少一部分——其中有农业、金属制造、文字和轮式运输——深刻影响了全世界人类社会的发展。

国家（文明）的起源

公元前3000年前，高度集权的城邦社会在埃及和美索不达米亚（现在的伊拉克南部）出现。它们已是国家形态的社会，由至高无上的统治者统治，并由官僚和宗教体系来管理（关于国家的更多讨论，见第13章）。人们居住在比过去更庞大的社群中，很多城市的人口超过了5000人；社会呈现等级化，秩序的维持以武力为后盾；官方信仰取决于少数统治阶层的自身喜好。

美索不达米亚的苏美尔人、古埃及人、巴基斯坦印度河流域的哈拉帕人、中国北方的商朝人和其他一些早期人类均为一些更强大的帝国文明继承，例如波斯、希腊、罗马。早期国家的形成过程——到目前还不能完全了解——也适用于美洲。像赫尔南·科尔特斯（Hernán Cortes）这样的欧洲探险家就接触到了令人惊叹且高度发达的美洲土著文明，例如公元15世纪墨西哥的阿兹特克文明和秘鲁的印加文明。

一段连续的历史记录让我们从美索不达米亚的苏美尔人时代，经过《圣经》时代，直接就可以看到西方文明的冲突及其所取得的经济、技术成就。

欧洲的扩张

史前史的最后章节是与1430年地理大发现后西方文明在本土以外的扩张同时的。接下来的5个世纪，西方人发现并接触到人类社会的多种形态，从塔斯马尼亚的狩猎群体，到柬埔寨的高棉文明和安第斯山脉的印加文明。在这几个世纪中，这样的多样性社会第一次被纳入历史学家和人类学家经常提及的世界系统——一种经济和政治的交互网络，它从20世纪晚期开始变得无处不在。

史前史揭示了人类生存状况，讲述了一个始于热带非洲的令人信服的故事。过去的文字档案只为我们揭示了人类漫长历史的很小部分，这意味着史前史研究可以告诉我们，为何我们如此相似又如此不同。

── **本章总结** ──

　　1.考古学是对人类过去的系统研究，其研究对象不仅包括人类的行为和技术，还涵盖了人类文化的各个方面。

　　2.考古学是人类学必不可少的一部分，人类学关注最广泛意义上的人类，而考古学家研究过去所有时段的社会。

　　3.考古学家有多种类型。古典考古学家研究古希腊和罗马；历史考古学家研究有文字记录的遗址和社会；水下考古学家是研究沉船和其他水下遗物的专家，他们与在陆地上工作的同行一样，从事考古发掘是为了获得有关古代社会的信息。文化资源管理是考古学家参与管理过去有限遗存的主要方式。

　　4.考古学家面临的主要困难，是劫掠和工业发展导致的考古遗址的逐渐消失。在这方面，旅游业也是重要因素。如今，知名遗址总是供成千上万的游人参观。

　　5.考古学家并不垄断过去，每个社会都有自己的世界观和历史认知。

　　6.考古学家进行的史前史研究是全球性的，主要包括如下问题：早期史前史与人类起源、现代人类的出现与迁移、食物生产的起源和早期文明。

── **问　题** ──

1.考古学对认识人类的独特贡献在哪里？
2.如何辨别真伪考古学？
3.考古学面临的主要危机是什么？是什么导致了这样的危机？

第3章 文化与背景

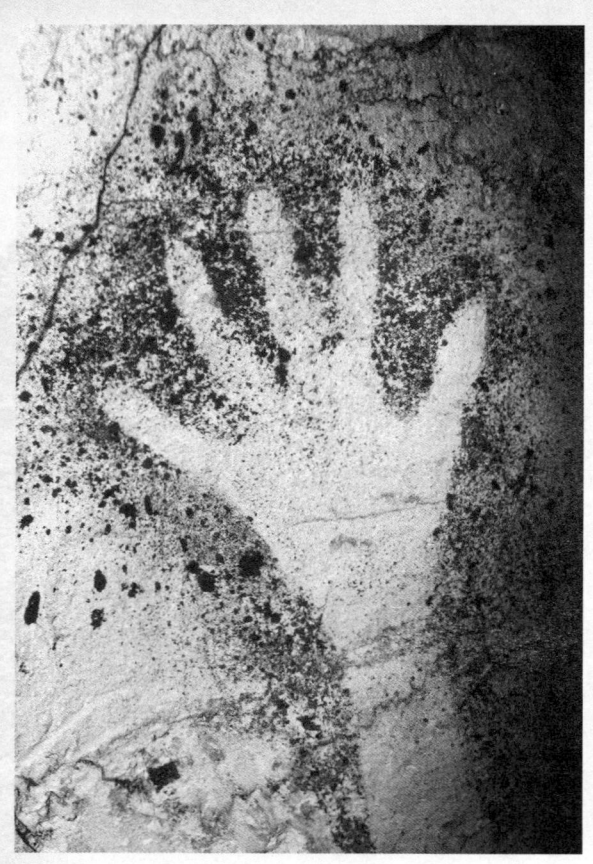

法国洞穴岩壁上发现的约1.5万年前克罗马农人手印

3.1 人类文化	建构文化史	考古遗址
3.2 文化系统	重建古代生活方式	遗物、遗迹与生态因素
3.3 文化变迁	阐释文化与社会变迁	3.6 背 景
3.4 考古学的目标	理解考古记录	本章总结
职责：保护过去的文化遗产	3.5 考古记录	问题

导 言

  本章主要内容是考古学的基本原则，即所有考古学研究所遵循的基本观念。考古学家研究古代人类文化，因此我们首先要讨论文化的概念，然后是文化系统的概念——人类文化是由很多相互作用的因素构成的。我们还要说明文化变迁的重要性，因为考古学是研究长时段人类社会变迁的独特方法。考古学的目标不仅包括在时间和空间上定位古代人类社会，还致力于重建古代人类的生活方式、解释人类行为，尤其还要为子孙后代保存过去的遗产。最后，我们会明确定义考古记录及其构成因素。所有这些，都存在于一个时空背景中。

  一个公元6666年的考古学家，可能会发现他不得不依赖厨房用具的多样性来帮助自己认识到，在1950年，英国和美国存在不同的社会背景。

——戈登·柴尔德（V. Gordon Childe），

《历史的重建》（*Piecing Together the Past*），1956年

在非洲发掘时，我很多次在凉爽冬日的清晨从灌木丛深处醒来，看到离我们遗址不远处的现代农业村庄在太阳升起时开始忙碌起来的情景。破晓时分，四周寂静，空气里透着阵阵凉意，露珠在阳光的照耀下闪闪发光。你会闻到木材烟尘和牛粪的味道，看到手提篮子的人走向牛圈或是挤作一团围坐在火堆前。新的一天开始，茅屋周围不见动静，这种情形日复一日地出现。你会感觉这里的一切都是永恒的，耕种、丰收与生老病死周而复始。我反复思考古代与现代之间的连贯性，不论喜欢与否，我们古代的生活和现在相差无几。像非洲这样的地方，很多人仍像他们多个世纪前的祖先那样生活，过去和现在看起来有着很强的联系。在这里，因为没有文字记录的历史，考古学就是人类学。像这样的经历——木材烟尘的气味，牛在圈中来回走动，黎明时传来的轻声细语——会让你意识到，考古学家只有用过去的碎片来研究古代文化。

本章中，我们会讨论**文化**（culture）和文化变迁的基本概念，并描述考古学的目标。我们还将阐述考古学证据的性质和最重要的"背景"（context）问题，以及它对我们研究过去的意义（发现专题"秘鲁西坎的领主们，900—1100年"）。

3.1 人类文化

每个人都生存在文化环境当中，会被贴上诸如"美国中产阶级""罗马人""苏族人"（Sioux）[①]这样的标签。这些标签隐含着特定的文化特性和典型行为方式。提到汉堡，我们就会想到美国中产阶级文化，而独木舟则会与沿海的因纽特人联系在一起。罗马人被认为耗费大量时间征服世界，苏族人则是在大平原（Great Plains）上驰骋。但这些陈腔滥调经常是肤浅的、不准确的概括。事实上，"美洲印第安人"或"美洲土著"是生物学术语，其中包括明显不同的文化群体，从以家庭为单位的狩猎采集人群到大型的复杂化文明。

每个人类社会都有自己可辨识的文化风格，这种风格通过其成员行为、政治、法律制度、道德来塑造。每位旅行者在一个外国餐厅用餐或到达一个新城市时，都会记住自己体验过的不同文化的独有特色。这种差异性是人们对多种多样的生态、社会、文化因素复杂适应性的结果。

人类文化具有独特性，它的大量文化内涵借助复杂的交流系统代代相传。正规教育、宗教信仰和日复一日的社会交往都在传播着文化，并帮助社会发展出维系生存所

[①] 美洲土著印第安人的一族。——译者

需的复杂而持久的适应能力。当技术水平较低的复杂社会与更高效的技术社会接触时，这种传播系统还促进了文化的快速变迁。文化由数代人的经验凝结而成，潜移默化地指导着我们的行为。它为人们的生活指明了方向，并帮助人们应对不同的状况。

人类是唯一一种用文化作为适应环境的基本手段的动物。尽管生物学进化保护了北极熊，使其可以存活于北极圈的冬天中，但只有人类能在北极地区制作厚实的衣服，并用雪块建造冰屋，而在热带地区则是建造透气的茅草屋。文化是一个适应系统，它是我们自身、环境和其他人类社会之间的连接面。通过长达数千年的史前时代，人类文化变得更加复杂。如果没有文化作为缓冲，我们将会很无助，并且很有可能走向灭绝。作为适应的基本工具，人类文化总会调整自身以适应环境、科技与社会的变化。

语言、经济、科技、宗教、政治和社会机制不过是人类文化一些相互作用的子集。这些元素彼此影响，并成为一个整体。例如，水和食物供给的分布与灵活的社会组织，都有助于决定非洲南部卡拉哈里沙漠（Kalahari Desert）中桑族（San）狩猎采集者的居址分布状况。

文化是决定社会行为的支配性因素，人类社会承载着文化。相互作用的组织者构成的若干社群即是社会。昆虫和其他动物也有社会，但只有人类产生了文化。

什么是文化？历代人类学家曾不断地尝试定义这个最难以捉摸的理论构想，半个世纪前，定义就已超过200个，今天这个数量还要更多。所有这些定义都是根据一群人的知识和共同观念来解释文化和人类行为的概念。其中流传最广的是由维多利亚时期伟大的人类学家爱德华·泰勒爵士在一个多世纪前给出的定义。他写道（1871:4），文化是"一个复杂的总体，包括知识、信仰、艺术、法律、道德、风俗，以及人类作为社会成员所获得的才能和习惯"。对于泰勒来说，文化已尽可能地被认知完善，但他的定义太过简单，只达到了一般的水平。

为了进行一个全面的概括，考古学家尝试从两个不同的视角看待文化：适应观与概念观。

适应观假定经济、科技、人口密度和生态是塑造人类行为的关键因素。人类采用适应性策略以确保文化与**生态系统**（ecosystem）之间的动态平衡。因此，很多考古学家倾向于从普通术语角度，把文化定义为人类社会为调整和适应环境的一种非生物手段。文化通过科技、社会和信仰体系来调节人类与环境的关系。

概念方法关注人类生活方式下所隐藏的一系列复杂观念、概念设计和彼此共享的信仰与理解力。换句话说，文化是人们的内心认知，而并非是人们为了生存而从事的活动。在这一视角下，如果不去解读人类的心理活动，你就无法理解人类行为——这

发现

秘鲁西坎的领主们，900—1100年

西坎（Sicán）文化繁盛于公元800—1100年的秘鲁北部海岸地区。西坎领主们的墓葬中随葬有精美的物品，包括优良的铜与金合金。多年来，劫掠者一直垂涎这些墓葬，很多人的目光都聚集在位于西坎首都高达25米的胡亚卡·洛若尔（Huaca Loro）金字塔上。1978年，岛田泉（Izumi Shimada）在西坎首都展开了长期研究。他的研究包括墓葬内的物品和构造，同时发掘西坎社会的各阶层墓葬。

胡亚卡·洛若尔金字塔位于贵族墓地顶端。迄今为止，岛田已发掘了两座墓葬。其中东区墓葬的发掘用时6个月，该墓葬是一个深10米、边长3米的正方形竖井，且有7个密封的壁龛。墓中有5具人骨架，伴有12.2吨重的随葬品，其中三分之二是铜、金和金银铜的合金制品。墓主是一位40—50岁的男性，遗体被制成木乃伊并绘有朱砂，全身佩戴礼仪性饰品（图3.1）。他的头部与躯干分离，转向右边，放在倒置的躯体前。这些饰品中，有由琥珀、紫水晶和其他半宝石（次贵重宝石）制作的胸饰，还有一把金制仪仗刀具，一些耳轴和一尊金面具。在躯干旁边，摆着一副金手套和一个护腿。墓主胸部附近至少有24层摇铃、王冠、头带饰及其他纯金和合金的仪式用具。

图3.1　被复原的秘鲁西坎领主金面具。鼻孔下方垂落的"水滴"形金片代表在安第斯重要仪式中恍惚梦幻时形成的黏液。面具高约100厘米。

墓主旁边还躺着一位成年女性,腿部极为弯曲。另一位女性坐在她身前,双手的位置接近第一位女性的胯部。岛田认为,墓主与这些女性是被仔细放置的,象征着墓主的重生。

这位西坎领主拥有大批奢华的金制品,以及大量能体现他巨大财富与权力的器物,包括15捆铸铜工具半成品,165磅(75千克)重的半宝石穿孔串珠和锤打而成、重达1100磅(500千克)的合金碎片。生产这些物品需要成千上万小时。遗体旁还伴有179个海菊蛤贝壳和141个芋螺贝壳,它们产自厄瓜多尔沿海和其他距北部较远的地区。显然,西坎贵族控制了广袤的商业路线,青铜和农产品是主要的交易对象。

岛田目前正在发掘距东区墓葬25米的西区墓葬。西区墓葬的主墓室中躺着一位30—40岁的男性,身旁环绕着数百件随葬品,两侧各有一名女性。前室和主室南北两边,各有20名年龄在18—22岁之间的女性。通过DNA、陶器形制、牙齿遗传特征和总体健康状况,岛田确信南边女性群体相对健康,这些女性包含两个氏族,不仅彼此体质特征相近,且与墓主体质特征相近。他们甚至可能实行社群内部通婚。反之,北边的群体差异更多,也不那么健康。岛田推断北边埋葬的是那些被西坎领主征服的人。

就是有些学者提出的"认知编码"。

这两种方法都有巨大价值,尤其同时运用二者时更是如此(见第4章)。考古学在调查人类行为遗存的基础上研究人类过去的行为,毫无疑问,这些遗存主要是那些不易损坏的物品,如石制工具和陶器。世界上很多考古学家都认为,古代人类文化行为受客观过程影响,例如环境变化、人口压力、科技和经济变革等。因此,他们偏爱用适应观去研究文化,并常常去寻找人类行为的普遍规律。直到20世纪70年代,这种方法还是考古学的主流。如今,很多考古学家更愿意将信仰、理念、世界的象征性愿景和其他非物质因素视为古代文化行为的驱动力。古代人工遗物意味着什么?它们在社会环境中扮演了怎样的角色?在这一视角下,人是重中之重,他们相互接触与影响,并做出影响历史走向的决定。

关于文化的讨论还在继续,多数考古学家采取折中的方法。当然,少数研究者坚称,人类看待自身行为时带有局限性,很显然,生态因素,尤其是气候变化,是影响人类历史非常重要的因素。

文化的概念为人类学背景的考古学家们提供了一种解释人类活动产物的方法。当考古学家研究**废弃模式**（patterns of discard）或过去的实物遗存时，他们能看到这些遗存反映出的文化模式和史前人类的相应行为。这些考古发现的形式至关重要，因为它代表了过去的行为模式。

3.2　文化系统

考古学可能会令人相当沮丧。我记得自己曾坐在一个已挖掘数月的古代非洲农业村庄中，实验室内有堆积如山的成箱动物骨骼、陶器碎片和其他遗物。尽管在酷暑下发掘数周，但因为对遗址内的居民掌握的信息太少，我感到十分沮丧。下午日影渐长时，我发现自己脑海里浮现出一个坐落在静谧高地上的鲜活村庄。当茅屋和牛群的场面涌上心头，一瞬间我有一种与古代居民进行对话的强烈愿望。遗失的信息越多，考古学家就越难用手铲复原历史。

这就给考古学带来了巨大挑战，无论你应用于文化的理论方法是什么：不管是重建物质遗存，还是想去理解逝去的人类文化面貌——消失已久的宗教信仰和社会互动，个体与家庭间的日常交易，以及构成我们生活的更广阔世界。

迄今为止，没有人能发掘宗教哲学或未经书写的语言，考古学家不得不面对那些仍埋藏在地层中与人类活动相关的物质遗存。但是这些人类活动的现存遗物都深受人类文化精神层面的影响。所有文化都反映着其所有者的世界观和生活理念。在许多古代社会中，现实世界与精神世界被认为是一体的，故而宗教信仰和符号体系影响了建筑、艺术和仪式用具的设计。像科潘、蒂卡尔等伟大的玛雅城邦，用石头和灰泥模拟超自然世界的树（竖直雕刻）、圣山（金字塔）、冥界入口（洞穴和庙宇的门道）。同类的象征性手法影响着很多文化中人工器物的设计。1800年前，美国中西部的霍普韦尔

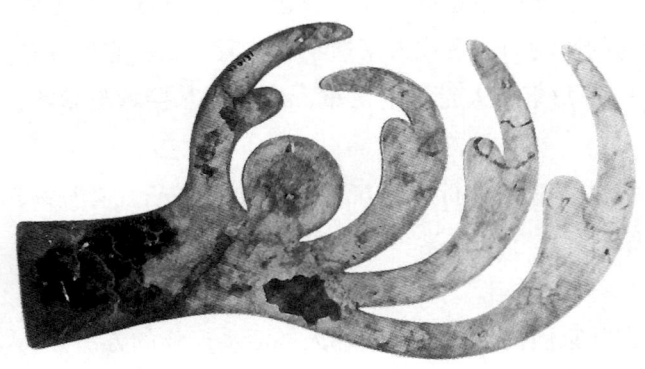

图3.2　霍普韦尔地区云母质地的鸟爪。在公元前一千年里，霍普韦尔人将这类特别物品长距离交易到北美洲东部地区。（© Werner Forman/ Art Resource, NY.）

（Hopewell）人开展了大范围贸易，用锻打铜片的方法制作出精致的装饰品（图3.2），这些装饰品出现在霍普韦尔人墓葬中。炼铜技术使制作器物变得简单，但器物背后的象征意义却很丰富。它们也许作为象征性礼物用于重要人物间的交换，或表示亲属关系、经济义务，或者是其他社会意义，这些都超越了考古学家的复原能力。因此，发掘出的遗物不仅反映了古代工艺技术，还体现了社会附加在这件物品上的价值和功能。古人的工具对他们来说并不是文化，而是制作这些工具的文化的反映。这些模式为考古遗存与制作者的人类行为提供了关联。

我在研究古代社会与自然环境的关系时发现，把文化作为不同的、相互作用的系统来看待会很有帮助，这个系统与持续变化的环境交替地发生着相互作用。我和很多考古学家的这种思考方式，深受人类学家莱斯利·怀特（Leslie White）的影响。20世纪50年代，怀特研究了人类适应环境的方式。他认为，人类文化由许多结构不同的部分组成，而这些部分彼此关联，构成了全部**文化系统**（cultural system，图3.3）。这个文化系统是人类社会适应物理环境和社会环境的方式。尽管不同考古学家对文化系统的理论方法的认识存在很大差异，但怀特的构想对研究过去来讲，是相当有用的概念工具。

在此视角下，一切文化系统都与其他系统相关联，后者也是由相互作用的变量组成。自然环境同样是一个系统。文化与环境系统的关联，表现为一方的变化会影响另一方。因此，考古学的主要目的是通过**考古资料**（archaeological data）来研究文化系统的不同部分与环境系统的关联。这就是说，比起单纯研究人类活动或工具本身，考古学家更有兴趣研究人类活动和工具与文化系统之间的联系。学者们对置于环境之内的文化系统，以及创造了文化系统的无形信仰与价值观有着浓厚的兴趣。

任何人类文化系统的可行性都取决于其对自然环境的适应能力。一个文化系统可以被分解为若干不同的子系统：宗教与仪式子系统、经济子系统等。这些子系统彼此相连。一旦某个子系统发生变化，例如从放牧牛群转变为种植小麦，也会引起其他子系统的反应。这样的关系给考古学家衡量人类文化的持续变化和演变提供了标准，当文化系统对内外刺激做出反应时，这种变化和演变可以在很长的时间内不断地积累。

系统论的方法对于我们考察古代文化背后的信仰和思想同样有价值。通过检查考古发现的系统模式，我们可以发现更多人类行为背后所表达的精神层面的信息。通过地面上丢弃的所有物或埋葬死者的方式，人们留下了许多重要的文化系统构成因素的信息，而这些文化因素比工具和骨骼遗存更重要（图3.4）。考古学家可以对比每个家庭遗留下来的人工制品，进而考察个体家庭之间的关系；可以分析金属制品来研究贸易行为；可以绘制庙宇建筑来认识宗教信仰。一个王室墓室中被精心摆放的随葬品也能透

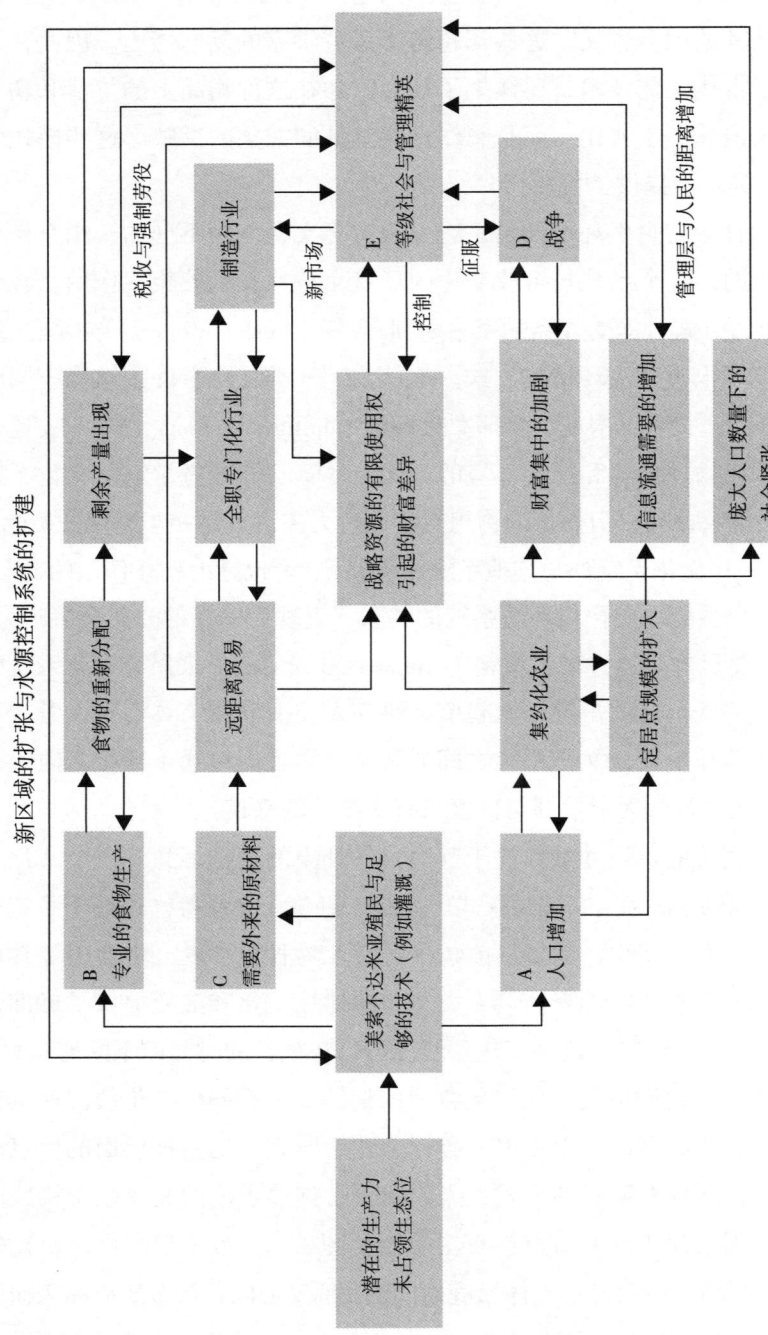

图 3.3 文化系统是考古学家解读过去的理论框架。这个系统模型阐释了理解人类文化的系统方法,它尝试记录文化与环境变化间的关系。这种文化与环境的变化形成了公元前 5000 年到公元前 2000 年间美索不达米亚的国家组织型社会。(Adapted from *The Rise of Civilization* by Charles L. Redman. © 1978 by W. H. Freeman and Company. Used with permission.)

第 3 章 文化与背景　75

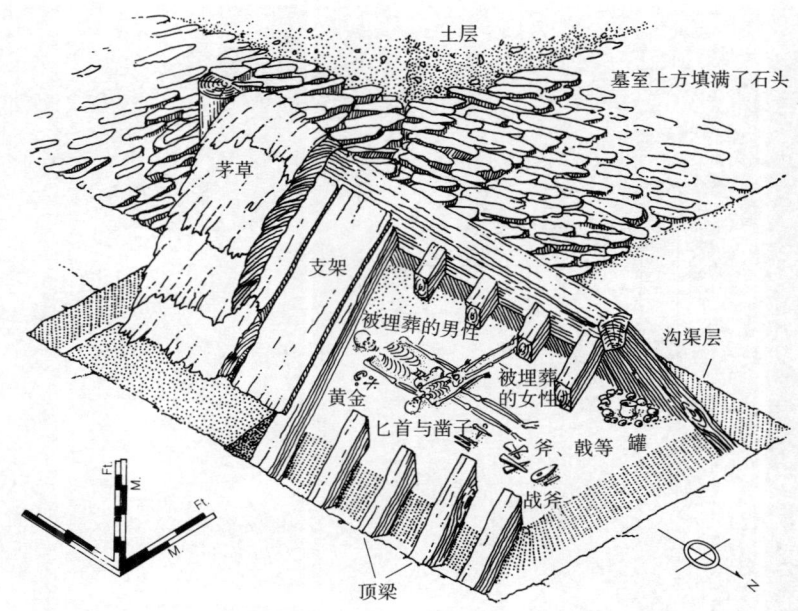

图 3.4　位于德国勒宾根（Leubingen）的一座木制墓室。土冢下的墓室中有两座墓葬。考古学家不仅复原了墓葬结构和死者的随葬品，而且重现了墓葬布局和墓室的建构流程。此外，发掘者还试图从遗物形制、图案和坟丘下的结构推断出埋葬仪式。

露很多关于社会统治者的信息。

1988 年，秘鲁考古学家沃尔特·阿尔瓦（Walter Alva）耗时数月，辛苦地发掘了位于秘鲁北部海岸西潘莫切领主的王室墓群。他揭示出了这些人在大约公元 400 年的莫切社会中的个人作用等有价值的信息。

一号墓葬安葬了一位 40 岁左右的男性。送葬者们在金字塔深处建造了砖室墓，墓葬如同一个房间，四周设有泥砖砌成的二层台，数百件陶器被置于二层台上的壁龛之中。祭司为过世的领主戴上包括金面具在内的全套华丽佩饰，并用裹尸布把尸体和佩饰包裹起来，然后把他安放在墓室正中央的木棺中，棺盖用铜带固定。在木棺头脚两端摆放有更多陶器，以精美的有嘴瓶为主。紧接着，有人杀死两只美洲驼，把它们放在木棺脚端的两侧。同时，祭司还会将一个身体贫弱的 9 岁或 10 岁儿童陪葬在领主的头端（图 3.5）。

随后，送葬者们把 5 个藤棺放入墓穴中，每具棺内都有一个成年死者。两名可能是领主的护卫或侍从的男性死者，分别放在两只美洲驼的上面。其中一人年龄在 35 岁以上，身体强健，戴着铜制饰品，旁边放置有一根粗棍棒。另一位男性的胸前挂有串珠，年龄在 35 岁到 45 岁之间。余下 3 个棺材内葬有女性死者，两人位于死去领主的头

图3.5　秘鲁西潘一位领主的墓室

端；另一人位于脚端，并且反身而卧。有意思的是，女性死者脱节而散乱的骨架表明她们并非人殉，她们在很早以前就先于领主死去，以至于在埋葬期间骨架已经部分分解，也许她们的身份是妻子、嫔妃或仆役。一旦放置好这些棺材，便盖上房梁屋顶，但屋顶十分低矮，人无法在墓室中站立。接着墓葬被土填埋，一个没有脚的男性人牲被放置在填土之中。最后还要说一下南墙的壁龛，它高出墓室顶部约1米，内有一具保持坐姿的尸体，两腿交叉，注视着墓室。

西潘墓葬不仅揭示了领主佩饰的微小细节，还让人们了解到饰品背后复杂的日月象征意义（图4.7）。考古学家克里斯托弗·唐南（Christopher Donnan）分析了莫切陶器上的绘画题材，认为过世的领主是一位战争祭司，全身戴着佩饰，曾主持过战俘的牺牲仪式。

3.3　文化变迁

文化系统的概念作为一种解释文化和社会变迁的方法，在考古学中被广泛运用。因为每个文化系统都处于不断变化的状态。政治、社会、科技这些不同的子系统需要适应不断变化的环境。我们自身就生活在一个文化快速变化的时代，每10年都会显现出巨大的差异。我们发现，识别日常生活中文化的细微变化颇为困难，但在很长一段时间跨度下，我们能够很容易识别这些细微变化的累积效应。

请想一想汽车设计在过去数十年间的微小变化。整体来看，变化并不显著，但如果关注汽车多年来在安全性方面的累积效应——能量吸收式保险杠、衬垫方向盘和仪表盘、安全气囊、安全带，以及更符合空气动力学的外形——会发现变化是巨大的。今天的汽车不同于20世纪60年代的汽车，这些变化来源于更严格的政府安全法规，而法规的加强则是公众安全意识提升的结果（图3.6）。这里我们看到的只是庞大科技子系统中一个主要的长时段变化。通过观察科技与政治子系统的关系，我们可以理解文化变迁的过程。

过程（process）一词，意味着一个有序的事件序列。在此序列中，一个事件引发另一个事件。承包商通过一定的作业顺序建造一座三室的房屋——从构筑地基到最后粉刷（考古学研究也有一个流程，从制订研究计划、收集和解释数据，到发表结果）。为了分析**文化过程**（cultural process），我们尽可能考量引起人类文化变迁的所有因素，并探究它们之间是如何相互影响的。

在过去，人类文化是如何变化的？当人们开始耕种时，或当5000年前复杂的城邦国家发展起来时，是什么文化及社会进程在运作？

正如我们在第1章所讲，很多技术革新——如农业、铁器制造——曾被认为是通过跨越大陆与海洋的大量人口迁移或长距离贸易而传播到世界各地的。但随着世界各地考古资料的不断积累，人们已经意识到，无论是用普遍进化论来简单解释文化过程，还是用传播论解释，都太过简化和轻率，无法反映事实。

大部分人类文化变迁是在很长一段时间里缓慢发生而不断积聚的。大约公元前3100年，法老荷尔·阿哈（Horus-Aha）将上下埃及统一成一个国家，古埃及文明自此开始。埃及文明持续了近3000年，在此期间，它十分稳定而保守，并且看似毫无变化，直到尼罗河谷地成为罗马帝国的一部分。这种不变文明的印象是误导性的，事实上，

图3.6 汽车样式的变化体现了设计的进步与对安全性能的考虑，以及不断变化的潮流。

埃及王权体系在国家统一前就已发展了很久，而且随着尼罗河环境的变化在不断演变。其基本制度确实变动不大，但法老们会适时调整统治策略，以适应新技术和新的政治、社会环境。埃及文明能持续如此长时间的原因之一，就在于它采取了足够灵活的策略来应对尼罗河洪水水位的巨大波动和外界政治条件的变化。研究这些难以捕捉的文化变迁过程，需要进行十分复杂的研究工作。

史前时期的文化变迁过程，是对各种不断变化的外部环境进行适应的结果。文化系统不断调整和进化，以应对来自内部和外部的**反馈**（feedback）。显然，文化系统中的任何要素都不是变化的主因。因为一系列复杂的因素——植物、技术、社会制约和人口稠密度（这里提到的只是一部分）——会彼此作用，当系统中的某一要素发生变化时，其他要素也会做出回应。因此在生态学家眼中，人类文化不过是整个生态系统中的一个元素，是一种可以使人适应环境的机制。其实文化系统所包含的内容要远多于环境适应，但生态学家的这种视角，还是为很多现代考古学调查和文化进程的研究提供了有效框架。

并非每位研究者都认同系统论的方法。一些学者认为，用它来研究文化变迁，会导致结论的机械化且缺乏特色。他们认为其他因素，尤其是那些创造历史——考古学是历史学的一部分——的个人和群体发挥了重要作用。

实际上，就文化与文化变迁而言，没有一个包罗万象的观点能取代系统论或其他基于观念的理论。当今，考古学理论、文化和文化变迁理论都十分多样化，考虑到人类悠久的历史和一系列拥有自己看待世界的视角的繁荣社会，这也许是良性的。

下一章我们将更具体地讨论人们是如何尝试阐释古代社会和文化变迁的。

3.4 考古学的目标

考古学家掌握一个最为基本且重要的优先权，即为后代保护和保存过去的物质遗存。

在世界各地，考古遗址及其所含遗存都是有关我们祖先的唯一记录。不像树木，这些过去的档案——考古学记录——是有限的。一旦被触碰或发掘，这些信息会永远消失。不论是专业的考古学家还是非专业人士，保存这些无价遗产都是对过去所能尽的最大责任。

一切考古学研究都有四个相互关联的重要目标。前三个可以被归纳为"形制""功能"和"过程"（图3.7）。

A. 考古学证据 – 文化史（形制）

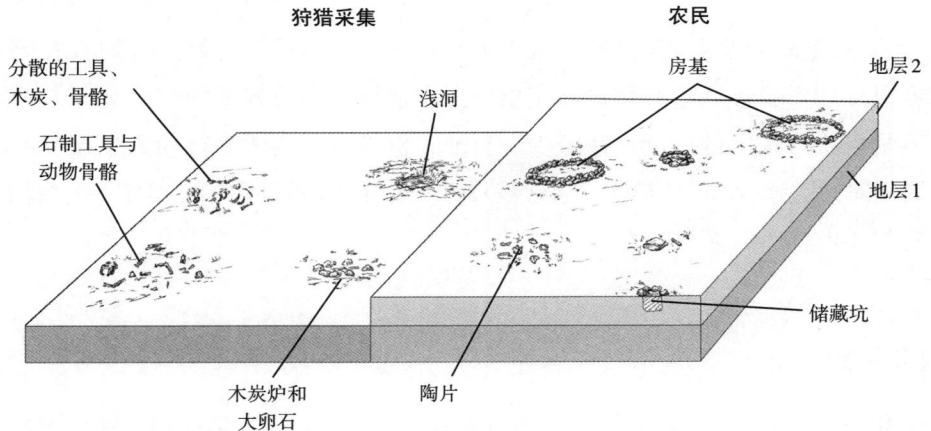

B. 重建生活方式和定居点（功能）

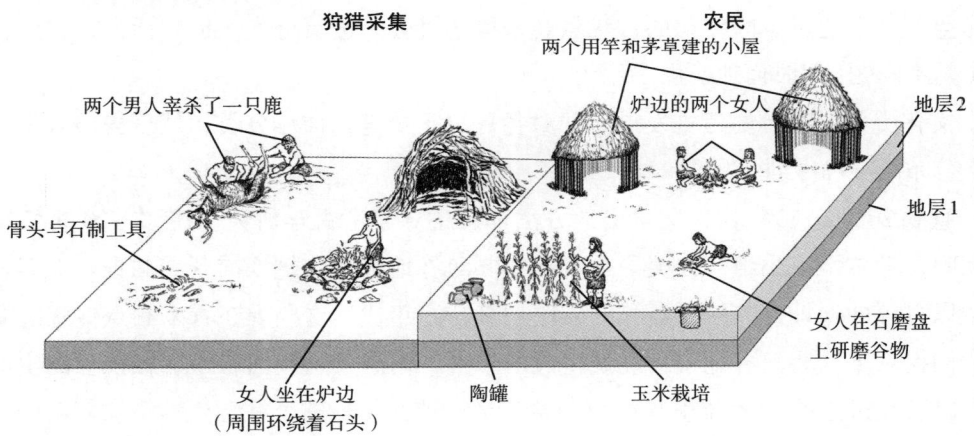

C. 解释与说明（文化过程）

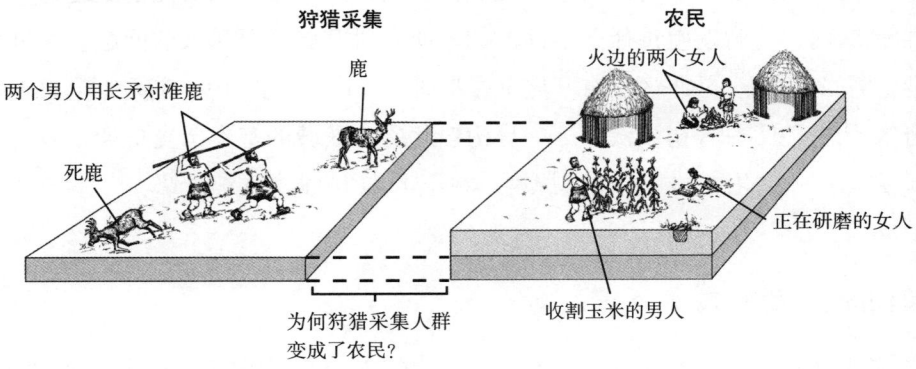

图 3.7　考古学的三个主要目标

职责：保护过去的文化遗产

考古学最基本的目标是保护、管理文化遗产，为后代保存好过去的考古记录。这一基本目标的重要性在近些年愈显突出。考古遗址是十分稀缺的宝贵资源，近年来它们的数量以十分惊人的速度迅速减少。目前，世界范围内所进行的大多数考古田野工作致力于对过去幸存档案的管理，通常被称为"文化资源管理"（第14章"管理过去"）。这是目前考古工作的主要形式。

建构文化史

文化史（culture history）是考古学的方法之一，它假定人类遗物可被用来在时间和空间上构建并诠释对人类文化的广义描述。文化史是对人类过去的记录，而我们可以在时空背景下通过不断变化的古代景观来描述过去并进行分类。换句话说，它回答了一个基本问题：何时何地发生了什么？

文化史依托细致的考古发掘，并对各种出土物进行详尽分类，然后得出人类文化时空分布的准确序列。

直到20世纪50年代，文化史的方法都还主导着考古学研究。比如，20世纪30年代期间，考古学家小组会在美国东南部主要河谷地带开始筑坝前开展调查。他们发现了数以百计的遗址，并用石器和陶器序列来断定年代。这些现在看来有点传统的调查向我们揭示了这些河谷地带曾经发生过的事件，而至于这些河谷中各种社会的生活方式，以及在过去的2000年里是如何开始玉米种植并使得整个社会生活愈加复杂的，却并没有太多信息可以提供。

文化史的方法是所有考古学研究至关重要的第一步。只有先清楚地认识到在所研究的区域内，何时发生过什么事件，你才能去研究更多更深入的问题。在世界上很多地区，例如东南亚，几乎还没有开展考古学研究。许多工作于柬埔寨或泰国的考古学家，对于文化史仍然只有初步认识。一旦构建起研究区域的基本历史框架，研究者就会转变研究焦点。文化史的一些基本原则将在第4章和第8章详细介绍。

重建古代生活方式

考古学也研究古代人类的行为，研究重点在人，而非人工遗物。虽然石制工具、**碎陶片**（potsherd）、铁制武器、居址及其他物质遗存是对过去进行分类研究的原材料，但我们不应忘记，它们是由人制造的——男性和女性、成年人和儿童、不同家庭的成员、群体和社会。那么把重建人类的生存手段，探讨人类的生活方式作为我们研究的第二个主要目标，也就顺理成章了。

生活方式这个词包含许多人类活动，从狩猎与植物采集到农业的每个环节、个体与群体间的互动、社会组织，以及宗教信仰。为了方便起见，一些考古学家努力重建的活动可分成如下几个大类：

生存　人们如何谋生和获取食物——**生存**（subsistence）——可以通过动物骨骼、植物种子和其他遗留下来的古人日常饮食方面的证据以及生计活动来研究（见第11章）。

环境模型　生计活动在很大程度上取决于人类社会与自然环境的关系。也就是说，研究古代人类生存方式与复原史前时期不断变化的环境有密切关联（见第10章）。

人类互动　人类的生活有多个层面：作为个体，作为男人、女人和儿童，作为家庭成员、社群成员和文化载体。他们可能是神圣的统治者、商人、工匠、普通农民或奴隶。重建生活方式意味着要检视性别角色变化的证据，评估社会的等级化程度，重建外来原料或贵重物品远距离交流的复杂机制。

很多前沿研究均围绕着"人"展开，特别是性别角色的变化、那些毫不起眼却又颇具独特性的人类活动，以及历史上被大型城市文明所淹没的少数族群这类话题。我们通过人类遗物辨别人群，这些遗物是代代相传的文化传统的产物（见第13章）。

例如，墨西哥谷地的伟大城邦特奥蒂瓦坎吸引着中美洲各地的商人。特奥蒂瓦坎人经营着一家大型市场，吸引着来自墨西哥高地与低地的客人们，从金粉到热带鸟类羽毛，任何物品都可以在这里交易。对于城邦统治者来说，这些商贸活动有利可图且十分必要，他们甚至允许来自遥远的韦拉克鲁斯（Veracruz）低地和瓦哈卡谷地的外来者在特奥蒂瓦坎拥有私人宅邸。我们之所以能了解到这点，是因为上述两个地区不同特征的陶器在特奥蒂瓦坎的几个街区里都出现过。

社会组织与宗教信仰　考古学家越来越关注像社会组织与宗教信仰这样的无形资产。当然，我们从来都不能指望去捕捉历史上瞬时发生的事件，比如一个萨满在恍惚状态下的瞬间狂喜或在特奥蒂瓦坎广场上表演的生动乐舞。然而，人工制品、艺术形式甚至全部的庙宇和城市，都映射了人们的社会组织与宗教信仰，使得我们能窥探到古代社会的社交生活与精神世界（见第4章）。

阐释文化与社会变迁

考古学既探寻现实，也寻求阐释。考古学的第三个主要目标就是研究并阐释文化与社会的变迁（见第4章）。此类研究面对的基本问题有：在经历了成千上万年的狩猎采集生活后，为什么亚洲西南部大片区域内的居民会在公元前1万年前开始转而发展农业？是什么导致了在中美洲南部低地拥有庞大城市和强大领主的玛雅文明在公元900年灭亡？为什么直到大约3000年前，太平洋上的近海岛屿才有人居住？

研究文化与社会变迁的过程是考古学研究最具挑战的部分之一。在下一章中，我们会介绍一些复杂的理论模型，以复原像农业起源和城市文明的复杂化进程这样的重大事件。正如第1章所述，观点主要分为两派，一派运用生态与进化的观点，更为关注生态系统；而另一派则信奉唯物史观，强调是人类和群体的活动导致了文化的变迁。

考古学的这三个主要学术研究目标前后相继。古人生活方式的研究依托于精准的文化史框架，而若想对文化过程做出有意义的解释，则需要大量有关历史、环境以及生活方式方面的文化资料。

理解考古记录

对于逝去文明的考察，是我们现在根据上百年、上千年的地层中出土的遗址和文物情况进行描述和记录的。历史学家可以通过阅读古代文献来获取相关信息，这些文献不会随着时间改变而发生变化。然而，考古学家研究的资料被深埋在地下，它们会因为不同的保存条件发生急剧的变化。美国考古学家路易斯·宾福德认为考古出土资料类似于一门有待翻译的语言，如果我们想要理解古人的行为习惯，我们就必须将它们解码。考古学带给我们的挑战是，我们需要站在古人的角度来观察当时的社会，说得通俗点，就是我们能够描述出当时的动态社会。能够复原过去科技和现存采集狩猎者及农民生活的可控制实验，是弥补过去和现在社会之间不可逾越之鸿沟的重要手段（见第9章"现在与过去"）。

3.5　考古记录

考古学家用考古材料——过去的物质遗存——建构古代文化。这些物质遗存，即考古学证据——如果你愿意这样称呼的话——形式是多种多样的。它们可以是整座城市、等级较低的农业聚落、埃及法老图坦卡蒙的黄金面具，也可以是散乱的骨骼碎片或石制工具。正是这些资料构成了**考古记录**（archaeological record）。

考古学以对地面材料的科学复原为基础，系统发掘并记录遗址中遗留下来的人工制品、食物遗存及其他发现。

考古遗址

考古**遗址**（site）是追溯古代人类活动的场所，它是考古学家们的档案室，这与官方档案对历史事件进行日常记录的方式大致相同。考古学家一般通过埋藏其中的生产**工具**或**人工制品**（artifact）来识别遗址。它们大小各异，从史前大型城邦——墨西哥谷地的特奥蒂瓦坎——到坦桑尼亚奥杜威峡谷狩猎采集者使用的小型肉类窖穴。一个考古遗址可以是一处人类墓葬，也可以是一个有上千年人类活动痕迹的巨大岩洞，或是美国加利福尼亚死亡谷地面上散乱的石制工具。遗址的数量和变化受到保存状况和人类活动的限制，一些遗址只使用了很短时间，而另一些则经历了一两代人。某些遗址，如美索不达米亚的城市高台建筑，成百上千年来都是人们的主要定居点，包含了多个相互隔断的文化层。美索不达米亚地区宏伟的乌尔城的数层堆积说明，这座古代城市具有悠久的历史，并在幼发拉底河改道后遭到废弃（图1.1）。

考古遗址一般都根据遗址中所从事的活动来分类。因此墓葬与墓地，如图坦卡蒙陵寝，被称为埋葬遗址。而位于乌克兰第聂伯河谷2万年前的石器时代遗址有猛犸象骨建造而成的房子、灶台和其他室内活动迹象，因此这是一处居住遗址。还有一些其他类型的遗址，像洞穴和岩洞、中美洲早期的农业聚落和美索不达米亚城邦，在所有这些遗址中，人类在此居住生活，并开展着丰富多彩的活动。屠宰遗址包含动物骨骼和屠宰使用的武器，此类遗址见于东非和北美大平原地区。矿冶遗址是另一类具有特定功能的遗址，人们在这里开采石料或冶炼金属，以制作特殊工具。学者们对于史前时代被广泛用于贸易的珍贵原材料有着很大兴趣，例如**黑曜岩**（obsidian）——一种用来制作利刃的火山玻璃。还有像英格兰南部的巨石阵，埃及卡尔纳克神庙，中美洲低地玛雅文明中心蒂卡尔、科潘和帕伦克令人惊叹的祭祀区等壮观的仪式和宗教性遗址（图3.8）。岩画遗址较常见于法国西南部（图2.7）、非洲南部以及北美部分地区，在这些地区，史前人类绘制、刻画出了深奥难懂、具有象征意义的动人图案。一些法国岩画遗址的年代超过3万年。上述每个遗址类型都反映了不同形式的人类活动，这些活动凭借着考古学家发现并记录下来的特定人工制品的图样和表征，以考古记录方式表现出来。

图3.8 洪都拉斯的科潘卫城，由塔蒂亚娜·普罗斯古利亚科夫（Tatiana Proskouriakoff）绘制。科潘仪式区被若干平方千米的居住区与更为偏远的外部聚落围绕着，使之成为哥伦布发现新大陆以前美洲面积最大的城市之一。科潘中心区金字塔和广场的布置排列，象征着玛雅的神域世界和圣山（金字塔），金字塔顶部神庙的入口，象征着冥府的大门。

遗物、遗迹与生态因素

遗物是在考古遗址中发现的表现古代人类活动特征的物品。这个术语涵盖了各种形制的可移动考古遗存——从石斧到黄金饰品，以及食物残留，例如残碎的骨骼等。**遗迹**（feature）指建筑结构，例如房屋、灶台、窖穴等，墓地、手工业作坊区和排水系统也属于遗迹。分辨人类遗物与自然遗存比较简单，因为人工遗物表现出人为特征和属性。这些遗物可以根据本身特有的属性来分类。人工遗物是人类思想观念的产物，这种观念是人们对物品形制和使用方式的认知。每一种文化都有自己规范人工遗物形制的准则。我们的社会已对一把叉子、一辆汽车或一双鞋的外形有了明确的概念。我们也会对看到的、谈论到的其他文化的人工制品非常熟悉，在看到一艘皮艇时，我们立刻便会把它与因纽特人联系在一起。

大多数手工艺技术都会代代相承，如石器工具制造、陶器生产、编织术和冶金术。

每一代人把技术传给下一代，通常导致技术变革相对缓慢，有时甚至是非常缓慢。这种与生俱来的守旧性——我们可以称之为传统——会对人工制品的形制产生强烈的永久性影响。

一组相似人工制品间的差异，如石制箭头，也许正反映了它们背后的不同观念。正像后面第8章会讲到的，考古学家会对器物进行研究和分类。**分类**（classification）是我们研究的基础，经过分类，我们就可以研究人类行为的产物以及人类行为本身。在考古学家眼里，每件器物都有一些十分显

图3.9 美国西南部明布雷斯（Mimbres）的彩绘器物。它的特征包括边缘形状、高度、彩绘颜色、设计主旨、黏土构成等等。

著的特征，这些特征汇聚起来就会形成器物自身的特有形制。

图3.9中列举的器物存在若干明显特征：彩绘图案、圜底等。每一种**特征**（attribute）都对这件陶罐形制的形成发挥了作用，并且是其精神内涵的体现。每种特征都有其存在的不同原因。带状图案纯粹属于装饰，部分体现了制器人群的装饰传统。陶罐的形状由功能决定，为了便于盛装液体和烧煮，被设计成袋状、圜底的模样是很有必要的。由于传统、功能、技术或其他原因，器物特征才得以显现。有时会出现一些新特征——也许是一个新的彩绘图案——然后不久就又消失了。究其原因，是因为它没有得到其他制陶者的认可。此外，也会有些新特征得到广泛的流传和使用，然后这次革新就会成为制陶传统的一部分。

式样与风格在器物短期性和长期性的特征变化中发挥着重要作用。它们之间紧密关联，是研究文化变迁的主要因素。举一个相对现代的**类比**（analogy），维多利亚时期的探险家们用篷车载着玻璃珠、棉布和铁锄头等廉价进口物品深入东非内陆旅行。有些时候，他们会察觉到那些为交换食物而带来的，曾被认为是主要商品的货物，已经不再对当地居民具有吸引力。不仅流行的式样发生了变化，对珠子的不同颜色也产生了更大需求。如果有人去调查一个进行了数个世纪贸易活动的遗址，会发现不同类型、

形状和颜色的珠子在比例上发生了变化。在这种情况下，它们就是流行式样变化的结果。

考古学家十分关注人工制品的多样化，以及考古遗址中发现的大量人工制品不断变化的形制特征。可以说，器物形制的变化，对于考古学家来说是一个复杂但又至关重要的课题。几十种不同器物的数千个微小变化积累起来，为史前时期文化变迁提供实物证据。正如我们所见，这是任何史前史研究者都必须关注的主要问题。

生态因素（ecofact）是那些具有文化意义的，并非由人类制作而成的考古发现，包括骨骼和植物遗存。

不论是遗址还是遗物，一粒种子或一座城市，考古记录都具有时空背景，这是我们现在必须明确的。

3.6 背 景

在探沟底部，我们发现了一个被牛粪覆盖的1000年前的小型居住面，在外侧被烧焦的壁柱基址上有一块半圆形红烧土。我们先用手铲，再用漆刷，小心翼翼地清理上面的灰土，以揭露出地表基质。我们在土壤中发现了三块大卵石，刷掉浮土后发现它们中间有一小块木炭，还有一个破碎的牛颌骨和一个小陶罐的若干碎片。暴露出的居住面跨度约有3米，在接近房屋中心的位置有一个灶台。在清走灶台、遗物和居住面之前，我们会测量出它们的准确位置并记录三维特征，继而把测量数据落实到遗址网格图上，并与区域地图相连接。单看卵石本身，它们仅仅是三块大石头。但若标绘出它们与木炭和其他遗存的关系并放在一起考察，结果会相当不同。它们讲述了一个被遗忘很久的家庭活动。这些发现就有了**背景**（context）。

遗物发现于考古遗址，但考古遗址所包含的绝不仅仅是遗物。它还包含居址遗存、墓葬、窖藏、手工业活动，以及一些偶发的日常活动的堆积。每件遗物、每块碎骨或每粒种子、每间居址都与遗址中的其他发现存在时空上的联系。一件人类遗物，可能会早于、同时或晚于土壤中的相邻遗存。千余块黑曜石片和箭头半成品散布在直径几平方英尺的区域内，就它们自身来说，仅仅是石头碎片，但是这些碎片的空间分布形态具有重要意义，因为它能透露出一些人为操作的——从黑曜石块剥落下千余块石片——多样化生产活动信息。在这个以及许多其他实例中，遗物的时空背景是至关重要的（见第9章"遗址形成过程"部分）。

对于考古学家来说，离开了背景，遗物的价值就会大打折扣。世界上的博物馆和艺术馆中的精美器物，很多并非经由科学发掘获得。历代寻宝者为了把宝物卖给博物馆和私人收藏家，已经损毁了数座古埃及陵墓，挖掘出了几千件前哥伦布时期的古物。这些器物很少有考古学背景（archaeological context）。看到一件前哥伦布时期的古物，任何专家都可以立刻说出"古典玛雅"四个字。但很不幸，几乎没有哪位专家在查阅发掘记录后说出"古典玛雅，碑铭殿ⅥB层，帕伦克，发掘C区，1976年，与成年男性墓葬相关，死者年龄为35岁，年代大约为公元680年"。如果没有时空背景，考古遗址中的遗物所具有的文化信息就会相当有限。记录考古背景后仔细发掘出的遗物，是历史必不可少的部分，并且有其深远的意义。

考古学家们也要辨识**原始背景**（primary context），即遗物最初的时空背景。举例来说，可能有这种情况：一座在坟丘中未受扰动的墓葬，仍留有原始的时空背景。而当原始材料受到后来人类或自然活动扰动时，便会形成**二级背景**（secondary context）。例如，几代以后，另外一个墓葬或许埋在同一个坟丘中，就部分扰动了早期的墓葬。

在第5章中，我们会探索时空背景，它是考古记录十分重要的维度。

本章总结

1. 考古学家所关心的是对古代文化与社会的研究。

2. 人类文化是独特的，它的内涵代代相承。文化促使社会发展，并且通过不断的适应来维持生存。在动物中，只有人类能把文化当作适应环境的首要工具。

3. 考古学家给出的文化定义差异明显。很多学者认为文化是一个适应系统，反映了人类对环境、技术、社会变化的不断适应；另一些学者则认为文化的主体是观念，由人类思想、相互作用与信仰构成。

4. 持续的理论探讨反映了研究文化的不同方法，讨论围绕着文化与社会的历时性变迁展开。

5. 考古学有四个基本目标：建构文化史，重建古代生活方式，阐释文化与社会变迁和保存考古记录。

6. 考古记录包含所有的考古发现，从大型城址到小而散乱的石制品。

问题

1. 考古学的职责为何如此重要？
2. 考古学的5个主要目标是什么？它们之间的相互关系是怎样的？
3. 我们所说的考古记录是指什么？

第 4 章 解读过去

代表真理和正义的女神玛特（Maat）的浅浮雕。埃及第十九王朝画像石。(Museo Archeologico, Florence, Italy. Copyright Scala/Art Resource, NY.)

4.1 解读文化史	系统和文化生态学	DNA 研究
发　明	多线文化进化	生态和进化论
传　播	4.4 历史唯物主义方法	理解人类心智的作用
迁　移	4.5 认知-过程考古学	外部和内部约束
非文化案例	4.6 考古学理论的现在和未来："过程的加"	一般理论框架?
4.2 遗传学和 DNA	多学科视角	本章总结
4.3 生态/环境（过程）考古学	可选择的历史	问题

导　言

　　研究文化变迁——本章的主题——是考古学的主要目标。所有考古学研究都始于文化史，从空间和时间的维度上涉及古代社会。我们讨论的是经典的文化变迁机制，这些机制包括不可避免的变化、发明、传播和迁移，也有这种变迁的非文化案例。文化史是一个描述性的过程，可能造成机制的变化，但它并不解释这些变化为什么会发生。文化史研究上的两次重要变化影响着考古学。第一次是以使用生态学和环境学的研究方法为标志的过程考古学，它主要涉及文化和生态系统，以及多线文化进化。第二次是对过程考古学做出回应的后过程考古学，它与人类和文化过程有着深远的联系。本章以讨论当下的理论趋势作为结束，这为我们未来的文化变迁研究提供了可能。

　　大学中的学者多半是理论家，他们痴迷于自己的理论。而对于田野工作者来说，他们的理论有所冲突和衍生，就像暖房里的昆虫，占主导地位的理论存在社会、过程、分析、行为、认知、结构、象征和背景等多种内容，它们都有各自的圈子。

——卡弗（M. O. H. Carver），1989 年

在第2章和第3章，我们介绍了考古学的一些重要基本概念，其中包括人类文化系统和文化变迁。我们还讨论了考古学的目标，其中之一是对文化和社会变迁做出阐释。与此同时，我们还展示出了考古学如何从关注文物变化和文化史发展到关注人类进化的重大问题。如今，生态和进化方法也参与进来，与历史唯物主义方法一起强调个体对于过去的重要性。在介绍考古学家收集和分析资料以及重建古代生活方式的方法之前，我们必须更加关注考古学家比保护过去还要重要的任务——解释古代社会为什么会发生这些事情，即文化过程的研究。

文化史对过去在时间和空间上的记录，是所有对过去文化变迁研究的基础。

4.1　解读文化史

整理考古学资料是一个描述性的过程，这个过程突出了考古学资料中的模式和规律。文化史研究的概念和组件是组织数据的手段，它将作为我们研究文化变迁的初步准备。第8章将介绍各种各样的方法，如遗址分布地图对古代遗址中职业分化的观察，以及不同种类的测年方法（见第5章），这些方法把人工制品和其他文化特质置于某个时空环境下。

文化史是一个描述过去的可靠方法，但是它很少被用来解释为什么人工制品、遗址和人类社会会有如此多的共性和差异，即为什么会显示出多样性。文化史是一种基于归纳研究的方法，是对建立在大量详细观察和文化**规范性观点**（normative view）基础上的研究问题的发展概括。这便假设了抽象规则制约着一个文化对于常态行为的认识。

文化的规范性观点可以被用来描述文化的一段时间或者整个时段。考古学家的这些观点是基于这样的假设，即残存的人工制品——碎陶片——展现了形式上或者其他方面的变化，而这些变化能够代表整个时间段内人类行为规范的变化。

考古学记录所反映的并不总是文化按部就班演进的编年史。一些遗址的居住面上可能会突然出现先进的人工制品，而早期的整套工具则突然消失。在一个局部连续的遗址内，随着犁的使用对农业技术的革新，经济在一个世纪内可能会发生彻底的变化。在世界范围内，这类变化可以很容易在上千个局部文化序列中被观察到。但是这些变化又是如何发生的呢？是什么样的文化变迁导致了考古记录中这些主要和次要的变化？有一系列的描述性模型可以被用来阐述这些文化变迁机制的特征，一些是文化性的，另一些则是非文化性的；一些与内部变化有关，一些是由于外部的影响。这些描述性模型包括不可避免的变化、文化选择、发明、传播和迁移。

特别是在孤立的群体内，当人们习得他们所在社会的行为模式时，随着一代又一代长期的累积，不可避免会出现一些变化，即使是微小程度的。在很多史前社会中都能够发现不可避免的变化的滚雪球效应，同时还能够察觉到缓慢的文化演进。在100万到15万年前这段时间内，欧洲和非洲的阿舍利文化（Acheulian）的手斧技术发生了重大变化，这或许就是不可避免的变化所导致的。

孤立的状态——单位平方千米内人口密度过低——往往容易导致不可避免的变化。然而不应将它与人类史前史中长久发展出的普遍趋势相混淆。举个例子，公元前500年到公元300年间，在美国中西部的阿登纳（Adena）和霍普韦尔文明中所发现的越来越复杂的丧葬仪式，很可能是由长期以来日趋复杂的宗教信仰和仪式，以及政治和经济组织的发展所导致，而并非由孤立隔绝的状态导致（发现专题"解密霍普韦尔文化，约公元前200年—公元400年"）。

不可避免的变化与一个社会认识到某种文化上的改变或者革新可能有益时所进行的行动有着本质的区别。只有发现新的经济生产方式给邻近的民族带来了优势时，那些狩猎采集社会才可能慎重地接受这种方式。

发　明

发明（invention）是新思想的产物，或者说是一种演化。有许多发明创新，例如社会体系或宗教信仰，在考古记录中并没有留下痕迹。但是有一些发明可以从新种类的人工制品遗物中反映出来，如犁耕或者铁斧。如果一个发明——如犁耕——足够有用，使其能够吸引不少人的注意，那么这个新思想或者新思想的产物就会广泛而迅速地传播开来。

通过追踪像犁头这样特征明显的人工制品的起源地和分布，考古学家已经研究出了发明传播的方式。冶铁最早出现在公元前1500年的土耳其北部。考古记录中欧洲和埃及最早出现的铁制工具，在年代上则要大大落后（图4.2）。由于现在已知和可推测年代的最早的铁制品出现在土耳其，我们可以说冶铁技术也许就是在那里发明的。

考古学发展初期，人们通常假设冶金和其他重要发明都是起源于一个地方——很多人认为是亚洲的西南部，并假设当其他社会认识到这些新思路的重要性时，这些发明就会传播到整个世界。但是随着人们更好地理解环境和适应性在人类文化发展过程中的重要性，这种关于发明的简单观点开始遭到抵制。我们现在知道农业是在西南亚、东南亚、中美洲，以及阿登纳地区独立发展的。这些地区都发生过复杂的适应过程。

发 现

解密霍普韦尔文化，约公元前200年—公元400年

霍普韦尔是北美地区最著名的古代社会之一。它的整个遗址、神秘的精神信仰和葬俗，现今只能通过对数千件文物的研究，才能逐渐为人所知晓。通过对相关的质朴日常文物的研究，霍普韦尔文化讲述了一个简单的松散社会的警示故事。

霍普韦尔得名于俄亥俄州罗斯县的一个农场，它的全盛时期是公元前200年至公元400年。它因土方工程、华丽的葬俗和复杂的交易网络而著称，其居民在广阔的区域内交换原材料和成品。很多中西部的小社会群体和霍普韦尔尊崇同样复杂的宗教信仰。霍普韦尔人大多都是一或两个大家族生活在一起，形成相对孤立的社群。他们是农民，平时也四处搜寻食物。他们的活动范围大多聚集在当地的排水系统附近，多位于宗教仪式举行的地方，那里是这个群体生活的焦点。俄亥俄州奇利科西地区（Chillicothe region）是霍普韦尔文化的一个主要发展中心。另一个位于伊利诺伊州和密西西比河谷以西地区。在霍普韦尔，精巧的墓冢和壮观的几何土方工程占据了大片区域。在这片区域和其他地区，一个个家庭生活在一起，组成了3个当地社群，大约有100个居民。这些社群都零散地分布在这片区域内。每个社群都和其邻近社群组成了流动联盟，共同分担土方工程的劳动，一起分享食品和其他商品，以防止食物短缺带来的危机，有时他们还互相交换丈夫和妻子。

图 4.1 俄亥俄州丘城国家纪念公园里的霍普韦尔圆形土丘。每个土丘下都埋葬着停尸房被焚毁后的遗迹堆积。

这是一个关系亲密的团体，彼此之间通过复杂的社会关系和公共仪式紧密地结合在一起。

有一部分霍普韦尔人注重繁复的宗教仪式，他们十分重视纪念祖先。一些奇特文物代代相传，诸如锤铜饰品、石管，从霍普韦尔的东南部传播到了遥远的加拿大东南部。墨西哥湾的贝壳，遥远的落基山脉黄石公园的云母和黑曜石，也通过同样的途径传播到了霍普韦尔。如此丰富的资源都进入到了霍普韦尔的丧葬仪俗中。在奇利科西附近，45公顷的土地范围内有38处高高隆起的矩形坟丘遗迹。这些坟丘平均高约9米，宽约30米，均是由最简单的石制工具、木制棍棒和篮子等制作而成（图4.1）。

一代又一代的考古学家们都在试图搞清楚霍普韦尔人的丧葬礼仪和宇宙观。目前，我们已对1150多座墓基本了然，其中大部分实行的是火葬。不幸的是，大部分墓葬的发掘年代较早，当时的发掘方法比较原始，对于遗迹、文物等的文字记录和绘图资料都不是很完备，这就为今天研究霍普韦尔文化的学者带来了巨大挑战。然而，我们知道，霍普韦尔人在丧葬中同时使用地下室和停尸房。前者实际是将尸体和随葬品放在大箱子里，然后将其放置于地下临时储存，直至最终葬入坟墓时再将箱子取出；后者是用大量茅草盖成的，尸体和尸体火化后的灰烬都可以存放在那里。具有一定社会地位的人士去世后，被放在停尸房用原木有序搭起来的坟墓里，随葬品有铜耳勺、胸甲和用灰熊牙齿做成的项链等。一些妇女还会佩戴数千颗淡水贝珠。一些奇特的收藏物件，例如鸟爪轮廓（图3.2）和漂亮的石雕管状物，也会随同尸体一起放置在停尸房里。一旦失去用处，停尸房就会被拆除或烧毁，然后被坟丘覆盖。

不同的祖先埋葬在同一公共墓地，在松散的霍普韦尔社群之间产生了强大的象征性关系。这种关系体现在一系列的纪念活动上，这些活动的举行可能与季节的推移有关，也可能会根据土木工事的星象特征，在不同的地点按顺序举行不同的仪式。每个人都有各自的家族，但是其成员生活在不同的社区，这对于一个整体社会来说是一个很重要的综合机制。任何一个家族都不能单独担任最高领袖或者支配他人。霍普韦尔是一个由众多分散的社会单位组成的大群体，各个社会单位分享相同的荣誉、财富和食物来源。社会的领导者包括萨满，他们有男有女，能够模仿动物和变成动物。他们都有特殊本领，有的是医师，有的则擅长打仗。在这些人去世后，他们的衣物随同尸体一起被埋葬，而他们的位置由他人来接手。

霍普韦尔的艺术和丧葬习俗揭示出了由至点和月升日落的位置及主要方向所决定的天地分层宇宙观。天文学家协调这些不同的领域，使之结合起来，将其运用到艺术、土方工程、丧葬和其他各种礼仪活动中。北美（Turtle Island）只是地球视面与地下世界最表层之间隆起的一个象征性的土丘。这就是霍普韦尔文化的中心内涵所在，其文化内部存在一系列的互动合作关系，个体和社区的相似性与差异性共存。霍普韦尔的土木工事耸立在河流阶地上，紧靠代表上天的锥形山丘，重申了多层宇宙的重要性。土木工事代表宇宙中心，在那里人们可以举行仪式，以保持与超自然力量之间的微妙平衡。动物在霍普韦尔的丧葬礼仪中扮演了很重要的角色，人们相信有些人可以变成动物，反之亦然。它们是氏族组织和领导模式的象征。个人的精神力量来自于致幻植物或吸烟所带来的迷离状态。黑暗、光明、动物、颜色变化或者反射，以及环境和超自然世界的神秘力量是霍普韦尔日常生活和信仰引人注目的焦点。尽管十分艰难，但我们仍可以通过人工制品和其他物质遗存将它们重新构建出来。

图 4.2　冶铁技术是一项革命性的发明。图为法老图坦卡蒙墓中发现的约公元前1323年的铁刃匕首。铁制物品在当时的埃及具有巨大的价值，因为赫梯王国（今土耳其）严密控制冶铁技术，不允许其外传。这一特殊的人工制品很有可能是在本地锻造的。（Robert Harding Picture Library Ltd/ Alamy.）

现在学者试图在众多相互影响的因素中识别出导致人们将他们的生活方式转变为食品生产者的原因。他们发现人类的聪明之处，在于当他们进入并开始适应新社会时，能够辨别并把握住机会。这个问题不是要研究最早的玉米栽培者是谁，而是要研究由于适应性变化导致的人类文化中一系列主要和次要的改变。

传　播

我们将观念在邻近或较远距离内的扩展称为**传播**（diffusion）。除了整个社会或者群落的移动以外，观念的传播还有很多种方式。邻近村落之间，或者更远的民族之间的日常贸易不仅会导致商品交换，也会促进观念上的沟通，特别是当这些交易行为是互惠性的时候。互惠暗示着一种双边关系，包括双方交换的产品、服务，当然还有观念，例如宗教信仰就是从个人间传播最终发展到在群落间传播。但是观念的交流和技术创新并不一定需要与人们的实际迁移相关。甚至物质实体和抽象观念的传播，在一个新的地区也可以有着截然不同的影响。举例来说，美国西南部的霍皮印第安人（Hopi Indians）在接受美国商品的同时依然保持他们固有的文化，维持着货物贸易却排斥异族文化的观念。

让我们假设，公元1400年，一种新型彩陶器在一个村庄中被创造出来。这个新器皿的优点是如此显著，以至于距这个村庄9英里以外的邻近村落在一年以后的一次庆典上学会了烧制这种容器。之后的10年间，他们的制陶工人一直在做这种形制的容器。很快，在这个村落10英里以外的村落都出现了这种形制的陶器。半个世纪以后，以这个村庄为中心，半径50英里范围内的社群都在采用这种已经成熟的容器设计。如果把这个激动人心的故事画下来，我们最终会发现一种圆锥效应，如图4.3中显示的那样。这种圆锥效应是一种我们通过考古记录确定的传播类型。

确定考古学意义上的传播是很困难的，除非通过一些明显具有共同源头的非常特殊的人工制品，来论证它们是在一个地点发明的，然后在时间和空间上跟踪这些人工制品从诞生地向邻近地区传播的轨迹。这么做的目的是为了确定这种工具是先在一个地点发明，然后再传播到邻近地区的（图4.3）。传播的例子在史前是很普遍的。一个最典型的例子是公元前900年出现在秘鲁查文（Chavín）的艺术形式，这是一种源自高原地区，但在低地地区广泛传播的艺术形式（图4.4）。

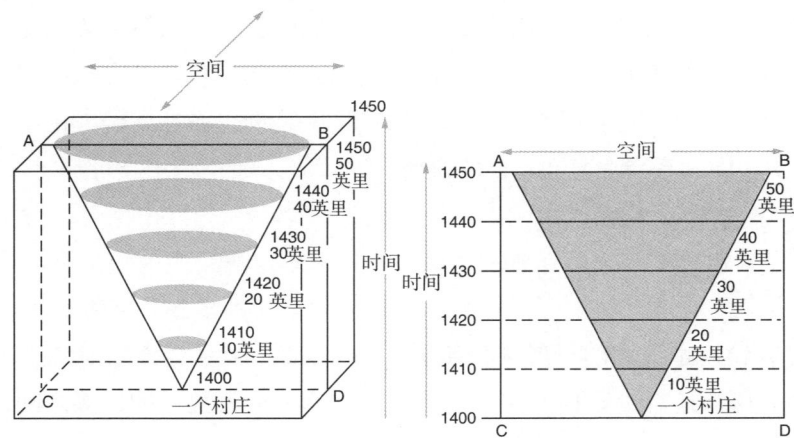

图 4.3　文化特征随时间和空间的传播：圆锥效应

图 4.4　一个查文萨满将自己变成了美洲虎（秘鲁，查文·德·万塔尔）。

迁　移

当整个社会经过仔细考虑后决定扩大他们的势力范围时，**迁移**（migration）就会发生。英国移民者将他们的文化带到了北美洲，西班牙征服者占领了墨西哥。迁移不仅关系到观念的移动，同时还是一个群体大范围的移动，这导致了社会和文化极大程度的变化。一个经典的史前迁移是波利尼西亚群体从社会群岛（Society Islands）远航至他们现在定居的复活节岛（Easter Island）和新西兰。在每个实例中，人类都是通过有目的的探索发现了大量新的陆地，然后一小群迁移者到来，在这些无人居住过的岛屿上建立了殖民地。

在史前时期，大规模的迁移活动很少发生。这些迁移主要通过全新的元素及发展阶段，或者具有新生理特征的骨骼反映在考古记录中。可以证明的是，在很多邻近遗址的文化序列中出现的新的复合文化因素，应该是迁移所导致的。第二种类型的迁移是一种小范围的活动，一个外来族群迁移到另一个地区并在那里定居，成为一个有组织性的团体。在墨西哥谷地的特奥蒂瓦坎，一个来自瓦哈卡谷地的外来族群就进行了这种小范围的迁移。当勒内·米伦（René Millon）画出这个卓越城市的完整地图时，他发现大量明显具有瓦哈卡风格的人工制品集中在其中一个聚居区。这个瓦哈卡群体在一个异文化城市中繁荣了几个世纪。除此之外，在很多其他实例里，移民还接受了一些当地文化的特征，并保持了自己原有的文化特质。这可以从来自低地的韦拉克鲁斯商人的飞地中发现，他们极有特征的圆形小屋和彩绘陶器都反映出这一点（图4.5）。

图4.5 位于墨西哥特奥蒂瓦坎的韦拉克鲁斯飞地的复原图

当然还有很多其他类型的迁移。奴隶和工匠经常是无组织性地迁移，有时他们会携带新的技术设备。大量战士的迁移会导致大范围的破坏和人口转移，就像19世纪早期非洲南部的祖鲁（Zulu）兵团。这一类型的迁移通常很难在考古遗址中留下痕迹。在几代人的时间里，这些战士定居下来并接受了当地被征服者的生活习惯，只有很少数的武器形制能够显示出他们的外来者身份。

因此，认识到迁移并不仅仅是距离上的物理移动，往往还涉及重要或根本的社会变革是非常重要的。

非文化案例

由自然环境的改变所引起的文化变迁是文化史的重要组成部分。早期的非文化案例趋向于简单明了，举例来说，亚洲西南部农业的起源是由于当时人口压力导致猎物和植物食物的短缺，而这进一步导致了人们选择农业生活。但是，在最近的考古学研究中，学者将重心放在了那些反映史前文化和环境间关系的具体细节上。在研究中出现的复杂模型表明，早期的研究在解释不断变化的环境–文化关系这一问题上过于笼统了。

研究者需要考古记录中大量的数据才能识别发明、传播或者迁移。对于这些经典文化机制的识别更多是一项机械化和描述性的活动，因为这些使用过的人工制品（如石斧、陶器或者短刀）一直被看作是孤立的，被排除在文化系统之外的，而实际上它们却是文化系统的一部分。对于文化变迁的解释需要更为精致的研究模型，模型要基于这样一种概念，即人类的文化系统不但是由复杂而又相互影响的要素构成的——宗教信仰、技术、生计等——而且这些文化系统也与自然环境和其他复杂的系统相互影响。

4.2　遗传学和DNA

分子生物学日益成为研究人口移动的强大工具。人类自身的基因记录着他们的历史。现代分子生物技术使探测和分析新的多态基因（不同人的基因表现出略微不同的形式）成为可能，这为医学和人类学研究带来了福音。绝大部分的基因信息都包含在我们身体中每个细胞的细胞核中，以46条染色体的形式存在。对于活人来说，这些核DNA非常容易研究；但是当尸体腐朽时，这些核DNA就会迅速降解，不再完整。近年来，对细胞核外的微小结构——线粒体——中的线粒体DNA（mtDNA）的研究吸引了特别的关注。当我们在研究人类的过去时，线粒体DNA是一种非常有效的手段，因为它具备三个特点。首先，在每个细胞中都保存有成千上万个线粒体；其次，线粒体DNA继承自女性一方，并通过母亲传递给后代，除非发生稀有的变异，它几乎不会发生改变；最后，线粒体DNA通过一代又一代完整地传递下去，随着时间的推移，以稳定的速度和特别的方式变化着，而这些变化只是随机变异的结果。线粒体DNA变化的速度要明显快于核DNA，因此它已经被当作追溯像现代人类诞生这样的重大问题的指针。对当今全球人类的大规模线粒体DNA的研究已经显示，在全球范围内，线粒体DNA发生过相对很小的变异，这证明距现在很近的时期里发生过人类的分化。非洲人的线粒体DNA是可变性最强的，他们有更多的时间来积累基因的变化，这与人类诞生自非洲的理论是一致的。

最古老的DNA序列是由瑞典科学家斯万特·帕博（Svaante Pääbo）记录的。1985年，他从一块公元前4000年埃及前王朝时期的皮肤上提取了DNA，并且描述了它的特征。自此以后，人们利用一种新的技术——聚合酶链反应（PCR）——将DNA从骨骼、牙齿和植物遗存中提取出来。帕博利用这项技术分析了来自美国佛罗里达温多华（Windover）狩猎采集部落一个公元前3000年的人脑，识别出了一种与他之前在北美观测到的不同的线粒体DNA。近些年来，科学家成功从历史超过5万年的尼安德特人骨中提取出了DNA，发现这些古代欧洲人的DNA与延续自他们的现代人并不相同。对来自太平洋复活节岛的古代人骨线粒体DNA的分析同样证明了复活节岛居民最早起源于波利尼西亚，直到公元1200年，来自社会群岛（塔希提岛地区）的人才在这个遥远的地方建立了殖民地。

由于这些分子生物学的假设日益精密，它将在解答诸如现代人类起源、最早的美洲人和欧洲最早的农业社会出现等问题上扮演更重要的角色。

4.3 生态/环境（过程）考古学

很多考古学家信奉运用生态/进化方法解释过去。这种方法有时被称为**过程考古学**（processual archaeology），它更多是一种基于演绎研究的方法。这种方法采用研究规划，制定明确的研究假设，然后针对基础数据进行检验。这种研究是不断累积的，就是说，原始假设的本意是为解释文化变迁提出工作模型。这些假设经过基础数据的检验，其中一些被丢弃，而另一些被一遍又一遍提炼，直到这些影响文化变迁的因素被分离到一个高度明确的形式。

过程方法必须建立于文化史研究和通过演绎研究获得的信息之上，因为史前编年和空间框架来自这样的调查研究。过程考古学和系统-生态方法的不同源于它们的研究方向。过程考古学家依赖演绎策略，阐释可测的假设，然后收集信息并且检测。但是，这些原始假设所基于的信息往往源自文化史的归纳研究。

系统和文化生态学

演绎方法对于研究过去是非常有价值的，它利用考古资料的唯一性提供实事求是的解释。在很多方面，考古学家试图解决的众多理论问题就像生物学家在研究有机体的变化时遇到的问题一样。也正因为如此，进化理论在考古学中的作用愈发重要。

最常见的过程方法研究了文化系统功能，包括自身因素与相关的外部因素，例如自然环境等。系统-生态方法包含文化变迁的三个最基本模式：基于**一般系统理论**（general systems theory）的系统模式；为人类文化和环境的互动提供复杂模型的文化生态学；多线进化论———一种关于文化在不断适应复杂环境过程中产生累积进化的理论。就像考古学家肯特·弗兰纳里（Kent Flannery，1976:16）说的那样，"寻找人类（用他们自己的方法）去做其他系统做的事情"。一般系统理论是从其他学科借鉴到考古学的，并且引导着考古学家认为人类文化是一个开放的，并且受外部刺激影响的系统。这种一般概念最适用于与自然环境紧密互动的人类文化。在考古学中，系统理论几乎是一种概念知识。好处在于，它将我们从仅仅关注人类文化变迁的一部分（如迁移或传播）中解放出来，使我们能够关注文化系统中不同要素之间的关系，以及文化系统与环境的关系。

文化生态学是一种研究人类文化的方法，它让我们看到人类是如何适应并改造环境的。人类文化系统需要适应其他文化和自然环境。实际上，很多因素影响了文化系统，而这些使文化系统相似或不同的过程，又往往很难理解。文化生态学家将人类文化视为一种在生物社群与物理环境中，与其他主要子系统相互影响的子系统。因此理解文化过程的关键就在这些多样子系统的相互影响之中。

有效的生存策略和技术手段是人类社会成功适应环境的基石，但是社会组织和宗教信仰在确保合作开发环境与技术合作上也非常重要。举个例子，在很多社会里，宗教生活提供了凝聚力，特别是在中美洲的玛雅文化和美索不达米亚的苏美尔文化中。在研究人与环境的互动中明显存在着一些困难，特别是保存条件限制了人工制品以及其他可用研究数据的获得。然而幸运的是，人工制品和其他技术子系统的组成部分保存了下来。由于技术是不同文化适应环境的主要方法，这些技术子系统模式的细节可以让考古学家从整体上理解文化系统。

多线文化进化

多线文化进化（multilinear cultural evolution）是一个由文化适应长期发展所引发的分支性、积累性的过程。多线进化论认为存在多种进化的轨迹，造成它们存在区别的原因在于个体的适应策略不同。文化适应是一个复杂的过程，随着长时间累积的影响，它不断进行自身微调以适应当地的环境。通过系统–生态的方法，这种适应能够得到或大或小规模的研究。多线文化进化是一种极为重要的整合力量，它将系统理论和文化生态学紧密联系在一起，使我们在研究和解释文化过程时能够拥有高度的灵活性。

系统–生态方法提出了关于史前社会重要发展非常复杂的解释。例如亚洲西南部文字文明的起源。早期理论将文明的出现归结为单一因素导致，将人口压力、灌溉农业的发明，甚至战争或贸易作为最原始动力，而系统–生态模式认为是伴随着复杂相互关系和变化的一系列重要变量导致了文明的萌芽。在这种看法下，文明的兴起应该被看作是良好的文化和生态环境所触发的一系列相互影响且不断累积的过程，这些不断积累的发展是持续积极反馈的结果。

举例来说，农耕群体至少于公元前6000年就诞生于底格里斯河和幼发拉底河之间低洼的美索不达米亚三角洲。它们的出现是由三个紧密联系的过程诱发的：三角洲地区缓慢但平稳的人口增长，社会中不同群体日益专业化的食物生产，以及从三角洲以外地区获得原始材料的需求。随着时代的发展，每个过程引发的回馈反应日趋复杂——需要更多田地来养活更多的人口，需要更为集中的计划和管理，需要占据最小限度耕地的更大且更密集的人类定居点，灌溉农业，以及能够控制人们资源获取的社会管理精英。这些都是对长期文化变迁过程的复杂反映。

4.4 历史唯物主义方法

考古学是建立在这样一种乐观信仰之上的，即通过建立在自然科学和数学之上的理性探究模式，有关人类社会的知识是可以不断积累的。这个积累科学和知识的概念对于理解20世纪60年代以来考古学理论的复杂历史是至关重要的。

在20世纪60年代和70年代，考古学家们一直在谈论所谓的"新"考古学，这是研究过去的一种革命性的方法,这种方法有望冲破许多考古记录的限制。事实上,这个"新"

考古学，或者说过程考古学，没有能够实现学者对于它的期望。过程考古学一直强调生计和聚落模式、动物骨骼、植物遗存，以及古代人口分布——本书大量涵盖的研究主题。很多先驱者注重方法论的严密性，主张从文化系统的角度解释过去，并且强调物质材料本身。很多当初的新原则仍然是现在考古学的主流。

回首20世纪60年代，路易斯·宾福德和其他赞成者认为，过程考古学能够让研究者探索人类的方方面面，包括无形资产——如信仰。但是，最终，比起研究人类生计和聚落的核心领域，很多灰心的过程考古学家将信仰、意识形态和人类思想当作边缘化研究加以抛弃。

过程主义方法不可避免地会造成负面影响——在我们寻找文化变迁的过程中，容易将过去看作是机械化的，从而失去了对人性的关注。在20世纪70年代末及80年代，很多研究者开始考虑人类行为的完整性，认为应把人类意识、宗教与信仰、象征主义和符号研究的发展及表达作为考古学的一部分看待。因此我们所谓的**后过程考古学**（postprocessual archaeology）就诞生了，它常常被看作是对它前辈的一剂强烈解药——概括来说，它是一种针对相对匿名的过程主义方法的抵抗，而过程主义方法强调文化过程凌驾于种族和个人之上。

后过程考古学是一个有着宽泛定义的术语，涵盖了许多经常在文学和人类学中被积极表达的思想成果。尽管同样的理论问题兴起于大西洋的两端，但是比起北美洲，这个术语在欧洲使用得更为广泛。这是一个用起来很方便的术语，包含众多不同范围的理论方法，甚至是一些短暂流行的理论，且经常表达一种折中主义的观点。普遍来讲，这些方法与我们称之为历史唯物主义的研究过去的方法是一致的，覆盖了很多当代关于过去的研究，包括少数民族问题、性别和女性话题。不同于生态/进化论者认为人类社会是一个综合、整体的系统的看法，历史唯物主义者将人类社会视作竞争的个体、派系、社会团体共同作用的结果。换句话说，人类一直处于过去文化和社会变迁的核心，个人、家庭、血缘群体和其他实体是变迁的媒介。在考古学中，**媒介**（agency）是一种概念，即过去和历史的主体是人类，而不是那些没有被命名的"文化"。

这些历史唯物主义（或后过程）的方法填满了这个理论不断变化的可怕泥沼。就像英国考古学家约翰·宾特克利夫（John Bintcliff）指出的那样，考古学理论并不是以一种不断积累的方式展现的，而是通过每10年左右一个近乎完全革新的方式出现。每一次转变发生时，新方法的领导者将之前的范式一笔勾销，引入新的概念，而这些引人入胜的新理论往往不是发展自考古学本身，而是发展自其他的学科。

在20世纪70年代与80年代，后过程主义的引进经过了很长一段理论波动期。一些考古学家，如著名的英国考古学家伊恩·霍德（Ian Hodder），转向了空间分析，之后又开始研究结构主义和后现代主义。几乎无一例外，这种新方法在考古学中的出现就像宾特克利夫（1991:277）描述的那样，"完全是传统知识分子的新参考（借鉴自其他学术领域），对于前一辈学者来讲，这些可怕的文本是非常晦涩和令人不快的，以至于他们退出了争论"。经常出现这样一种情况，在新方法的始创者——例如社会学家——的研究中压根儿没有考虑过考古学！随着革新的不断出现，坚持旧理论和发展新理论方法的人之间的争论甚至对话都已经很少出现了，经常是他们的前辈都在忙于检验自己在各自领域内辛苦发展出来的研究方法。

在考古学理论中，与主流相异的观点容易遭到嘲笑，但是好的理论往往是这类不断变化、充满原创性（而又不至于过分特立独行）的想法。与其他科学一样，如果没有持续的理论辩论，考古学会很快衰落下去，自身的重要性也会大打折扣。最好的理论家是那些满怀勇气、敢于争辩并且不畏惧挫折的人，我们永远需要他们！

对于这些不断变化的范式，历史唯物主义（后过程主义）的方法做出了三项积极且重要的贡献。

第一，意义比物质更为重要。我们对于过去的阐释不再依据纯粹生态的、技术的和其他物质的角度考虑。文化是互动性的，换句话说，人类的角色是去创造、使用，以及利用符号功能去改变和再造这个世界。

第二，考古学家必须严格审视他们所肩负的社会责任，超越自身领域，将眼界放到整个学科的目标上，关注当代社会中与历史相关的道德和情感问题——公众如何与过去相互作用？

第三，很多关于古代社会的观点在过去的研究中被忽视了，其中包括女性、少数民族，以及那些我们经常称之为"没有历史的人"的群体——那些无名的、目不识丁的群体。

围绕着第三个问题的争论相当多，因为一些考古学家认为历史唯物主义者对于过去的解释是带有欧洲中心论和文化偏见的，这使得他们对历史的研究令人难以接受。换句话说，历史唯物主义者把自己的文化和对过去的看法强加在诸如澳大利亚和美洲的原住民身上，而这些土著居民或许有着全然不同的观点。这个矛盾始终没有得到解决，但是毫无疑问，未来考古学家的工作必须更贴近他们的研究对象，否则他们将有逐渐成为被边缘化的历史的危险。一个有用的方法就是把考古学家看作现在和过去之间的"积极传递者"。争论还在继续。

4.5 认知–过程考古学

很多考古学家仍然坚持生态/进化的方法，特别是在北美学界。但即使是最顽固的过程考古学家，现在也开始密切关注人类在过去扮演的角色了。人类就像演员，与他们的文化互动——这一观点是那些采用生物/进化方法研究过去的学者与那些关注象征意义、结构和曾经治理社会规则的学者在方法论上最本质的区别。经过激烈的争论，双方在**认知–过程考古学**（cognitive-processual archaeology）这一宽泛的标签下，开始达成理论共识。这一标签覆盖了众多文化和社会变迁的方法，并且同方法的使用者一样折中。最重要的一点，是这个最新的方法将科学和更多的直观想法结合起来。

在英语运用的终极仲裁者《牛津英语大词典》（*The Oxford English Dictionary*）中，"认知"被定义为"一种从广义的感官上获取知识的行为或能力，包括感觉、直觉、概念等"。以考古学的观点来看，**认知考古学**（cognitive archaeology）这个术语覆盖了全部人类行为，特别是宗教信仰和人类意识的发展与表达。从早期考古学开始，研究者始终关注的古代宗教、信仰和表达，这些同样也是认知考古学的主题，我们也往往称之为心灵考古学。如何定义认知考古学？既然我们不能忽视认知的意义，那么是否能够通过考古记录中的物质遗存研究人类认知？世界上最杰出的考古学家一直在争论这些问题，同时试图创造一种认知–过程方法，即利用新旧模型和方法为考古学创造一种全新的框架。这是一项非常重要的工作，因为今日的考古学是建立在坚实的科学基础之上的，而不是像**解释学**（hermeneutics）那样把悟性作为解释方法的关键——那些相信南极冰盖下存在着古代文明或者玛雅文明是由来自外星的生命创造的人往往采用这种方法。因此认知–过程论者从来不认为他们能够复原人们的思想，但是他们能够深刻洞察人们的思考方式。

认知考古学覆盖了人类所有的历史，但是它的关注领域可以被分为两个。一是主要研究早期人属和古代人类的认知能力、工具生产和认知能力的关系，以及语言的起源和早期人类行为的社会背景；二是研究过去4万年来，在食物生产和文明起源时，人类认知方面的重要发展。英国考古学家科林·伦福儒（Colin Renfrew）认为，认知考古学面临的最大挑战，是人类象征符号体系的建立是如何在近东和早期中美洲地区古代文明的形成和发展过程中起作用的，例如在玛雅文明中。伦福儒认为人类使用的符号大约有六种作用：设计、规划、衡量、社会关系（使用符号组织并规范人际交往行为）、阐释功能，以及作为人类与超自然世界沟通的媒介。他也相信认知考古学之所以长期被人忽视是因为缺少统一的方法论。这种方法论也许要汇聚多种学科的知识才能产生，如认知心理学、人工智能、计算机模拟和认知考古学自身。但是这种聚集，以及潜在的知识飞跃的发生有一个重要前提，就是对人类认知感兴趣的考古学家能够发展出严密和明确的方法论，并以此取代那些隐藏在后过程考古学标签下的过于简单化的认知。

考古学家肯特·弗兰纳里和乔伊斯·马库斯（Joyce Marcus）一直对人类认知抱有兴趣。他们最早的工作是试图通过早期西班牙人记录的当地印第安人的宇宙观，理解墨西哥谷地瓦哈卡的古代萨巴特克人（Zapotec）的生存活动。他们相信这种利用严格分析历史文献和其他材料得出结论的方法，比20世纪80年代盛行的那些激动人心的猜测更能产生有益的结果。弗兰纳里和马库斯认为认知考古学能够研究古代人类意识产物——古代文化——的各个方面，这包括宇宙论、宗教、意识形态、肖像研究和各种形式的人类智力性和象征性行为。他们同样坚持认为，有效的认知考古学需要依靠严密的研究方法论。因此，只有当掌握了大量能够支持整个体系的数据时，才可以使用这种方法。否则，它将变成一种"和猜测一样危险的向幻想大陆的蹦极"（1993：264）。实际上，很明显，认知考古学只有在历史记录能够被合理运用，以提高我们对于考古材料的认识时才最为有效，就像利用它来解释考古证据和玛雅碑文时一样。

在这种方法下，认知考古学有相当多的限制。所有文化都有一个对他们所生活的世界的理论。他们的宇宙观，就像以现代天文学为基础的西方文明一样，构成了一个关于世界起源的理论，定义了时间和空间，并且能够提供一个宗教和意识形态的架构。在很多文化中，如古希腊和玛雅，都想象出一个被超自然存在所占据的宇宙，一个与宗教信仰关联的世界。尽管宇宙观能够对人类定居地和生活产生重要的影响——比如一些情况下，自然环境的某个方面，如原始森林，可能被视为是神圣的——但即使具有一定的可能性，仅通过动物和植物遗存去重建当时的宇宙观依旧是非常困难的。

宗教信仰提供的道德标准与价值观，通常包含在寻找理想生活价值的框架下。一个定义明确的世界观与宇宙观和宗教信仰有关，后者能够提供仪式并帮助崇拜者达到理想世界。这些道德标准和价值观无疑能够对人类行为产生重要的影响，甚至是影响生活中更为现实的领域，例如食物的获取和商业贸易。宗教能够提供社会与政治变革的强力催化剂，举例来说，信奉佛教的商人将他们的宗教带到了东南亚并且改变了历史的进程。佛教为一系列辉煌的王国提供了精神上的支持，例如柬埔寨的高棉人（图4.6）。

弗兰纳里和马库斯相信重建古代宗教信仰的方法是通过人种史学材料构筑模型，然后分离出庙宇、人工制品、艺术形式以及其他能够被考古学方法识别的文化因素。这些因素被放置在它们的文化背景里进行研究，然后与人种史学资料得出的模型进行对比。意识形态是社会和政治的产物，"是一个包含信条、神话，以及与社会运动（由个人构成的组织、阶级或群体）相关的象征实体，往往还与一些政治或文化的计划相关，并且伴随着把信条诉诸实行的策略"（Flannery 和 Marcus，1993:266）。举例来说，很多关心等级社会这一与平等主义相反的问题的考古学家，大多关注的是意识形态上的根本变化。因为平等社会往往具有平均机制，以防止个人或群体获得高于其他人的地位。同样，这些变化只有通过恰当的历史类比及对人工遗存的正确利用才能够被证明。

　　例如，瓦哈卡谷地的农业社群在公元前1400年至公元前1150年期间并没有明显的等级。在公元前1150年至公元前850年间，描述祖先谱系、超自然的艺术形式出现了。它们以闪电或火蛇的形式出现，一些符号代表了土地，另一些代表天空。有些世袭的社会等级形式似乎伴随着新艺术。随后，萨巴特克人的国家出现了——一个来自阿尔班山（Monte Albán），与天空和闪电图案有关的小部落成为统治阶层，同时大地和地震的符号渐渐消失。这就意味着那些与闪电有关的后代崛起，成为地位显赫的人，世袭社会的不平等第一次出现在一次意识形态的转变中。

　　如果考古学家使用现成的分析技术并且从大量材料中提取信息，那么认知–过程研究是十分有效的。认知考古学在文献的帮助下可以达到极高的精细程度，例如墨西

图4.6　柬埔寨的吴哥窟。神圣的宝塔峰顶代表了高棉人的印度教世界，公元1117年。

哥的阿兹特克文明和安第斯山脉的印加文明。但是更为早期的社会为我们的研究提供了更大的挑战，例如近东地区最早的农业社会中出现的神秘女性形象和涂抹了灰泥的人类头骨。如果把每个女性形象都解释为丰产雕像，并且与古代的母系神祇相关，显然太过笼统，实际上，这个结论实在是没有什么科学根据。

认知考古学并不是捷径，它只是一种基于严密分析和大量材料数据的研究古代信仰、宇宙观、宗教和其他无形事物的方法。

所有研究过去的历史唯物主义方法都在反映一种感受，即现代考古学越来越非人性，已经过于远离它在现代社会中所应扮演的角色。从某种意义上说，这是考古学家在西方学界的知识发展过程中扮演越来越重要角色的过程。

4.6 考古学理论的现在和未来："过程的加"

如今绝大多数的考古学家都会同意，理论不必包含一个让他们不惜一切疯狂工作的严密框架——而这是以前经常发生的。就像米歇尔·黑格蒙（Michelle Hegmon）指出的那样，"理论是，而且应该是一组普遍指导原则，能够帮助我们（研究者和感兴趣的人）理解具体事件和身边世界的意义"（Hegmon，2003:213）。理论是一种识别、标记和解释过去的工具。像黑格蒙指出的那样，大部分美国考古学家（事实上是世界各地的研究者）往往把一系列宽泛的理论方法和她所说的"过程的加"混为一谈。进化论以各种形式被滥用了，概念化社会的许多方法，以及"个体是促成变化的媒介"这一观点也同样被过度利用了。一种与后过程考古学一同发展，并且建立于女权主义理论之上的观点认为，过去是被"创造"出来的。研究过去男性和女性的行为，以及这些行为在性别关系上的意义是现在考古学主流的一部分。

这种理论方法被认为既是过程考古学也是后过程考古学，现在正推动着双方开展新的研究，而这需要调用更多的研究手段，从马克思主义观点到对人类家庭和社区所尝试的历史化叙述，几乎无所不用。如今，比起单独的理论研究，大部分考古学家更有兴趣探索考古记录及其意义。尽管如此，仍然有很多的理论讨论保证考古始终保持着活力和吸引力。其中很多活力来自于那些贯穿所有理论方法的问题，例如性别与媒介这一话题。

随着考古学理论的成熟，未来我们对于过去的解释将变得更加精细。新的主角也将随之登上舞台，其中包括对考古记录的保存和管理日益紧迫的需求和作为考古研究最原始资料的文化资源管理。当前，考古学从其他学术领域借鉴了理论方法，但是还没有一种得到公认的方法。这给我们未来的研究造成了巨大的困难。

我相信考古学理论最重要的进步会来自那些已经日渐清晰的发展趋势。

多学科视角

考古学在视角和研究方面变得越发多学科化。例如研究者在研究早期农业定居点时，往往借助各种领域的手段，而不仅仅是考古学方法，单单是遗传学便改变了史前人类的面貌。我想未来的考古学理论会被更为广泛的多学科观点影响，其结果将是一个不拘一格的考古学理论体系。

可选择的历史

作为向多学科发展努力的一部分，新一代的考古学理论会增加对人种史，以及为历史提供新视角的传统口述史的研究。举例来说，美国西南部的土著印第安人群体霍皮人、纳瓦霍人（Navajo）和祖尼人形成了他们自己的考古单位，并且进行了重要的文化资源管理研究。但是考古学家和各地土著民族的对话还几乎没有开始。

DNA研究

通过对古代人类骨骼和**粪化石**（coprolite）等保存有DNA的样本的研究，我们可以了解到很多信息。线粒体DNA的研究成果已经为现代人类在非洲热带地区的起源及迁移扩散问题的研究指明了方向。

生态和进化论

生态和进化论在针对文化变迁和复杂社会诞生的研究中将会变得越发重要。考古学自始至终保持着对进化论的关注，其中最有益的观点是：当社会和物质环境改变时，有自主性的个体会不断调整他们的行为。这些个体具备着人类独有的特点——创造性思维的能力。

思想是文化变迁、做出决策、学习以及适应环境过程的推动力。人类的知识当然是有限的，很多问题我们不能解决，很多事物的理解过程超越了我们的能力范畴，由于意识模糊，我们也会犯很多错误。这些限制诱发了在解决问题上人与人之间的合作，例如人们曾经寻找一种方法来一次性捕杀数目众多的美洲野牛。

进化考古学的这种形式将涉及发展新的方法论，即整合了进化生态学与人类心理学，以及将短期的个体行为与考古记录中不可避免地被普遍化的数据相联系的方法。使用很多新的甚至有些晦涩的方法往往被认为是新一代进化考古学的特点，包括计算机模拟、成本-收益分析。在很多方面，生物学家和考古学家面临同样的问题：生物和文化的形式是如何产生并保持稳定的？

理解人类心智的作用

生态/进化方法也许能帮助我们理解考古学家的认知，但是如果没有深入理解那些产生了考古遗存的人类行为，那么这些方法也是无效的。今天，许多考古学家相信人类行为并不像很多文化进化论者声称的那么循规蹈矩，当然也不像有些历史唯物主义学者认为的是随机性的活动。不同地区的文化进程有足够多的规律使我们认识到，同样的因果关系在相互隔离的地区能够导致同样的文化形式，例如近东和中美洲地区农业发展与村落生活中所表现的。文化和社会系统的本质还有很多我们不能理解的部分。一个子系统的变化果真会像许多考古学家假设的那样，影响其他系统的运行吗？我们还很难给出一个确切的定论。

当物质世界发生变化时，人类不会去调整和适应，但是当通过自己的文化性感受到这种变化时，他们便会采取行动。因此人类理解和调节文化感知力的能力在人际沟通和人与自然间的互动中有着至关重要的作用。换句话说，人类心智在人类行为的各方面都扮演着重要的角色。就像加拿大考古学家布鲁斯·特里杰（Bruce Trigger）写的那样，我们应该将文化行为看作"一种相互作用的产物，即由个人对他们行为所产生的后果的预知和人类行为所受到的那些限制因素共同产生的。这些因素既有物质层面的，也有精神层面的，我们必须将它们考虑在内"（1991:567）。

外部和内部约束

限制因素有时来自外部。过程考古学家深入研究了人类社会受到的生态、技术和经济限制。很多重要的研究见证了墨西哥谷地的聚落模式变迁和中美洲文明兴起，但是很多非经济和非生态因素同样影响着人类行为，例如人类身体和大脑这类肉体上的局限也在限制着我们。所以与其说环境对文明的变化负有责任，倒不如说环境制约着人类的行为。最终，普遍的系统研究发现，人们只有有限的几种方式来处理信息和做出决定，这限制了人类社会中可行的社会和政治组织的数量。举例来说，在典型的小型社会中，由成员举手表决来做出决策，但这种方法只在团体成员少于300人时才有效。当成员超过1500人时，采取一些强制手段是必要的。

一般来说，社会的规模越大，管理、控制它的制度就会越发复杂和官僚化。人类社会可以采用的社会、政治结构的数量是有限的，这就解释了世界各地的常规组织为什么会惊人地相似，例如苏美尔和玛雅文明。

内部限制因素也影响着我们的行为。这些因素包括知识、信仰、价值观和其他受文化制约的习惯，这些因素在不同的文化中有不同的表现形式。然而一些因素在相距遥远的繁荣文明之中却也是普遍存在的。举个例子来说，两个相距万里的文明都有可能发展出青铜冶炼技术，这是基于同样的技术知识体系，但是产生这种知识的文化背景是完全不同的。就像中国的商文明和秘鲁沿海的莫切文化（图 4.7）。一些象征符号

图 4.7 从莫切文化的西潘领主墓中发现的锻制黄金耳饰。这个勇士身着绿松石外衣，一只手握着一根可拆卸的粗木棍，另一只手拿着一个可以活动的圆形盾牌。他佩戴耳塞，腰带上有小铃铛。这些精巧装饰的每一部分在莫切社会中都有着深远的象征意义。
(Courtesy of Susan Einstein/ Fowler Museum of Cultural History UCLA/ Walter Alva, MD.)

在各地都有发展，像常见的将宝座上的首领或国王举起的行为，或者太阳和统治者之间的关系。这并不能验证早期传播论者所秉持的文化之间相互联系的观点，但简单反映了人类心智中或多或少的一致行为。

根据这种观点，人类文化是由内部限制因素和外部限制因素共同塑造的历史现象。我们运用想象力做出经过深思熟虑的决策的能力，是促成任何形式革新的重要因素。我们的文化存在大量的观点和社会价值观，它们既引导也限制着革新。换句话说，人们一代又一代传递的信息，提供着个体为了适应生态环境和社会环境所需要学习的大部分知识。每一代人都会对这些信息以及伴随而来的反映现实环境的文化限制因素进行重新改写，这是一个人类社会转变的过程，往往也是一个产生新的社会制度的过程。

文化传统是一种与发明相反的力量，它为我们应对环境和一代又一代不断变化的知识体系提供了保障。它和生态因素对于人类行为的影响是同等重要的。个体具有感知力，能够采取行动做出调整，因此外部因素和内部因素对于人类的限制是同等重要的，并且在整个人类历史中互相补充、共同作用。生态和其他外部因素可以成为文化的媒介，但是它们独立运行于人类活动之外，这使得它们从进化论以及其他归纳性理论的角度更容易被理解。而作为内部制约因素的文化传统，则更具特殊性和偶然性，这就使得我们很难把进化的顺序强加在人类历史上。因为尽管存在着外部制约，但还是有很多的文化变迁是由外部条件的不断变化以及文化传统共同决定的。人类文化对于细化的无限制包容催生出一种对规则的需求，使得文化的多样性能够为人所理解。通过研究个体的文化传统，考古学家能够使用进化生物学家和文化生态学家从未使用的方法来解释人类文化的特点。

我认为考古学将从限制因素的角度解释过去。文化系统会将一些自然规则——如环境、技术和限制条件——通过文化系统强加给社会组织，这些共性因素通过运用中程理论和民族考古学材料（见第9章）能够得到很好的解释。这种研究将会融入对文化意义的探究，采用精练的直接史学方法，动用文献、考古学、语言学和口述传统来为中程理论的概括提供文化意义。

考古学中对于那些促使古代社会形成的限制条件的理解会因文明而异。尽管直接的历史研究手段能够帮助我们回到几千年前，但是有很多社会——例如2万年前欧洲的克罗马农人——我们只能通过外部制约的角度来了解。当然，这不意味着考古学家不能了解早期人类社会的行为。考古学家很容易就能感受到考古数据中的那些限制条件。同时，他们也尽力使考古学变得以人类为中心，而不是像早期的过程考古学那样被描述为非人性化的科学。

一般理论框架？

　　一些理论家会继续尝试构建一个考古学理论的一般框架，这是一项困难而令人沮丧的任务。这些概括性的理论框架需要特别关注生态学和文化学的研究手段，并且还要关注生物人类学、心理学和神经科学的新发展。那些试图发展这种理论框架的人需要解决很多复杂的问题，例如，在什么情况下，习得行为要比个体创新在决定社会是否采用革新时更有用？在什么情况下，自然选择会趋向某种行为特征或社会类型而胜过其他？古代人类的哪些行为是源自作为人类的思维模式？文化和社会因素的影响有多深远？很多研究都将依赖对单一古代社会或文化传统的细致研究，这些研究是概括其他社会和文化的基础。作为一个对考古学理论冷静旁观的学者，已故的加拿大考古学家布鲁斯·特里杰曾经指出，发展一般理论框架的最好方法将建立在对古代民族、文化和地区长期细致调查的基础上，而这将是未来的一项重要任务。

　　在当今的时代，能成为考古学家是令人兴奋的事。新一代高度复杂的模型和多学科研究迅速改变着考古学家解释过去的方法。考古学理论永远不会有达成共识的一天，但是它为我们洞察历史提供了难能可贵的机会。正如考古学家伊恩·霍德曾说的那样，我们需要从多个方面和利益视角去观察古代社会。我们所有人的利益都与古代社会紧密相关；考古学的未来建立在多渠道理解过去和密切关注当代世界面临的问题的基础上，比如气候变化、民族多样性和自我的可持续发展。

── 本章总结 ──

　　1.本章主要涉及解释文化变迁。文化史是描述性考古学，它以几个要素为基础：归纳研究的方法，基于大量个体观察的发展归纳，以及规范的文化观。

　　2.文化历史学家使用4种描述模式表现文化变迁的特征：不可避免的变化、发明、传播和迁移。

　　3.过程主义在解释文化变迁时通常使用演绎方法，并且普遍关注文化系统的运行方式。这个系统–生态学的方法使用系统模型、文化生态学和多线进化论来给出关于人类发展问题——例如农业起源——的复杂阐释。

　　4.很多考古学家反对唯物主义过程方法，并且将人类行为作为关注的焦点。这些反对来自历史唯物主义（后过程）考古学，他们强调个体和团体在文化变迁中的重要作用——包括女性和少数民族；同时还关注考古学家作为过去的阐释者在当今扮演的角色。

　　5.近年，一个综合了过程考古学和有时被称为认知考古学的研究方法开始发展起来，它将对人类意识、宗教和信仰的研究科学结合在了一起。

6.一个关于新的、更加以人为中心的考古学的讨论才刚刚开始。很多北美和其他地区的考古学家已经在使用混合的理论方法来探索考古记录。

7.在新一代的多学科研究中，进化研究和对人类行为的限制因素的研究会再一次革新考古学理论。正在发展的考古学一般理论框架将会涉及包括生物人类学和心理学在内的其他领域。

——— 问 题 ———

1.传播和迁移之间的区别是什么？请各举例说明。
2.基因学对于研究古代社会有哪些作用？
3.如何区分过程考古学与后过程考古学？

第5章 空间与时间

这是一幅描绘在一块带状织物上的画，画面内容是"一个渔夫拿着他捕获的鱼"，年代大约为公元前1600年，出土于希腊圣托里尼岛阿克罗蒂里（Akrotiri）的米诺斯村庄。

5.1 空　间
　　关联法则
　　组合与子组合
5.2 时　间
　　线性与循环时间
5.3 相对年代
　　叠压原则
　　遗物与相对年代

交叉断代
黑曜石水合法断代
5.4 绝对年代
　　历史记录和已知年代实物
　　树轮定年（树木年代学）
5.5 计时年表
　　放射性碳定年法
　　光释光测年

电子自旋共振测年法
铀系法测年
钾氩测年法
裂变径迹测年
本章总结
问题

导　言

　　本章讨论时间和空间，这是考古学背景中的两个基本要素。考古学中的空间与人类行为模式有紧密联系，同时与人工遗物、食物遗存和其他地下结构彼此相关。我们将讨论所有重要的关联法则，它们主导着器物形制；也会讨论叠覆律，它支配着相对年代和考古遗址中不同层位间年代关系的确立。我们也讨论绝对年代学和常常使用的一些年代学方法。这些方法包括树木年代学、放射性碳定年法和钾氩测年法。

> 你在过去时光的幽暗深渊里，还看不看得见其余的影子？
> 　　　　　　　　——威廉·莎士比亚，《暴风雨》(*The Tempest*)

大量随葬品环绕着躺在墓中的埃及法老；一座房屋毁于地震，居民被埋压其中；北美大平原地带，大量的野牛被屠杀……所有这些事件都被定格在时间和空间中。在纵观了世界考古学理论后，我们现在必须关注考古学基本原则。本章讨论了空间和时间的关键性因素，这是考古学背景的基础。

5.1 空　间

这里的空间不是天堂里的无限空间，而是考古学调查与发掘中每一个发现被精确界定的位置，它是考古学背景的重要维度。

每一个考古发现都有确切的经度、纬度和深度位置，三种信息集合在一起就可以定义空间中任何一点的绝对性和唯一性（也可以选择使用统一横轴墨卡托 [Mercator] 国际网格系统）。北美大平原野牛屠宰遗址出土的石器加工工具、大型屠宰工具和动物碎骨上的蛛丝马迹，古埃及面包作坊中发现的碳化面包和泥制灶台……所有这些信息都会讲述一个村庄、房址和作坊中被长期遗忘的人类活动，所有这些都要依赖空间维度。对于考古学家来说，空间位置是必不可少的，因为它能确定器物和居址之间、完整聚落间、聚落与主要蔬菜基地和市场之间的距离。这个距离可以是地下精美陶器和墓主人遗骨之间的几英尺，也可以是季节性营地之间的16千米。田野考古队可以记录几十个村落之间的距离，这些村落可以交换精美物品，如几百英里外的海贝。例如，研究队伍研究了洪都拉斯大型玛雅城邦科潘的腹地，定位了超过2500个边远城镇、乡村和小村庄。他们利用这些空间数据，来考察公元400年至1200年间城市周边农业人口的发展与消亡情况。

考古学家们开展地表调查与发掘时，会使用特殊方法来记录器物、居址和其他发现的精确位置。他们把每一个遗址的位置标记到精确的调查地图上，这样就能够利用地图上的网络坐标在景观中定义精确位置。通过使用地理定位系统（geographic positioning system [GPS]，见第6章），他们会将这些空间信息与环境、地形和植被的数字化数据进行合成，以考察聚落分布的历时性变化。同样的操作也可以应用于遗址级别的界定上。当调查单个遗址时，发掘者在整个遗址上设定由相等的正方形组成的记录网格，使用网格，或者更简单地说，使用电子测量仪器记录每一器物、遗迹的位置（图7.11）。

空间分析（spatial analysis）是分析遗址内部和更广阔区域之内的空间关系。

空间给考古学家指出了三个调查方向：

1. 描述考古发现、判定器物文化来源的过程。关于这个程序更完整的描述见第8章，在第8章，我们会讨论一些考古学家们使用的分析设备。

2. 研究人类聚落内的特殊活动，如经济、宗教、社会、技术。这些可以反映一个人、一个家庭或一个完整社群的活动。

3. 研究**聚落形态**（settlement pattern），即古代人类聚落景观不断变化的分布特点（见第12章）。

关联法则

空间中的文化背景是以人工遗物与其周围人类行为的其他证据的**关联**（association）为基础的。假设你在犁过的田地里发现了啤酒开瓶器，发现这件器物的专家可以在器物生产的时间范围内查阅生产者文件或美国专利局档案，来确定开瓶器的年代。但是这个啤酒开瓶器是孤立的发现，在附近没有发现其他人类行为迹象。如果你不是生活在21世纪的美国人，你就很难去推断这件器物是用来开瓶的。但是这件开瓶器如果和几十件同时代的被打开的啤酒瓶一起被发现，你就能够推断出发生了什么，关于这件器物设计的目的也就有了定论。

关联法则（地层学上的）基于这样一种原则，即一件器物与其他发现于这一精确考古区域内的器物年代相同（图5.1）。例如，埃及法老图坦卡蒙的木乃伊就与惊人的王室财富和祭祀用品密切相关，这种联系提供了有关公元前1323年埃及人生活的独一无二的信息。但如果单单是一具木乃伊，则远远无法提供这样丰富的信息。

关联法则在排列器物年代序列时是非常重要的。许多史前社会的人类在埋葬死者时会随葬家具，例如陶罐、青铜饰件、海贝或石斧等。在有些情况下，可以很明显地发现，那些随死者下葬的器物在墓主去世时仍然在使用，它们偶尔会被看作祖传遗物而代代相传下去。当这些器物组合在一起，就成为一个墓葬群——在其余的同时期的墓葬中很可能发现与其相同的组合。但在年代较晚的墓葬中，常常能够发现造型迥异的家具和形制已轻微改变的器皿。很明显，文化变迁已经发生。当我们以这种方式来分析几十座坟墓，就可以根据器物组合和形制风格的变化将墓葬按照不同的年代分组（图5.2）。

组合与子组合

人类行为可以是个人的、完全独特的，可以是与其他家庭成员或族群分享的，也

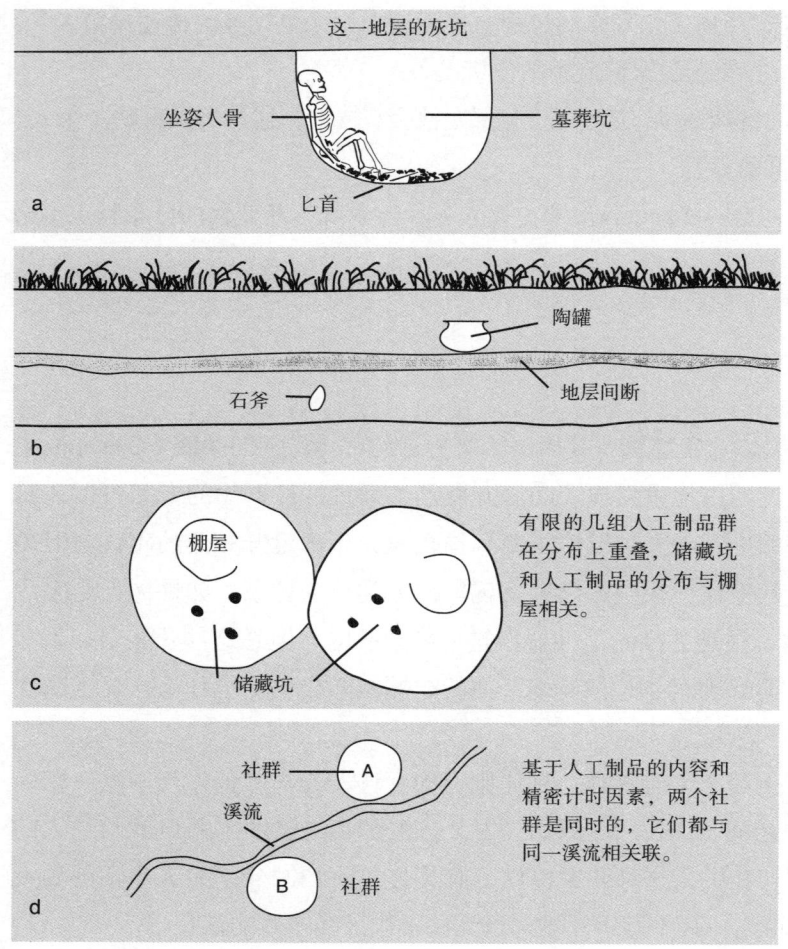

图5.1 关联法则:(a)人骨与匕首关联;(b)一只陶罐和一把石斧被地层间断分开,它们没有关联;(c)两处同时期居址群彼此关联;(d)同时代社群的关联。

可以是一个社群所有成员共有的。理论上来说,文化行为的所有这些层面都可以通过器物特征及其在考古记录中的关联来反映。例如,在公元43年英国战争中伤亡士兵的脊椎骨中发现的铁箭头,就是个人行为的结果,但这次行为明显与当时战乱社会所流行的文化行为相关(图5.3)。

考古学家们将等级制度运用到器物分组中,次一等级如下(更高等级见第8章):

子组合 与单个个体相关联的器物组合。例如,猎人使用插在箭筒里的弓和箭,汽车修理工要用扳手、螺丝刀和测量仪器。

组合 与器物的子组合——例如狩猎武器、用于采集植物类食物的篮子和棍棒——

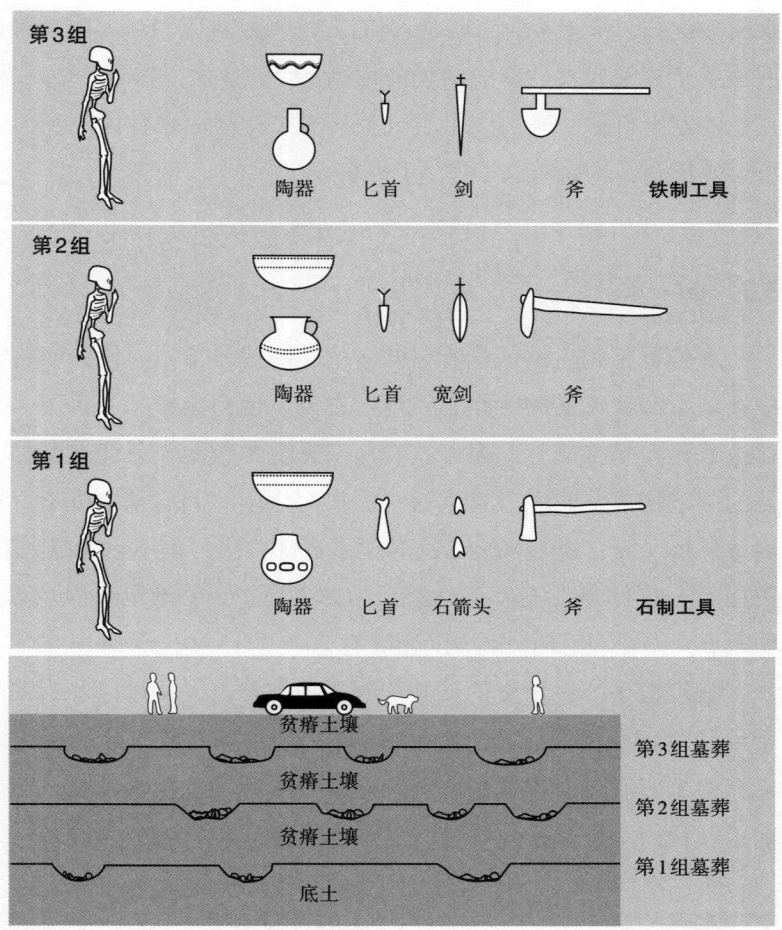

图5.2 通过研究相联系的人工制品，墓葬群可分成有序列的群组。第1组墓葬没有金属制品，仅有单个带装饰的浅碗，这种类型的碗见于所有墓葬群，表明了长时段的文化连续性。第1组墓葬中的石箭头由金属剑代替，匕首继续使用，先后由石、铜和铁制成。通过关联法，人们就可以根据文物的连续性有序排列墓葬群，这样的分组最终被图片最下方的地层观察所证实。

不同，器物的聚集反映的是一个群体的共同活动模式，即组合。这种共同的行为也通过房屋的遗存——例如房屋内外无法携带的储藏坑和灶台——以及社群聚落模式反映出来。

行业 一个遗址内，由同一群人在同一时期制作出来的相同子组合。

这种区分是明确的。一些早期的墨西哥村落由方形的茅草房组成。每座房屋包含多个子组合，反映着男性和女性的个体行为，这些子组合可以通过器物组合和特征来推断。例如，位于塞伦（Cerén）的古代玛雅村庄因被火山灰覆盖而得以保存下来，它展示了诸多关于女性家庭活动的证据：准备食物、炊煮等（见第9章）。村庄中这种模式化的家庭群体——那些子组合及其相关特征的联合体——构成了人类行为在空间上更大的集合，从而构成了完整的社群。

5.2　时　间

我们繁忙的生活依赖着时间。就在前些日子，一位苦恼的学生从排满的日程计划中选定了和我见面的时间。我可以看到，他白天排满了讲座、会议和体育训练。我们谈论着这份糟糕的时间表，它看起来无法再精简，只能更繁忙。每一天，以小时为单位的刻度构成了我们日常生活、工作与休闲时间的基本框架。对于我们来说，引导我们过好每一天，规划好生活的并不是日升日落，也不是大范围变化的季节，而是时钟。我在上午的11点23分写下这些话，如果还想更精确地读秒，那么我会写下数字11。我们西方人总是在意时间的流逝和测量。

我们对于线性历史的认知跨越了我们自己、父母以及祖辈的生活。我对自己第二个生日留有模糊的记忆，从大约8岁起开始有连续的记忆。我的父母曾于1898年见到老年的维多利亚女王在伦敦的一个公园中驾驶一辆马车——而那已经是一个多世纪以前了。我的一位爱尔兰同事的父亲曾经定期和同村的一位年长妇女交谈，她记得1798

图5.3　铁箭头嵌在英格兰战士的脊椎骨中，该战士于公元43年在梅登堡（Maiden Castle）同罗马士兵的战斗中被杀。那一年，这座凯尔特人铁器时代的重要城堡受到罗马军团的猛攻，这次战斗由英国考古学家莫蒂默·惠勒通过在要塞入口的发掘得以复原。

年法国士兵在爱尔兰登陆。两个世纪对记忆来说是一个漫长的跨度，但历史书为我们呈现出一段线性历史，它可以追溯到5000多年前亚洲西南部文字书写的开端。这些书籍告诉我们华盛顿建立于1790年，罗马建立于公元前753年，著名的埃及法老拉美西斯二世的统治时间是从公元前1279年到公元前1213年。

然而，再向前追溯到公元前3000年之前，我们则进入了一个编年的空白阶段，考古学家们已经开始利用仔细分类的遗址和器物组合来填补这些空白。除了在一些特殊区域——例如美国西南部、欧洲部分区域以及地中海东部，在这些地区，树木年轮可以被非常精确地运用于史前遗址的测年——时间必须以百年和千年为单位来测算，而不是以每一年。我们或许能准确地知道华盛顿建立于1790年，但如果能将墨西哥特奥蒂瓦坎城的起始年代测定得比公元前300年至公元前100年更为精确一些，就已经非常幸运了。关于这个问题的比例概念，我们可以用100个季度代表人类社会在地球上生存的时间，而历史记录覆盖到的时间长度不到1个季度，因为99.9%的人类经历属于史前时期。难怪时间对于考古学来说是非常重要的。

史前史像一幅巨大的空白风景画，考古学家们在其中安置了数以千计大大小小的考古学遗址，每个遗址都包含自己独具特色的遗物和被长期遗忘了的人类行为的痕迹。每一个遗址及其内涵都有精确的时空背景。一些遗址，例如特奥蒂瓦坎，延续了数百年。其他聚居地，例如奥杜威峡谷，人类居住的历史长达成千上万年。没有时间，史前史将会是一个无序的、令人迷惑的遗址与文化的混杂体。那么，考古学家们该如何去测定过去的年代呢？

线性与循环时间

西方人认为人类的历史进程就如同经过一条笔直的（虽然存在分支）时间高速公路。19世纪伟大的德国政治家奥托·冯·俾斯麦（Otto von Bismarck）称之为"时间流"，其中的所有人类社会都会顺着时间发展。如果你和考古学家们一样，认为时间是以线性方式运行的，那么这个类比是很恰当的。

以展开的、线性的角度去看待历史并不是将古代时间概念化的唯一方式，在许多古代和现代的非西方社会里，人们都认为时间是循环现象，或者有时是直线和循环的结合体。这种循环观点源于季节流逝与天体运转，来源于采集者、村庄农民与自然环境的密切关系，同时也基于人类生活的永恒真理：孕育、出生、存活、成长和死亡。农作物的种植与收获、鲑鱼的洄游、野生食物的成熟，都随着季节在无止境循环，意义深远地影响、支配着人类的生存。古代玛雅发展出了联系世俗和宗教历法的详尽循环系统，以计算季节流逝，规范宗教礼仪。

但是我们不能认为一个在时间上拥有循环观念的社会就没有线性的年表。著名的玛雅"长计历"（Long Count）是一个单线年表，它也是玛雅统治者和宇宙紧密关系的组成部分。古代埃及人出于统治需要发展了单线年表，但是一般来说，只有社会需要时，才会出现单线年表。例如，西方社会用单线时间规范祷告时间、规划工作日的安排以及制作航空时间表。这很难去普及，但是中央集权政治体系社会试图用酋长或国王的统治作为线性时间的指示标。例如，在西非的贝宁（Benin），掌权者的历史显示了在时间阐释上所发生的重要变化。公元14世纪前的贝宁历史基本上是虚构的，年表十分模糊，国王也频繁地更换。但随着约鲁巴（Yoruba）王朝的发现，直到现代社会，每一个国王的事迹和统治都记载详细，年代明确。

考古学家通常参考三种类型的年表：
- 相对年代，指建立遗址和文化之间的年代联系。
- 绝对年代，指历法中的确切日期。
- 计时年代，根据统计概率建立的时间范畴。

5.3 相对年代

我的大龄灰猫比德刚刚进入了我的研究。吃饱了早餐，它朝我报以哀怨的叫声，在地毯上寻找一小块阳光能照射到的地方。随后它找到了位置，刚好是我放了一堆重要文件的地方。扑通！随着一声叹息，就在我写作时，它一屁股坐在了文件上面，并幸福地打着盹。时间慢慢过去，我想到需要从那堆被猫压住的文件中找一篇文章。我盘算着是去拿杯咖啡拖延时间，还是直接打扰比德——我知道这会让它非常生气。最后，考虑到文章的截止期限，我慢慢地举起灰猫，抽走了猫身下的文件。当我庆贺自己逃过了被咬的噩运时，比德敷衍地表达了抗议，然后又坐了下来。

比德与文件的事件是相对年代的典型案例。我们先考虑一下四件事情的次序。我坐在计算机前，查阅了一些文件，然后把它们放在地上。这是整个次序中的第一件事情。一段时间后，第二件事情发生了——猫趴在了文件上，然后睡着了。又过了一阵子，我想从一堆文件中拿出一篇文章，于是举起猫，抽出文档。这个戏剧的最后环节，就是猫又去睡觉了。我们观察了整个事件的顺序，然而，我们只知道事件发生在"早餐后"，对于这一顺序中每个事件之间的具体时间间隔却没有任何概念。换句话说，我们有了一个人类（或猫）行为的相对年代表（图5.4）。

叠压原则

关于猫与文件的相对年代的断定是基于考古学和相对年代的基本原则：叠压原则。**叠压**（superposition）是指下面一层比上面一层要早，这是从地质学引入考古学的概念。地质层一层层地叠压着，就像面包的层理。我们从海边断崖或高速公路的剖面很容易发现一系列层层叠压的地质层。很显然，任何一件位于较低层面的物品在年代上往往

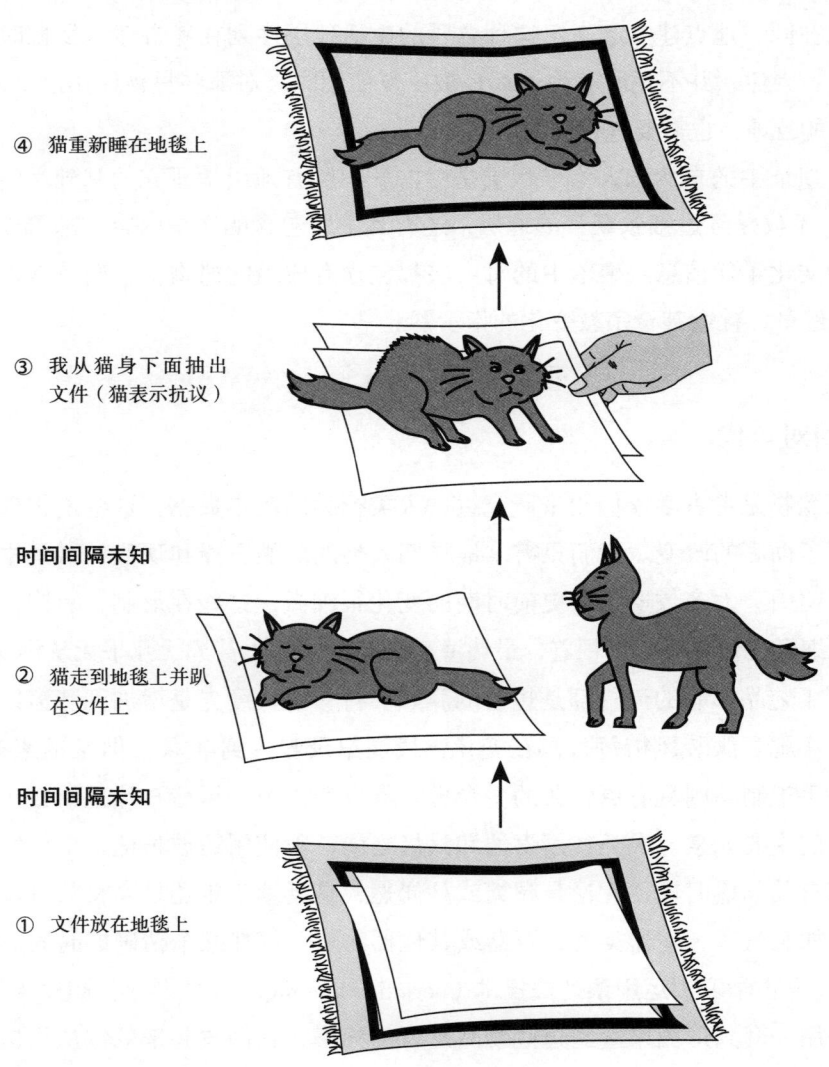

图5.4 猫咪比德（比德是中世纪英国的修道士）的相对年代

要早于后来更高地层的物品。换句话说，下层要相对早于上层。一系列沉积等级或地质层序列的形成往往要经过很多种因素的推动：风、水、地震以及其他因素。时空背景的基本原则直接借鉴自地质学，它以地质层的角度观察化石和地层中的其他现象，从而提供了有关地质时间的基本框架。

叠压是考古遗址**地层学**（stratigraphy）研究的根本原则，因为许多聚落，例如北美洲西部的沙漠洞穴或者美索不达米亚的土墩，已经或多或少延续了数百年甚至上千年。人类对任何遗址的占据都会形成各种垃圾的堆积。物品废弃后被埋入地下，建筑废弃后被夷为平地重建新房。洪水可以冲毁一个村庄，形成厚厚的淤泥堆积，几年后新村庄又再次在同一地点建立起来。这种叠压的生活地层序列在考古遗址发掘时被仔细地记录下来。当然，并不是所有聚落都是被反复使用的。对那些只被使用过一次的遗址，甚至临时的营地，也需要进行细致的研究。

考古遗址中的自然和人为堆积层是考古学中所有地层学研究的基础。但是正如图5.5所示，不仅是经过细致观察的地层，还有其中所包含的详细内容，都可以为我们提供相对的文化年代信息。聚落中的每一层都包含有成组的遗物，它们是考古学家们研究技术、经济、社会甚至宗教变化的指示器。

遗物与相对年代

人工遗物是考古学家们用来研究过去人类行为的基本数据，这些遗物随着时间的流逝发生了彻底的改变。我们只需拿最早期人类的简陋石斧和现代外科手术器械稍做比较便可明白。大多数遗物在史前时期的变化很细微，这些在形制、装饰，或者陶土罐口上的细微变化缓慢地累积着，最终演变为与最初相去甚远、几乎无从辨认的形制。

任何工艺品形制的流行都是短暂的。妇女衬衫的长度先是增加到膝盖以上，然后又加长至小腿。服装风格每月都在变化，最高纪录曾达到40种，但又迅速被人忘却。另外一些手工制品则具有更长久的生命力。最早期人类的粗糙石片是千百年来早期工具组合中的主要元素。人类在用煤油和汽灯之前，曾使用蜡烛长达几个世纪。但是每件器物都有其鼎盛时期，无论是频繁或是偶然，是延续千年还是寥寥数月。基于任何制品——如某汽车、陶器类型，石器或其他器物——都在某个精确的时间点最为流行这一假设，考古学家们运用**系列法技术**（seriation technique），按照年代顺序来排列文物。如果我们用一套条形图来绘制这些物品出现的频率，它们看起来就像从飞机上瞥见的一艘战舰的船体（图5.6）。船体的中部向外凸起，其中装甲部位最厚——代表流行的

图 5.5 叠压原则。(a) 5000 年前繁荣的农业村庄。一段时间后,村庄被废弃,棚屋失修,不断积累的泥土和植物覆盖了废墟。(b) 间隔一段时间后,第二座村庄在同一地区建立起来,但是建筑风格不同。这座村庄后来同样被废弃,房屋倒塌为一堆碎石,逐渐被泥土覆盖。(c) 21 世纪,人们在两座村庄遗址上面停车,扔下废弃物和硬币,当发掘后,揭示给考古学家们的最上面的地层是现代层。考古学家发掘这一地点会发现现代层下面叠压着两个史前居址地层,两个居址中靠上层的方形房屋年代较晚(叠压原则),圆形棚屋在地层学上早于方形房屋。因此,村庄 1 早于村庄 2,但只有用绝对测年方法,我们才能知道两座村庄于何时占据此地或者两座村庄相隔多少年。

巅峰时段,这种现象有时被称作战舰曲线。因此,可以推断的是,当特定地理范围内的一个遗址包含了形制相似、流行程度相同的陶器或其他遗物,那么它们的时代就大约相同。如果标本在统计学上是可靠的,一系列遗址就能通过相对年代连接起来,但如果缺乏年份日期,那么依旧无法弄清这个遗址是何时被占据的。

大约 30 年前,考古学家埃德温·德特勒夫森(Edwin Dethlefsen)和詹姆斯·迪兹(James Deetz)为验证这种战舰曲线的推论,考察了新英格兰殖民者墓地中有纪年的墓碑装饰风格的变化(图 5.6)。他们发现死人头骨、天使图案以及瓮等几种风格的变化是以一种几乎完整的战舰曲线序列连续发展的,因为墓碑的年代可以通过碑文来确认,因此这个实验就可以在精确的年代背景下进行了。

一个系列的考古遗址会包含许多不同遗物，它们在相对短暂的时间内出现又消失。如果要做排序，将器物的不同形制按照相对年代来排列是可能的，例如图5.7中所示墨西哥特瓦坎谷地（Tehuacán Valley）的例子。每一个遗址的每一层都包含了多种在此时期内成形的器物。一旦获得一连串有关器物变化频率的信息，就可以将独立的、新发现的遗址纳入相对编年中。

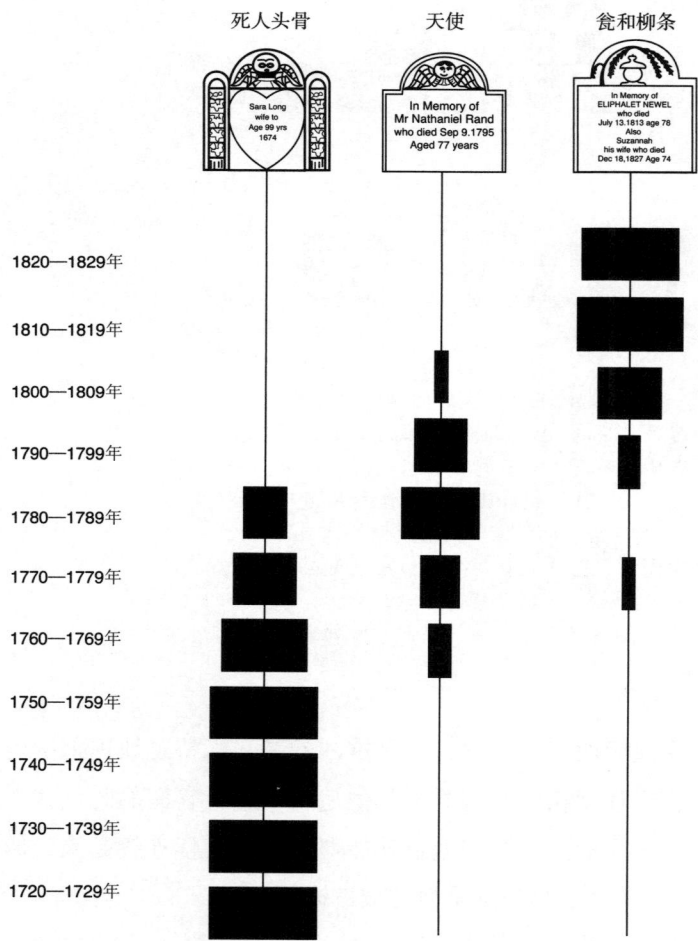

图5.6 一个系列的经典案例：马萨诸塞州斯托纳姆镇（Stoneham）1720—1829年间的新英格兰墓碑有三种连续变化的发展序列。注意每一种风格如何上升达到最大峰值，又是如何下降转换成另外一种流行风格的。天使风格展现了经典的战舰曲线。每一个水平条代表着那个时期的墓碑种类的比例，例如1720年到1729年间死人头骨所占比例是100%。（From *Invitation to Archaeology* by James Deetz, copyright © 1967 by James Deetz. Used by permission of Doubleday, a division of Random House, Inc.）

交叉断代

系列对于交叉定年的遗址来说是有效的。让我们假设1825年铸造的英国硬币通过贸易到达加利福尼亚州印第安村落，之后这枚硬币掉入小屋的地板中，湮没于尘土之中。直到20世纪90年代，考古学家们在古代村落的地层中发现了这枚铸有时间的硬币。他们知道硬币通过贸易来到这个聚落的时间不会早于它的铸造时间，因此村庄的繁荣应该在1825年或之后。他们在几千米外的更多遗址中发现了相同种类的印第安器物，但是没有硬币。当按顺序排列这些考古发现时，他们能为那些没有时间的聚落进行交叉断代，因为器物的变化频率是相同的。这种**交叉断代**（cross-dating）技术已经被广泛应用于中欧史前遗址中，曾居住在这些遗址中的居民同地中海盆地那些有文字的文明社会交换铜和其他原料，以获取年代已经可以断定的装饰品和其他奢侈品。

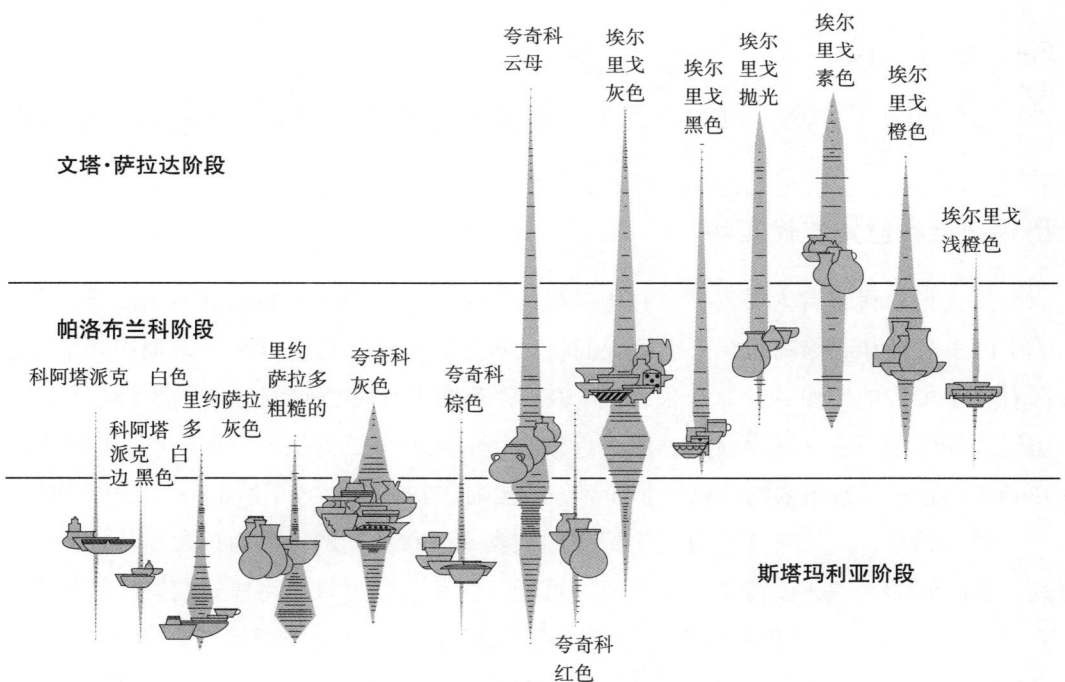

图5.7 墨西哥特瓦坎谷地的经典陶器风格序列表明，许多遗址已经有统一的单个序列。理查德·麦克尼什（Richard MacNeish）对每个遗址的不同陶器种类进行了分类，然后根据每个种类最受欢迎的时期排列年代次序。战舰曲线原则在这里被用来建立一个不断变化的陶器形制序列，基于每一种类代表的百分比，将每一个遗址置入序列中。（Adapted from R. S. MacNeish, F. A. Peterson, and K. V. Flannery, *The Prehistory of the Tehuacán Valley*, vol.3. Austin: Published for the Robert S. Peabody Foundation, Phillips Academy, Andover, MA, by the University of Texas Press, 1970. © Robert S. Peabody Museum of Archaeology, Phillips Academy, Andover, MA. All Rights Reserved.）

黑曜石水合法断代

所有的考古学家都期待有一种测年办法，可以精准测出一些耐用的史前古器物的年代，如石制工具、陶片等。**黑曜石水合法**（obsidian hydration）**断代**有望达到这个效果。黑曜石是一种因火山喷发形成的天然玻璃，在古代经常被制成锋利的工具、镜子还有装饰品。一个刚形成的黑曜石表面易吸水，之后会形成一层人类肉眼看不到的可测量的水化层。该层厚度可以用于判断石制工具的相对和绝对年代，但是我们还不清楚温度变化和土壤化学成分对于黑曜石水合法断代的影响。目前，黑曜石水合法断代已经在洪都拉斯科潘的玛雅城周边的大量考古调查中得以成功运用，主要是用于一些孤立聚点的年代判断。但是考虑到各地条件的不同影响，这种测年方法也只是提供一种相对年代的测量方法。

5.4 绝对年代

图5.8显示了主要运用绝对的、精密计时的方法来断定历史年代时所生成的时间跨度。

历史记录和已知年代实物

历史记录仅包含人类发展过程中的极小一部分。早期埃及和美索不达米亚档案中关于国王名录和族谱的记载可以使我们将时间至少推至公元前3100年，地中海中部地区有文字可考的历史约开始于公元前750年，英国大约是公元前55年。美洲最早的历史记录开始于西班牙征服时期，然而近来解密的玛雅手稿提供了古典玛雅文明开始于1500年前这一非常重要的信息。非洲部分地区则在1890年进入了所谓的"历史时期"。

幸运的是，三四千年前有文字记载的人类文明将他们的产品通过贸易传播到了更远、更广阔的区域，使得交叉断代成为可能。埃及人通过贸易将样式精美的饰品送到克里特岛（Crete），克里特岛人则将酒和精美的陶器运送到尼罗河流域。当考古学家亚瑟·伊文斯（Arthur Evans）在1900年发现克里特的"米诺斯文明"时，他使用从遥远的埃及发掘出土的米诺斯陶器残片推断出了克诺索斯（Knossos）宫殿的年代——因为陶器残片出土的地层已经完成了精确的断代。近年来，德国考古学家们在下埃及阿瓦里斯（Avaris）的墙壁上发现了绘制精美的米诺斯横饰带，这为早期的贸易联系提供了证据。

硬币和其他年代已知的输入品能够为建筑或是它们被抛入的、在数个世纪以前废

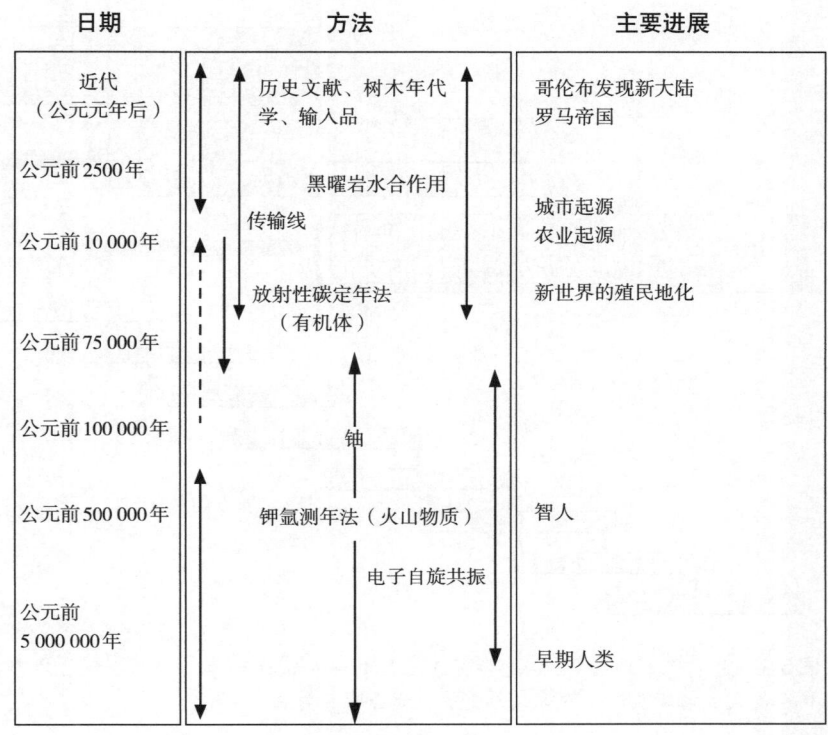

图5.8 史前史主要年代学方法。为了清晰,此处省略了实验方法。

弃了的垃圾坑进行断代。那些纷繁复杂且年代已知的实物被考古学家用来研究晚期的史前史。这些实物包括玻璃瓶、项链、印章、进口的中国瓷器,甚至军事徽章。每一件实物都含有十分明确的年代信息。年代已知的实物——甚至像有刺铁丝网、啤酒和可口可乐瓶、皮鞋这类遗物——都可以为过去四五个世纪的历史遗址提供断代证据。

树轮定年(树木年代学)

众所周知,在被砍倒的树干截面上可以看到年轮。这些年轮——大多树木都有——在某些地区对于考古学家们来说尤其重要,例如美国的西南部在一年的其中几个月里,季节性天气变化显著,树木也在这段时间集中生长。正常来说,树木每年长成两个年轮,它是木材和树皮之间的**形成层**(cambium)。根据树木年龄和每年的气候变化,树木每年的成长都会形成厚度不同的轮纹。美国西南部的气候变化造成了干湿年的循环,这反映到树木上就是厚或薄的年轮。

树木年轮标本可以利用钻孔工具从正在生长的或被砍伐的树木上获取。通过钻孔

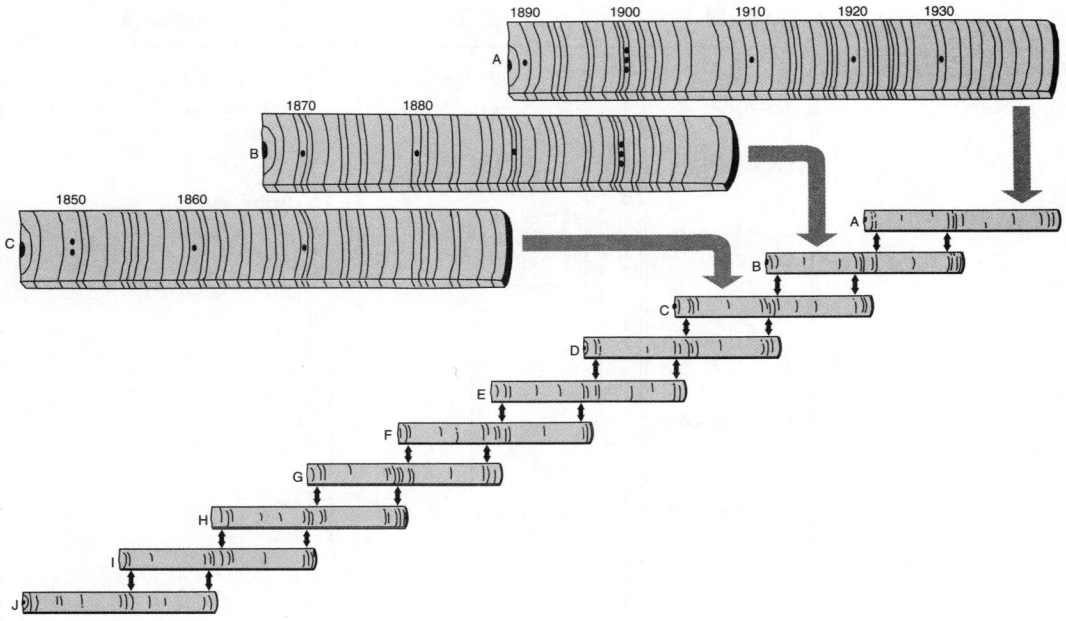

图5.9 建立树木年轮年代学：样品A从1939年后成长季节的活树上钻孔取材；B—J样品取自老房子和年代久远的废墟。年轮模式与史前时代匹配且重叠。

工具获取的年轮序列可以相互比较，也可以和年轮的主年表比较——主年表是通过许多树木标本与已知最终年代的相关重叠序列建立的。新序列的年轮厚薄特征会与主序列进行匹配，并根据与主序列的精确匹配确定年代。通过对加利福尼亚狐尾松的研究，树木年轮专家建立了有关过去8000年的主年表（图5.9）。

　　树轮定年，通常称之为**树木年代学**（dendrochronology），可以通过砍伐下来的长木梁去测定印第安普韦布洛部分建筑的年代。树木年轮专家为美国西南部的遗址确立了非常精确的年表，将其年代追溯至很久以前的公元前322年。这是项十分艰巨的任务，原因在于，他们必须将通过对几十个古代木材的研究而建立的史前年表，与树木年轮所提供的精确的、与现代相关的年表联系起来，而这个年表是从正在生长的、年代已知的树木上获取的。美国西南部一些著名的遗址在近些年逐渐开始为人所知，因为这些地区的树木年轮可以将年代精确到一年内。如科罗拉多州梅萨维德（Mesa Verde）的悬崖宫殿和新墨西哥州查科峡谷的普韦布洛博尼托（Pueblo Bonito）遗址（图5.10）。这样的精确度甚至可以测定某个普韦布洛人的房屋的年代。这需要十分细致的工作，因为普韦布洛房屋的建造者有时会重新利用年代更为久远的木材，这就使得测定出的时间要早几十年，甚至几个世纪。

图5.10 新墨西哥州的普韦布洛博尼托遗址，一座由普韦布洛人在约公元850年到1130年间建造并居住的巨大城市。普韦布洛城在半圆范围内就有五层楼的房屋。圆形结构是基瓦会堂，一种地穴式礼仪性房屋。普韦布洛博尼托遗址是查科现象的一部分，这是在新墨西哥州查科峡谷中心建立的普韦布洛祖先（阿纳萨齐人）的贸易和宗教网络。

因为许多树木年轮序列都来自美国西南部，使得树木年轮学家能跨区域研究干旱周期，尤其是1276年到1299年的大干旱。这次干旱是四角区（Four Corners region）的古代普韦布洛人从家乡分散到各地的原因之一（见第10章）。

树木年代学也被世界其他地区采用，如阿拉斯加和美国东南部，并在希腊、爱尔兰和德国取得了巨大的成功。欧洲橡树和美国西南部的狐尾松一样，被用于树轮定年。欧洲的树木年轮专家通过那些存活了150年左右的橡树收集了大量树木年轮记录。通过视觉化及统计学的比较分析，他们将生长的树木与农场的房屋、教堂的房梁以及在沼泽和史前遗址中发现的古树相联系，提供了一个树木年轮序列，追溯到了10 021年前的德国和7289年前的爱尔兰。欧洲的主年表现在已经非常精确。例如，利用树木年轮标本测定了发现于英格兰东海岸一个神秘仪式性圆圈中大量木材砍伐的时间为公元前2050年4月到6月。荷兰树木年轮专家甚至通过测定早期大师所用的橡树画板的年代来鉴定油画。与此同时，树木年轮还有一种高雅的用途，英国考古学家用来自意大利阿尔卑斯山的树木年轮序列鉴定了用云杉制作的被称为"弥赛亚"（The Messiah）的极为贵重的斯特拉迪瓦里（Stradivarius）小提琴，这次鉴定将琴的年代确定在1716年。他们还确定，其他两件堪称大师之作的小提琴也是由同一块木材制成的。

5.5 计时年表

计时年表就是使用科学方法测定过去年代，并不是绝对历法上的绝对日期，而是一定年代区域内的可能性。这样的测年方法被用于研究历史上更早期的千年纪元。

放射性碳定年法

放射性碳定年法由物理学家 J. R. 阿诺德（J. R. Arnold）和 W. F. 利比（W. F. Libby）创立于1949年，是所有计时测年方法中最广为人知的一种。宇宙辐射产生的中子在进入地球大气层后与氮反应，产生碳同位素碳–14（^{14}C或放射性碳），它的原子核有8个中子，并非通常的6个。由于这些多出来的中子，原子核变得很不稳定，从而产生放射性衰变。阿诺德和利比计算出，任何碳–14标本的半衰期都是5568年，这就是所谓的碳–14的半衰期（half-life，现在进一步精确到5730年）。

从化学角度来说，碳–14同位素表现得与普通碳（碳–12）几乎相同。碳–14和碳–12一起进入空气里的二氧化碳中，因为植被是通过光合作用和对空气中二氧化碳的利用建立起自己的有机质的，因此植被和以它们为食的动物体内所含有的碳–14与碳–12的比例和空气中的比例相同（图5.11）。有机体一旦死亡，就不再摄入放射性碳。那些存留在已死去的有机体内的放射性碳会持续分解，截止到5730年后，仅剩下原始数量的一半，11 460年后仅剩下四分之一，以此类推。因此，通过计算残留在植物和动物遗骸内的碳–14数量和发散辐射，我们就可以判定它们死亡了多久。通过计算碳–14原始数量和现在数量之间的差异，并比较其与已知衰变率的差异，我们就能够以年为单位来计算流逝的时间。

在活体标本中，碳–14以每分钟每克碳中大约15个粒子的频率放射粒子。总量半数的放射率大约为5730年，这是半数原始放射性物质分解所需要的时间（碳–14的半衰期）。实验室给出的碳–14年代，会有数据统计上的正负偏差。例如，3600 ± 200年（200年代表一个标准偏差）表示有三分之二的正确率，从3400年到3800年间都是正确的；如果我们将偏差加倍，则有19/20的正确率，从3200年到4000年间都是正确的。我们应该认识到放射性碳定年法的本质是一个数据统计意义上的近似值。

放射性碳标本可以来自于许多有机体：木炭、烧过的骨头、贝壳、头发、木材或

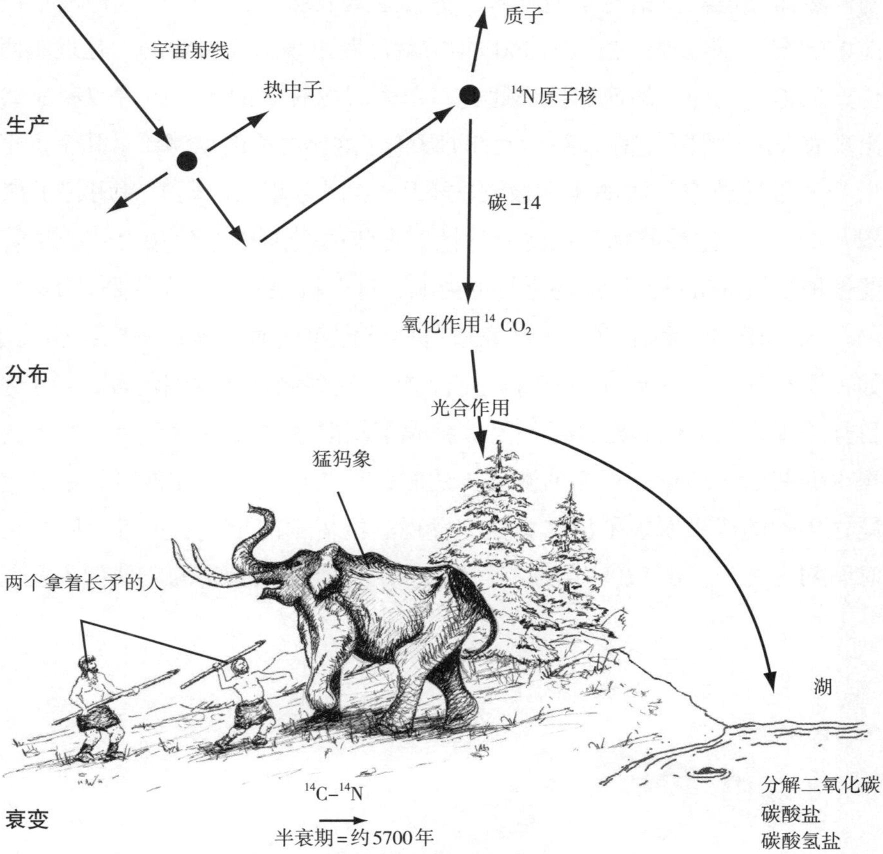

图5.11 放射性碳定年法的基本法则——生产、分布与碳-14的衰变

者其他有机物质。这些标本本身是从特殊的地层背景下精心获取的，这样它们所在的确切位置或具体结构就可以用来测定年代。多年以来，测年实验室用 β 射线衰变率去测定碳-14标本的年代。现在则使用**加速器质谱**（accelerator mass spectrometry，AMS），它允许通过直接计算碳-14原子，而不是计算放射性衰变来测年（图5.12）。这种技术所需要的标本非常小，甚至可以用来测定单个树木年轮的年代。

加速器测年对于测定骨胶原氨基酸是非常有用的。几乎任何材料，甚至保存在金属矛头与柄接口内的木材碎屑，都可以用来测年，这使得测定美国西南部洞穴中玉米芯的年代成为可能。比起仅根据关联原则把玉米芯和年代特征显著的或孤立的木炭标本联系起来鉴定年代的做法，加速器测年无疑是更好的测定早期农业年代的方法。

加速器质谱测年对美洲早期农业的测年起着革命性作用。例如，研究者曾使用传统的碳测年法，将墨西哥特瓦坎谷地最早种植玉米的时间测定在至少公元前5000年前。然而加速器质谱对早期玉米芯的测定则表明，谷地中玉米种植年代不会早于公元前2700年。而在至少公元前5000年前就已经出现这类农业的，是近墨西哥湾的韦拉克鲁斯低地。此外，加速器质谱通过对单个谷物种子的测定，将叙利亚幼发拉底河两岸出现农业的时间确定在大约公元前1万年，这比之前的推测要早几个世纪。

放射性碳定年法的实际极限在4万年到6万年间。研究者用粒子加速器直接测定碳–14原子，这种技术可以将放射性碳定年的极限拓宽至10万年，尽管目前由于受那些被植物根部带进土壤的污染物的影响，这个极限实际上大约是7万年。

当阿诺德和利比第一次探究放射性碳定年法时，他们把已经明确了年代的物体，如古埃及沉船，同碳–14的数据进行比较。这些测试使他们断言，对于考古学家的研究目标来说，放射性碳定年已经足够精确了。但就在大约25年后，当考古学家认为他们至少拥有了一种精确可靠的测年方法时，一些运用放射性碳测年来测定加利福尼亚狐尾松年轮的成果发表了出来。他们发现这批树木的年代要更近，因为树木年轮测年将时间判定在公元前1200年前。这证明利比的推断是错误的，他认为空气中放射性碳的

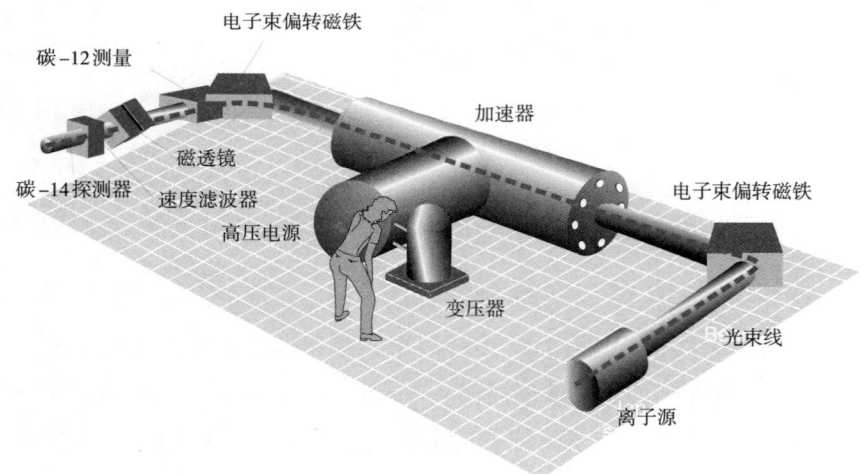

图5.12 加速器质谱放射性碳定年。标本中的离子化碳原子首次以粒子束形式进入加速器。当粒子束通过第一个电子束偏转磁铁时，较轻的原子比更重的原子更加明显。它们进入发散光束的内部，这里有一个过滤器阻碍了除原子质量14外所有带电粒子的进一步增长。当粒子束进入加速器后，剥离了质量14的所有分子，如果从单个碳–14原子看，这可能没有区别。加速器推进剩余的离子通过第二个电子束偏转磁铁，过滤出更多的非碳–14粒子。粒子束在进入能计算保留离子数量的高度敏感探测器前，一直都是聚焦的。（Bruce D. Smith, *The Emergence of Agriculture*. © Bruce D. Smith. Reprinted by permission of the author.）

浓度是保持长期恒定的，因此史前标本——当它们存活的时候——和现代活体生物体内含有同样数量的放射性碳。但实际上，地球磁场以及太阳活动的变化都影响着空气中和活体生物中放射性碳的浓度。

然而幸运的是，将碳–14测年纠正至大约公元前9000年是可能的，可以用树木年轮的年表——尤其是欧洲橡树——来校准。关于碳–14对过去1万年测年准确性的变化有诸多观点，多认为是由树轮定年的校准而产生，有关这些观点可以参见表5.1。对年代早于公元前9000年的遗存的校准仍然处于实验阶段，近来科学家们开始使用一种基于铀衰变为钍的高度精确的新技术，它可以测定加勒比海和南太平洋近巴巴多斯岛（Barbados）珊瑚化石的年代。他们把这些年代同放射性碳年代进行比较，发现后者在测定1万年到2.5万年前这段时间时有更高的误差率，在更早的千年纪元，偏差能够达到5000年。因此，对于早于1万年前的遗存所进行的放射性碳定年，必须将结果看成是一个近似值。

尽管存在年代上和技术层面的限制，但放射性碳定年法依旧具有重大意义。一些碳–14标本将非洲狩猎采集者的年代测定在5万年前，将北美大平原上古印第安人屠杀野牛的行为提早至公元前1.1万年。这一方法已经为新旧世界的农业和文明起源提供了年表。放射性碳定年是建立真正意义上的全球年表——能够同时表示像中国和秘鲁这样广大且分散的区域中文字文明起源这种重大事件——的一种手段，从大约4万年前直到历史时期的世界史前史，其年代几乎完全由放射性碳定年法测定。

光释光测年

光释光测年，包括**光释光**（optical stimulated luminescence，OSL）和**热释光**（thermo-luminescence，TL），它可以测量从烘焙黏土、被加热的石头或烧石、砂类风沙沉积物上发射出的光。光释光主要应用于沉积物的断代，热释光则有助于测定黏土和烧石的断代。光释光测年的基础在于，每一种泥土中的物质都在吸收环境中放射性元素的微量辐射。辐射致使电子脱离原子。许多固态材料储存了这些电子，并随着时间的流逝逐渐累积。当固体被加热，储存的能量开始释放并且发光。物体被加热至超过3500摄氏度所用时间的长度显示了样本的年代。

光释光和热释光常用于火山岩和其他地质形成的测年，但也能用于人类所用的加热器具，例如陶罐、加热用石制品或火烧砖块等的测年。

标本可以通过粉碎（诸如陶瓷碎片）或钻孔获取。实验室的研究人员用 α 辐射计数器来测量物体的自然热释光、标本从环境中吸收放射物（通过监测物体发现地获知）

树木年轮校准	
放射性碳年代	校准年代
	年–公元（A.D.）/公元前（B.C.）
A.D. 1760	A.D. 1945
1505	1435
1000	1105
500	635
1	15
505 B.C.	767 B.C.
1007	1267
1507	1867
2007	2477
3005	3795
4005	4935
5005	5876
6050	7056
7001	8247
8007	9368
9062	9968

基于铀/钍和加速器质谱的碳–14校准（巴巴多斯）	
加速器质谱放射性碳年代	铀/钍校准
7760 B.C.	9140 B.C.
8270	10 310
9320	11 150
10 250	12 285
13 220	16 300
14 410	17 050
15 280	18 660
23 920	28 280

公元前2.5万年后不断增加的差异性（校准后）。

校准基于《放射性碳》(*Radiocarbon* 40[3], 1998)中的表格。应该强调的是，这些校准都是临时性的、基于统计学的且经过修改的，尤其是公元前7000年之前的校准。

表5.1　过去1万年经过树木年轮校准的碳–14测年

的频率,以及由已知数量的放射物所产生的热释光的数量。以上所有实验都有一个假设,即所测试的人类制造的物品已被加热到足够高的温度,但事情并非总是如此。不幸之处在于,许多变量都会影响标本所吸收的放射物的年剂量,并且湿度能改变放射物的效果,因此许多人都对光释光方法持怀疑态度。

据称,热释光已经有了大约±7%的精确度,普遍被用于测定具有50年至2万年历史的陶器和黏土烧制品。热释光测年也用于测量烧过的打火石和其他用来制造工具的硅质材料,这些材料发现于石器时代的岩棚和墓葬中,例如位于以色列的4万多年前的尼安德特人洞穴。与之相关的一种测年方法是利用激光技术来测定考古地层中石英和长石颗粒放射的年代。光释光能通过测定遗存被发现时的沉积物的年代,来判定历史在100年至10万年间的遗址的年代。有学者称曾用光释光测年将澳大利亚第一个聚落的时间测定在6万年前,这是最有争议的一个结论。

尽管热释光曾用于测定解剖学意义上的现代人在西南亚的出现和发展,但大多数权威机构都赞成,独立使用放射性碳或其他方法对结果进一步验证是较为明智的选择。

电子自旋共振测年法

电子自旋共振(electronic spin resonance,ESR)可测定辐照缺陷或者在无须加热的条件下直接测定在骨头或贝壳标本中捕获的电子的密度。这种测年方法在某种程度上与热释光一样,都属于无损检测,在测定牙釉质、骨骼等遗存时尤其有效率。通过这种方法,研究者可以对最早约100万年前的人类化石碎片进行测年。电子自旋共振在早期人类进化的研究中发挥了重要作用,并且将西南亚尼安德特人牙齿的年代测定在大约10万年前。

铀系法测年

铀系法测年(uranium series dating)可测定在不同形式的碳酸钙,如石灰岩和洞穴钟乳石中,铀向多种子元素的稳定衰变。许多早期的人类群体曾居住在石灰岩洞穴和岩窟中,那些嵌入碳酸钙地层中的骨头和人工制品有时能用此法测年。某种程度上,它所用的技术类似于放射性碳定年法。铀系法测年在测定距今5万年到100万年的遗址年代时是最有效的。

钾氩测年法

钾氩测年法（potassium-argon dating）为早期史前史的研究提供基本的年代序列。地质学家们可以用此方法来测定早到40亿—50亿年前，晚到距今10万年左右的火山岩。钾是地壳中最为丰富的元素之一，几乎存在于每一种矿物之中。天然形式的钾包含小部分放射性钾-40原子。每100个衰变的钾-40原子中，有11%变成了^{40}Ar（氩），这是一种惰性气体，当熔岩和其他熔融岩石形成时，它很容易通过扩散作用从现有的材料中逃逸出去。当结晶体形成火山岩，^{40}Ar浓度几乎降到零，但钾-40的衰变还在持续着，依旧是每100个钾-40原子的11%变成了^{40}Ar。因此，用分光仪去测量岩石形成以来所积聚的^{40}Ar浓度是可行的。

许多早期考古学遗址形成于火山活动密集的时期，例如坦桑尼亚的奥杜威峡谷。其年代决定于同时代的火山灰，有时人类工具和破碎的动物骨骼就在它的上层或下层。路易斯和玛丽·利基能判定散布于奥杜威峡谷——这里曾发现了早期人类化石（图5.13）——的人工制品和骨骼的钾氩年代，这些标本的历史大概有175万年。年代更早的案例来自于埃塞俄比亚的哈达尔（Hadar）和坦桑尼亚的莱托里（Laetoli）的遗址，

图5.13　坦桑尼亚的奥杜威峡谷

这两个遗址都在东非，这里与早期人类残骸相关的火山物质被钾氩技术测定在300万—450万年前；来自肯尼亚北部科比福拉（Koobi Fora）的石片和打制石器的年代则被测定在大约260万年前。

钾氩测年法现在正在变得更加精确，之前测定的100万—400万年的东非测年现在仅有2万—5万年的标准偏差。测年技术的最新进展既减少了统计性的错误，同时也将钾氩测年法的区间拓宽到过去的10万年。

裂变径迹测年

许多矿物和天然玻璃，如黑曜岩，都包含少量的、缓慢自发衰变的铀。任何含铀矿物的年代都可以通过测量标本中铀的数量来测定，这需要计算材料中的裂变径迹——一个由大量能量带电粒子的破碎所导致的狭小损痕。样品年代越久，拥有的裂变径迹就越多。火山岩是**裂变径迹测年**（fission track dating）的理想材料，在奥杜威峡谷以及其他早期人类遗址中非常常见。奥杜威峡谷内最早的人类遗址下面的火山层经过测年，判定为203万年前，正负误差为28万年，这与在同一地点所做的钾氩测年结果一致。这种方法常用于校准钾氩测年。

这些绝对测年方法建立了目前关于人类历史的年代学。

---- **本章总结** ----

1.在考古学中，空间是指考古发现的精确位置，包括经度、纬度和深度，它们一起定义了空间中任何一点的绝对性和唯一性。

2.空间背景与古代人类行为有着密切的关联。人类行为遗留下了考古记录中的人工制品模式，我们可以用空间分析方法去研究它们。考古学家用这种背景来研究人工制品与其他人类行为证据之间的关联。

3.许多社会都认为，人类存在是由周期性的时间所支配的。西方社会考古学家的观点则与此相反，他们认为人类的历史是线性的。

4.考古学家通过两种方法测年：相对年代和绝对年代。

5.相对年代，即研究不同遗址、人工制品、居住地地层和其他特征之间的年代关系。它基于叠压原则，这是个来源于地质学的概念，强调位置更低的地层年代更早。

6.系列法技术允许考古学家把人工制品按照相对年代进行排列，冰期大范围的气候变化为更早期的史前史提供了年代框架。

发 现

希腊阿克罗蒂里火山喷发，1967年

仅有少数考古学家能发现与古代气候或自然现象——可以合理精确地测年——的直接证据相关的遗址。半个世纪以前，希腊考古学家斯皮里宗·马里那托斯（Spyridon Marinatos）推测，克里特岛繁荣的米诺斯文明由于圣托里尼岛（锡拉岛）中心巨大火山的喷发而遭到重创，火山喷发发生于大约公元前1688年，影响北至100千米的范围。很少有考古学家同意他的理论。马里那托斯并没有被困难吓住，他孜孜不倦地搜寻圣托里尼米诺斯遗址，但发现所有东西都被埋于大量火山灰下。1967年，他听到一个来自农民的报告，说岛屿南部阿克罗蒂里遗址周边的地下区域附近有大量乱石。岩石过于密集，以致村民无法犁耕土地。马里那托斯开始在那里发掘地下砖石建筑，并迅速发现了希腊人的庞贝古城，一座3500年前的岛城，当时火山喷发，城市完全被浮石和火山灰掩埋（图5.14）。

阿克罗蒂里的房屋完好地保存下来，石墙和木墙通常有两层高。一些房间仍能看到绚丽的彩绘壁画，描绘了宗教和军事场景、岛屿景观、动物和植物（见本章章首图），食物储藏罐仍然立于房屋的地下室中。但这里没有居民的迹象，当不祥的地下隆隆声出现时，他们就逃离了。阿克罗蒂里遗址中出现的米诺斯陶器比克里特岛村庄最晚地层中的要早20年至30年，这证明了马里那托斯是错

图5.14 埋藏在火山灰之下保存完好的两层楼房，位于希腊爱琴海域圣托里尼岛的阿克罗蒂里。

误的。圣托里尼火山喷发没有摧毁米诺斯文明，它兴盛繁华的宫殿群至少远在160千米外。大约200年后的大地震最终导致了米诺斯文明的灭亡。

7.绝对年代（或者精密计时）是以公历年为刻度测定人类历史，考古学家们通常用历史记录和文献测定过去5000年间的历史。

8.对于更早的时段，考古学家们运用了三种主要技术：（1）树木年代学，即用树轮定年，这种方法使用橡树和其他树种的年增长率来测定欧洲、美国西南部和其他区域至少8000年前的人类社会的年代；（2）放射性碳定年法，通过测量放射性碳同位素的衰变，可以测定早至4万年前遗址的年代，再结合树轮或珊瑚礁测年法的校准，可将测定的年代再向前拓展大约1.5万年；（3）钾氩测年法，这种同位素测年技术主要为地质学家所使用，他们用火山岩测定早期石器时代的遗址，以及300万年至400万年前的人类起源问题。

问题

1.绝对测年法和相对测年法之间的区别是什么？相对测年法有哪些局限？
2.系列法技术在考古学中为何如此重要？它们的原理是什么？
3.在对古代遗存进行断代时，考古学家遇到的主要方法论问题是什么？

第6章　四处探寻：研究和发现考古遗址的过程

罗马庞贝古城的主街

6.1 考古学研究的程序	6.4 遥感或实验室中的	6.8 评估考古遗址
规划和构想	考古调查	地面采集
执 行	谷歌地球	6.9 地下探测方法
数据采集	飞机和卫星影像	本章总结
处理和分析	航空摄影	问题
阐 释	6.5 地面考古调查	
发 表	6.6 采样和考古调查	
6.2 考古学田野工作步骤	6.7 记录考古遗址	
6.3 意外发现	地理信息系统（GIS）	

导 言

  如何发现考古遗址？本章将要描述的是考古研究的所有重要过程，然后我们将聚焦于各种意外发现或特意寻找的考古遗址。通过实地调查，并与各种遥感技术相结合，就是我们所说的非侵入性考古学。遥感技术包括航拍和卫星影像。我们运用地理信息系统记录遗址的信息，它可以帮助我们观察在环境不断变化的情况下的遗址分布。本章的最后会对地下探测方法进行一个简单的讨论。

  考古学并非仅仅是遗址挖掘、整理碎陶片、箭镞分类和放射性碳定年。我们必须要认识到人类历史的复杂性——其中绝大部分依旧处于未知状态。

  ——斯蒂芬·布莱克与凯文·乔利（Stephen Black and Kevin Jolly），
《规划考古学》（*Archaeology by Design*），2003年

我永远不会忘记自己第一次参加田野调查——寻找石器时代遗址——的情景。我们穿过一条干涸的河谷，枯黄的草丛中布满了砾石。经验丰富的同事一边走一边紧盯着地面，不费吹灰之力就找到了石器时代的刮削器。由于从来没有参与过调查，我缓慢地前进着，迷惑地看着每一片碎石。半个小时后，从这片被洪水冲刷了无数遍的碎石中，我们共采集到了上百块年代为10万年前的人工制品。来自不同营地的棕色人工制品与废弃石片混成了乱糟糟的一团。突然，我的同伴俯下身，捡起一块破碎的石片。"这是我1938年采集到的那块石片的另一半！"他宣布道。"这不可能。"我回答。但他是正确的。我们回到博物馆后打开了1938年的采集品，两片碎片完美地匹配在了一起。考古学家这种神奇又精确的眼力给我上了生动的一课。自那以后，我自己也发现了很多遗址和人工制品，但是我依旧对同伴那神奇的记忆力心怀敬畏。

怎样才能知道该在哪里挖掘？怎样寻找遗址？很多人惊讶于考古学家似乎拥有的不可思议的能力——能够找到正确的位置进行发掘。这种能力部分源于对景观的洞察力，就如同依据鞋来找人，是简单的老式常识。然而，正规的调查方法在考古田野工作中也扮演着重要的角色，特别是如今——很多项目是在快节奏的文化资源管理计划下进行的。本章将要探讨田野研究的最基础部分，即考古学家发现和评估考古遗址的方法（发现专题"公元前1000年的苏丹库尔玛努比亚王朝"）。

6.1　考古学研究的程序

曾经有那么一段时间，考古学家把他们的大部分精力集中于发掘各个遗址。他们选择最佳的地点进行发掘，并研究各种遗存，却很少考虑环境因素或更广泛的遗址背景。如今，无论什么理论流派的考古学家，在田野中都会思考人与自然环境的关系，并将遗址置于周边的景观中考虑。这种转变部分是由于文化资源管理的影响，考古学家的工作重心从发掘转向了区域研究，研究对象更为具体，更以问题为导向，也更趋于正规的研究规划。在很多情况下，发掘是人们最后才使用的研究手段。因为考古学家明白，发掘一个遗址，同时也是对过去有限记录的破坏。总体来看，无论是田野工作还是实验室工作，考古学调查都按照以下流程进行（图6.1）。

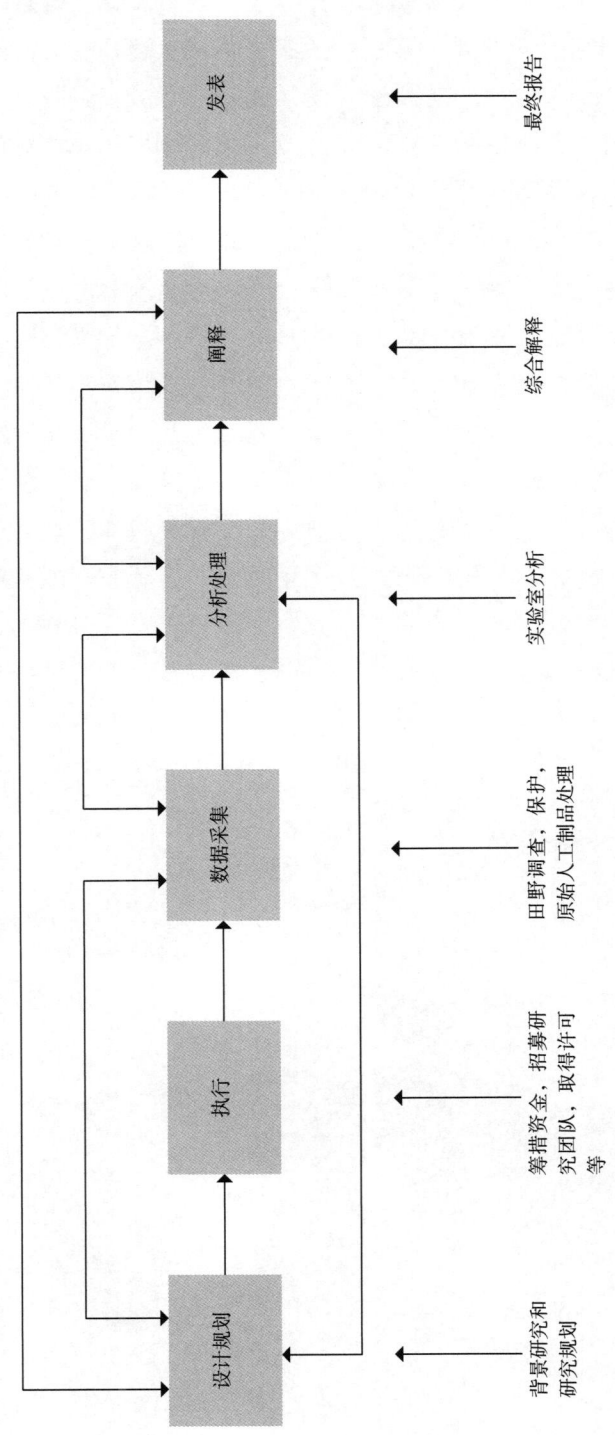

图6.1 考古学研究的程序

发 现

公元前1000年的苏丹库尔玛努比亚王朝

20世纪初,我们有很多重大的考古发现,当时大规模的发掘十分常见。第一次世界大战前,哈佛大学的乔治·芮斯纳(George Reisner)跟随英国著名的埃及古物专家弗林德斯·皮特里学习考古学。和导师一样,他坚信所有文物都很重要,无论其大小。他是第一批在古埃及努比亚(今苏丹的一部分)遗址进行发掘的考古学家之一。1913年,他在库尔玛发掘了一系列皇家陵墓,库尔玛是公元前第二个千年初期曾经一度十分强盛的一个非洲国家的首都。

努比亚国王生前住在壮观的宫殿里,死后亦被葬在规模宏大的陵墓里。芮斯纳描述了这些墓葬,他说皇家陵墓里有很多小墓室,里面放置了大量的殉葬者。对这些墓室的地表进行检测,芮斯纳推测至少有400人(其中包括国王的直系亲属成员)在同一天被杀害,并被殉葬于墓中。芮斯纳还推测,这些殉葬者在进入墓室后,先以休息的姿势躺下,然后被活埋。在发掘过程中,考古人员发现,很多尸体的姿势传达出了恐惧与绝望的情绪,表现了因缓慢窒息而导致的挣扎痕迹。成年人大多都是平躺的姿势,而一些年轻的女性匍匐在床下和一些家具下面,在逼仄和空气凝滞的空间里慢慢等待死亡的来临。一些尸骨显示他们手抱着头,或者将头深埋在两腿之间。也有一些互相拥抱。芮斯纳认为,这种殉葬行为代表了一种忠诚,能够保佑

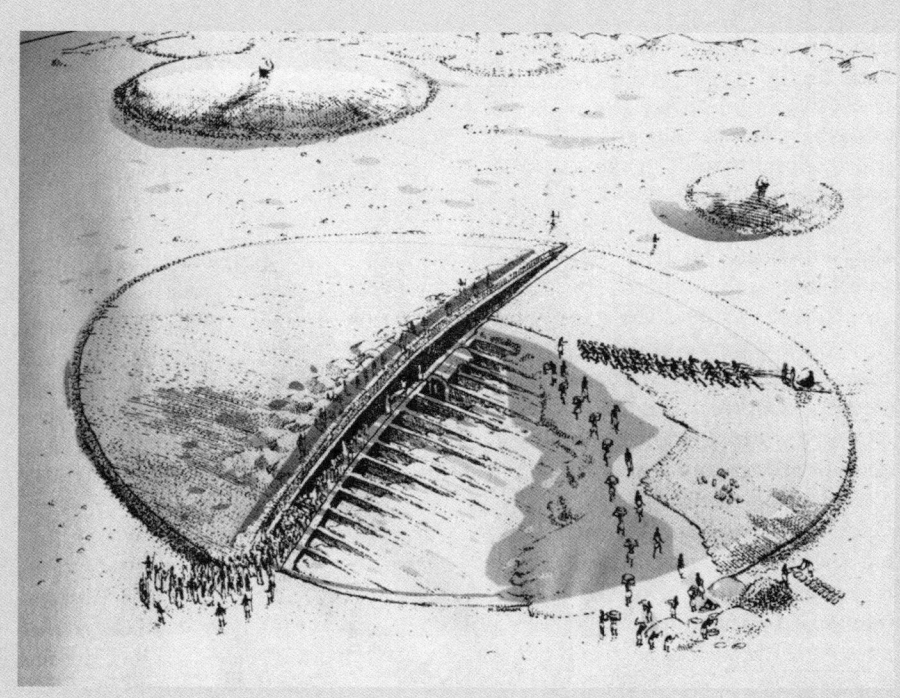

图6.2 苏丹库尔玛的一座帝陵。在葬礼进行的过程中,人们正忙着填埋坟丘。

皇家血脉绵延不断。

1923年，芮斯纳曾就葬礼队伍行进时的哭泣声和诵经声有过一段十分生动的描述（图6.2）。国王的遗体首先被放置在他的墓室里。接着，在他的妻子、随从依次进入墓室后，大量精美的随葬品也被有序地摆放在各个位置，"可能还会有哭泣声，除此之外就只有人们依据自己站的位置发出的符合仪礼要求的话语了"。然后，随着相关信号的发出，等待的人群向墓室内倒入一筐筐的沙土，将还活着的殉葬者活活用土填埋。墓室里的泥土越来越多，逐渐将殉葬者覆盖，墓室里传出一阵阵垂死挣扎时的恐惧叫喊。为祭奠逝去的国王，人们开始屠宰数百只牛及其他野兽，将肉烹调后放在坟丘的西侧，并将牛的头盖骨排列成月牙形，摆放在坟丘的南侧。芮斯纳富有想象力的描述，建立在他对帝陵仔细发掘及细致观察的基础之上。

规划和构想

明确问题，检验其可行性，对整个研究项目的背景进行细致的调查——这就是**研究规划**（research design）。它可以采取多种形式，但是所有的研究规划都要包含以下几个要素。

- 背景。一份规划需要反映一系列的研究目标，符合考古学知识体系。并且需要思考它对更好地理解考古记录有什么帮助。
- 简明且有意义地研究提出的问题，并同整个项目的研究范围相一致。正是这些问题或假设将你的具体工作与更宏大的目标联系起来。
- 定义收集的数据类型和收集方法。这是一个宏观的方法论问题，但是随着调查的展开，方法也要展现出足够的灵活性。
- 陈述清楚你将如何分析和汇报考古发现。必须在所有田野工作开始前完成，这在考古研究中和调查、发掘一样重要。
- 根据"真实世界"的不断变化随时做出调整，这个"真实世界"可能是一个普通观众，一个商业客户，也可能是一条政府法规。如何把你的工作成果展现出来？这方面工作十分重要，特别是在文化资源管理的世界中。就像斯蒂芬·布莱克和凯文·乔利指出的那样："文化资源管理就像是生活本身，世界变化得太快，以至于大多数人都感觉自己很难跟得上。"（Black and Jolly, 2003:4）这是多么正确的认识啊！

考古调查都始于一些具体的问题,这些问题需要研究者通过考古调查中的一系列工作去回答。这是由研究项目自身的特点决定的。一些项目尝试去回答很宏大的问题,例如北美大平原北部的古印第安人是如何以及从哪里获得制造工具的石料的?而其他项目的问题就十分具体,例如公元前1000年,居住在南加州海岸圣克鲁兹(Santa Cruz)岛南岸上的人是如何进行深海捕鱼活动的?很多情况下,对这些问题的论述是从宽泛到具体,使研究者能够随着逻辑顺序从一个观点转到另一个观点。例如,一个研究深海捕鱼遗址的学者可能会假设,驾驶独木舟去捕猎海豚是人们最为主要的捕鱼活动。随之而来的一个推测,就是海豚骨骼的比重会占遗址中发现的所有鱼骨的75%,而骨制鱼钩则是最主要的手工制品(比重达到65%)。很多研究者满足于这种将研究建立在非正式推测上的做法。例如,有人调查到某个地区的古印第安部落距离最近的燧石露头岩层有149千米,那么这里就被推测成部落最有可能获得制作石器的石料的地方。

研究规划既要符合理论又要符合逻辑。一个灵活的规划将整个调查分为具体的步骤,每个步骤都要仔细规划,使其有意义。最终,它们会形成一个完整的调查序列,将整个流程分为数个步骤——但不一定是环环相续的,一些步骤也许会同时进行。规划可以是正式的,也可以是非正式的,但它必须足够灵活,以适应不断变化的外部环境,并且满足个体的需要。很多为小规模项目而设计的文化资源管理研究规划——例如调查单个建筑或岛屿上一块特定的区域——基本上都是标准化的,但是它们也必须足够灵活以适应各种各样的环境。无论正式与否,研究规划都要明确用什么方法来研究规划中提出的问题,是通过对某个具体位置进行发掘?还是通过实地调查来解决?同时要明确的是所采用的方法和具体技术——无论是概述还是具体细节。这些问题背后的逻辑和考古课题直接相关。工作需要多少资金和装备?需要多少人力?需要经过哪些专业的检测或许可?工作结束时该如何处理发掘品?

一个纯学术性的研究规划不仅要包括明确的研究问题,还要论证具体的目标,包括采样方法和想要检验的假设。研究队员为验证假设而去搜寻的遗存类别也需要明确。然而,如果具有一定的研究空间,灵活性也是必备的。文化资源管理项目都是经过标准规划,并且在执行时有着严谨的规章,以确保他们符合客户——可能是开发商,也可能是国家道路部门——对于合法性的需要。诸如此类的项目一般具有一套精细的研究规划。20世纪80年代,围绕至少12个主要问题,在美国伊利诺伊州南部进行了大规模的270号州际公路联邦援助考古项目,这个项目涉及大量资料的处理,大部分工作是通过土方机械执行的。

从某种意义上说，研究规划就像是流程图，是为了控制调查结果的有效性与资金、人力和时间利用的最大化而创造出来的。

执 行

筹集资金是考古学家面临的永恒问题。取得进入地区和发掘的许可，获得装备和人手也是执行阶段的重要工作。文化资源管理的项目通常开始于竞争激烈的招标，预算经费也很是紧张，并且工作一定要严格按照时间表进行。由于要考虑成本问题，有关公司和机构通常并没有良好的设备，考古学家的这些工作往往是被临时通知的，所以在规划工作时必须讲求高效、标准化。

数据采集

当田野研究开始，**数据采集**（data acquisition）的工作也会随之进行，它通常是区域性调查、小规模的研究项目或一次发掘工作。

处理和分析

考古发现有多种多样的形式：人工制品、食物遗存、房址、人类骨骼等。这些发现在运送回实验室之前通常需要进行清理、鉴别和分类。一旦离开田野现场，这些数据——不仅包括采集品，还有具体的笔记、线图和其他来自田野的记录资料——都将被逐一**分析**（analysis）。在这一阶段，一些特殊的材料，例如放射性碳标本和谷物花粉，会被送到专业人员那里进行分析。大多数实验分析——包括对人工制品的详细分类和对动物骨骼及其他食物遗存的研究——都是随后进行数据阐释的物质基础（见第10章与第11章）。创建一个有关遗址、考古发现以及其他信息的详细目录是最基本的，也是文化资源管理项目中最为重要的一部分。

阐 释

在**阐释**（interpretation）阶段，所有信息都要被纳入到一个阐释性的综合系统中，从而回答原始规划中提出的研究问题。人类学和历史学的理论模型通常会为考古记录提供最为合理的解释（见第4章）。很少有文化资源管理项目会涉及宽泛的综合阐释，因为他们所引用的文献被限制在一个高度专业的领域，其狭窄程度相当于石油运输的专用管道或公路通道的优先权。

发　表

在理想情况下，直至最终结果以正规的方式呈现在其他学者面前，一个调查活动才算完成。对一个未公布遗址的有效破坏，不仅仅是由于发掘，还可能是因为没有一份考古发现的永久记录。不幸的是，在世界各地都积压有大量未发表的发掘和调查，《圣经》考古学家赫谢尔·尚克斯（Hershel Shanks）称之为"考古学家的肮脏小秘密"。相比资料分析工作，大多数考古学家更为享受发掘，他们不断为新的田野工作和考古发现筹集资金，其中只有很少的一部分用来进行出版工作。根据规定，文化资源管理的合同直到项目的最终报告完成才会终结，尽管很多文化资源管理考古学家都在努力将他们的工作呈现给最广泛的学术读者，但其中只有为数不多的报告最终能够正式出版。

6.2　考古学田野工作步骤

考古学的田野工作有以下三个步骤，其中前两个会在本章进行讨论。
- 探寻考古遗址。这是一个定位遗址地点的过程，有可能是偶然的发现，也有可能是有计划的考古调查（archaeological survey）的成果。
- 评估遗址。非侵入性考古学只记录遗址的地点、地表采集物以及各种地下电子探测设备的调查结果。
- 考古发掘。通过发掘手段对遗址进行研究（见第7章）。

发掘已经逐渐成为不得已才使用的终极手段，很多重要的项目都致力于通过调查和利用地表信息来对遗址进行评估。

6.3　意外发现

寻找考古遗址并不仅局限于定位一个史前聚落，然后进行发掘。一些考古遗址十分引人注目，以至于人们一直知道它们的存在。埃及的吉萨金字塔在几千年里经受住了无数次来自游客、寻宝人和采石工人的侵袭（图2.1）。墨西哥特奥蒂瓦坎的太阳金字塔也是一个十分显眼的考古遗址（图12.7）。

美国东部矗立着好几百座土墩遗址和土方工程，可以很容易地从周边环境中区分出来。一个著名的早期考古学家每年夏天都会租一艘江轮沿着河岸航行，挖掘他所观察到的河岸上的遗址。地上的石堆可能是墓葬的标志；岩居和洞穴遗址的洞口有很厚的人类居住堆积，以及大量被遗弃的软体动物贝壳，这些都是非常容易发现的。这类遗址都是很容易辨识出来的，而且早在几个世纪以前便被人们注意到了。例如，美国加州的一些地方，通过辨识灰色的土壤和生长于其上的茂盛野草，古代**贝丘**（midden，贝冢）遗址从很远的距离外都能够被人们发现。

绝大多数考古遗址并不显眼。它们可能仅仅是地表上的几块碎陶片或几个石制工具。其他的遗址可能深埋在地下数尺，仅留下很少的地表痕迹，只有通过流水、风蚀或者穴居动物才会暴露出来。寻找考古遗址便是寻找这些人类定居留下的蛛丝马迹。一旦找到这些遗址，就需要把它们记录下来，地表的遗物也必须仔细收集，这些工作都有助于研究者对在这一地区生活过的人们形成整体的印象。

偶然发现的遗址、大量的人工制品以及骨骼都揭示出了人类历史的篇章。1908年，一个叫乔治·麦克琼金（George McJunkin）的牛仔在美国新墨西哥州福尔松（Folsom）附近一条干涸的沟壑中，发现许多从土中露出的被阳光漂白了的骨头，当时他正在寻找一头丢失的奶牛。乔治撬出了一些骨头和一件石制矛头带回家。这些遗物在农场中静静地躺了17年后才引起了科罗拉多州自然历史博物馆主管杰西·费金斯（Jesse Figgins）的注意。费金斯立即辨识出这些骨头属于一种已经灭绝的北美野牛，他想知道是否是石矛的使用者杀死了它们。随后在福尔松进行的发掘中，研究者们发现了更多与野牛骨骼直接相关的石制抛掷尖器，这是北美第一次发现这类遗存。这次偶然的发现直接证明了早在1万年前的冰期之后不久，人类就曾在北美洲捕猎过这些已灭绝的动物（图6.3）。

萨尔瓦多玛雅村落塞伦的发现，源于一个推土机驾驶员发现了一座埋在地下的房子，它被数英尺的火山灰覆盖，在地表毫无痕迹。而法国西南部拉斯科洞窟中精美的冰河世纪岩画则是在1940年，由一群外出打猎的男孩发现的，当时他们的猎狗从一个兔子洞掉入了一个地下洞穴。

惊人的发现通常来自人类对环境的破坏。深耕、高速公路和大坝的修建都导致了一些无价遗址的发现和毁坏。20世纪70年代，当墨西哥城在现代城市的地下修建地铁时，长达45千米的隧道导致了大量考古遗存的发现。墨西哥城建筑在阿兹特克人的首都特诺奇蒂特兰遗址之上，这座城市在1521年被征服者赫尔南·科尔特斯摧毁。尽管阿兹特克城只有很少的遗存遗留在地表上，但地铁的承包商还是发现了40吨陶片、380座墓葬，甚至还有一座为掌管风的羽蛇神（Ehecatl-Quetzalcoatl）修筑的小

图6.3　在北美大平原上发现的克洛维斯古印第安人的石矛

型庙宇。这座庙宇现在被原地保护起来,并成为地铁系统中皮诺苏亚雷斯站的一部分。所有的隧道建设都是在考古学家的监督下进行的,一旦有考古遗存发现,他们有权中止工程。

更富有戏剧性的发现,是墨西哥城中心的阿兹特克大神庙(Templo Mayor)的重见天日。通过现代建筑活动,研究者发现了这座在阿兹特克首都特诺奇蒂特兰城中最为神圣的圣殿,它祭祀着维齐洛波奇特利和特拉洛克(Tlaloc)。墨西哥考古学家爱德华多·马托斯·蒙特祖玛(Eduardo Matos Moctezuma)在随后的发掘中发现了一座至少被翻修过5次的庙宇,首次重建的时间可以追溯至公元1390年,甚至更早(图6.4)。这座曾经被西班牙征服者赫尔南·科尔特斯光顾过的神殿有114级台阶以及一座声音可以传到10千米以外的大鼓。西班牙征服者到来后摧毁了神庙,并在附近建立了一座天主教堂。此后这座被遗弃的圣殿一直为人所遗忘,直至20世纪70年代。

大自然本身有时也为我们揭露遗址,随后被那些寻找地层剖面一类自然暴露物的眼光敏锐的考古学家发现。奥杜威峡谷是位于坦桑尼亚北部塞伦盖蒂平原(Serengeti Plains)上的一处巨大裂谷,这个深谷是由古代的一次地震造成的,同时暴露出的还有许久之前被掩埋在地下的长达数百英尺的湖床。在被掩埋的湖泊堆积中,考古学家发现了早期人类的石器和骨骼,其时代可以追溯到175万年前。如果没有地震和随之而来的侵蚀作用,人类是不可能发现这些遗址的。而奥杜威遗址也仅仅是大自然向人类揭示的惊人历史宝藏中的一个,这些宝藏遍布全球,不计其数。

在西方国家,人们在农田里经常会发现武器、硬币、铁制工具以及祭祀物品,这

图6.4 阿兹特克首都特诺奇蒂特兰中心区域的复原图,包括伟大的太阳神维齐洛波奇特利金字塔和其左边的雨神特拉洛克金字塔。

图6.5 公元4世纪罗马晚期的一个窖藏在英格兰东部霍克森(Hoxne)被发现,出土了15 234枚金币和银币。这些财物被放在一个铁边木制箱子中,其中有珍贵的珠宝、银制餐具,100多个汤匙和长柄勺。

些都是它们的主人迫于压力埋藏在地下的珍宝。无论何种原因,它们的主人没有回来取回这些财宝。几千年以后,农民可能会偶然挖掘到这些窖藏,如果是有责任感的公民,他们会报告给当地的考古机构;否则,这些记录着人类过去的宝贵遗存便会丧失它的科学意义(图6.5)。

6.4 遥感或实验室中的考古调查

考古调查并不始于地面踏查，而是始于在实验室里利用卫星、全球定位系统（GPS）和航拍技术，这些手段对于评估潜在的调查区域和规划调查工作具有强大的指导性作用。这是一种非破坏性的考古学研究方法，它不通过发掘和收集人工制品——这些都会破坏考古记录——便能够分析考古现象。一般来说，我们会采用遥感技术，它包括谷歌地球、其他卫星成像手段、航空摄影和磁法勘探方法。

谷歌地球

今天，很多考古学家开始使用"谷歌地球"这种便宜且容易获取的遥感技术来开展自己的工作。谷歌地球（简称"GE"）只需要拥有一台电脑，任何人都可以浏览到全球各地的卫星图片。这是一张信息十分详细、分辨率极高的世界地图。你可以下载一个地理信息系统客户端（在你的机器里很容易就能安装），在地图上添加地点标签，为考古遗址和其他相关数据做备注，更不用说一些餐馆和其他旅游景点了。一旦确定了地点标签的位置，你只需要将它们发布到谷歌地球的公告板即可。你的标签可以是简单的地点定位，也可以根据你的需求添加各种数据信息。在谷歌地球的社区公告板里，甚至还有一款未经官方认证的"考古寻找"的游戏：有人在上面发布一个遗迹的照片，你来猜一猜这是什么？它在哪里？

运行时间最长的一个遥感考古项目位于法国勃艮第的阿鲁河河谷地区。在那儿，一个成员来自不同学科的科学家团队，利用遥感技术研究不同社会和物理环境之间复杂且不断变化的相互作用。研究人员斯科特·马德利（Scott Madry）利用谷歌地球标识出法国的100多处遗迹，其中有四分之一的遗迹之前没有任何历史记录。其他研究人员记录了俄亥俄州的土方工程，利用GE穿越了安第斯山脉的印加古道，并对西南部的普韦布洛人进行了探索研究。在这里推荐一个入门检索网站http://www.jqjacobs.net/archaeo/sites/。但是，雅各布斯（Jacobs）也提醒大家，要小心使用GE，以防上瘾！

再举一个例子，出于安全考虑，澳大利亚考古学家大卫·托马斯（David Thomas）无法在阿富汗的雷吉斯坦沙漠（Registan desert）继续进行田野调查。不过，托马斯的研究脚步并未因此停止，他和他的团队用谷歌地球于300米的高空在一处迄今几乎未被开发的景区内找到了450处潜在的重要遗址。这些地点包括营地、村子中心的清真寺、畜栏和一些像水坝一样的水文景观。世界很多地区的考古学家现在都在使用谷歌地球，尤其是对一些调查范围极广的CRM项目和一些不容易到达的偏远地区，谷歌地球是极为有效的研究工具。

尽管如此，谷歌地球也无法取代地面踏查，但是它可以为地面踏查提供有价值的信息，同时它也能让你在3D环境下游览古罗马。

飞机和卫星影像

在有些地区，茂盛的植被阻碍了考古学调查，特别是在玛雅的低地区。多年以来考古学家一直想知道玛雅文明是如何生产粮食实现自给自足的，并且对于它的城市以及仪式中心的分布心存疑惑，这些尚未完全为人所知。最初，他们认为玛雅的人口是通过刀耕火种的耕作方式自足的，这种农业活动在今天依旧存在——人们烧光、清理森林，然后在这片土地上耕作3年或4年，之后进行休耕，前往另外一片未经开发的土地。但是玛雅低地区的土地并不是十分肥沃，清理植被后在遇到大雨时很容易发生水土流失，这种耕作方法很难满足古代玛雅大量人口的需求。

美国新墨西哥州的查科峡谷是1000年前古代印第安部落普韦布洛的聚落中心（图5.10）。考古学家昆恩·维维安（Gwinn Vivian）在这片区域的地图上绘制了一条线状的遗迹，他最初认为这是灌溉渠，而发掘时，他发现这些遗迹是被人为铺平、经过仔细设计的道路。昆恩将这个发现告诉了地质学家托马斯·里昂（Thomas Lyons），二人开始一同研究峡谷的航空照片——包括一些由飞行员林白（Lindbergh）拍摄的照片，时间可以追溯到这一地区放牧活动开始之前。他们委托飞机拍摄了更多的照片，通过这些照片，他们很快发现了清晰的道路系统痕迹，并且识别出超过300千米的路段。美国航空航天局（NASA）用热红外多光谱扫描（TIMS）设备对查科峡谷进行了调查，也发现了超过300千米的道路。热红外多光谱扫描能够测量大地释放出的红外线热辐射，即使对细小的差异也非常敏感。计算机将相机中的数据转化为可以依据红外线辐射绘制出地形图的"伪色图像"，查科的道路清晰地显示出了区别于四周红色沙土的暗色线段，其深度只有10厘米，可见唯有利用遥感设备才能够发现。截止到目前，整整一代的考古学家都困惑于查科的道路系统。这些道路通常是断断续续、长度较短的路段，其中绝大多数是笔直的，有一些则突然转向或变窄。我们不知道这些路段是不完整的，还是仅仅象征着神圣的方向。它们遍布整个查科峡谷，甚至在险峻的悬崖上还有石砌的台阶（图6.6）。

侧视机载雷达（Sideways Looking Airborne Radar，SLAR）是最广为人知的机载图像传感器（aircraft-borne sensor imagery），可以捕捉到飞行路线两侧的地形。它搭载了能够追踪并以照片形式输出雷达脉冲的仪器，即使在阴天也能够使用。一群考古学家寻找

图6.6 新墨西哥州查科峡谷的"杰克逊台阶"

能够穿透覆盖着玛雅的浓密雨林的传感器，他们在美国航空航天局为运载飞船中的月球探测器研制的测绘雷达以及综合孔径雷达（synthetic aperture radar）中有了意外发现（实际上，这个应用于玛雅实验的雷达最初是为了拍摄金星表面的照片而制造的）。1978年和1980年，飞机两次在玛雅低地的上空进行拍摄，用黑白和彩色红外照片来捕捉考古遗址的特征和古代景观的变迁。一旦考古学家观察到这些特征，就会绘制在地形图上。他们不仅发现了巨大土墩和建筑的阴影，还在湿地地区的已知遗址周围发现了灰色线段组成的不规则网格。除了阶梯和网格，这些灰色线段还组成了曲线，这与过去从空中观察到的墨西哥谷地与低地中的运河系统十分相似。实地调查揭示了这样的事实，即玛雅发展出了一种今天业已消失的耕作系统，通过大范围的湿地农业种植了大量的食物。

考古学甚至发展到了太空。**卫星传感器图像**（satellite sensor imagery）被运用到军事和环境观测中。最广为人知的卫星是陆地卫星系列（LANDSAT series），它能够扫描整个地球，并且探测地球表面的阳光反射和红外辐射密度。最近的照片可以精确到地表27米的范围；法国的地球观测卫星系统（SPOT）能够达到18米范围。根据经电脑处理的陆地卫星和地球观测卫星系统照片，考古学家可以建构出广大调查区域内的植被覆盖情况，为地面和空中的考古调查提供良好的背景支持。最近，美国航空航天局的世界风（World-Wind）卫星影像和其他政府资源都可在网上获得。谷歌地球与世界风一样，为我们提供动态照片和出色的搜索工具，它利用马赛克图像组成了3D景观模型，为我们提供了地形学上的背景。遗憾的是，只有大城市才覆盖了会对考古学提供很大帮助的高分辨率照片。科罗娜（Corona）和伊克诺斯（Ikonos）卫星提供的图像也为研究带来了巨大的便利（图6.7）。

1981年，"哥伦比亚"号（Columbia）航天飞机使用成像雷达系统在世界上几片主要沙漠的表面搜寻雷达信号。这项实验是为了研究地球的干旱历史，并不是为了考古学，但却在撒哈拉沙漠表面下1.5米或更深地方的石灰岩床中识别出了古代河道。而这仅仅是通过遥感得出的结论，只有进行实地考察后方能得到证实，所以一支地质学家队伍

图6.7 柬埔寨吴哥窟的卫星图像

和来自美国亚利桑那大学的考古学家 C. 万斯·海恩斯（C.Vance Haynes）出发前往沙漠深处，对这条被长久掩埋的河道进行研究。在这一地区工作过的只有"二战"时期的英国军队和现在的埃及石油公司工人。石油公司非常慷慨地借给研究人员一台挖掘机并将它运往沙漠。令海恩斯惊讶的是，这台挖掘机挖出了很多20万年前的石斧，这些戏剧化的、始料未及的证据，证明了石器时代早期的狩猎采集部落就居住在撒哈拉沙漠的中心，当时这里的环境要比现在宜人得多。海恩斯的发现非常重要，现在非洲考古学家认为撒哈拉沙漠是早期人类历史的重要催化剂，它有效地隔绝了这里的人类与其他旧大陆地区的联系。这种隔绝一直持续着，直到公元元年后的1000年间，骆驼商队穿越了沙漠，撒哈拉沙漠以南的非洲才与地中海世界建立了联系。

最新的遥感技术是激光测高，有时被称为**激光雷达**（Light detection and ranging, LIDAR），它是光学雷达的替代品。它利用激光测距仪测量高度，可以从空中得出精确且对比度高的地形数字模型，甚至包括垂直结构的建筑和树木。激光雷达能够提供任何物体清晰得令人吃惊的照片，从普韦布洛印第安人的遗迹到废弃的房屋与欧洲中世纪的城镇。虽然目前它仍然十分昂贵，但是有着巨大的前景。

太空雷达成像和其他遥感技术都是远程的非侵入性考古，与航空摄影或地面探测雷达等技术获得的远程遥感数据配合使用，能够获得最好的效果。

航空摄影

航空摄影是遥感技术的前身，早在第一次世界大战时就出现了。如果没有航空调查技术，想建立起如今的考古遗址目录是不可能的。航空摄影为我们提供了一个俯瞰过去的视角。可以从各个角度，在不同时间、不同季节对一个遗址进行拍摄。有很多考古遗址几乎未在地表留下痕迹，想要发现它们就需要分析航空照片。很多土墩和其他复杂的建筑都被后代的耕作或者自然侵蚀削平，但是它们的原始布局从空中可以被轻易地观察到（图 6.8）。太阳的升起和下落能够制造巨大的阴影，将那些几乎消失的堤岸和沟渠凸显出来；而遗址的特征也会在斜阳照射下显现出来。这些现象通常被称作影子遗址。我曾经有机会在雪后从英格兰南部的上空观察那些被雪覆盖着的、宛如被粉笔画过的郡与郡之间的分界。在阳光的斜射下，边界和篱墙十分明显。埃夫伯里（Avebury）的圆形土方工程同样十分显眼，那些矗立着的石头在冬日的阳光下投射下长长的阴影（见第12章的章首图）。

在有些地区，我们可以分辨出土壤颜色的差异和特定区域内谷物生长的旺盛程度，

图6.8 深色作物标志显示出被长时间遗忘的土方工程和坟冢

这些痕迹在地表是很难发现的，但是我们在空中就能清晰地观察到。谷物的生长状况和颜色是由为植物提供养分的土壤决定的。在土地上挖掘并填平沟壑会增加土壤颜色的深度，此外，人工堆筑的堤坝和土丘也会增加土壤的厚度，生长在这些废弃的遗迹之上的谷物会非常茂盛并且养分充足。反之亦然，如果土壤被移走，或者地表下的土壤欠缺肥力，或者当地表坚硬——例如铺砌的街道——且低于水平面时，谷物的生长就会受到影响。因此一个深色的**作物标志**（crop mark）代表了沟或坑，而一个亮色的分界线也许意味着有巨大的建筑。我无数次拿着航拍的照片走过耕地，发现地表上的作物标志很难被发现。但是只要你观察的距离足够近，并且有照片作为参考，还是会有收获的。

军方摄影师可以在距离地面7000米的高度拍摄下这个世界的绝大部分。考古学家的远程调查需要这样的覆盖度，例如由戈登·威利（Gordon Willey）领导的考古团队在秘鲁北部海岸的维鲁河谷（Virú Valley）所进行的调查。他们一共在地图上绘制了315个河谷中的遗址，很多遗址都是石制建筑或梯田，其他的则是一些在照片上看起来像垃圾堆的小丘。通过使用这些航空照片，威利在进入田野之前便预先定位了很多遗址，因此节省了大量的时间。通过将实地踏查和航空摄影相结合，维鲁河谷中上千年的聚落变迁，就像一个个惊心动魄的故事一样呈现在调查者面前。

近年来，各式各样的航空遥感设备越来越普及，它们大大弥补了那些稀有的黑白照片的不足。红外线胶片有绿、红、红外三个感光层，能感应到反射自太阳辐射中靠近电磁谱两端的光线，而这往往是裸眼难以观察到的。文化遗物和自然物质的不同反射被转换为胶片上的不同颜色。例如，在河流平原中生长茂盛的草丛会显示出亮红色，这些红色被用来在美国西南部追寻浅层的地下水资源——史前居民曾经利用过这些泉水。而红外数据则能引导考古学家发现潜在的史前狩猎部落居住过的村庄和营地。

6.5　地面考古调查

任何一种遥感技术都不能完全取代地面踏查，而地面踏查可以近距离接触考古遗址。考古调查意味着实地考察，如果是大范围的调查，则意味着日复一日、周复一周的长途跋涉，需要仔细安排好每一次翻山越岭的行动。我十分享受调查的过程，因为它可以帮助你逐渐形成对一个地域景观的认识，你会遇见各种各样的人，建立起对一个地方的独特印象，而如果不是考古调查，你可能根本不会涉足这些地方。考古学家们总是期待能够有重要发现。我曾经用了一个月的时间，在英格兰的西南部寻找石器时代的岩居遗址，却没有发现任何人类活动的痕迹；在赞比亚南部，我仅用一周便发现了超过30个大型高地村落；穿越玛雅雨林时，能见度仅仅只有几英尺。考古调查是如此的迷人，因为每天都有新的体验，并且你的发现可能具有非常重大的意义。

考古调查的范围非常宽泛，从为追溯古代建筑而花费整个下午大范围搜索一座城市，到对整个河谷或排水区进行为期多年的大规模调查。很多情况下，理论上的理想十分简单：记录一个地区所有的古代遗迹。但是这个理想是很难实现的，很多遗址只在地表上留下很少的痕迹。无论规划多精密，远程探测设备多复杂，也没有任何调查能实现这个不可能的梦想。有效考古调查的关键，在于要在调查开始之前细致地规划，并且使用科学技术来评估这一地区的考古遗址密度。

在那些植被遭到焚烧或者植被较为稀疏的地区进行调查最为有效，因为考古学家能够更加清楚地观察地表。在植被过于茂盛的地区，例如南美洲，只能发现最为明显的建筑工程。当然，还有成千上万的遗址被掩埋在住宅区、停车场和人工湖之下，许多地方的景观都被这些工程彻底地改变了。

很多遗址都是通过密集的田野调查发现的，最为有效的调查方法便是实地踏查。考古学家能够找到人工制品的痕迹，能从长期废弃的聚落中识别出灰色的有机土壤侵蚀，还能通过观察茂盛植物上细微的颜色变化，揭示出被长期掩埋的房屋。耕作土地的过程中可能会挖出灰烬、人工制品或房基的痕迹。此外，骨头碎片、石器碎片、碎陶片，或者其他史前居住的遗存也很容易在沟壑纵横的土壤中被发现。发现考古遗址以及研究史前聚落与景观之间微妙联系的关键在于观察。

还有很多并不明显的线索引导着考古学家。啮齿动物洞穴中的灰土，沙漠河床上一小段破碎的石制品，耕作过的土地上模糊不清的标记，一块碎陶片——这些都是考古学家们追寻的线索。只需几天，你就会懂得利用穴居动物堆起的灰土来找寻附近的村落遗址。通常情况下，当地居民中的见多识广者，特别是那些拥有土地的人，对于自己的土地有着深刻的了解，他们会提供很多潜在遗址的信息。

除了在田间踏查以外，考古调查还有很多工作要做，调查的密度也不同。最集中与普遍的调查是研究者只关注那些显眼且容易到达的遗址，特别是那些大型的、久负盛名的遗迹。在19世纪70年代，海因里希·施里曼就是用这种方法在土耳其希萨利克发现了古代特洛伊遗址。19世纪40年代早期，当约翰·劳埃德·斯蒂芬斯和弗雷德里克·卡瑟伍德到访中美洲乌斯马尔、帕伦克以及其他玛雅遗址时，也做了同样的事。这些浅显的调查工作仅仅涉及了考古学的皮毛。

更为细致的调查则包括从当地的受访者、土地所有者处尽可能多地收集遗址信息。通过这种方法定位的都是那些大型而显眼的，并且调查还远没有完成的遗址。这种方法被广泛运用于整个世界，特别是那些考古学家还没有涉足过的地方。

如果考古学家在一个相对有限的区域进行高度系统的调查，会有很多发现。这种类型的调查不仅包括对当地居民进行广泛询问，还包括对这些获得的信息进行实际且系统的现场调查。根据经过检验的本地信息所进行的实地调查会更有收获。同样地，这类调查工作也不完整，因为它只是处理了那些已知的遗址，但是并没有对这些遗址之间的区域进行系统的覆盖，更没有建立这一地区各类型遗址的比例关系。

最为缜密的调查，是由考古学家组成团队，对整个地区进行覆盖式的徒步调查，他们通常按照一定的距离排成直线来进行。这样的调查活动通常基于认真的研究规划。研究者仔细检查遗址的分布，这种方法得出的结果，可以反映出实际的聚落模式，而并不仅仅是考古学家的足迹。

通过识别私人农庄和小村落的位置，一些调查将关注点放在了古希腊的乡村生活上。无须花费大量时间和资金，研究团队仅凭陶片一类的地表采集物，便可以获得遗址的时代信息，并可以由此展示出聚落从史前到今天的变化轨迹。同时，这些调查还发现了古希腊农业活动的证据。一个重要的发现是环绕在遗址周围的所谓的人工制品圈，一些古代城市拥有绵延数平方英里的人工制品圈。为了增加土地的肥力，人们运来动物粪便、人类排泄物和其他有机肥料（包括偶然掺在一起的废弃陶片和其他文化材料的混合物），并把它们撒在田里。在古希腊的很多地区，这样密集的农业活动通常意味着人口密度很高。正是在这一时期，大量的石制梯田被建在山腰，再一次反映出人口的增长对提升农业生产力的需求——在这里是通过创造新的耕地。

古典希腊的景观是什么样子呢？斯坦福大学的研究团队在伯罗奔尼撒东段、希腊南部的阿尔戈利斯（Argolis）进行了密集的田野调查。研究人员发现了横跨各个时期的几百个考古遗址，并且收集了4.5万片碎陶片。通过分析这些材料，同时结合对土壤和景观的研究，研究者能够记录下这一地区的聚落从史前到如今的变化。这些遗址的数量在公元前4世纪达到峰值，多种证据显示，在这一时期，本地的古典城邦哈利依斯（Halieis）成为生产橄榄油的重要中心。

这一时期的乡村聚落出现于多石的河流平原和地势较低的山坡地区，不利于谷物生产，但是适宜橄榄的种植。橄榄可能生长于山丘上的梯田之中，这暗示了对景观的劳动密集型使用。更多有关橄榄油制造的证据，来自发现于乡村农庄和哈利依斯的榨油设备。同时，谷物生产则在水土保留较好的肥沃土壤上进行。

公元前4世纪，希腊南部的阿尔戈斯平原（Plain of Argos）成为重要的橄榄油生产中心，这与邻近地区的政治事件是紧密联系的——特别是在伯罗奔尼撒战争（公元前431年—前404年）中，雅典的橄榄园被斯巴达军队摧毁。由于橄榄树的成熟需要很多年，因此雅典在几十年间不得不依靠进口橄榄油。阿尔戈斯平原在地理位置上靠近阿提卡（Attica），所以能够很好地满足雅典的需要。因此，在阿尔戈斯南部的这次调查，为我们提供了一个将乡村财富与外部世界的政治事件紧密联系起来的案例（图6.9）。

图6.9 希腊的橄榄树。橄榄油是古代贸易和地中海东部地区物质交流的主要商品。

大多数考古调查都只能记录调查区域中遗址的样本，即使那些宣称自己的目标是绘制所有史前聚落位置的调查也不例外。在墨西哥盆地——过去2000年间特奥蒂瓦坎和阿兹特克文明的故乡——曾展开过一次颇具野心的调查，研究者计划记录这一地区从公元100年特奥蒂瓦坎成为区域中心之前，到西班牙征服者到来之后的聚落变迁模式。但也是他们自己最先承认，本次调查只覆盖了盆地的一小部分区域。由于阿兹特克首都特诺奇蒂特兰的大部分区域和它的外围郊区被今天的墨西哥城覆盖着，调查一开始便遇到了困难（图6.4）。

6.6 采样和考古调查

在过去，考古学家专注于寻找那些显眼并且易于发现的遗址。现在，由于很多遗址面临着各种各样被破坏的危险，他们必须尽快找到史前遗址的位置。通常来说，调查的目的是编制一个特定地区的考古学遗址目录。当一个区域即将开展农业耕作或是建筑工程时，证明考古遗址在这一地区是否存在便成为考古学家的责任。时间和资金通常是十分有限的。考古学家评估遗址资源重要程度的唯一方法便是利用正规的采样方法，对这一地区进行细致的调查。

抽样（sampling）是一门依靠概率原理来控制和测量信息可靠程度的科学。当我们希望借助统计学的方法来研究古代先民对于环境变迁的适应情况时，对考古遗物进行谨慎并且系统的采样是非常必要的。现代的考古调查普遍使用抽样的方法，因为很多遗址的分布所显示出的只是考古学家的倾向性，而并非完全客观的考古记录的样本。考古学家的判断经常是有缺陷的，特别是在植被茂盛地区，像北美东部的林地、中美洲和亚马孙的热带雨林，这些地区的植被过于繁茂，以至于新修建的公路在几个星期内就有被植被吞没的危险。抽样确保了考古数据的可信程度，我们可以由此对考古信息做出归纳。这些归纳通常是概率的估计值，这意味着它们必须基于客观的数据。

考古调查的抽样通常包括**元素抽样**（element sampling），即从一个大的区域中随机选择一小块进行取样。这对于评估调查区域内的遗址密度是非常有效的。或者也可进行**分组抽样**（cluster sampling），即将一个区域内的调查活动分成不同的调查单元，这种抽样方法被运用到编制考古遗存的目录中。很多既定的抽样单元包括遗址样本、人工制品或建筑的样本，每一个抽样单元都是一个要素集群。因此统计群体是由一系列的集群组成的，每一个集群都有特定数目的要素，这决定了集群的大小。当想要检查一个遗址的特性，而不是用随机网格的方式覆盖调查区域时，这种方法非常有效。例如，公元前1000年，墨西哥谷地瓦哈卡的遗址面积是多少？在抽样区域内的聚落群中，遗址的平均面积是多少？

正规的抽样为我们将归纳总结工作从样本调查的区域扩展到更大的范围提供了有效的方法。这些归纳的可信度要经过常规统计程序的检验。这种考古调查方法，经常被称为预测模型，是一种应对工业活动对考古遗址造成破坏的行之有效的手段。

考古学家很难阻止每一个受威胁的遗址的毁灭。他们所拥有的最大期望就是能够获得一个机会，来决定文化资源库中的哪一个遗址值得保护；哪个遗址在被破坏前需要发掘；哪一些将以发展的名义被毁灭。在北美，越来越多的考古学工作是由文化资源管理项目、保护遗址和管理即将消失的文化资源引起的。文化资源管理项目大量运用了抽样调查的方法。

6.7 记录考古遗址

遗址一旦被发现，不管是通过田野调查还是卫星图像发现的，都要仔细记录它的位置、特征和范围。这些数据可以被用来处理各种各样的调查问题或文化资源管理关注的其他问题。举例来说，利用环境数据观察聚落分布变迁为我们研究人类如何开发利用景观提供了重要的信息。因此记录这些通过调查发现的考古遗迹的精确位置是非常重要的。

记录一个遗址的信息可以有多种方式。仅仅记录具体的纬度、海拔和在地图上的位置是不够的，遗址的位置和地表特征、土地所有者、遗址面临的潜在威胁等都需要特别记录。美国的每一个遗址都有名字和编号。例如，加利福尼亚圣塔芭芭拉的每个遗址都有以CA–SBa–开头的前缀，后面才是编号。美国北部诸州的遗址和很多大型考古工程都建立了计算机数据库，包括了遗址分布、特征等大量信息。阿肯色州有一个覆盖全州的数据库，可以随时为遗址的保护和管理决策提供参考。

绘制地图是记录大量考古信息的便捷方法。手工记录是最传统的方法，但是各种电脑制图程序的普及大大促进了遗址记录和数据存储。近些年来，最重要的进步是成本低廉的全球定位系统（GPS）的使用，它通过使用卫星定位系统来确定遗址的位置。手持全球定位系统能够在各种环境下使用，并且能帮助田野工作者确定几英尺以内的遗址。这种仪器在道路和其他可识别特征有限的遗址，或者植被过于茂盛以至于遗址绘图十分困难的情况下非常有效。在更大的区域研究和大型文化资源管理项目中，特别是美国西部地区，遥感和全球定位系统被用来记录和管理考古学遗址。

地理信息系统（GIS）

长久以来，遗址分布图都是考古学的重要组成部分，但它们仅仅是地图上的一些点，最多增加一些对地形的描述。很多早期地图反映的是考古学家以及他们的考古发现的分布，而不是这一区域实际的遗址密度。**地理信息系统**（Geographic Information Systems，GIS）出现于20世纪80年代，它彻底改变了存储和展示地理信息的方法，其中也包括考古遗址。地理信息系统是收集、存储、检索、分析和呈现各种各样空间数据的计算机辅助系统，包括计算机辅助制图、计算机数据库和统计软件包。它被认为是最出色的带有制图功能的计算机数据库，同时它还具备基于数据生成新信息的功能。

现在你仅需要按几下电脑键盘，便可以观察一个考古遗址各种各样的地理环境，最重要的是，你甚至还可以观察到当天的地形和植被情况。地理信息系统包含三个基本成分：可以绘制电子地图的强大制图系统，与地图内容相关的大量外部数据库，以及以图形的形式来解释和统计分析的一系列分析工具。美国很多州政府正在把考古遗址的数据库置于地理信息系统中，并使用数字形式的美国地理调查地形图。

我习惯于从图层的角度来认识地理信息系统，最基础的图层是地形图，你可以在上面增加植被、水资源、考古遗址等信息。通过一张地图，你可以展示各种各样的信息，并且可以随意改变它们。我们可以这样比喻基本地图：你可以在它之上覆盖显示不同种类数据的描图纸或透明塑料。然而，如果你使用地理数据库，它拥有有关土壤或遗址的丰富数据，这些数据记录在同样的绘图系统之中。每个数据点都有自己的数据基础，在这个数据库里，人工制品的频率信息、不同寻常的发现等，都可以被展示，更不用说建筑特征、贮藏窖或轮廓线了。简而言之，过去触手可及，在这种情况下，你可以向你的地图提出问题。例如，距离一个村庄多远能发现果实丰富的橡树？在聚落5000米范围内的食物资源和制作工具的原料是什么？人们到最佳的玉米种植地需要走多远？你甚至可以看到古代居民所看到的景观——由于害怕来自海洋的侵入者或突然袭击，周边环境对于古代居民是一个重要的战略因素。地理信息系统完成了几代考古学家想要完成的工作——在遗址的情景之中考察遗址——并且只需要很短的时间就可以完成。一旦建立了数据库，精度和准确性都极高。建立数据库是一个漫长的过程，但是当你忙于总结遗址和预测性调查时，这项工作就会非常有意义。

从考古学的视角来看，地理信息系统有利于处理大量数据，特别是有利于解决复杂的地区分析问题，例如意大利古罗马时期的庞贝古城和英格兰罗克斯特（Wroxeter，见第12章）。举个例子，现在的考古学家可以调查尚未发现遗址地区的环境可行性，从而评估这一区域遗址的整体分布情况。文化资源管理的考古学家在工作中大量使用地理信息系统数据，无论区域大小，这个系统都能提供即时并且充分的环境和考古学数据。

地理信息系统允许考古学家模拟不同的环境场景，以研究不同的聚落群控制有价值土地的方法。英国考古学家文森特·加夫尼（Vincent Gaffney）最近制作了一个用来模拟巨石阵建造过程的虚拟景观，它让人可以"漫游"在这些景观之中，并且依靠这些圆圈石阵的各种特征重建视准线。

公元79年8月24日，维苏威火山的爆发吞没了罗马城市庞贝，负责研究这座古城的意大利考古学家运用地理信息系统技术捕捉和解释这座2000年前的古城的生活，运用计算机分析自1862年发掘以来获得的资料。他们使用IBM计算机将考古地图和当地的地形数字化，还将这座城市出土的每件人工制品的细节特征和出土位置进行可视化处理，并与考古地图和地形图完整地结合在一起。上千张输入计算机中的具体人工制品照片与地图结合在一起，提供了遗物出土时房屋、房间和墙壁的详尽视角。这个"那不勒斯"系统拥有50千兆字节的容量，包含了庞贝古城所有的详尽信息，可以用于研究居民的生活方式和财富分布、风格和潮流的传播，以及城镇各个区域建筑墙壁上的壁画图案的关联性等问题。在这项研究中，地理信息系统被用来解释艺术作品、建筑和私人手工制品与整个文化和社区间的相互关系，而人类的心智往往很难理解它们之间的联系。

美国国家考古数据库是北美地区使用最广泛的地理信息系统项目。它是一个在线系统，包括了超过10万份考古报告。地理资源分析支持系统（GRASS）——国家公园服务局（http://www.cast.uark.edu/other/nps/nadb）使用的GIS系统——提供了各州大量的遗址分布情况和环境背景信息，考古学家只需要一根电话线或是一个电子邮箱就可以使用这些资料。

6.8 评估考古遗址

随着对考古遗存的毁灭性破坏占据了绝大比例，评估一个未经发掘的考古遗址的重要性已经变得越来越大。因此，地表记录、评估以及地下探测工具肩负了更大的责任。

遗址评估包含以下过程：

- 准确绘制遗址地图，记录遗址的精确地理位置。仅仅把遗址记录在地图上是不够的，即使这是一个包含环境背景数据的地理信息系统。一定要采用特殊的形式记录遗址的位置、遗址特征、地表特点和土地所有人的信息等。给遗址命名和编号，并且要注意到对于遗址文化资源的一些潜在威胁。这个形式是将遗址信息录入到相关计算机数据库的基础。
- 采集遗址的地表遗物和其他发现，但这并非评估的固定部分。
- 当研究者怀疑地下有重要遗迹时，使用电子探测设备进行地下探测既可以获得信息，还能为研究规划做好准备。

地面采集

控制地面采集（surface collection）是遗址评估的重要组成部分，因为现代地表上有代表性的人工制品样本能够提供重要的遗址年代信息及其使用的年代。举例来说，在美国西南部的普韦布洛遗址可能会发现多种形式的彩绘陶器，通过其他地区的地层观察，我们可以把这些陶器归入不同的年代序列。

同样的样本有时可以被用来推测遗址中发生的活动，比如大量的黑曜石和废弃的砾石堆积暗示着这一地点过去可能是一个繁荣的采石场。通过网格来绘制地表遗物在遗址中的分布，研究人员有时可以推测遗址的哪个区域曾经被长期使用过，以及进行发掘会不会有收获，也许还能揭示出地表下是否存在重要建筑。

地表堆积可以为我们提供大量关于人工制品在地下分布情况的信息和其他有价值的信息。因此，地面采集是所有考古调查的重要一步，特别是在确定古代城市的范围或者界定不同的居住区时，例如玛雅的科潘和罗克斯特罗马城镇。

很多考古学家不信任地面采集，认为地表遗物很容易被破坏，并且容易被从原来的位置上移走。但是这些观点忽视了一个基本的考古学事实。所有的考古学堆积，不管有多深，都曾经处于地表，与今天地表上的物质一样，要经历同样的破坏过程。实际上，通过随机或其他抽样技术来控制地面采集，今天的地表同样能为我们提供大量珍贵的有关地下人工制品分布或其他现象的信息。当然，这只有在地表没有遭到露天开采、深耕或其他灾难性破坏的情况下。

通过仔细控制地面采集，并且清楚认识到地表采集品和地下遗迹的关系，准确评估一个遗址便成为可能。在科潘进行的大范围调查便需要这种地面采集去识别遗址的大小，并评估其重要性。文化资源管理的调查也依靠地面采集。

6.9 地下探测方法

所有考古学家都梦想有一套全新的革命性方法，能够使他们无须借助人力发掘而得知地下情况。感谢雷达和其他电子设备，现代技术使考古学家这一期望的实现逐渐成为可能。肯恩·威克斯（Ken Weeks）和一个埃及学研究团队正在进行一项长期的计划，即绘制底比斯帝王谷中所有皇家陵墓的地图。他们使用了热气球、X射线和声波探测器来绘制地下的情况和皇家陵墓中隐藏的墓室。这个团队最近发现了一座拥有众多地下墓室的陵墓，这座隐藏许久的墓葬是伟大的新王国时期法老拉美西斯二世为他的儿子修建的（见图13.5）。

非侵入性的探测方法包括使用金属探测仪——虽然因经常被盗墓者使用而臭名昭著，但是合理使用的话它的确是非常有效的工具，特别是寻找位于地表以下20厘米深的人工制品。**电阻测探法**（resistivity survey）利用电流穿过埋藏在土壤中的电阻，来探索地表下的建筑结构——较高的电阻率通常暗示了房基的存在。当试图去绘制房基、灰坑或石墙的特征时，还要注意文本描述要与遗址上布置的方形网格相符。**电磁勘探**（electromagnetic survey）与电阻测探法正好相反，它测量物体的导电性，例如墙的导电性差，则它的电阻率就较高。这个方法十分迅速，不需要电子探针（electronic probes），可以用来探测大型区域中的建筑，例如在美国伊利诺伊州圣路易斯东部的卡霍基亚（Cahokia）遗址——密西西比人的仪式中心——所进行的工作。

使用搭载低功率天线的**探地雷达**（subsurface radar）在很多遗址中被证明有效，但是这些数据需要专家解读。英国考古学家文森特·加夫尼曾经使用雷达绘制英格兰西部古罗马小镇罗克斯特的布局（图6.10）。

磁法勘探（magnetometer survey）同样十分普遍，使用磁通量梯度仪，调查者沿着网格穿越遗址时能够为他提供磁力信息。这些信息可以被下载，同时它还能提供可能代表人类活动迹象的地下异常的轮廓线地图。在调查地表遗物极少的遗址时，磁法勘探被证明效果十分显著，例如北美平原上的村庄。

调查者经常会将各种各样的非侵入性方法结合在一起使用，就像考古学家佩森·希茨（Payson Sheets）在萨尔瓦多的玛雅村落塞伦所做的工作一样。这个遗址是由一个推土机工人偶然发现的，被深埋在5米的火山灰之下。很明显，如果用推土机对整个区域进行挖掘是不经济的，所以希茨求助于探地雷达，这是为研究阿拉斯加输油管道旁**永久冻土**（permafrost）的融化问题而设计的装备。为了清除所有的背景振动，希茨请了一位牛车司机。这个司机慢慢地赶着牛，沿着仔细标记的直线行进。地表下的地层信

图6.10 在英格兰古罗马城镇罗克斯特进行的地表电子勘探

息被记录在特殊的纸张上，显示出了强大的反射物，其中有一些最终被证实是掩盖在火山灰之下的棚屋地面（图6.11a）。

最后，希茨使用电阻测探法测量土地的电阻变化，希望发现石墙或是夯筑路面。三维软件揭示出了有趣的双峰分布的异常现象，最终在钻孔装备的配合下，证实这是一座史前建筑（图6.11b）。

综合运用物探法，为我们探测塞伦遗址的地下遗迹特征提供了有效而经济的方法，否则，相当一部分的花费将投入到清理地表的灰土堆积上。

非侵入性考古调查是田野研究的重要组成部分。如果没有足够的调查和在文化资源管理上的努力，未来世界很多地方——特别是北美和西欧——的考古学都将出现严重的问题，因为将没有任何遗迹可供探索。

本章总结

1. 考古学田野工作由发现、评估和发掘遗址组成。

2. 很多遗址是在建筑施工或从事其他现代活动时偶然发现的，或是因自然现象而发现的，例如地震。

3. 考古调查利用周密设计的研究规划和诸如航空摄影、卫星影像之类的遥感技术寻找和记录具体区域内的遗址，但是归根结底，我们还需要实地踏查。

图6.11 a　在萨尔瓦多塞伦进行的遥感测量，牛车上面是一台探地雷达。

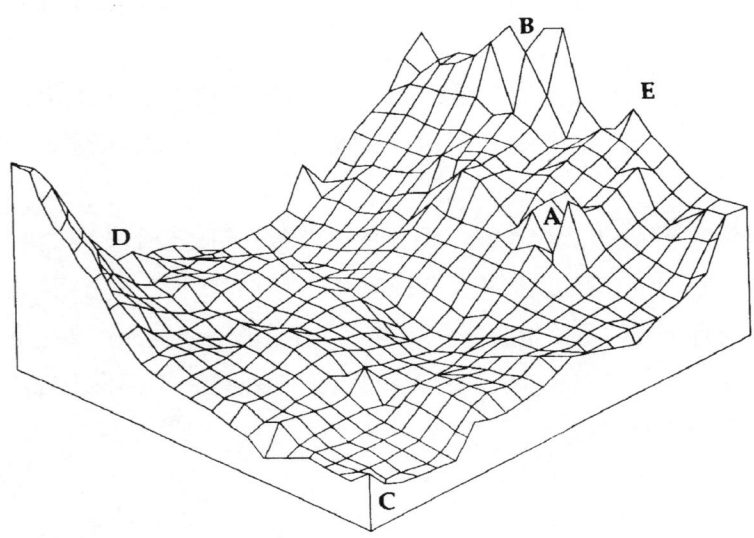

图6.11 b　在萨尔瓦多玛雅村落塞伦进行的电阻探测的三维电脑图片。不同的电子阻力显示了清晰的峰值（A到E），对A点和B点的反常现象进行调查之后，证实这是一座史前建筑。

4.规范的统计抽样方法作为评估特定区域内遗址资源的基础，在调查工作中扮演着重要角色。它为归纳遗址的分布提供了可靠的统计学上的考古学数据。

5.考古学家开始越来越多地利用计算机辅助绘图技术来记录遗址，例如地理信息系统。地理信息系统使研究人员在使用遗址、环境和地形数据分析复杂的古代聚落模式时可以操作大量数据。

6.遗址评估包括绘制地图、地面采集和利用电子设备进行地下探测，例如探地雷达和电阻测量仪。这些方法在探测位于萨尔瓦多的玛雅村庄塞伦时取得了巨大的成功，当时这座农业村落被火山灰覆盖。

―― 问 题 ――

1.遥感技术是如何造福于考古学研究的？
2.GIS技术对于考古学的贡献是什么？
3.非侵入性考古学为什么如此重要？它的局限性在哪里？

第7章 考古发掘

南太平洋复活节岛上的一座古代雕像

7.1	有计划的发掘：	7.4 记　录	贝丘遗址
	研究规划	7.5 地层观察	仪式性和其他特殊遗址
7.2	发掘类型	7.6 发掘问题	墓葬及墓地
	遗址探测	开放的露营地和村庄	7.7 再次安葬和返还
	分解过程	洞穴与岩居	本章总结
	垂直和水平发掘	土墩遗址	问题
7.3	发掘、工具和人员	土方工程与要塞	

导　言

　　发掘曾经是考古学家的主要工作，但是现在被认为是不得已而采取的最终手段，因为它会破坏考古记录。本章介绍了考古发掘的过程，包括遗址测量与勘探的各种方法，还有最基础的记录及地层观察。我们要强调的是，根本没有发掘考古遗址的标准方法。本章的大部分内容是要概括发掘者所面对的主要挑战，我们也会讨论与发掘人类墓葬相关的伦理道德问题。

　　地面上只不过有一个洞，所有的景观既不生动也不富有戏剧性，但也足以吸引他们几小时的注意力。

　　　　　　　　　　　——P. G. 沃德豪斯（P. G. Wodehouse），
　　　　　　　　　　　《少女落难》（*A Damsel in Distress*），1919年

我们都梦想着能够挖到一座完整的神秘古墓——突然之间，一道封闭的门出现在眼前。你破门而入，然后发现自己置身于一个布满黄金的墓室之中，其奢侈程度远远超过了图坦卡蒙的墓室。但是实际上，现代考古**发掘**（excavation）是一项拿着手铲和刷子，要求研究者不慌不忙进行的细致工作，通常情况下，是你日复一日的工作，却没有什么激动人心的发现。

在本章中，我们会介绍一些发掘的基本原则，以及很多考古学家在田野发掘时遇到的问题。我们要借此认识到，每个遗址的发掘都有其独特的挑战，需要我们对列举出的基本原则做出调整。

7.1 有计划的发掘：研究规划

考古发掘没有什么公式可循，变数很多，是一个不断需要创造性思考和认真细致的管理过程。考古发掘有它的一套基本方法，但是各个遗址随着发掘工作的不断进行，具体的发掘方法都各不相同。从某种程度来说，考古发掘的过程同时也是一个谈判的过程，既要最大限度地获取古代信息以防止潜在的破坏，又要满足当代社会的需求。所有的考古发掘，其对象不管是狩猎采集的小营地、数千年来只被零星探访过数次的黑深洞穴、村庄、城市墓葬区，还是沉船，都需要周密细致的规划，这个步骤最为关键。一次发掘可以带你领略炎热的非洲山谷，也可以带你去祭祀葬在高耸的安第斯山脉里的亡灵，还可以带你深入热带雨林。有人将毕生都献给了城市发掘事业，深入伦敦、纽约或墨西哥城现代街道下面的世界。正如英国考古学家马丁·卡弗（Martin Carver）所说，考古发掘"具有能够想象到的最大的乐趣，令人激动、兴奋，是友善而富有诗意的，就像一个剧团，无论它的演出是长还是短"（Carver, 2009:115）。他描述得如此正确！一次理想的发掘，真的可以说是一次独特的智力和社交经历。

考古发掘的第一条原则，是意识到发掘是摧毁遗迹的过程。正如考古学家肯特·弗兰纳里曾经说过的，在众多科学家中，只有考古学家在研究信息时把他们的信息源（也就是我们的遗址）摧毁掉了。而这些在发掘时被特别谨慎对待的遗存，一旦被破坏就是永久性的。遗址的出土物会被转移到实验室，和它的时空环境永远分离。以下这点也和其他学科有着本质的区别——化学家可以轻易地重新制造实验的条件，传记作者可以再回到档案室去重新评价政治家一生中的复杂事件，但是考古学家的材料在发掘中被毁掉了。所有这些发掘出的遗存是在探沟里、遗址未发掘的部分，以及照片、笔记、遗迹绘图这些发掘者留给后人的观察记录中获得的。考古学的一个悲剧，是那些原本可以获得更多信息的遗址却是在非常不科学的条件下发掘的。我们对信息的归档也是不均衡的。考古学研究的道德准则要求我们以尽可能小规模的发掘来获得足够的基本的、科学的信息。

盗墓者毁坏遗址是为了寻找有价值的宝藏，并且没有任何记录。考古学家的发掘也会破坏遗址，但不同的是，他们为那些被带回实验室的物品建立了考古资料档案。尽管他们也永久性地破坏了遗址，但是他们制作了信息数据库——这是留给后人查询考古发掘工作结果的唯一档案。考古学家肩负着重要的责任：记录和解释遗址中发现的地层、房屋、食物遗存和人工制品的特征，并且将研究结果公之于众。没有精确的记录和丰富的成果出版，发掘就没有意义。文化资源管理在北美的很多调查，都是建立在要求及时发表调查报告的基础之上的，即使这些成果只有有限的发行量。

大约30年前，考古学家的主要兴趣是发掘遗址并解决问题。如今，当人们更多地意识到发掘破坏了不可替代的历史信息时，我们只在不得已时才会进行发掘。如果发掘者没有认真注意考古记录的保存以及发掘中的其他程序，都会犯下汪达尔作风[①]那样不可原谅的错误。

现代考古发掘的核心是合理的研究规划，一个规划经常会覆盖整个地区，而并不仅仅是把焦点放在某一个具体的遗址上（见第6章）。研究规划是为了回答具体的问题，并将对有限的考古资源的干扰降低到最低程度。当然，这又是一个弹性很大，并且经常发生变化的计划。当假设被证明是错误的时候，必须对计划进行修改；而当假设被验证为正确时，则可以被视作从正在进行的发掘中提炼出的知识。国家公园管理局决定发掘和加固密西西比河流域一处1000多年的土墩遗址，这个土墩曾被田纳西河流域夏伊洛墓葬群的木栅栏所包围。考古发掘者大卫·安德森（David Anderson）通过遥感技术调查了一番土墩及其墓葬的内部结构，这个遗址不断遭受田纳西河的侵蚀，因此他必须在发掘和保护它之间取得一种平衡。研究规划包括分散开挖探方，并在土丘顶部两侧开挖一条宽2米的探沟进行发掘（图7.1）。与此同时，研究者们对于该遗址在未来半个世纪里的损失做了一个较为准确的预估。这个研究规划由来自多学科的科学家们共同设计，它提出了需要调查的几个具体问题，其中大部分围绕土丘的建设，以及文化变迁方面的相关信息，比如玉米农业对于遗址发展历史的影响。最后，该研究规划部署了田野发掘的步骤和实际操作时必备的安全措施。随着发掘工作的开展，研究者也与当地的契卡索人（Chickasaw）就这个发掘项目做了讨论协商。

---

① 汪达尔作风（Vandalism），指故意毁坏文物的行为。——编者

图7.1　田纳西河畔夏伊洛土墩遗址的发掘现场

　　好的研究规划并不仅仅局限于发掘本身。即使在一个遗物较为丰富的遗址进行一个月的发掘工作，最终的收获也只是在工地经过清理、归类、打包后成箱的陶瓷碎片、石制工具、动物骨骼和其他发现。成卷的绘图、成堆的电脑硬盘、发掘工作者所绘制的数码图像、拍摄的照片以及长久以来辛勤记录的上百页田野笔记都存储着珍贵的地层学信息。同时，放射性标本和土壤样本被收集起来用于随后的分析；淡水贝壳和碳屑被打包送回实验室交给专家进行研究。哪怕是一个很小型的发掘，整理、分析笔记和发掘品都需要花费几个月的时间。一摞摞的箱子，数以百计的笔记本和电脑里上百万字节的数据都需要核对，以便重建遗址的历史。随后，发掘工作的研究规划将被不断重新评估，以决定未来的发掘工作，并且指导随后长达数月的分析和阐释工作。仅仅因为一个遗址"看起来不错"而进行发掘的日子已经一去不复返了。

　　要组织一个中等规模的发掘行动，需要在执行研究方案的过程中仔细规划。美国中西部有一个经典的案例。20世纪70年代，伊利诺伊州的考古学家詹姆斯·布朗（James Brown）和斯图尔特·施特吕弗（Stuart Struever）为了发掘伊利诺伊河下游河谷的科斯特（Koster）遗址，花费了很多时间进行田野调查。这个遗址至少有12个人类活动层，其中最早的可以追溯到公元前5100年之前。科斯特是一个堆积丰厚的遗址，数代印第安人曾居住在此，最终于公元1000年之前被废弃。这个遗址提供给布朗和施特吕弗一个绝佳的机会，去考察这些居民在超过6000年的时间里的文化变迁。但是如何开展工作是一个难题。科斯特是一个超过9米深的遗址，12个文化层被贫瘠的土壤相互隔绝。布朗和施特吕弗非常幸运，因为他们能够把这个大遗址的每一个文化层视作独立的单元来进行发掘。

考古学家有两个选择。其一是挖掘小型的实验探沟，然后在每个水平地层中取一些陶器样品和其他发掘物。尽管这个方法成本低廉并且十分实用，但是用于解决科斯特遗址的问题却犹有不足。发掘者感兴趣的是研究伊利诺伊河下游河谷的农业起源，因此布朗和施特吕弗决定在足够广阔的范围内仔细挖掘每个文化层，去研究发生在这里的人类活动，这个过程使得考古学家能够考察到细微的经济变化。因此在科斯特的发掘重点，是把逐个叠压的不同类型的聚落层分离开。

在设计科斯特的研究规划时，布朗和施特吕弗需要控制很多会影响到数据的复杂变量。他们需要设计出一个特殊的程序，以确保发掘成果在统计学上的有效性。为了获得对发掘过程中的出土物的即时反馈，他们设计了一个精密的数据处理系统，能够把田野中的动物骨骼、人工制品、植物遗存和其他的考古发现按位置进行分类，通过远程存取终端，把这些绘制成表格的分类信息传送至千里之外的计算机中。发掘者可以快速获得发掘的最新信息。这个系统意味着整个研究规划可以在发掘的过程中随时进行调整（图7.2）。

尽管科斯特遗址的发掘距今已经25年了，但它依然是一个学术研究的典范，也是一个结合了复杂的计算机技术的精致研究规划。每个发掘季中，考古队都会雇用大批的工人。大多数的发掘工作，不管是学术项目还是文化资源管理，都是在一个很小的范围中进行的，但它们的基本原则是相同的：合理进行研究规划、谨慎地记录全部数据、

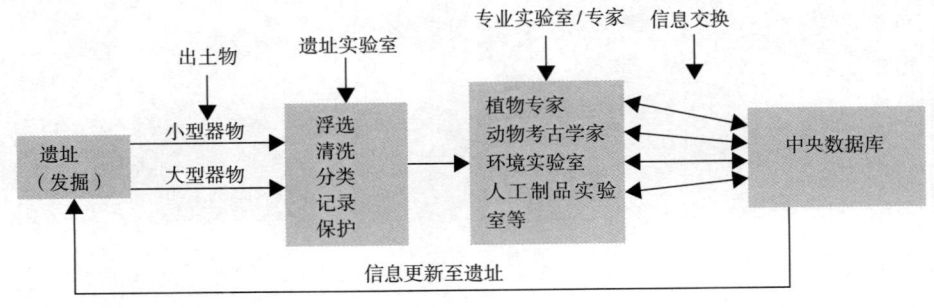

图7.2　考古发掘工作流程图

发 现

泰国象科帕农第遗址中的公主，1984年

新西兰奥塔哥大学（University of Otago）的查尔斯·海厄姆（Charles Higham）是世界著名的东南亚考古学家。通过与泰国考古学家的紧密合作，他发掘了举世瞩目的早期稻作农业村落，并且确定了当地青铜时代的聚落。1984年，海厄姆开始发掘挽巴功河（Bang Pakong River）泛滥平原上的象科帕农第（Khok Phanom Di）遗址。通过之前泰国同行的试掘，海厄姆估计遗址堆积的深度接近9米，这个土墩坐落在一层层贝丘残骸之上。在试掘的过程中，海厄姆发现了一些史前人类的眼眶部分，所以他认为很有可能在这里发现墓葬（图7.3）。

挖掘表层土壤之后，大概在表土下1米深的地方，海厄姆发现了发亮的沙质土壤。他小心清理表面的沉积，发现了墓葬深色填土的轮廓。很快挖掘机就揭露了一组墓葬，这组墓葬紧挨着一个人为堆筑的台面，这个台面上有一栋建筑。他们用手铲清理装饰有黑色磨光陶片的墙壁，很多墙上还绘制着曲线图案。当发掘出了14座墓葬后，海厄姆变得激动起来。在这个平台上，"我可以看到下面成组的骨架以及男人、女人和儿童的遗骸，在一座小型墓中甚至有两个新生儿的骨骼纠缠在一起，他们或许是一对双胞胎。这些墓葬像是由一对夫妻或几代人组成的家族墓地"（Higham，1994：283）。

考古学家发掘了一个隐藏的巨大墓室，在其中发现了一个由圆形泥制柱体组成的金字塔，这些泥制柱体应该是用来烧制陶罐的。当金字塔被移开时，一具35岁

图7.3 在泰国象科帕农第进行的发掘。这个遗址不仅发现了壮观的墓葬，还发现了早期水稻栽培的重要证据。

左右的女性骨骼出现了，她的腕部肌肉完好，可能是用泥土捏合的。她生育过一个或两个孩子，胸部覆盖着小贝壳、珠子和一条串着巨大白色I型珠子的项链。海厄姆提取了尸体的上半身和旁边的土壤，在实验室进行了分析。他发现至少有120 787个贝制珠子曾经被缝制在两套华丽的上衣上。公主一定曾经穿着它闪耀在阳光下，她的财富和社会地位来自制作陶罐的专业技术，脚边发现的磨得发亮的鹅卵石和腿上覆盖着的破碎容器都证明了这一点。距离她2米远的地方，海厄姆发现了另外一座同样包含许多泥制圆柱体的墓葬。这是一座只有15个月大的婴儿的墓葬。这个孩子的佩戴和她的母亲相同，身旁有一个小型陶砧——是成人使用的缩小版。海厄姆确信这个婴儿是公主的女儿。

当这次发掘结束6个月后，海厄姆又发现了另外139座墓葬，埋葬了17—20代专业制陶工匠，他们用陶器交换其他文化的贝壳装饰。但是这些发现都不能和华丽的象科帕农第的公主相提并论。

科学地控制发掘进程。与其他成功的发掘一样，规划科斯特遗址的发掘工作，是为了解决在研究规划中提出的具体问题。

考古发掘的过程同时也是一个分解的过程，通过遗址每一地层出土的文物情况，可以清楚知道各地层是如何形成的，以及在过去都发生了什么。这个过程是三维的。考古发掘工作者对各地层进行分解发掘，然后记录下各地层的文字、数码、绘图信息，最后形成一个十分详细的记录。马丁·卡弗以无可挑剔的发掘著称，他认为发掘现场就好比是一个外科手术实验室，从发掘过程来看，他的这一看法完全正确。

7.2 发掘类型

当人们参观发掘现场时，通常会问同样的问题：你们怎么决定发掘地点？使用什么工具？为什么你们的壕沟是这种形状？你们挖掘得有多深？尽管每个遗址的复杂性各有不同，在具体问题上也存在差异，但依旧存在一些一般原则。

只需对已经在地表暴露大量遗存，或者能够在地表看到石墙或其他古代遗迹的遗址进行简单粗暴的判断，你就能够决定在哪里进行发掘。当理查德·多尔蒂（Richard Daugherty）发掘华盛顿州海岸的奥泽特（Ozette）捕鲸遗址时，他从发掘当地使用时间最长的人类聚居地入手。这样做的原因，在于他需要获得足够完整的文化序列，而最合逻辑的方法就是挖掘到这个遗址最深的部分。当然，这无法保证他所挖掘的探沟能够延伸到这个捕鲸遗址最早的那部分，但是他的选择对于探讨捕鲸部落是从什么时候开始生活在奥泽特，并且延续了多长时间这个问题，是一个行之有效的办法。这样的研究方法在全世界很多遗址中都被采用过。

遗址探测

近些年来，随着地下雷达技术和高精密地质学研究的发展，遗址探测工作变得比过去几年更为严谨。很多检测方法扩大了数据来源，或者被用作决定一个遗址是否值得进一步发掘的唯一标准，此外还被用来分析数据、遗址功能及活动区的类型。这些方法在文化资源管理项目中格外重要。

奥格斯和其他形式的钻孔器能被用来探索考古学堆积，特别是液压取样器，它能够提供地表下地层的柱形样本，使得长距离追踪显著的或特征明显的地层成为可能，即使它们被深埋于地表之下。

但是，**探坑**（test pit）依然是在大规模发掘开始前最有效、能够初步获得地层信息和文化史的方法。有些探沟是小型控制的探坑，研究者对它们进行细致的发掘，来预估地表下地层和活动层。这些发掘可以作为规划整个发掘工作的参考点。在相当长的一段距离内，沿线布置探坑则是更为普遍的做法，它能确定遗址的范围和不同区域的基本地层信息（图7.4）。探坑的位置有时是通过统计工具选择，有时是根据地表采集物或其他暴露的特征进行选择。肯特·弗兰纳里曾经称这些探沟为"电话亭"，这是对通过小型分隔区域获取高度具体信息非常恰当的描述。

铲坑（shovel pit）是探坑的一个变种，通常被用于调查地表的人类活动堆积。这些用铁铲挖出的仅几英寸深的小坑经常被用来确定堆积较浅的聚落遗址和文化遗存的范围。

分解过程

对于一个多层考古遗址，你如何对它进行分解发掘？很显然，没有标准的考古发掘方法，因为每个考古遗址的规模、保存状况和复杂度各不相同。一些最复杂的发掘工作更是在地下进行的，例如伦敦高楼大厦和地铁站下面的那些发掘工作（图7.5）。

即便如此，一些分解发掘方法还是被广泛使用：

几何发掘法（geometric method）。在这里，挖掘机挖出一个长方形坑，然后先挖

图7.4 在玛雅仪式中心基里瓜（Quirigua）的发掘中，考古学家沿直线布置探坑，每两个间隔15米并且与遗址网格对齐。

去上面的现代堆积层，大约厚10厘米。在挖掘进行过程中，不断暴露的壁面直观显示了地层上下的堆积状况，而坑内水平面显示的是下一层位的开口情况。通过记录紧挨着的上下两个层位，研究人员可以获得一个从上至下的三维图像信息。这是一个发掘和记录遗址信息的有效方法，但是它有一个缺点，因为从水平面看到的地层只是下一层位的开口，人们无法真切观察到地层的实际情况，所以在如实反映古人的生活方面，研究者所留下的记录往往都带有一定的主观性。我曾经用这种方法发掘过古村落的土墩遗址，那里的地层不太好观察，并且当时和我一起工作的工人都是新手，所以记录效果并不理想。

鉴于发掘工作的高成本和文化资源管理项目，近些年来考古学家比他们的前辈更多地依赖统计**抽样**（sampling）。抽样被用来挖掘贝壳堆积和密集堆积，这些遗址通常包含众多的人类生活遗留和大量的人工制品。显然，在一个庞大的废物堆积中只有很小的样本能够被用来挖掘和分析。为了确保统计样本的有效性，必须使用一些无偏抽样的方法来选择挖遗址的哪一部分。

抽样是一种"通过概率理论来控制和测量信息的可靠性的科学"。抽样技术帮助我们确保考古数据在统计学上的可靠性,我们可以借此对研究数据做出归纳总结。大多数考古学家使用的是**概率抽样**(probabilistic sampling),这是一种用数学方法来描述小数据样本与大的采样群体之间关系的工具。一个最为典型的例子——也是在统计学科和统计理论中运用最为普遍的——就是政治上的民意调查,通过类似少于1500人这样的小样本,来预测政治选举以及检验公民对于国家的满意度。在考古学中,概率抽样提高了从调查和发掘样品中得到的结论的相对可信度。

在考古学中,对规范的抽样技术的使用才刚刚起步。简单**随机抽样**(random sampling)往往在完全未知的发掘中使用。举例来说,当考古学家希望从一个古代贝丘遗址获得一个人工制品的无偏样本时,就可以使用简单随机抽样。通过在每平方米上布置长方形栅格,然后使用随机的数字表格来选择栅格进行挖掘,就可以达到这一目的。这样一来,发掘样本就是随机选择的,而不是基于地面采集或是其他方面的考虑进行的。

分层抽样(stratified sampling),即研究者运用以往关于这一地区的知识——例如地形变化——来建构未来的研究,这使得研究者只需在一些特定的单元进行密集采样,而另外一些地区则无须采集得十分彻底。

抽样是几何发掘法的一个变种,它提供了地层序列的多个视角。伟大的英国考古

图7.5 在伦敦市中心一座高大建筑物下进行的发掘显示了当今城市考古学的复杂性。

图7.6 中国成都金沙遗址（公元前1000年）的莫蒂默·惠勒式探方法发掘（图为遗址博物馆内的发掘区展示）

学家莫蒂默·惠勒（Mortimer Wheeler）爵士在发掘一处面积较大的遗址时采用了探方发掘法，探方之间留关键柱，以便观察探方四壁的地层。在发掘和记录工作完成后，他会打掉这些关键柱，前提是他对各探方的地层都有较为清晰的把握（图7.6）。北美的考古发掘人员通常采用随机抽样的办法来放置箱子，或扩大放置范围，或连续放置，根据不同需求做出相应改变，这样一来，得出的数据也是随机的，而不是事先经过安排的。这种方法的优点是可以很快得出一个关于某遗址的大体印象。对于该方法应用最为成功的是文化堆积较为单一的遗址，如贝冢遗址。但是这种方法也有缺陷，即一个遗址的不同位置涉及的古代人类活动不尽相同，如此抽样，可能会错过一些信息。

地层发掘（stratigraphic excavation）是难度最大的一种分解发掘方法，因为它所涉及的一层层地层都在地下，我们无法一下子用肉眼全部看到。如果你遇到的地层堆积各层位之间的土色、土质区别十分明显，那么恭喜你，你遇到的挑战并不复杂。但是，如果地层之间的界限不明显，那么困难还是巨大的。随着向下开挖深度的不断增加，你需要依次做好每一层的记录工作，各层位的土质、土色及所遇到的遗迹现象，如柱

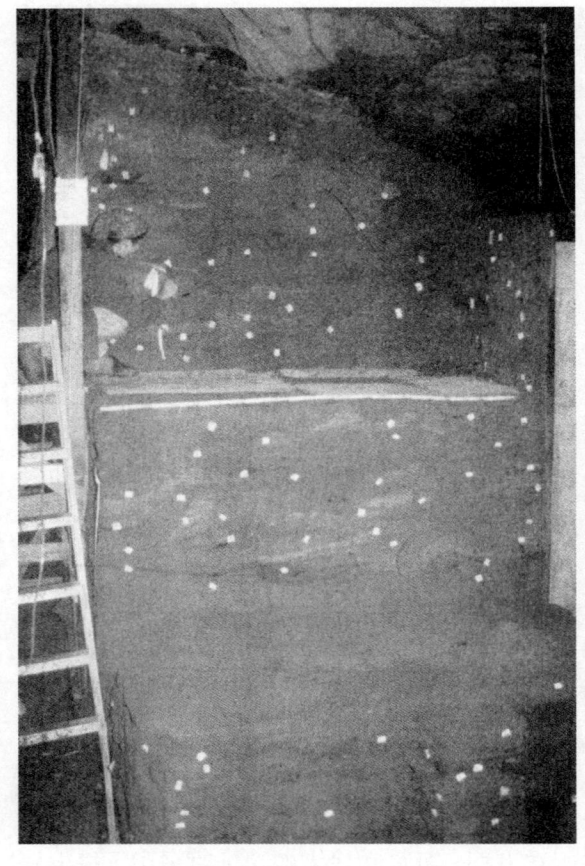

图 7.7 洞穴、岩洞等遗址中复杂的地层发掘法：美国阿拉巴马州的达斯特洞穴（Dust Cave）。

坑等，你都需要详加记录。记录好一层后，继续向下分解发掘，再继续做记录，你做记录的范围可能远远超出暴露出的遗迹部分，因为周围广阔的范围内可能包含其他相关遗迹。

在很长一段时间里，我们很难运用地层发掘法发掘洞穴和岩洞遗址。几乎无一例外，在这样一类空间有限的遗址中，你需要开一条探沟垂直切入地层，工作难度非常大。在很多采用规范的地层发掘方法的地区，研究者们倾向于大面积揭露发掘，也就是采用水平发掘法，对不同区域的地层情况分区进行记录。这种方法的优点是可以大面积完整揭露某处遗址，比如某一小村庄的中心区域，但是也有一定的局限性，就是对于记录遗址的研究者提出了很高的要求，因为每个人做的遗址记录各不相同，很难获取一个较为完整的地层记录。

垂直和水平发掘

很多人将垂直发掘和水平发掘对立起来，武断认为两者是毫无关联的发掘方法。

世界上很多重要遗址的发掘是通过小规模的**垂直发掘**（vertical excavation）进行的，这样做通常是为了获取具体的年代和地层信息而对特定的区域进行挖掘（图 7.7）。垂直探沟可被用来获取人工制品样本、重建古代建筑的构造顺序或复杂的土方工程的历史，以及抢救面临毁灭威胁的遗址。小探沟经常被用来挖掘堆积较厚，或者有可能发现重要地层结构的地点。很多垂直发掘是由长横截面组成，它们径直穿过堆积、建筑或一些可以用来建立年代学和考古学序列的结构。最适宜使用垂直发掘方法的是小型遗迹，例如洞穴和岩居，这些遗迹的发掘空间有限，并需要应对岩石坠落以及其他的困难。

有时堆积物也会从岩洞中滑落到遗址前的陡坡上，这就需要使用一定长度的台阶式垂直发掘。例如南非的克莱西斯河岩洞（Klasies River Cave），这个遗址记录了热带非洲地区最早的智人活动。

达斯特洞穴位于阿拉巴马州西北部田纳西河中段的一处石灰岩断崖上。它是分布广阔的狩猎采集者的早期落脚点，历史可追溯至公元前8000年—前1600年，深度达到5米。它的保存状况良好，里面有动物骨骸、植物体，还有灶台、深坑和黏土层。阿拉巴马大学的考古学家在洞穴底部挖了一些探测坑（2米×2米）。而当他们探测到石制器物时，他们已经挖出了一个大探沟（2米×12米），差不多到无菌基石了。考古工作者就是用分层法挖掘这个洞穴的，在每一层挖掘时都小心谨慎。所

图7.8　1937年，莫蒂默·惠勒采用垂直发掘法对一座英国铁器时代的山丘堡垒及其防御工事进行了发掘。这是一次发掘的范例，它奠定了欧洲的现代发掘方法。

有留存下来的遗物都用6毫米的网筛过滤筛选，通过水的浮力从较小的样品中获取种子和其他植物遗存，这种技术叫作"浮选"，将在第11章被谈及。考古学家通过会随着时间流逝发生显著变化的石制抛掷尖物，辨认出了不同的人类活动阶段。这样一种重要的发掘方法我们在第11章还会谈及。

在考察河岸和壕沟附近的遗址时，垂直发掘法同样很重要。例如罗马时期的堡垒或铁器时代的营地（图7.8）——欧洲的梅登堡。此外，垂直发掘还被广泛应用于研究北美的阿登纳和霍普韦尔墓葬堆积。

水平发掘（horizontal excavation）或者区域发掘通常与地层发掘相关，用来揭露遗址中较为宽阔的区域，以反映房屋平面和聚落布局。一般情况下，能够得到完全发掘的遗址只包括极小型的狩猎采集营地、单独的建筑和墓葬堆积。对于一个大型的聚落，

图7.9 加拿大安大略省一处经重修的易洛魁人（Iroquois）的长屋。易洛魁民族在欧洲人到来之前的数百年里统治了北美东北部的大片地区。他们的很多定居点都包含带有防卫性质的群居长屋。

我们可以做的只有发掘遗址的一部分，并且希望通过这一部分来获取能够反映整个遗址的信息。而且，现代考古学伦理也要求在符合研究目标的基础上，尽可能减少水平发掘。

水平发掘在研究小型狩猎采集遗址时十分有效。例如，在散布着手工制品和骨骼的非洲东部的奥杜威峡谷和其他早期人类遗址，每一个石片和动物骨骼都需要进行位置记录。水平发掘在处理像易洛魁人的长屋这样的复杂建筑时同样有效，易洛魁人的建筑只留下了一些埋在表土下几英寸深处的已经腐烂的木制柱洞（图7.9）。这些建筑经常扩建、重建，或在其他的建筑上新建，导致只有通过大规模的区域发掘才能发现柱洞上的锯痕。

水平发掘法运用成功的一个范例是位于现代凤凰城地区霍霍卡姆村（Hohokam）的格鲁遗址（图7.10）。在这处遗址上，考古工作者发掘出了24组庭院，以及共享中央庭院和食物烧烤坑的半洞穴式房屋。这些庭院及房屋遗址中央还有一个大型广场。24组庭院中最大的包含26间房屋，占地面积达604平方米。发掘结果显示，每组只有少数房屋在某一时间段被使用，大部分家庭不超过10人。此外，这些庭院被使用的时间长短不一，有的长达几百年，有的仅几代而已。这说明房屋和院落的所有权是一代代不断传递下去的，有的可能被沿用了很长时间。

大型开放式区域发掘需要在远程区域内进行精确记录，这在可以用**总数据站**（total data station）记录房屋和发掘物位置后变得更容易了，电子远程测距设备中的计算机记录可以在一天的工作结束后被下载到笔记本电脑中。

即使我们可以利用机械来移除不含文化信息的表层土壤，任何形式的水平发掘也都是十分昂贵的，不过它为我们提供了一个其他方法不可比拟的、独特且完整的水平视角，来观察人类居住地和整个人类聚落（见第14章章首图）。

水平发掘和垂直发掘之间的精细区分，固然为考古发掘提供了两种不一样的常用方法，但是这同时也掩盖了一个更为灵活的现实。最重要的问题是根据不同的遗址选取最适合它的发掘办法。针对一些地层不甚清晰的遗址，或是沟渠，或是大型墓葬坑，几何发掘是最好的发掘方法。对于一些层位清楚的遗址，地层发掘则更合适。不论什么发掘办法，清楚地还原过去的社会历史是最终的目的。正如马丁·卡弗说的那样，"一次考古发掘呈现的是三维空间化的文物和遗迹，发掘出来后就成为不可再生资源了，所以它们值得我们用适合它们的研究方法去对其进行深入考察，而不是仅仅剖析和记录它们"（Carver，2009:123）。一次好的发掘是一种极富有创造力的活动，它就像写作一样，每一次你握着手铲向下开挖的时候，都经过了一番精心的设计。

7.3 发掘、工具和人员

如何进行发掘？这取决于发掘什么类型的遗址。俄亥俄河（Ohio River）上的巨大墓葬堆积有可能超过6米深，很多覆盖在墓葬层上面的不含文化信息的贫瘠堆积是用机械、镐和铲子清理的。为了节约时间，运土机械在文化资源管理发掘中得到了广泛的使用，比如在格鲁遗址中使用以便争取时间，这就使得使用机械变成了一项精细技术——要将破坏程度降到最低（图7.10）。但是，只要考古学家挖到了出乎意料的遗物时，就会开始一丝不苟地小心发掘、逐层清理，记录发掘中每个遗物的精确位置。小型岩洞或墓葬是一厘米一厘米发掘的，覆盖遗物的土壤需要经过细筛，只有这样，珠子、鱼骨和其他无数小型物品才能被发现。

发掘在某种程度上是一个记录的过程，做到精确无误是必不可少的。在整个挖掘过程中，只有做到一丝不苟，考古遗存所反映的信息才能被准确记录下来。探沟壁必须是笔直的。为什么？因为只有这样才能记录发掘的地层，只有这样才能在整个遗址跟踪这个层位。剩余的土壤必须被运到远离探沟的地方，这样才不会妨碍到发掘。考

图7.10 从美国亚利桑那州霍霍卡姆村的格鲁遗址中发掘出来的半地穴式房屋和庭院

古发掘就像实验室，需要像做实验一样认真对待。

所有的考古发掘都由一个指挥者来领导，他负责组织发掘工作，监督专家和挖掘工人。很多大型的学术性发掘和文化资源管理发掘都由许多专家与工人共同参与。在发掘位于英格兰东部弗拉格沼泽年代约为公元前1100年的著名青铜时代晚期遗址时，考古学家弗朗西斯·普赖尔（Francis Pryor）与木材专家、古生物学家、土壤学家、古代冶金和哺乳类骨骼方面的专家，甚至史前甲虫专家一同工作。研究这个复杂遗址的唯一方法，就是由多位专家共同合作来考察这个遗址所处的环境背景。美索不达米亚和中美洲的大规模发掘可以包括许多人员：专业考古学家、当地各种领域的专家——建筑学家、本科实习生、志愿者及曾经多次参加考古发掘的职业工作者。文化资源管理项目聚集了装备齐全的专业发掘者和学术专家，他们承诺遵守规定，并且按正规方式复原和判读数据。

在第15章中，我们会介绍一些获得发掘经验的方式。

铁铲和三角形泥铲是考古学家的传统标志。实际上，考古学家在工作时使用的是更多其他类型的挖掘工具。运土机械的作用曾经被低估，但在近年来的文化资源管理发掘中，鉴于成本高昂且工期有限，发掘工作需要迅速完成，运土机械逐渐成为必不可少的工具。在专业操作人员的手中，抓钩机、推土机和装有无齿铲斗的挖沟机都是引人注目的精密设备，特别是在清除无文化层的土壤和表层土壤中极为零散的木屑时极为有效。有时推土设备也被用于发掘掩埋于公路之下的遗址。这类装备最出色的一点，在于可以移动那些含有易碎遗存的稀薄的遗址地层。同时，考古学家在发掘重要遗物时也使用手工发掘。

尽管机械发掘得到了广泛的使用，但多数发掘还是手工进行的。凿、铲和长柄铁锹是发掘者从事繁重劳动的主要工具。但是在北美，最普遍的考古工具还是具有直棱和锋利尖头的菱形泥铲。它可以清除精美样本上的泥土，也能够刮净地层中那些非同寻常的变色。泥铲也用于追溯探方壁上清晰的层次、清理小坑以及其他精细类的工作。因此，挖掘者总是随身携带着泥铲。

家用刷子和画笔也经常被使用，前者用来处理松软干燥的沉积物及清理探沟，后者用来清理埋藏在土壤中的遗物碎片。即便是艺术家使用的画刷也有它的作用，可以用来清理珠子、腐朽的铁制品或纤细的骨骼。甚至，有心的考古学家还会为了获得牙科工具而时常拜访牙医——这些可是一流的发掘工具。同样一流的还有15厘米的钉子，它们能在地面上钉出各种形状。筛选机用于筛选土壤，以防遗漏小型遗留物。还有笔记本、坐标纸、胶带、铅锤、水平仪和指南针，上述这些只是考古学家用来记录发掘和处理遗物的一小部分工具。另外，笔记本电脑、便携式GPS和电子记录仪器也是考古学家田野装备的一部分，因为它们能够迅速而准确地记录遗存特征、遗迹和地层。

7.4 记 录

发掘记录的价值要远远大于发掘本身。发掘笔记为每个探沟、新地层和重要的考古发现提供了日常记录。在所有探沟被测量前，整个遗址是在方格网上布局的，遗址中重要的考古发现、房屋或储藏坑的细节都要通过简单的三维坐标技术或电子记录设备来测量(图7.11a和b)。记录下的信息与挖掘中获得的人工制品构成了宝贵的发掘档案。如果没有完整的信息记录，发掘工作其实就和盗墓相差无几了。请记住之前我们曾将考古比作外科手术！

7.5 地层观察

地层叠压和关联原则是考古学的核心，它为我们提供了考古发掘物的年代和空间背景。考古学遗址地层——不论是出于自然还是人为原因——的形成速度要比地质地层迅速，但是它同样要服从地层叠压的规律。因此一个考古学遗址的完整地层剖面就代表了一个随时间形成的地层序列。地层观察是一个记录、研究和分析考古学地层的过程，地层是水平沉积的，但是我们的研究是以垂直（时间）维度展开的。

地层观察不仅要记录地层，还要证明层位确实能够代表一个时间序列。很多因素影响着层位的划分。例如，兔子可以在松软的土地上打洞；后来的居住者也许会挖掘一个储藏坑，打破了下面的地层，还会建筑房基，甚至焚烧尸体。这就涉及地层间的相互关联的规律，因为人工制品与层位划分是相关的，未经干扰的考古学地层能够被置于一个相对年代序列中，如果放射性碳标本可以确定不同年代的关系，那么我们甚至可以得到绝对的编年（图7.12）。因此，精确的地层观察是所有发掘的基石，它为我们提供了研究人工制品和人类行为的背景，而这也是发掘的核心目标。

阅读地层剖面是一门艺术，你不仅需要记录地层，还需要做出阐释，考虑它们是自然形成的还是由人类活动造成的。这意味着要观察

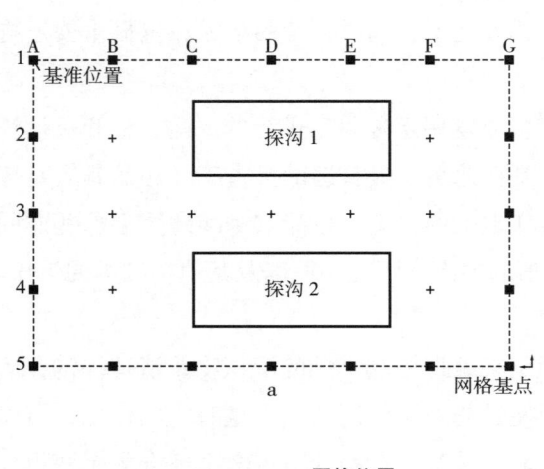

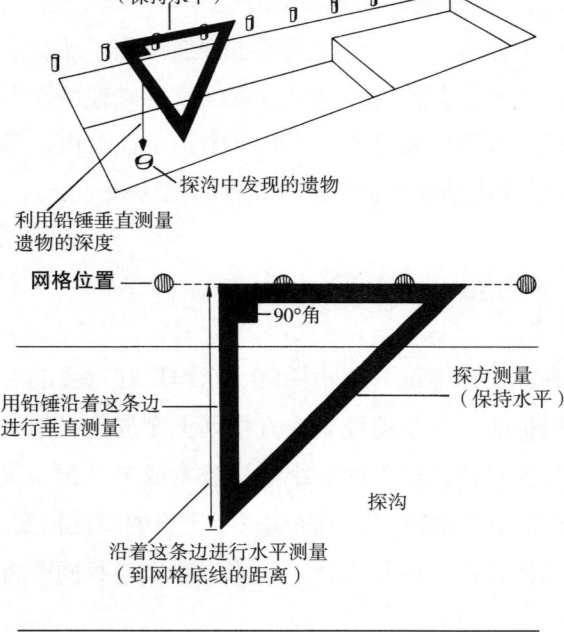

图7.11 在理想条件下（实际上条件极为简陋）做记录。(a)利用网格布置的两条探沟；(b)利用网格记录物品的三维坐标。

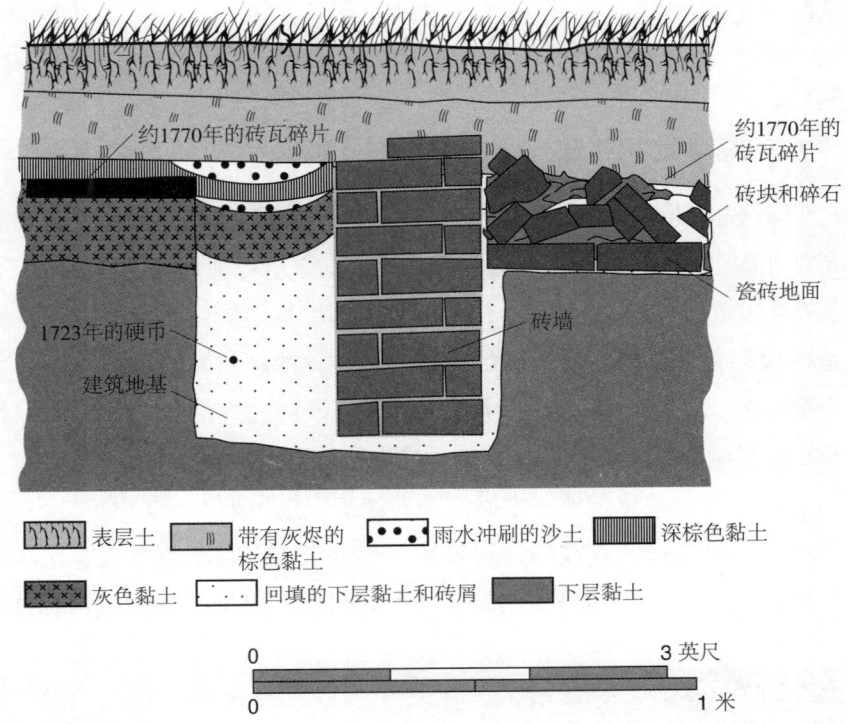

图7.12 通过出土遗物判断美国弗吉尼亚州威廉斯堡（Williamsburg）一座殖民地时代建筑兴建与毁坏的时间。由1723年的硬币可以知道，石墙的建筑地基修筑的时间不早于1723年，这座建筑的废弃时间应当早于1820年。

细微的颜色变化，而这些变化经常是由各种各样的因素所致——普韦布洛遗址腐烂砖块的痕迹、短暂使用后炉台边缘产生的小斜坡的边界、几世纪前被遗弃的兔子洞的轮廓……这些变化通常并不十分显著，以至于只有细微的颜色变化和极小的土壤纹理差异。只有耐心才能获得对于地层剖面的精确认识——在不同的光线下观察探沟壁；在黄昏或者光线朦胧的傍晚，用清水泼湿干燥的地层；甚至从最下面观察墙壁。即使在一个小遗址，也需要运用这些技巧，并且需要大家的帮助才能解决复杂的层位难题。

让我们从这些一般原则转移到具体的发掘问题，这会使你对田野工作者所面临的巨大挑战有更为直观的认识。像我们在第3章指出的那样，考古遗址——无论何种形状、规模——是田野研究的基础。它们都以人工制品、建筑或食物遗存的形式蕴藏着人类活动的痕迹。考古学家通常根据遗址的不同功能对其进行分类，也就是说，根据遗址中进行的不同活动来分类。因此，不同的遗址必然会体现出不同的发掘问题。

7.6 发掘问题

开放的露营地和村庄

小型遗址也许是最普遍的考古学遗址，通常也就是几个人工制品分布在它们原来被使用时的位置。其中最显眼和激动人心的是居住遗址，人们在此生活并进行各种活动。从史前史的最初阶段开始，狩猎采集部落短暂地居住在这些临时营地中。这些居住遗址的保存条件很好，有大量的石制品和破碎的动物骨骼堆积，还有废弃已久的茅屋的石制台基，根据这些发现，考古学家能够识别这些营地（图7.10）。这种营地在美国西部的大盆地、北极和撒哈拉以南的非洲都有发现。

很多狩猎采集营地很难通过考古记录识别出来（图7.13）。这一点与晚期农业村庄不同——村庄通常存在的时间很长，产生了相当数量的生活遗存堆积和房屋基址。在大约公元前9500年叙利亚幼发拉底河的阿布胡赖拉村庄中，人们居住在遍布方形泥砖

图7.13 在埃塞俄比亚贫瘠的阿法尔洼地的波里（Bouri）进行的古人类遗址发掘。在距今250万年前的遗址堆积中发现了世界上最早的人类食用肉和骨髓的证据，还发现了宰杀用的石器。在附近还发现了南方古猿的颅骨。发掘工作非常仔细，需要使用刷子和其他小型工具。

图7.14 在南非布姆帕拉斯岩洞中进行的发掘。几千年中,石器时代的狩猎者只在这个遗址生活过很短的一段时间。发掘者对极薄的文化层进行了清理,依靠悬挂在洞顶上的网格的帮助,工作人员记录下了每一个工具的位置。

房的聚落里,这些房屋有庭院,彼此之间有狭窄的走廊。房基、大量的动物骨骼以及人工制品的发现,使发掘者安德鲁·莫尔(Andrew Moore)能够推测出这个聚落的范围和类型。美国东北部的易洛魁农民修建了大量由木头和树皮建成的长屋,这些长屋存在了好几代,并且被不断地修葺(图7.9),墙上腐烂的柱洞是易洛魁房屋的最好记录。这些长屋经常紧密排列在篱墙围筑的聚落之中。

洞穴与岩居

手拿棍棒、披着长发、举止粗野,这是报纸漫画家对于洞穴居民的普遍看法。实际上,洞穴和适宜的悬岩很早就成为人类的居住场所,但是这绝不是狩猎采集部落使用的唯一居住形式。大约距今4万年至1.2万年之间的末次冰期,法国西南部以岩画艺术著名的克罗马农人在多尔多涅河(Dordogne)河谷深处的巨大岩洞中居住了很长一段时间;美国犹他州的丹格和霍盖普洞穴中也发现了距今几千年的狩猎采集据点;沙漠中干燥的环境保护了木制物品和编织篮,以及很多有关经济生活细节的信息;而位于墨西哥南部中心特瓦坎河谷中的干燥洞穴,则为我们提供了部分关于在新大陆种植玉米的民族的历史。

对洞穴和岩居的发掘是最为困难的（图7.14，也可以参考图7.7）。悬岩下的地面上通常有灰烬以及人类长期居住所堆积下来的其他残骸，而当遗址被人类遗弃时，不含文化信息的贫瘠土壤层也许会打乱居住点的年代序列。发掘这样复杂的地层序列是一项缓慢并且谨慎的工作，探沟通常会被居住掩体的大小所限制。在发掘过程中，需要尽可能地区分开每个灶台和小的居住面。

很多洞穴和岩居的发掘都仅仅是对年代和地层问题的处理，但是其余的发掘则是野心勃勃。当哈勒姆·莫维斯（Hallam Movius）发掘法国西南部阿布里·帕唐（Abri Pataud）的岩居时，他至少需要记录6个人类活动文化层，年代在距今4万年到1.9万年之间，地层堆积超过6米。这个遗址的发掘遵循着一个多方协作的计划，不仅有考古学家参与，而且还有植物学家、地理学家和来自其他学科的学者。因此，莫维斯不仅能够记录下不同工具类型的细微变化，还能记录下洞穴定居者在狩猎和采集活动等方面的细节。

土墩遗址

土墩遗址（在亚洲西南部通常被称为台形土墩[tell]）在世界很多地方是非常普遍的。土墩遗址的产生，是由于同一个遗址被人类居住、使用了几百甚至上千年。连续世代的居民居住在他们先人的聚落之上，其结果是不断积累的生活废品。当研究者进行发掘时，就会发现复杂的居住面。有些遗址的文化层太深了，因此即使只是发掘一个小型的堆积也需要耗费许多财力。对于美索不达米亚乌尔城那样的巨大堆积，或者是巴基斯坦的摩亨佐达罗（Mohenjodaro）遗址，只能用大型探沟打断土墩遗址进行抽样，或者通过垂直和区域探沟进行大规模发掘（图7.15）。

发掘居住土墩不仅是要将连续的文化层分开。很多自然和人为的过程——从风蚀作用到人类活动——都能够改变遗址的地层类型，进而在发掘过程中形成新的问题和挑战。

与居住土墩相反，墓葬土墩有很多不同形态——从锥形坟墓到长形公共墓葬，再到为西伯利亚酋长建造的精致陵墓。这些墓葬，例如青铜时代的英国人和北美东部的霍普韦尔居民使用的土墩，给我们带来了复杂的发掘问题，通常需要进行彻底的发掘工作。在很多情况下，土墩都是按时间阶段建造的，或者将死者在不同的时间埋入，由于年代久远，最早居民的身份已经被遗忘了。30年前，考古学家通常选择彻底挖掘这些土墩，以暴露出古代的地面。而在今天，发掘仅仅用来回答具体的问题，考古学家通常使用经过严谨布置的垂直探沟进行发掘。举例来说，在英格兰埃夫伯里附近的伊斯顿高地（Easton Down），考古学家阿利斯代尔·惠特尔（Alisdair Whittle）仅发掘了一个公共墓地的一部分，目的是为了获得花粉和软体动物样本，以证明这个堆积曾经矗立在空旷的草原之上。

土方工程与要塞

很多民族——西欧铁器时代的农民、新西兰的毛利武士、美国俄亥俄州的霍普韦尔印第安人——建造了密集的地面防御工事，以保护他们的聚落和宗教圣地。俄亥俄州的土方工程占据了大范围的土地，但是没有人明白这些工事到底是如何建立起来的。发掘它们需要垂直发掘，以记录下贯

图7.15 发掘城址的复杂性。约公元前1700年，摩亨佐达罗是巴基斯坦哈拉帕文明（Harappan Civilization）时期的一座古城。

穿整个土方的横截面，还要对其内部揭露出来的建筑布局进行区域研究。很多年前，在英格兰的梅登堡，考古学家曾经进行过对史前堡垒的发掘。梅登堡的巨大工事在公元43年遭到罗马军团的猛攻。通过仔细的发掘，并结合历史数据，发掘者莫蒂默·惠勒能够为我们详尽地描述堡垒中的战斗（图7.16）。

> 顷刻之间，混乱和屠杀充斥着整个空间。男人和女人，老人和儿童，都被野蛮地砍倒在地，随后兵团接踵而至，有组织性的摧毁开始了……晚间，士兵们点燃了火把（我们可以想象那条纵贯山谷的队伍），幸存者缓慢地爬向他们残破的要塞，在无边的黑暗中埋葬死者。（1943:310）

图7.16 英格兰东南部梅登堡铁器时代的山地堡垒,这个大型土方工程一开始由莫蒂默·惠勒领导发掘。近来很多调查修改了他之前做出的一些结论。

尽管近年来越来越多的发掘项目质疑惠勒的复原,但是它的确为我们提供了一种通过区域发掘复原过往事件的可能。

贝丘遗址

贝丘遗址——大量遗弃的贝壳、鱼骨和其他食物遗存——广泛分布在世界各地的沿海地区。通过研究这些堆积,能够得到很多有意义的结论,特别是能够重建史前人类的食谱(见第11章)。发掘这类遗址的主要问题有两个方面:第一,识别堆积的不同层次;第二,通过堆积获得具有统计学意义的食物遗存和人工制品样本。很多贝丘遗址的发掘使用随机抽样的方法,运用垂直探沟和探坑进行非常简略的描述。有些贝丘堆积的发掘会在很大的范围内开展。我们可以通过对新西兰格拉迪亚湾(Galatea Bay)贝丘遗址的细致发掘,来说明很多关于古代人类的饮食信息是通过仔细布置探方获得的(图7.17)。贝丘遗址的发掘大多是不可预测的,因为具体的统计结果来自实验室中对人工制品的分析,而并不是源自直接的发掘。格拉迪亚湾的发掘为我们提供了当地居民对于不同种类的贝壳的使用方式的细节信息,例如在不同时期牡蛎的尺寸变化。

仪式性和其他特殊遗址

世界上很多极负盛名的考古学遗址是仪式中心，例如埃及的吉萨金字塔和洪都拉斯科潘的玛雅人仪式中心。很多仪式性遗址非常宏大，像很多居住遗址一样，给发掘带来了许多困难。墨西哥谷地的特奥蒂瓦坎古城远远超过了一般的仪式中心（图7.18），它是一座伟大的城市，其繁荣时间从公元前200年一直延续到公元750年。要探索这个遗址的真正意义，不仅需要密集的区域发掘规划来重建金字塔和主要建筑，还要有精细的地图绘制以及与小型发掘相配合的地表调查。在一个包含发掘的调查计划中，勒内·米伦和其他考古学家已经绘制出了超过20平方千米的特奥蒂瓦坎城的地图。多年的田野工作已经证明，这座伟大城市的创造者们遵循网格模式来建设城市，并且这种方法延续了很多个世纪。日、月金字塔是城市最初的中心，直到一个不知名但拥有神赐能力的领袖建造了一处宫殿群、一座市场，同时还有一座距离综合建筑不远的祭祀羽蛇神奎策尔夸托的神庙。

科潘的卫城建筑为美国和洪都拉斯的发掘者制造了特殊的挑战（图3.8）。幸运的是，科潘河暴露了神庙建筑的层位。发掘者通过隧道进入到这个神圣建筑的中心，试图破解这座在同一地理位置上被不断建设的神庙的历史。现在，一条不短于3.2千米的隧道通向卫城的底部。在破译了记录着这座城市朝代历史的玛雅文字后，隧道为人们了解建筑的历史提供了一种独特的三维视角。发掘者成功将埋藏于卫城中心的神庙与公元400年到800年间的不同统治者联系在了一起。

图7.17 在新西兰格拉迪亚湾一个较浅贝丘遗址上进行的典型区域发掘。这个遗址的使用时间在公元1000年后。

图7.18 墨西哥的特奥蒂瓦坎古城。从月金字塔之巅俯视亡灵之路，左边是日金字塔。

人工制品装饰在解释仪式中心、贸易遗址、采石场和其他特殊遗址时扮演了重要角色。这些装饰——例如铜饰品或贝壳——是否反映了远距离的贸易活动？在距离墨西哥湾上百英里的圣地废墟中发现的海洋黄貂鱼骨是否被用于宗教仪式？诸如此类问题，只有通过对空间联系的仔细研究才能回答。

墓葬及墓地

法老图坦卡蒙的金面具；被冷冻在俄罗斯冻土地带的西伯利亚骑士与妇女的尸体；智利南部平民的干尸——人类墓葬是最为典型的考古学发现，反映了人们对于来世永恒的关心。最早的人类墓葬是尼安德特人在7万年前留下的。自此以来，大多数的人类社会都对坟墓和墓葬格外关注。为了墓主的来世生活，每个墓葬内都会有或简单或精致的陪葬品。死者被埋葬在聚落里浅浅的墓穴中、房屋的地板下、专门的墓地或洞穴中，以及大型的墓葬封土堆中，有的更以骨灰的形式放入陶罐之中。一些墓葬只有尸体，另一些则陪葬着一些珠子和陶罐。皇室成员的陪葬品通常反映了他们辉煌的一生：中国商王朝的国王陪葬有他们的车马；美索不达米亚乌尔城早期的统治者陪葬有他们的整座宫殿；玛雅的贵族则有着价值不菲的宝藏；秘鲁西潘的莫切君主陪葬着金制权杖。

有时，我们也能发现自然灾害的受害者遗体，例如那些因为地震被埋在房屋废墟下的人（图7.19）。

通过研究墓地中的一组墓葬，可以从不同的随葬品区分出不同的社会等级。普通人的墓穴可能一无所有，商人和宗教人员可能会陪葬有与他们的社会地位相当的人工制品。2000年前，北美阿登纳和霍普韦尔民族在他们的鼎盛时期非常关心来世生活。墓葬和墓地的分布，以及与遗骸相关的仪式物品和装饰品，都能够增加我们对于阿登纳和霍普韦尔人社会结构的认识（见第13章）。当然，墓葬也包含了大量有关个人外貌、装饰的详细信息，因为人们经常穿戴着生前的衣物和装饰品。每具人骨的体质特征也能够提供有关年龄、营养、性别、疾病和医疗条件方面的宝贵数据。

由弗朗索瓦兹·杜昂（Françoise Dunand）领导的法国考古学家团队，

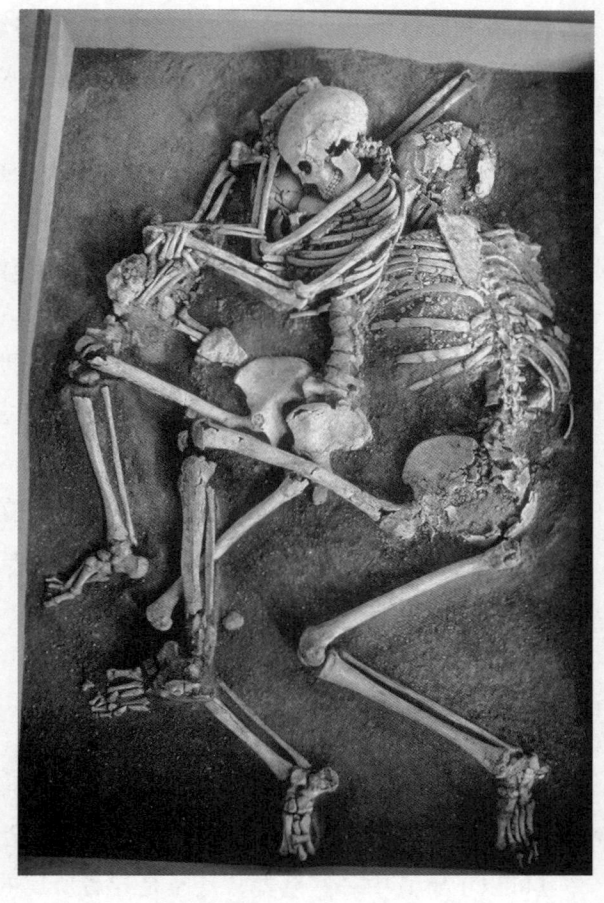

图7.19　意外墓葬。塞浦路斯罗马库伦港的地震受害者，死于公元365年的一次大地震。这个家庭死于睡梦之中，母亲的怀里还紧抱着孩子。

在一个叫杜赫（Duch）的偏远埃及村落墓地中发掘出700多具人体骨骸。这个遗址坐落在尼罗河西侧的利比亚沙漠，人们从公元前100年到公元400年间居住于此。在全盛时期，有至少超过5000人居住在这个村子里。今天，我们能够比这些居民更了解这个无名聚落里的医疗状况。发掘者清理了这里出土的骨骸，然后使用连接在现场发电机上的便携仪器对这些骨骸进行了X光透视。他们对每一具遗体进行临床观察和描述，并且采集了头发、指甲和皮肤的样本，之后才将骨骸妥善保存起来。这项田野发掘为我们提供了一幅杜赫人的精致肖像。他们属于地中海人种，身材纤细，身高在1.55米到1.62米之间。像很多古埃及人一样，杜赫人有着白皮肤和黑头发，如果没有夭折的话，他们的平均寿命在38岁左右。由于繁重的农业劳作和长期负重，他们中有很多人患有骨关节炎和脊柱侧凸，其中超过三分之二的骨骼都清晰地显示出他们生前时常会营养不良。人类的骨骼与木乃伊都是反映过去生活水平的客观证据，揭示了人们多年来不甚充沛的饮食和艰辛的劳动状况。

怎样发掘墓葬遗迹？不管是发掘一个大型墓地还是一座单独墓葬，每具骨骼和与之相关的墓穴、装饰品、陪葬品都被认为是单独的发掘问题。每座墓葬在揭露时都被看作一个独立的单元，它既与其内部墓主的陪葬品相关，还与其他在同一层位的或其他层位的墓葬联系着。发掘的第一步是辨识墓穴，根据墓碑或石堆定位，也可以通过墓穴的轮廓来定位——因为墓穴的土壤会与周围土壤的颜色不同。一旦找准了墓穴的轮廓，个体骨骼就会暴露出来。首先要把遗骸的主要轮廓确定下来，之后我们就可以发掘手指、脚趾和其他细小的骨骼。这些骨头需要认真安置，不能与相关的装饰品和墓葬中的陈设弄混。一旦将骨骼全部揭露并且在原位彻底清理，之后还需要对墓葬的布局和墓穴中的陈设进行记录和拍照，然后这些骨骼会被逐一取走，并被熟石膏和金属带像茧一样包裹起来（图7.18）。

7.7 再次安葬和返还

发掘墓葬看起来很刺激，但实际上它不仅需要技术，同时还引发了重要的伦理道德问题。多年以来，世界各地的考古学家偶尔会发掘到印第安人墓葬和其他史前墓穴，并且可以了解其中一些墓葬，甚至是死者所属的部落或历史身份。现今澳大利亚的土著居民、美洲原住民还有其他民族都有充分的理由强烈反对发掘或者破坏古代的墓葬。为什么他们的祖先应该被从墓穴中挖出来，在博物馆中进行展示？很多民族都有这样的质疑。很多依然存在的部落对他们的祖先怀着强烈的情感，并且与祖先在宗教上存在着紧密的联系，发掘他们祖先的遗物等于玷污他们的宗教信仰。现在很多人要求重新埋葬博物馆中收藏的人类遗存，特别是那些可以被文献证实与当代美洲原住民群体有直接历史联系的。

1990年通过的《美国原住民墓葬保护和文物返还法》（NAGPRA）包含两个主要要求。第一条要求所有联邦机构和接受联邦拨款的博物馆详细列出所收藏的美洲原住民遗存和相关的墓葬遗物；此外必须把他们所掌握的非墓葬出土的宗教物品、圣物和文化遗产编写成摘要。这项需要耗时多年才能完成的编写工作，还要求各大机构和博物馆尽其所能地确定他们的藏品是否具有文化归属，或者一具骨骼是否与当今的美洲原住民群体存在联系。如果能够建立起这样的关系，博物馆就需要通知相关的美洲原住民组织，将这些物品归还给他们。

第二条则规定所有美洲原住民墓地和发现于考古遗址中的文化遗物都受到保护，无论是在联邦还是在部落的土地上。这项规定鼓励在考古遗址进行现场保护，或者至少保护包括墓穴在内的部分遗址。同时要求在所有联邦或部落的领土上开展的考古学研究，需要提前就如何对待和处理所有的发现咨询相关或者有相关可能的美洲原住民，不管这些发现是在正规的调查过程中获得的，还是偶然发掘的。

《美国原住民墓葬保护和文物返还法》对于美国考古学家的工作方法有着深远的影响，因为这项法案赋予了美国原住民询问和关注考古发掘活动的权利，这远远超过了美国过去的立法规范，对于开展关于古代美洲人类的科学研究也产生了巨大的影响。根据美洲原住民权利基金会的估算，可能约有60万具美洲原住民的骨骸被博物馆、历史团体、大学和私人所收藏。随着1990年法案的签署，出现了持续不断的发掘争议，虽然美洲原住民反对这些研究者，不过发掘还在继续。考古学家和人类学家指出，革命性的新研究技术能够制造出一座新的北美史前人口资料库。他们认为重新掩埋这些研究材料会使今后的科学研究和下一代美国人失去这些重要的信息。但其他人，包括一些考古学家在内，也承认这是一个伦理和道德问题，并且这些考量要比那些潜在的科学收益重要。出于多种复杂的原因，美洲原住民深刻意识到返还的重要性，其中最重要的，是他们认为保护古代传统和价值观是处理现今社会问题的重要方法。

争论的焦点常常围绕着最新的墓葬发现，像近来在华盛顿州肯纳威克发掘出土的距今9000年的人体骨骸，当地美洲原住民团体声称拥有这一地区的占有权。在这个声明中，他们将矛头对准了美国陆军工程兵团。双方对簿公堂，最终法院还是允许了对这些尸骨的研究。

关于遗物返还的问题，短期内不会有解决方案出现，但是考古学家和专业机构敏锐地对美洲原住民的担忧做出了回应，并且遵守了1990年法案的规定。只有一件事是确定的：北美乃至世界其他地方的考古学家在发掘一个史前或历史时期的墓葬时，都会抱以最大程度的谨慎，并且做好周全准备。这包括了与当地土著居民的紧密合作——在此之前，这还是难以想象的。而事实证明，这种方法确实有益无害。

──── 本章总结 ────

1.考古学研究，包括发掘在内，都是从综合性的研究规划开始的。

2.规划之后需要执行；通过田野发掘获得数据，随后在实验室进行分析和处理。

3.运用人类学和历史学的模型进行解释，之后便是最终出版。

4.研究规划的目的是回答具体问题，并且努力在对有限的考古遗迹的破坏降至最低的情况下获取尽可能多的信息。

5.发掘本身是一个谨慎的记录过程，它包含出土物的时空位置。

6.垂直发掘和试掘被用来测量和研究地层序列；水平发掘用来揭露大面积遗址，例如完整的易洛魁长屋。

7.地层记录基于叠压原理，并且需要仔细区分自然和人工造成的干扰，例如动物制造的洞穴和人类生活产生的废弃坑。

8.本章综述了一些不同考古遗址类型的发掘问题，包括居住地、洞穴和岩居、墓葬和贝丘堆积。

9.北美地区围绕人类墓葬发掘的问题进行了激烈的讨论，而现在的发掘需要严格服从再次安葬与返还的管理规范。

──── 问 题 ────

1.水平发掘和垂直发掘的最大优点是什么？

2.为什么考古记录如此重要？

3.你如何处理一个墓葬发掘？

第8章 考古学分类与古代工艺

秘鲁月亮神庙（Huaca de La Luna）一号台基出土的一个装饰有镀金铜碟的莫切文化动物雕像

8.1	从野外回到室内	8.5 器物组合与人工制品的图案结构具有什么意义?	石　料
8.2	分类和分类法		黏　土
8.3	类型学	8.6 排序组合	金属及冶金
8.4	考古类型	构成要素与阶段	骨料、木料、编织和纺织
	类型的概念	更大的考古单元	**本章总结**
	属性与类型的类型	8.7 古代工艺	问题

导　言

本章主要关注人工制品及古代工艺。人工制品的分类法是一个饱受争议的话题。分类法包含了统计学方法及一系列不同的"类型的类型",这些类型包括基于描述的类型、基于功能的类型及基于体裁的类型等。从宏观上说,考古学家依赖一个层次分明的考古学集合,例如利用组合要素及层位,在空间和时间范畴中对人工制品进行排序。在完成关于人工制品分类的基础讨论之后,本章将回顾主要的古代工艺,包括简单的石制品、精美的铁制品及编织品。

在大众的思维中,一直是田野工作定义了考古学……对于大多数人来讲,考古学家不是在进行发掘,就是在将他们那些令人兴奋的考古发现写作成书。而对于令人振奋的发现与已出版的发掘报告之间的这部分工作,则鲜有人关注。

——查尔斯·R.埃文(Charles R. Ewen),

《人工制品》(*Artifacts*),2003年

几乎所有的考古学家都很享受考古发掘，享受调查中的新鲜空气、适度（有时忙碌）的训练、可能会出现的惊人发现，以及层出不穷的具有挑战性的地质学问题。然而当他们带着几卡车的石器或陶片回到基地时，内心却在惧怕这个关键时刻，同时他们也害怕面对另一个令人不安的事实：大量的工作仍在前方等待着他们，整理、筛选及器物分类等日常工作占据了未来工作的很大比重。我仍清晰地记得，我有一次带着3吨的陶片及动物骨骼从一个建筑遗址密集的非洲村落回来。我们在实验室的一个角落堆了许多硬纸箱，当我在检查这些纸箱时突然意识到，我将有好几个月都无法外出了！

以下四章讲述有关实验室考古的内容，近年来，越来越多的考古工作在实验室中展开。随着科学领域越来越多精密分析方法的出现，它们被运用到考古领域，因而大量的考古工作现在在装有空调的实验室中进行，而不是像过去那样露天作业。考古发掘和调查是考古工作者主要的工作方法，但是实际上很多专业的考古学家很少会去现场。他们的工作几乎都是在实验室内部进行。虽然实验室中的大部分工作进展缓慢，且不引人注意，但却十分重要。在本章的讨论中我们会发现，在考古学家的日常工作中，器物分类及对古代工艺的研究不仅充满挑战，也让人十分着迷。

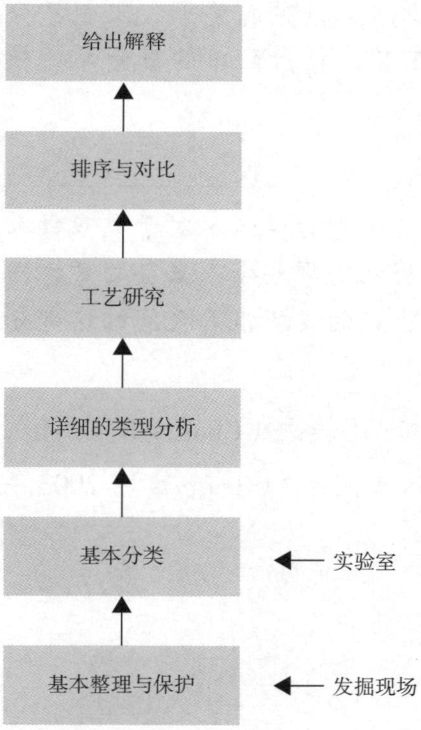

8.1 从野外回到室内

对于各类考古发现的分析与分类是一个十分详尽的过程。在发掘中，这个过程就已经开始了——发掘者会对考古发现进行处理，为将要进行的分析做好准备。这一研究最新考古发现的第一阶段是常规性的工作（图8.1）。在大多数大型发掘中，会有一些形式的田野实验室，主要的遗址记录工作是在这些实验室中进行的：不断更新的地层侧面绘图；考古学家将放射性碳元素的标本和其他特殊发现分类包装，为检测做好准备。田野实验室的工作由一小队人主持，他们的任务是确保所有考古发现都未经污染，并能得到迅速处理。他们需要确保所有考古发现的清理、及时处理、仔细包装以及进行准确的标示和记录。田

图8.1 对一组碎陶片进行分类。简单分类的基础步骤。

野实验室的成功运作保证了发掘工作的操作人员可以每天，甚至每小时对有效数据进行评估。基本的保护工作也是在实验室中进行的：修复破碎的器物；使用化学试剂对骨骼进行硬化处理；对易碎的物品进行加固。在田野实验室中，计算机尤其重要，大量的数据及信息将被输入计算机中，以便以后的查阅与使用。

无论是为一个小型的文化资源管理项目而进行的简短的陶器研究，还是源于一个长期的考古调查或考古发掘的大型项目，分析研究都会回归到初始的实验室里继续进行。你需要一双善于发现细节的眼睛，一个条理清晰的头脑。最重要的是，你需要无尽的耐心。即使是相对较少的人工制品，通常也需要几周的时间进行筛选、整理和分类。

成功的人工制品分析围绕着分类与类型学这两个基本考古学技能。

8.2 分类和分类法

我们对生活及周遭环境的看法，包含着对各类繁杂信息进行持续的分类和整理。今天早晨，当我在高速公路上行驶时，我发现自己正在不知不觉中对机动车进行分类：豪华轿车、运动型多功能旅行车、小型货车、有篷货车等。这些车辆有雪佛兰（Chevrolet）、克莱斯勒（Chrysler）、福特（Ford）、梅赛德斯（Mercedes）等品牌，并且有着不同的颜色和样式。我们在不停地对人工制品、人及周边环境进行分类。我们对餐具进行分类：刀、叉和勺子——每个类型都有各自的用途，它们被分类储存在抽屉的不同格子里。除了对物品、生活方式和文化进行分类，我们也针对它们做出自己的选择。如果要喝粥，我们就会选择使用勺子。有些人习惯用叉子吃米饭，有些人则选择使用筷子或自己的手，还有一些人认为用勺子更加合适。有各种选项供我们选择，但最终的决定并不是基于功能实用主义，而是文化习俗。

人们的分类行为是出于抽象思维和语言的需要。在考古学中，分类是将人工制品及其他数据划分成不同类型的过程。然而，正如计算机一样，分类法应该为人所用，而不是成为主导者。在考古学中，分类法是一个研究工具，是制作数据的方法。考古学家使用的所有分类法都遵循他们正在研究的问题。假设我们的发掘者正在研究美国西南地区的陶器设计在500多年间的变化，研究者使用的分类法将不仅遵循其他人已经完成的研究，也要遵循他们现在正在研究的问题。分类的方法，甚至需要进行分类的主体，都是由研究所需要的数据决定的。

分类法（taxonomy）是对材质、物品和现象进行分类的一个体系，它被广泛应用于包括考古学在内的各类学科。生物学、植物学、地质学以及其他一些学术领域中的分

发现

具有异国情调的岛民：弗洛里斯人

在见识到东南亚小岛上的弗洛里斯人的神秘后，考古学家并不是唯一一类努力解决其分类的科学家。有一种看法貌似合理，认为偏远的弗洛里斯岛自有船舶投入使用后，便有了人类的定居，但是事实并非如此。在对该岛上的梁布亚岩洞（Liang Bua Cave）发掘时，考古学家发现了一系列距今38 000年至13 000年前的身材矮小的人骨架，同时出土的还有一些石头碎片，与剑齿象有关的象类动物骨骼。被发现的人骨骼只有1米高（图8.2）。他们的骨骼既有原始特征，又混杂了稍稍进化后的特点。他们的脑容量与黑猩猩相当，均为380毫升，眉骨高高隆起，颅骨较低，但是脸庞小而精致，整体看起来就像在智人的头颅下长了一副现代人的脸庞。牙齿也呈现出现代人的特征，但是腿骨十分纤细，臀部瘦小类似古猿。

考古学家迈克尔·摩伍德（Michael Morwood）和他的同事将其命名为弗洛里斯人，但是他们的进化演变过程始终是一个谜。他们是当地留存下来的古人类群体，还是40 000年前现代人跋涉至弗洛里斯岛，由于与世隔绝，形成了自己较为矮小的形体特征？还是他们起源于更早的、尚未可知的某一小脑袋人群？研究还处在初级阶段，对于他们具体如何演变进化我们还不清楚。不过，出土的文物和用火证据显示这完全是属于人类的行为范畴。有关弗洛里斯人进化的争议还在继续，主要分为两派观点，一种认为弗洛里斯人是幸存的古人类，另一种认为他们是小型的现代人。

在冰河时期，即使是在低海平面时期，弗洛里斯就一直是一个与外界隔离的小岛。那么弗洛里斯人的祖先是如何漂洋过海，走出小岛的呢？是通过竹筏

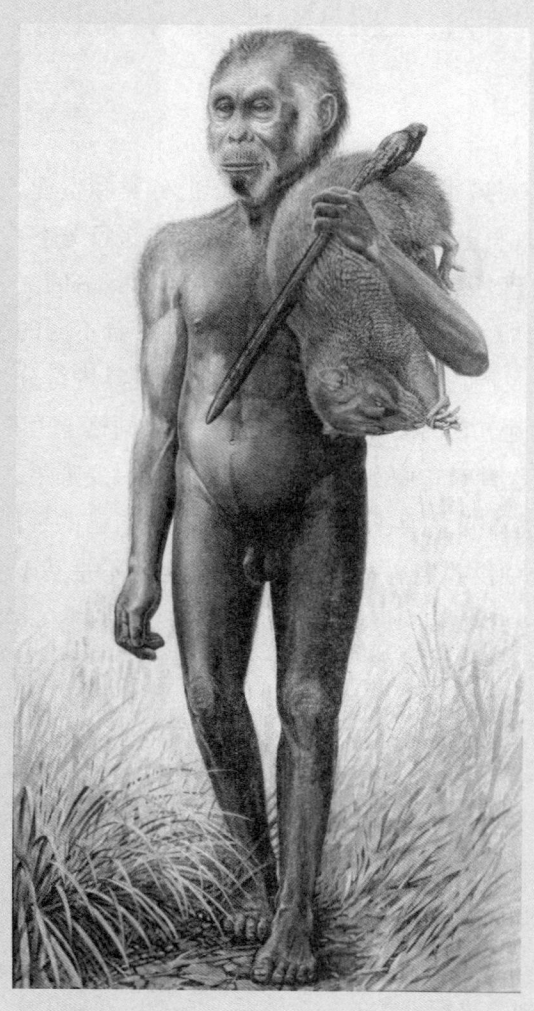

图8.2 艺术家对于弗洛里斯人的复原图

或独木舟，还是因意外掉入水中，紧握浮木而游出小岛？目前已知最早去往新几内亚和所罗门群岛的海上旅程发生在距今50 000年前，所以弗洛里斯人拥有自己精心筹划过的海上通道也不是完全不可能。

类法主要诞生于19世纪或20世纪初，如今已经发展为高度复杂的体系。例如，生物学家依据18世纪由卡尔·林奈（Carolus Linnaeus）发明的分级系统对人类进行分类。分类从动物界开始，脊索动物门（具有脊索及鳃裂的动物）、脊椎动物亚门（有脊椎的动物）、哺乳动物纲、真兽亚纲、灵长目、人猿超科亚目（猿和人）、人猿超科、人属、智人种。这个层级被不断完善，直到智人种中仅剩下智人。这是一个由各个单元组成的层级，层级中每个要素都有自己的定义，并且各个要素相互关联。

考古学以特有的专业术语和纷杂概念建立了自己的分类法。考古学分类法主要有以下三个目标：

- 把数据整合为易于管理的单元。这一步是对数据进行初步处理的一部分，一般包括将考古发现根据原材料进行划分（石制、骨制等），或者将发现按照人工制品、食物遗存等类别进行划分。这种初步处理为接下来更详细的分类打下了基础。
- 描述类型。通过识别每一器物或者器物群的特征（属性），考古学家可以根据相同的特点，将器物划分为相对较为简单的几类。这些**类型**（type）代表了不同属性的组合模式，是一种描述大量器物的较为实用的方式。而选择何种属性进行分类，则取决于分类的目的。器物类型（有时称为考古类型）的划分是基于考古学家制定的标准，这些标准为研究古代工具及技术提供了便利。它们是一种有用的科学工具，为少量或大量的史前工具以及生产这些工具过程中产生的副产品的分类提供了有效的管理方式。
- 辨别类型间的联系。通过对类型的描述，可以理顺器物间的关系。这些关系源于对不同原材料的使用、不同的生产工艺和功能等。

这三个目标在文化历史研究中被广泛使用。计算机以及统计方法的应用，为考古学分类法增加了第四个目标：

- 研究考古记录中组合的变化。这些研究一般与人种类比或者应用复制技术的实验相结合。

考古学分类法是基于考古学家制定的标准而产生的人为制造的公式。然而，这些分类系统并不一定要与制造这些器物的人们的发展体系相一致。

8.3 类型学

类型学（typology）是一个以类型设计为基础的分类系统，它是针对器物或者定义这些器物的变量之间的模式的一个调查。随着考古学家们开始使用计算机技术和复杂的统计学方法，这个调查已经呈现出更多的意义和复杂性。

类型学使考古学家能够构造任意定义的分析单元——适用于两个或数量更多的器物样品——以便对这些样品进行客观的比较。这些样品可能来自不同的遗址，或者是同一个遗址的不同层位。类型学是允许比较的分类，这是一个检查人类设计和人类行为潜在模式的机会。类型学的价值，在于它使得研究者可以比较两个遗址的发现或者同一个遗址不同层位的发现。当詹姆斯·迪兹（1967:111）发表类型学学说时，有一个主要的目标："（那些）可以进行比较工作的分类法……这样的比较使得考古学家能够从时间和空间上来排列遗存组合。"让我们的目光越过一队考古学家的肩头，此时这些考古学家正在实验室的桌子上整理从一个文化层中出土的大量陶片。

首先，陶片根据有无装饰、**制陶黏土**（paste）、**调和物**（temper）、烧制方法和器型等被分类（图8.3）。把素面的和无法确定器型的陶片计数并称重后，将其放置到一边——除非它们有一些特别的意义；然后逐个检查剩下的陶片，并按照它们显示的特征分类。一些陶片被挑出来，是因为它们可以被独自辨别出不同的器物功能——如球状罐、浅碗等，这给我们提供了按功能分类的基础。许多陶片只能提供很少的关于器型和功能的信息，但它们带有图案不同的彩绘，这是区别不同风格的基础。分类者把这些陶片按照装饰风格堆在桌子上：第一组是黑彩陶片，第二组是红彩陶片，第三组是素面陶。当这些初步分类完成后，考古学家会按顺序浏览每一类陶片。他们已经鉴别了三种陶器的大类型，但是当他们更严密地检查第一组时，发现黑彩陶片可以分为几个更小的组群：一组有正方形黑色图案，另一组是菱形图案，第三组是黑点纹饰。最后，研究人员可能会鉴别出三种功能性的类别，八到九种基于装饰和其他风格特征的体裁上的类别，其中每一种都可能包含数种子类别。考古学家会研究采集品的细节，鉴定数十甚至近百个器物属性及其显著特点，例如一个陶器器壁的厚度或者石制抛掷尖器基座的类型。这些特点可能是显著或者不显著的，风格上的或尺寸上的，甚至是基于化学分析而产生的。这就是类型学的过程，器物的分类是一个类别与另一个类别的比较。很显然，一个遗址中的类型可以与从附近遗址中收集并在实验室整理过程中发现的其他类型相比较。

8.4 考古类型

为了对人工制品进行准确而有意义的比较，研究者需要有关类型分析的严格定义，来定义器物种类的"规范"和大概的变化范围，或者哪一种类型随着融入其他一两种类型中而消失了。传统分析定义通常是根据一种或多种属性表述的，这些属性表明了器物是如何被制作出来的，以及它们的器型、装饰或者其他一些显著特征。这些概念是根据仔细定义技术差异建立的，对各类属性的测量和统计学群集则对其提供了支持。在大多数情况下，典型器物才是这些分类概念的最终目标，而不是单个样品间的演变。

我们对于如何进行器物分类都有明确的想法，就像制造这些器物的人们一样，每个器物在社会中都具有独特的地位。我们目前的本能反应就是观察这些古代器物，并按照我们自己的文化立场对其进行分类。史前人类当然也是这样做的。考古学家研究这些工具所有者的分组，每一个人在他们的社会中都有一个明确的角色。我们按照餐饮中的不同功能划分出了刀、叉、匙。刀用来切割肉类，牛排刀用来吃牛排。正如在古代石箭镞用来狩猎；一种投掷器用来狩猎鹿，而另一种用来捕鸟，等等。一件器物的用途可能不仅仅是出于方便和实用的角度决定的，也可能是出于风俗和规定。一些澳大利亚狩猎者用来捕鱼的带倒钩的矛对于捕猎袋鼠来说就太过不堪一击，这种特殊的

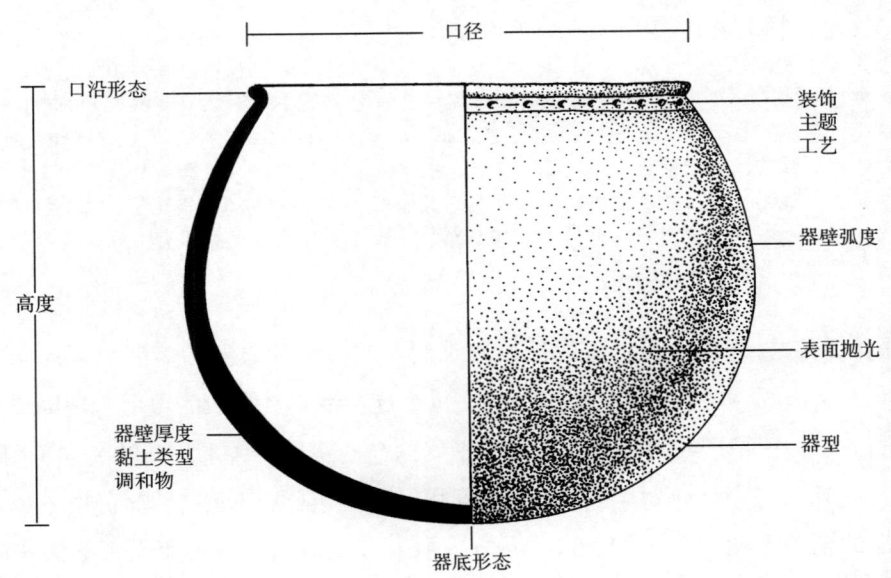

图 8.3 陶制品的一些一般属性。这个陶罐可列出的特殊属性有肩部的凹陷、点和拖动装饰、云母调和物、圜底和底部的厚度。

图8.4　这个精美的篮子是加利福尼亚州北部的波莫印第安人（Pomo Indian）编织的。它就是一个生动体现考古学分类困难的好例子。这个设计因为某些原因在制作者脑中成形，其中最重要的是波莫人所掌握的惊人博学的文化经验储备，这些经验是在他们定居加利福尼亚北部后经历几千年代代相传而来的。他们对篮子的设计很有学问，让人们有一种这种器物及其形式和颜色是"理所当然的"且在传统上是可接受的感觉。但是，这其中也有更实用和复杂的因素，包括这种圆形的结构，使得使用者能把这件器物放入火中烘烤他们的种子。篮子的每个属性都是它之所以出现的很好的理由——不论制作技术是传统的、创新的、功能性的，还是强加的。篮子是深红褐色的，用一种特殊的芦苇编制而成。考古学家面临的问题是测量人工制品的变量、找到变化背后的原因以及测量所用的变量。这个簸篮是一个警告，提示人们人类制品中的变量既复杂又敏感。波莫人的狩猎采集者占据了加利福尼亚州北部一大片沿海地区和旧金山湾北部地区。12 000个人居住在那儿，与欧洲有小规模的接触。他们过着有复杂祭祀活动的社会生活。

倒钩使得钉在矛尖上的鱼可以被拉出水面。在大多数非洲和美洲土著社会中，陶罐是由女人制造的，这就产生了性别分工；每个社会都有其复杂的习俗、规则或者禁忌，从功能上看，正是这些因素将陶罐分成了用途与使用规则各不相同的类别（图8.4）。

此外，每个文化对于器物的具体形态都有自己的构想，不管它是一个来自西北太平洋的精美木制头盔（图8.5），还是一个来自美国加利福尼亚南部的简单的捣橡子用的杵。美国人一般喜欢体形大一些的车，而欧洲人喜欢较小的。这不仅反映了有关道路宽度和环游新大陆（New World）的长途实用性考虑，也反映了不同的旅行观和许多

图8.5　来自西北海岸特林吉特人（Tlingit）的木雕头盔在考古学背景下被发现时，被归类于一个理所当然的类型——这件器物从我们的文化经验来看理所当然地被认定为头盔。特林吉特人通过捕猎海洋哺乳动物和鱼来维持生活，可能是地球上最复杂的狩猎采集社会之一（头盔高23厘米，宽25厘米）。

美国人持有的通过金箔印字体现声望以及对汽车的自定义配色、轮胎、车型的观念。方向盘在左边，车身装有转向灯以及法律规定的安全带，换句话说，虽然在细枝末节上有所调整——就像女人裙子的长度和男人领带的宽度一样——但我们知道自己想要何种车型。

　　考古学家有一个不同的问题。他们必须设计考古学分类来解决他们正在应付的研究问题，这是个非常困难的任务。在考古学中，类型就是一个器物群体与另一个群体的比较。这些群体的划分可能与它们的创造者所认定的实际工具种类相一致，也可能不一致。一个很好的例子来自于世界著名的东非奥杜威峡谷，路易斯·利基和玛丽·利基夫妇在这里发掘了一系列的早期人类——能人——的埋藏地点。玛丽·利基对这些石制品进行了研究，然后把它们分类并定义为**奥尔德沃文化传统**（Oldowan tradition），这个文化以锯齿状砍砸器和石片为代表（图8.6）。她的分类基于对器物的近距离观察，而关于第一批人类工具是基于天然砍砸器的猜想也很快变成了考古学论断。

　　印第安纳大学（Indiana University）的尼古拉斯·托特（Nicholas Toth）已经采用了

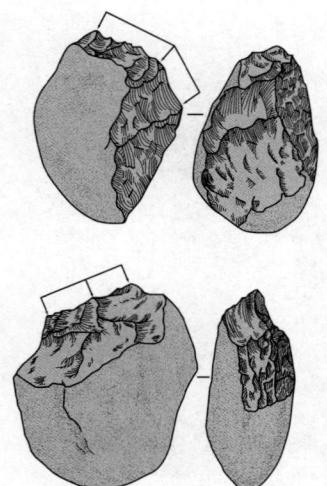

图8.6 奥尔德沃文化的"砍砸器"。上半部分图片是通过从两边剥落鹅卵石来制作石器锯齿状边缘的简图，下半部分图片是一件大型碟状奥尔德沃文化人工制品的平视图和侧视图。

一种截然不同的方法来对奥尔德沃文化的器物进行分类。他不仅花费大量时间对原始器物进行研究和分类，还自己学习奥尔德沃文化的技术，复制出数以百计的200万年前能人制造的工具的复制品。根据可控实验显示，能人对他们从火山岩上击打下的尖锐石片十分感兴趣，并用这些石片切割和屠宰他们从食肉动物那里夺来的野味。据托特研究，许多长期以来被认定为能人独有的"砍砸器"，实际上只是石核或者从火山岩上剥离的石片的最终产品。但是碰巧的是，许多石核也被当作砍砸器使用。

托特的这类可控实验，在史前人类如何制造他们需要的工具这个问题上为我们提供了有用的见解。托特和其他专家现在正在努力研究奥尔德沃文化的石片切口边缘磨损的模式，寻找抛光磨痕、纹理，还有使用时留下的细痕等，例如，新鲜的骨骼与木料和兽皮的痕迹是十分不同的。经过对边缘磨损的可控性实验以及细致入微的检查，他们希望能够将人类最早使用石制品的方式和千百年后考古学家提出的类型学更紧密地结合起来（更多有关实验考古学的内容见第9章）。

有一个共识是，类型是同类属性或者同类器物的集群。这些属性的模式或许相当容易鉴别，但考古学家是怎么知道哪些属性可以成为一个类型，而哪些不能的？争论就是围绕着这个问题展开的。考古学家应该尽力复原陶罐制造者们自己所设想的分类吗？或者他们应该只是出于纯粹的分析目的，继续创造"考古学的"类别？考古学家创建类型学，是基于对器物物理学特征的正式形制的复原。许多正式的分类在空间和时间上有严格的分布，这表明它们代表着有特色的建造"风格"和（或）它们在所属文化中完成的任务。例如，所谓的查文文化艺术风格在公元前900年后传遍秘鲁近海和高地地区。这种艺术的美洲虎、蛇以及人物图案是极其独特的，而且标志着安第斯山脉地区很大区域内特殊图案的传播。查文文化艺术及其独特的风格在当时秘鲁社会中扮演着特殊的角色（图8.7）。

类型的概念

考古类型学基于考古学家的"类型概念"，是考古学中一门备受争议的学科。在正式层面，一个类型可以被定义为一个器物的团体或者等级，这些器物在本质上关系紧密，与其他类型有一个或多个断点。我们在此简短描述的，是考古学家倾向使用的四组"类型的类型"（描述性的、年代学的、功能的和风格上的）。在实际中，他们极少能把一个器物从其他器物中分离出来，所以专家们倾向于从更全面的器物分类中得到这类信息。大多数研究人员现在认为，分类是通过区分和隔离一种器物类型与其他类型的属性组合来鉴定的。最后分析的目的是编组数据，方法是根据显示内部联系的器物群体的连续性和中断，以及与其他群体隔离的器物。

属性与类型的类型

属性是用来区别人工制品的物理特性，我们平常使用的每个器物都有这种属性。一个常见玻璃啤酒杯上有一个从杯沿延伸到杯底的弯曲把手，而凹槽一边，一个完整的圆形口沿以及杯子尺寸通常都是根据盛酒量决定的，酒杯是由清晰且相对厚的玻璃制作的（厚度可以被精确测出）。你可以在任何人工制

图8.7　秘鲁查文·德·万塔尔（Chavín de Huantar）寺庙内部柱子上的一个查文文化雕刻。这一改造使得寺庙的墙壁显得更加整齐，地面也显得比实际更开阔。这个独特的图案展示了遍布秘鲁高原和海岸的查文文化的艺术风格。打断了许多当地序列的查文文化"范围"是一个区间术语。

品上找到许多特征，不管对象是一枚钻戒还是一个史前的陶罐。比如，50片可能绘有黑彩的碎陶片放在实验室的桌子上，8个在颈部有红色镶嵌，10个是浅碗，等等。一个

陶片可能来自一个红色黏土制造的容器，这些黏土中混合有蚌壳粉，以确保烧制得更好。这个碎陶片也可能来自一个口沿较厚的陶罐，这个陶罐在烧制前可能用黏土对口沿进行了加厚，而十字形的图案可能是制作中用锋利的小刀在还潮湿的黏土上刻出的。每个个体特征都是属性，而其中大多数都是足够明显的。然而，这些属性中只有精选出的少数才可以被用来鉴别器物（如果都被采用，则不可能进行分类，因为每个器物都是被不限数量的属性所鉴别的独立个体）。因此，考古学家只挑选出合适的属性来应对手边的分类工作。

属性的选择和考古学分类的整个过程需要长时间待在实验室，对桌面上放置的大量器物进行逐个检查。现在，考古学家更依赖于定量法来描述和比较器物，以及进行记录和处理这些属性数据。关于这个方法的讨论不在本书的范围内。基于器物属性的分类是建立在大量经过分类器筛选且通常已输入电脑的属性数据的基础上的。统计类型学通常来源于属性组，考古学家将源自属性组的统计学作为一种器物分类的方法。这个方法让研究人员能够洞察器物组中最重要的属性；然而，许多不同的标准会影响这些器物组。例如，基于刀片尺寸得出的青铜剑分类与基于铜和锡的来源和制造时所占比例得出的分类截然不同。其他针对全部器物的定量法在本书中没有涉及。考古学家计算在一个采集群体中所有可能成对的器物的相似性，由此建立一个不同器物组的分类。

定量法使考古学家们能够以智能的、有效的和可复制的方法组织器物的数据，这使得他们可以识别与古代人类活动相关的图案。这类技术也使得他们能够客观地评估自己推论的可靠性，以及对属性项中的不同变量做出推断。同样地，这些对于器物分类都是相当重要的助力。

在类型学的研究中，你将接触到以下四种被普遍应用的一般考古学类型（图 8.8 和图 8.9）。

描述性类型（descriptive type）是最基础的描述，仅仅基于器物的形态——器物的物理或外部特征。描述性类型只在器物或者工序的使用和文化意义为人所知的前提下使用。例如，在美国亚利桑那州南部的斯内克敦（Snaketown）的发掘揭露了一个"大型的盆地状凹陷"，这个神秘的特征在美国西南部另一个霍霍卡姆（Hohokam）文化遗址中也出现了。这一描述性类型随后被证明是一个球场，因此意义不明确的描述性分类被废弃，取而代之的是在霍霍卡姆文化中明确其建筑物角色的功能类型。

在功能性解释尚不可能的时候，描述性类型一般被用于史前时代早期的人工制品和遗址（图 8.8）。

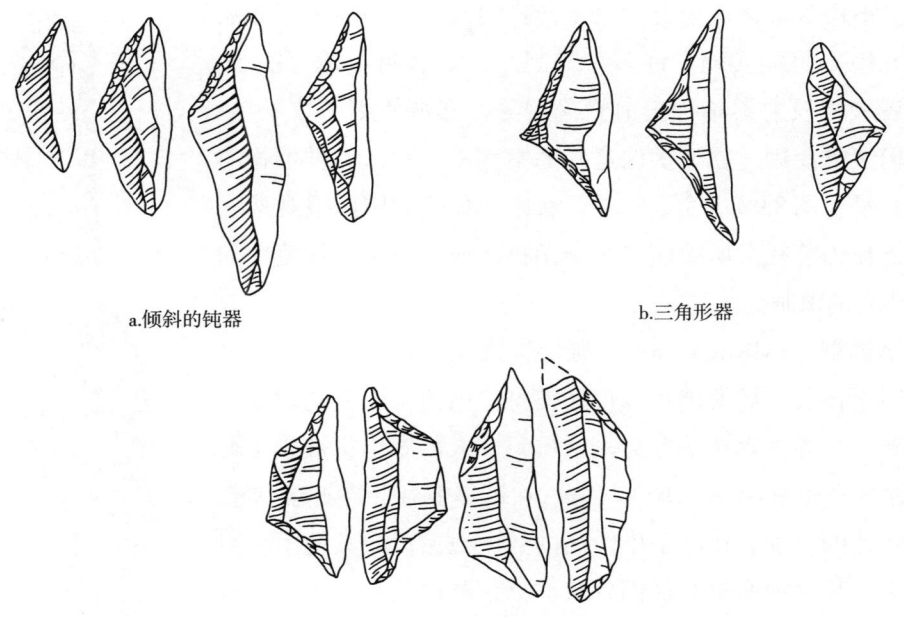

a. 倾斜的钝器　　b. 三角形器

c. 不规则四边形器

图 8.8　英格兰斯塔卡（Star Carr）遗址发现的 1.1 万年前的**中石器时代**（Mesolithic）器物（与实际尺寸相同）。你可以把它们按如下分类：描述性类型是几何形工具，年代学类型是斯塔卡形制中石器时代的**细石器**（microlith，来自于希腊语"小石器"），功能类型是细石器的带倒钩箭头。（From *Excavation at Star Carr* by Grahame Clark. Reprinted with the permission of Cambridge University Press.）

年代学类型（chronological type）是按照时间标记的形式定义的，是年代学意义上的类型。就像描述性类型，它们作为文化财产的一部分反映在考古学资料中，但在区别时间差异时被广泛应用。例如，在北美的许多地区，克洛维斯（Clovis）文化和福尔松文化的尖状器在史前被使用了很短的一段时间，前者在大约公元前 1.1 万年，而后者可能更早（图 6.3）。抛掷尖器在北美考古学中一直被当作时间界碑；陶器可能是最普遍的年代学类型的标尺，因为黏土、装饰等变化被视为重要的历史标志。

年代学类型是根据确实随着时间改变的属性来定义的（见第 5 章）。当考古学家对比不同年代的器物，某些属性就会不同，研究人员就用这些属性来定义类型。

功能类型（functional type）是基于文化中的用途和角色，而不是显而易见的外形和所处的时间。同样的器物可以被当作功能类型或者描述性类型。你可以将一个组合分成大类——"木器""骨器""石器"等，但是功能分类也能被很好地采用——"武器""服装""烹调方式"等。

理论上，功能类型应该反映明确的角色和由社会成员根据他们的社会所制造的功能分类。不用多说，这个目标由于器物的残缺和书面资料的缺乏导致几乎不可能实现。许多人工制品，如磨制石斧、匕首、弓箭或者梭镖投射器这种史前投掷器等，都被使用了数千年，在近代仍然被使用。在许多像这样的案例中，辨认一件器物的作用很容易（图8.9），然而，这不意味着我们能用肉眼观察到一些器物在史前社会所扮演的复杂角色，或者在它们被使用的社会中建立的限制。

风格类型（stylistic type）以服装等最具代表性，因为风格通常被用来在公共场所展示以传递信息。墨西哥中部的阿兹特克存在着一个等级森严的社会，这里每个人的服饰都被禁止奢侈的法律严密控制着（图8.10）。因此，在市集中对贵族随意一瞥，就能了解他的级别、在战争中俘虏的敌人数量以及其他不易察觉的事实。甚至神明都有他们各自的标记和服装，这些都反映了他们在神庙中的地位。

至少在理论上，风格类型可以被预料到，它在结构上与功能类型完全不同。就其本身而言，风格类型在考古学分类中不经常被使用，除非历史资料是有效的。这个方法备受争议。

描述不同人工制品的类型仍然是考古学家的基础性工作。

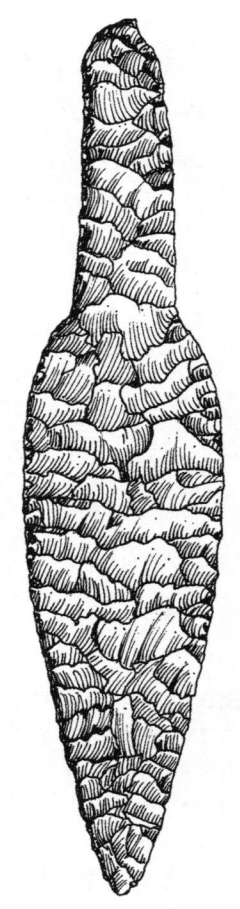

图8.9 一件功能类型的器物。约公元前4000年的斯堪的纳维亚人的燧石匕首。

8.5 器物组合与人工制品的图案结构具有什么意义？

历经数代，考古学家们一直研究文化历史，把器物进行分类组合，就像当代已被认定的各类工具一样。这种方法假设人类文明已经发展了数千年，因此，这些器物组合不过是把对当代文化"种类"的追溯延长到史前。这种关于文化历史的"有机的"观点把器物组合视为一种独特的种类，就像有机物一般，不会随着环境的变化而改变形态。这种有机方法假设在考古学记录中，一种特殊的文化传统会引发出一种相应的独特产业，这种产业局限在一定的时空范围内。不像早期生物学中古老的"生物链"，这种关于过去的有机观点是一个高度有组织的方案，其中每个生物都在总体方案中各居其位。

美国考古学家一般倾向于一种更"文化的"视角，这种视角使大量数据被使用在了人工制品与其他已知被用于北美现存社会的文化特质上。通过观察这些数据，表明

图8.10　阿兹特克武士穿着代表不同等级的复杂制服，这是根据他们在战争中带回的俘虏数量所授予的。这些都记载在著名的《曼多撒手抄本》（*Codex Mendoza*）中。

了独特文化形态的分布规律与不同环境之间的强烈关联。例如，木板房和一种精致的独木舟制作技术是居住在太平洋西北岸居民所特有的，这些居民能够迅速锯开大量生长茂盛的雪松和其他树木。而与此相反，大盆地（Great Basin）中的沙漠居民以一种短暂定居的方式生存，他们以灌木丛庇护所和用极度轻便的工具制成的房屋来适应移动的沙漠生活方式。可以非常肯定地说，这种联系在历史时期是十分正确的，但是在更早的史前呢？我们能认为出土于大盆地的距今5000年前的器物组合能反映出相似的适应性和相似的社会群体吗？如果过去的条件与现在不同，那么现代的人工制品图案能被用来当作诠释古代行为的基准吗？

　　一些考古学家通过研究现存的狩猎采集社会已经解决了这个问题，其中就有路易斯·宾福德。宾福德花费了一段时间待在美国阿拉斯加州北部努那缪提（Nunamiut）民族的驯鹿狩猎者之中。在那里，他了解到要想理解一个现存社会的生活和物质文化的唯一方法，就是把他们的聚落设想成一个更大的文化系统中的一部分。努那缪提人有居住地点和其他具有特殊用途的地点，因此，宾福德主张考古学家们应该鉴别他们调查过的每个地点的特殊功能，然后把这些地点纳入一个更大、更全面的土地利用模式中。

　　遗址是考古学的基本单元，其中的器物是揭示遗址中发生过的不同活动的组合模式的一部分。如果考古学家想要理解过去像努那缪提社会一般的文化系统的动态，他们就必须研究和解读人类史前生活的环境，使用诸如类型学、工具出现频率以及工具残片与完整器物之间的关系等分类策略，这仅是他们这样做的部分方法。因此，考古学分类的角色已经从在时间和空间方面有限看待器物和文化的"有机的"观点，转换为新的面向问题的分类，这种分类不仅研究单个工具，也研究整个组合及其图案结构。

然而，解释这些图案的数据最终一定来自不同于石制品或陶片的源头。换句话说，除非是依据其他数据来解释分类，否则单独的分类是无意义的。现在，关于当今社会的研究——所谓的中程理论研究——正在逐步取得成功（见第9章）。器物分类仍然是复原古代文化历史和构建时空框架的主要手段，这里的构建时空框架主要归功于基于常识的器物功能性分类，同时，基于社会变化理论的解释性框架正在对过去提出新的解释。这一框架被用来解释在各个时代的考古资料中显而易见的结构和变化，以及比早期学者的死板分类的解释更加动态多变的现象。

8.6　排序组合

回想第5章，组合是同时发现的器物的不同群组，反映了一个社团的共同活动。这种组合在一个单一的遗址被发现。请再次回想，遗址是考古学中所有地层学研究的基础单元。考古学单位的排序组合是很普遍的，不过在使用上，美洲和旧大陆之间有明显的不同——在这里注释是基于空间的原因。例如，旧大陆考古学家把要素当作"行业"，把发展中的某一阶段看作"文化"。总之，在这里强调一下美式术语（图8.11）。

构成要素与阶段

许多考古学遗址由一个单独的器物组合和一个单独的要素——另一个**考古单元**（archaeological unit）——组成，如位于美国科罗拉多州距今8000年的奥尔森－查伯克野牛宰杀遗址。一个**要素**（component）是遗址包含不同组合的物理边界部分，用于区分特定标准下的居民文化。多次使用的遗址——例如美国犹他州的霍盖普洞穴，在9000年里被多次使用——中包括许多要素，每一个要素通过器物组合按时间和空间与遗址中的其他要素区分开。社群是考古学家的要素的社会等价物。

一旦研究小组的分析完成，他们可能会发现只有一个要素要处理。如果一个遗址被多次使用，它可能有两到三个要素。他们如何将这些要素与其他邻近遗址出现的要素进行比较？以及他们如何在发掘区域发挥一系列职业性水准和文化？在当地收集到

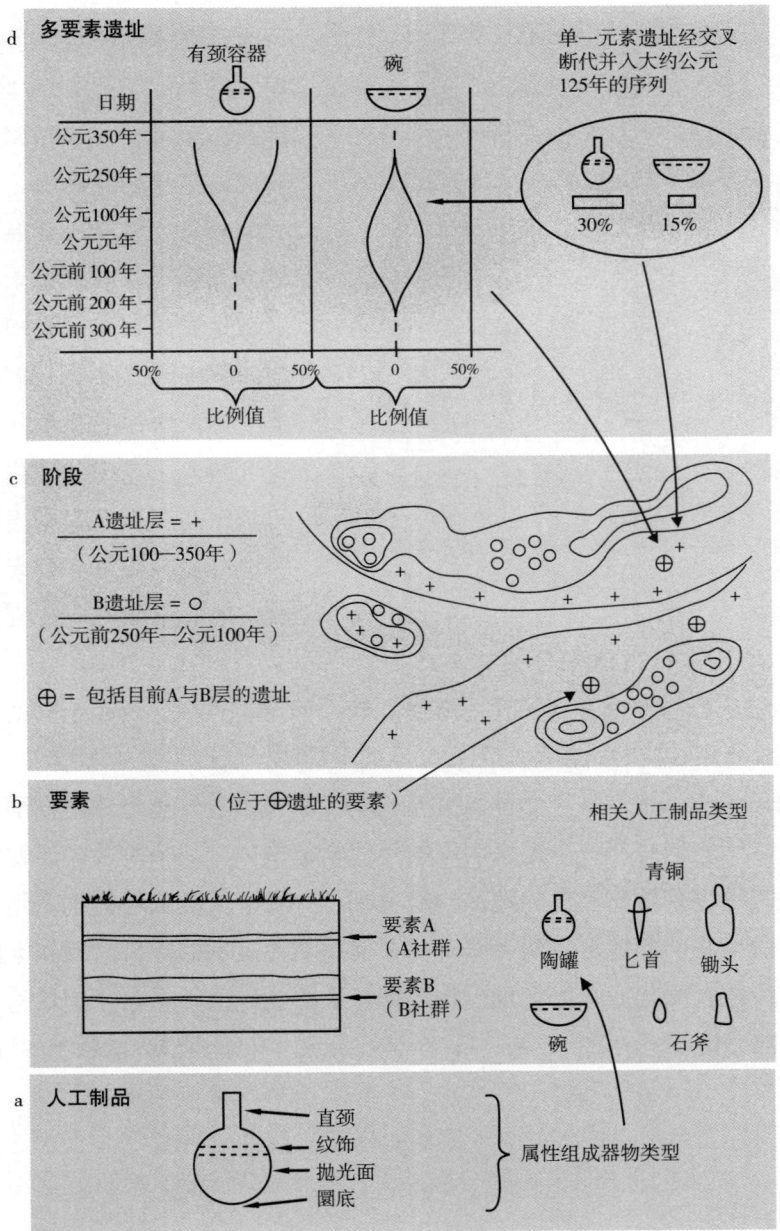

图8.11 现在使用的考古学单位。(a) 器型的特征式样。(b) 一个假定的考古学遗址的横截面上有两个成层的要素。这两个要素通过放射性碳定年，分别处于公元前250年到公元100年和公元100年到公元350年。我们的器型是较晚的A组中的特征容器。遗址中全部器物是一个组合。(c) 现在，考古学家在他们的考古地区已经研究了许多遗址，这个地区是由近海岛屿组成的河口。在更高的地区生长着一片俯瞰河口的松林。当考古学家标绘遗址分布图时，他们发现了更早的B组，这个遗址分布于更高的地点，而较晚的A组位于贝类丰富的近岸地区。只有3个遗址包括所有要素，成层的位于其他之上。两个层次的分布与众不同，两者都按照空间和时间而定，共同构成了一个当地的序列。(d) 在4个两种要素兼备的遗址中，考古学家有序排列陶器和其他器物，得出了独特的战列舰曲线。然后他们就能通过交叉断代法把其他遗址并入相同的序列中。

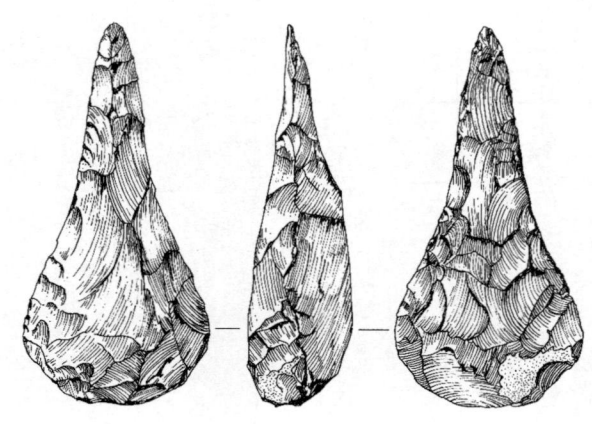

图8.12 阿舍利文化手斧的三个视角图,这件器物发现于英国泰晤士河附近的斯旺司孔(Swanscombe),图中大小是实物的三分之一。从100万年前到20万年前,阿舍利文化手斧一直被非洲、欧洲和南亚的古人广泛使用。

的所有器物已经被令人满意地分析和分类后,它们会在地层学观察、排列、交叉断代法和放射性碳定年或树轮定年的辅助下,被按空间和时间排序。在第5章中,我们介绍了排列和交叉断代技术,这两种技术都是在战列舰曲线和测年要素的帮助下将器物按年代排序。图5.7显示了特瓦坎谷地的考古学家把10个遗址纳入了当地的序列,这个按时间排序的序列是根据当地一些多元的遗址和一些单一要素居住点建立的。他们也能够通过放射性碳定年技术给出一个当前序列的精确年表。

研究小组从分布图上发现,在一个面积较大的定居点中,两种不同的测年要素是重复的。经过测年和按时间精确分配后,序列中的两个层次可以被鉴别出来。

一个**阶段**(phase)是一个以不同遗址中的要素或者相同遗址中不同层次为代表的文化单元,尽管它们总在一个定义明确的年代学范围内。一个阶段的器物特征组合可能在一个被当地序列覆盖极广的地区内被发现。许多旧大陆的考古学家用"文化"一词来表达与阶段相同的意思,两者都是旨在辅助对人工制品进行时间和空间上的排序的概念。阶段或者文化通常以发现器物典型特征的关键遗址命名,例如阿舍利文化就是以法国北部城镇圣阿舍利(St. Acheul)命名——该文化最典型的器物手斧发现于此(图8.12)。

更大的考古单元

经过很长时间的工作,研究小组可能已经研究了一些当地的序列,而且可能能够在大背景下描述他们的发现,例如美国西南部的众多当地序列。一些艺术风格或者人工制品传播甚广,或许代表着一种新形式的宗教信仰的流行。例如起源于安第斯山脉山麓丘陵地带的查文·德·万塔尔,于公元前900年到公元前200年间在秘鲁一直盛行的查文文化艺术(图8.7)。

考古学家们有时使用地质学上的**地层**（horizon）这一术语来表示在邻近区域的大量层次中包含着大致相同的文化内涵这种现象。而**传统**（tradition）这个术语描述一个长久的器物类型、工具组合、建筑风格、经济实践或者艺术风格，这些延续的时间都远远长于一个阶段甚至一个文化层。一个单一的器物制造传统可能通过许多发展道路完全不同的文化一直被延续使用。美国阿拉斯加州一直延续了几千年的所谓古北极传统（Paleoarctic tradition）就是一个很好的例子，其起源至少在公元前9000年。或许最有名的大型考古学单元是1816年被丹麦考古学家汤姆森鉴别的那些，他的石器时代、青铜时代、铁器时代的科学论断（即所谓的三期论）现在仍然被广泛应用。

8.7 古代工艺

纵观整个历史时期，人类制造的器物能够使他们的四肢得到强化并提高对环境的利用率。在过去的250万年内，人类的科技成就令人敬畏。今天，我们可以将宇航员送上月球，可以移植人类的心脏，可以制造复杂的电脑。然而归根到底，虽然分支众多，但我们现在的科技是从最早的人类制造的第一件简单工具直接演化而来。这些演变——有时非常持久——留存于现在的考古资料中，并且提供着关于过去的基本信息。

石料、骨料、黏土、纤维物、金属、贝壳、纺织物、皮肤、毛发、毛皮和木料都是我们祖先使用的主要原料。在这些原料之中，金属矿物冶炼技术在距今5000年的西南亚出现，而在美洲则出现于过去2000年内。骨料、纤维物和其他诸如毛皮的有机材料都不能长久保存，所以石料和黏土受到考古学的关注且为许多史前文化的分类提供基础就在情理之中了。

石　料

石制工具是最早的人工制品，大致就是通过一块火山岩石料对另一块石料的简单敲击后形成的简易的锋利石片。在接下来的数千年里，人类几乎开发利用了每一种可能用来制造各种工具的岩石，并制造了石斧、钻孔器、砍砸器、石刀、刮削器和精美的石矛等。石制工具的制造是对获得的石料使用**还原法**（reductive technology）或**减数法**（subtractive technology），之后通过不断去掉石片塑形，直到获得想要的形状。工具的制作取决于**贝壳状破裂**（conchoidal fracture）的特性和许多结晶岩石——如燧石或黑曜岩——的特征。当进行垂直敲击时，石料的破裂是可预测的，由此产生了特有的破

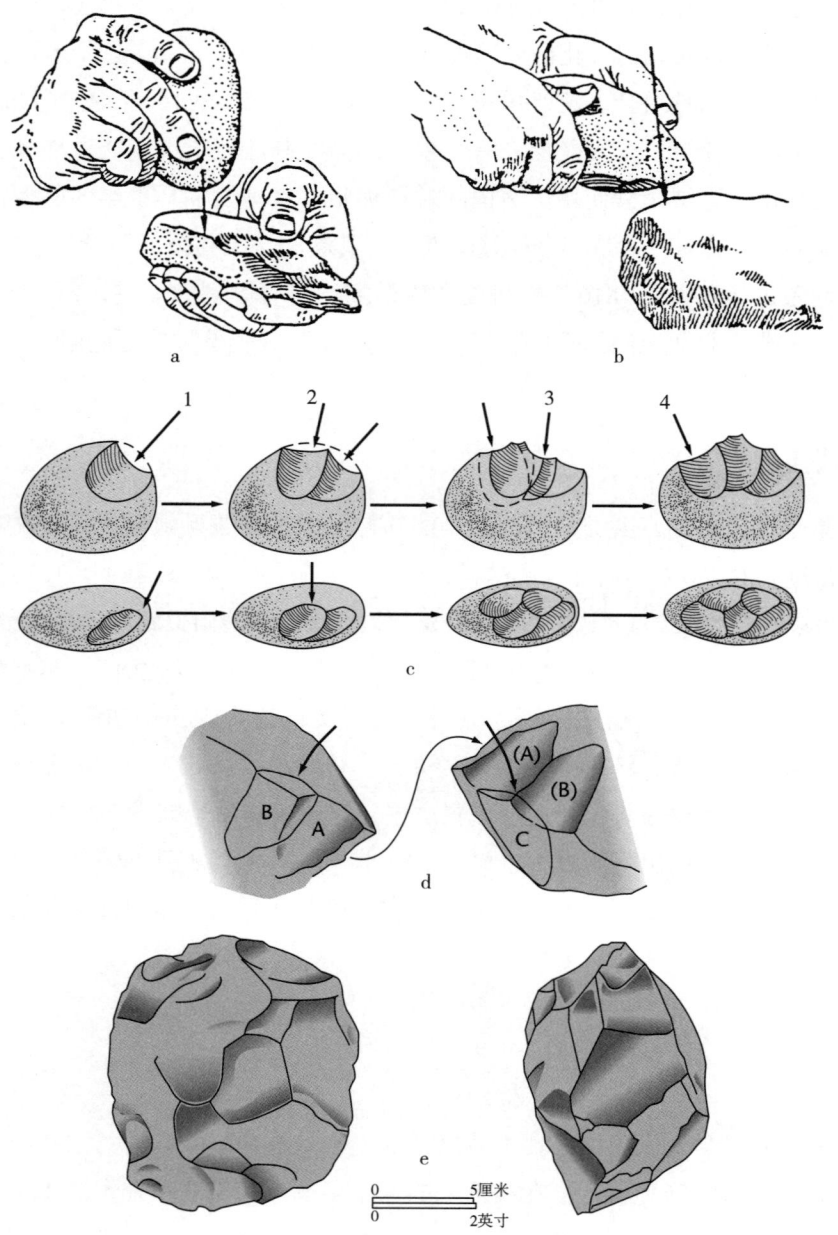

图8.13　最早的制石工艺:(a)锤击法。(b)锤击法的变体,用石核碰击石块,即所谓的碰砧法。(c)最早的石制品是通过一个简单的方法制成的。图中上面一排是侧视图:首先,两个石片被剥离掉(1和2);第二步,翻转石料,再次剥掉两个石片(3);第三步,剥掉第五个石片后,石核形成(4)。图中下面一排是俯视图。(d)制造奥尔德沃文化两面器。剥掉顶端两面石片所需的过程简图。(e)来自东非契索旺加(Chesowanja)奥尔德沃文化的大型盘状器的平面视角和侧面视角。石匠使用的这种两面打制技术,在随后人类制造长轴两面器时并不流行。

裂图案以及**石核**（core）或者石叶，这也使得考古学家们能够把岩石作为人工制品和人工修整品来鉴别（图8.13）。

1000年中，人们所做的只是用一个石块把另一个敲断。终于，他们开始制造像阿舍利文化手斧一样的两面器（图8.12），并最终转向使用骨料作为一种软锤来制作更薄和更好的工具。约10万年前之后，智人使用更复杂的技术制作诸如矛状器和刮削器等特殊用途的专门制品，这种技术达到顶峰的代表是冲杆的使用，冲杆可以制造大量两边相似的细小**石叶**（blade），双边相似的石坯可以被用来制作各种小型工具，如骨料和鹿角的楔形雕刻刀。冲杆的作用就像瑞士军刀的底架，其中的强力弹簧支撑了各种专业工具，如刀片、开瓶器或尖状物。同样地，一个石叶石核产生石叶，然后依次又产生更多的专门制品，而这些制品中的一部分随后被用来切割鹿角或者其他原料。

石器时代晚期的人们在需要一个尖锐又耐用的石叶时会对石料进行打磨抛光。他们通过简单的剥落石片使石器边缘成型，然后用砂岩这类粗糙的岩石对其进行漫长的磨制，以产生一个尖锐又耐用的边缘。现代的实验已经证明了抛光石斧在伐木中具有更好的效果，更强韧的边缘使它比石片石斧更不易变钝。抛光石斧在早期的农业社会，尤其是在欧洲、亚洲、中美洲以及北美气候温和区域占据重要地位。抛光石斧在距今2.8万年前在新几内亚岛出现，在美拉尼西亚和波利尼西亚群岛则被用来制造捕鱼和贸易用的独木舟。

一些最好的制石工艺要追溯到更近的年代。埃及前王朝时期制造过质量极佳的仪式用刀；古代印第安人能制造精美的抛掷尖器，他们用小段骨料和鹿角以及压制法进行加工。到这时，许多人类社会已经能生产小型石制品，如带倒钩的箭头和其他一些有专门用途的器物（图8.8）。

专业的石匠至今仍然手工制作器物，特别是燧发枪的枪击燧石。枪击燧石的制造曾是20世纪英国和法国最繁荣的产业，在现在非洲的安哥拉仍然流行——燧发枪仍被用来狩猎。石器技术在现代一样有用。黑曜岩石片和石叶边缘十分尖锐，被当代的眼外科医生广泛应用，因为这种切割工具比现在的钢制工具更优秀。

毫无疑问，石制品仅仅是无生命的物品，事实上，曾几何时，它们有过自己的一生。在第2章开始介绍的比利时考古学家丹尼尔·卡恩对比利时北部距今9000年的梅尔遗址制石工艺的复原是"新"石器分析的经典案例。他和同事劳伦斯·基利（Lawrence Keeley）结合经过拼合的边缘磨损分析重建了一个人的场景，他们以三个逆时针方向使用的石钻为证据，呈现了一个惯用右手的工匠步行离开居住地，坐在一块巨石上，使用事先准备好的随身携带的石坯和石核制作一些工具的情景。之后，一个惯用左手的工匠来到他身边，带着预先准备的石核，继续把一些石坯加工成工具。

因此，研究石制品及其制作工艺的**岩屑分析**（lithic analysis）不仅要基于属性和类型进行识别，也要根据对逐步减少的制作石器的技术的重建。这需要对发掘中发现的石核和废料进行**拼合**（refitting），这是一个能够得到显著成效的艰苦工作，例如要辨认每个石器的制造者，其中可能有惯用左手的人。复原石器工艺的石器实验已经成为实验考古学的一部分（见第9章），而通过在显微镜下对长时间废弃工具的边缘磨损的观察与相关实验，已经发现了关于切割兽皮、肉和骨头的相关证据。一些人工制品上甚至已经发现了有机残留物的微量元素，例如屠宰工具刃口上附着的血液。

关于石器——尤其是欧洲的磨制石斧——制造原料的**岩石学分析**（petrological analysis）已经得到了成功的应用。岩石学是研究岩石的学科（希腊语petros意为石头）。石斧的一个极小部分已经准备好，并在显微镜下被观察。岩石中的矿物质能被鉴别出来，然后对比来自古代采石场中的样品。通过这个方法，英国考古学家已经取得了显著的成果，并且在英国鉴别出超过20种石叶石斧。在西南亚和中美洲，黑曜岩这种火山岩在一些采石中心之间交易广泛，对其中独特的微量元素的光谱分析已经取得了非凡的成果（见第12章）。

对于史前石器时代的研究并不仅仅是研究文物本身，而是要尝试去理解人类行为。

黏　土

从最早期的历史开始，人们就使用各种类型的容器，有兽皮、树皮托盘、葫芦以及鸵鸟蛋壳等。陶器的发明同时也是更长久定居的开始，黏土烧制的容器有着既耐用又能长期保存的优势。我们可以假设第一个陶器是用于家庭——烹煮、盛水或者储存食物，假设之后它们又迅速地在制盐、礼仪活动中承担了更多的角色，还被用作油灯和骨灰瓮。在大约公元前8000年，日本绳纹时代的人们开始制作烘焙用的陶制容器，这个创新在公元前6000年前遍布西南亚，在公元前2500年之后传入美洲。

黏土容器或者其碎片，有着耐用和长存的优势，这也是它们成为考古学资料重要部分的原因。它们充当盛水和储存的容器，或者烹煮和饮水的容器；它们的造型、风格以及模式已经成为众多考古学分析的基础。史前工匠运用最简单的技术把容器分成单独的部分制作，但要用惊人的技巧来塑形和装饰容器（图8.14）。他们精心选择黏土，将其碾碎并使之达到良好的黏度，然后使用各种各样的方法制造容器，一般使用泥条盘筑法或者泥片贴塑法，以及在旧大陆随后一段时期出现的慢轮制陶法。器物外表面

图 8.14 1903年,在美国亚利桑那州奥赖比普韦布洛聚落,霍皮族女人用泥条盘筑法制作陶器。

被用手打磨或者涂上湿黏土,然后在抛光、装饰之前阴干,随后在明火中或者是稍晚出现的窑中烧制。正如其他器物一样,陶器的制作受到社会发展和其他变量的制约,这是几乎无法从传统的考古学分析中了解的。考古学分析集中研究容器的模式、功能、风格以及技术,近来还包括对结构和制陶黏土的研究,使用诸如中子活化分析和X光衍射等技术来研究"陶瓷生态学"——资源、当地知识水平以及制陶风格之间的相互作用。

一些最瞩目的陶瓷研究不仅涉及器物本身,也包括它们所容纳的内容。1988年,德国埃及古物学者甘特·德雷尔(Günter Dreyer)在尼罗河中部的阿比多斯(Abydos)发掘了埃及最早统治者之一的墓葬。蝎子王一世(Scorpion I)生活在大约公元前3150年,他精心建造的坟墓包括四个墓室,其中放置着至少700个罐子,共装有约4550升的葡萄酒。其中47个罐子含有葡萄籽以及无花果切片的残留物,无花果片曾用线悬挂在葡萄酒中,这样做可能是为了增加甜度。通过红外线光谱仪和液相色谱法对附着于器物内壁的有壳类残渣的分析,发现了酒石酸(通常存于葡萄中)和酒商用来防止葡萄酒氧化成醋的松节油树脂。通过对罐中黏土进行**中子活化分析**(neutron activation analysis)

得到的微量元素群集被与从埃及到地中海东部地区的大型样品数据库进行对比，这个数据库指出以色列南部丘陵和外约旦是这些容器的来源地，葡萄于公元前3100年被很好地移植到该地区。这些葡萄酒可能通过尼罗河并远涉"荷鲁斯之路"这个古代贸易通道，这个通道通过西奈沙漠（Sinai Desert）连接了以色列南部和埃及。在公元前3000年，葡萄酒生产已经在埃及北部的尼罗河三角洲（Nile Delta）得以发展，这里也是1500年后法老图坦卡蒙的葡萄酒产地。

金属及冶金

"呼！""呼！"当非洲的铁匠们用手拉动皮囊时，山羊皮的鼓风器发出一阵持续的喷气声，不停作响。每过20分钟，会有另一队人过来替换，而大铁匠一直留心观察着填满铁矿和炭的黏土制熔炉。他加一些炭，然后是更多的铁矿，随后又是炭。直到大铁匠满意时，冶炼已经持续了7个小时，然后他从火中耙出燃烧正旺的木炭、一团炉渣和冶炼好的铁矿——所有的准备时间和7个小时辛苦地拉动鼓风器只生产出足够制造一个小铁锄的铁。在当今批量生产钢铁和各种奇异金属的状况下，我们已经忘记了生产一件铁制工具需要多少劳动。冶金学的发展是人类的伟大创新之一，但它不是一个节省劳动力的发明。

对于古人而言，在他们生活的环境中，以岩石形式存在的金属是很常见的东西。或许是金属的颜色、光泽和重量使得它们引人瞩目，进而成为装饰品。最后，人们意识到当地的铜矿石和其他岩石可以通过一系列的捶打和加热组合成器物。但在18世纪之前，仅有8种金属可以用于冶炼，分别是砷、铜、金、铁、铅、汞、锡和银。

最早的金属工具是在公元前6000年前的西南亚，通过向器物中加入冷锻铜制造的。铜制工具在公元前4000年前很常见，但是公元前3000年左右发生了重大变革——铁匠们学会了将砷、铅或者约10%的锡铸成合金来生产具有坚硬刃的青铜工具和武器。事实上，在公元前2500年，人们已经几乎知道了除了钢硬化之外的每种冶金现象（图8.15）。由于金属相当稀少，尤其是在地中海东部地区，所以锡合金的使用可能刺激了更多的贸易活动。将在第13章中介绍的乌鲁布伦（Uluburun）沉船就载有锡锭。而4500年前，中国锻工正在使用陶范制作极度复杂的三足鼎和其他礼器。大约公元前1500年，制铁工艺在西南亚出现，到公元前1000年已经得到广泛传播。铁是既实用又数量众多的金属矿，是制造农具和武器的理想材料。相比之下，在美洲很少制造实用性的金属器物，

图 8.15 冶金技术的一个代表。发现自伦敦泰晤士河河床的一个凯尔特文明铁器时代的头盔，其底部尺寸为 20.5 厘米。（Erich Lessing/ Art Resource, NY.）

而铜和黄金则主要被用作装饰和仪式。

黄金在许多古代社会的礼仪和装饰方面占据着非常重要的地位。法老图坦卡蒙也被称为"黄金法老"：他的坟墓里有大量壮观的黄金制品。公元400年秘鲁莫切文化西潘领主的陵墓透露出了这个沙漠文明的惊人财富，一个被全身包裹的领主戴着一对黄金眼罩、一个黄金鼻子和一个下颌与颈部的黄金护面；他的头部枕在一个黄金的碗碟状头垫上（图2.6）。上百件极小的黄金和绿松石珠装饰着这位西潘领主，他胸前还佩戴着16件银币大小的碟状黄金制品。墓中还有黄金羽毛状头饰和精美的耳饰，以及一个持可移动手杖的武士。

阿兹特克人和印加人也是很有天赋的金匠，他们壮观的黄金制品在16世纪被运往欧洲，并被融化制成王室财产。西班牙征服者惊叹于太阳神殿——高耸在安第斯山脉上古印加帝国首都库斯科（Cuzco）的太阳神因蒂（Inti）的神殿，这座精美的石制神殿的外侧镀满了金银，而内部的花园用金砖铺地，还有金玉米、金牧人看守着金美洲驼（图8.16）。

图8.16 一件印加文明的银质长毛美洲驼，是晚期安第斯地区金属薄片艺术的缩影。

对金属制品的分析依然包括传统的分类技术，但是现在更多地依赖于技术上的研究。另外，光谱分析为原料来源提供了线索。例如，我们熟悉的公元前14世纪从塞浦路斯出发，于土耳其南部沉没的乌鲁布伦船上的铜锭（图13.14）。对铜渣与铁渣的化学检查和冶炼的熔炉能为古代冶炼过程提供有价值的信息。考古学家们像传统的非洲铁匠一样站在一旁观察，然后在别处再现古代冶炼制造技术。他们记录了熔炉的温度和其他一些细节，将其作为一种更好地了解远古技术的方法。技术分析的最终目的是重建金属制品生产的全部过程——从采矿到完成器物。

骨料、木料、编织和纺织

骨料和角料 这些材料或许在人类历史产生的时候就被开始使用了。最早的人工制品很显然是由有意使用的动物骨骼残片构成的，而不可能是木制和石制工具。最早的标准骨器可以追溯到约10万年前，但是它们在末次冰期期间达到了更复杂的水平，当时智人使用尖锐的石凿从鹿角上切割长条碎片，然后把碎片做成矛状器、鱼叉、鱼枪等，也制造了许多用来觅食、捕鱼和举行仪式的专门工具。他们也使用鹿角和石器作为动物和几何图案雕刻的调色板。大约2.5万年前出现了简易的骨针和象牙针，这是一个革命性的人工制品，因为它使人类可以制造多层的、合身的衣物，这对于欧洲寒冷的开阔平原和冬季为九个月的欧亚大陆来说是必需品。

骨器和象牙工艺在极北的白令海峡地区达到了十分复杂的程度，在这里，2000年前就开始使用一组高度专门化的海洋哺乳动物狩猎工具。目前已经展开了对像鱼叉和固定在鱼叉尾端的带翼象牙器这些不同器物在风格和功能上的变化的类型学研究，其他人工制品包括用海象牙制成的凿、雪铲、象牙和骨制楔形器，还有钻和家用器物。

木料 像骨料一样，从最早期开始，木料就被用来制作人工制品。只有在偶然的

图8.17　秘鲁帕拉卡斯半岛出土的棉纺织陪葬品，其上描绘的可能是一个处于恍惚状态的祭司。

情况下，木器才会保存下来。最早的木器是一系列来自德国舍宁根遗址的40万年前的木制长矛，这对于大型猎物来说是致命的。北欧的沼泽地和湿地中保存着早至公元前7000年的畜牧家庭制作的完整木器，其中包括独木舟、鱼叉、陷阱和矛，还有穿过浸水地面的木制古道。干旱的北美西部也有丰富的此类器物，如投镖器，甚至有抓捕水禽用的鸭子做的诱饵。法老图坦卡蒙墓葬中的精美家具也保存了下来。

木制工具的制作涉及简单的机械过程，如切、削、刮、平刨、雕刻和抛光等。火通常被用来使矛尖硬化和尖锐，油和颜料使各种木制品具有好的光泽和外表。更有启发性的是废弃的房屋、防御建筑甚至人行通道上的木制残片，对木制残片和木炭的显微镜分析能提供有关建造房屋、独木舟以及其他物品木料种类的信息。在非常罕见的情况下，在浸水和干旱的环境下能发现石箭镞和石斧，木杆和木柄也随着捆绑它们的皮带一同保存下来。

木料可能是我们祖先可利用的最重要的原料。考古学资料中数以百万的磨制石斧都曾经装有木柄（图11.1）。木料被用来建造房屋、防御工事，当作燃料，制作独木舟和容器。大多数有经验的木工使用最简单的技术生产兼备实用器和礼器功能的器物，他们通过火和大喊来伐木，用楔形石器劈开原木，用贝壳和石块制作矛杆。

编织品与纺织品 编织品的制作是最古老的工艺之一，编织品包括容器、垫子、包以及一系列纤维制品。纺织物多发现于较晚的干旱遗址，而且在秘鲁海岸保存得很好。从文化角度来讲，由于人类与编织品和纺织品的联系比与陶器、石器或者房屋的联系都要紧密，因此一些学者认为编织品和纺织品是考古学家要面对的所有人工制品中最易受外界影响的。此外，即使是编织品和纺织品的碎片也能显示每个制造者的独特个性。一旦保存下来，编织品会经历与其他人工制品同样的功能和风格分析。

秘鲁海岸中部的干旱气候保存了帕拉卡斯（Paracas）文化贵族埋藏于公元前600年到公元前150年间的木制衣橱。帕拉卡斯文化的统治者穿戴披风、束腰外衣、斗篷、裙子、缠腰布和帽子，这些服饰都绣着成排颜色明亮的人形、兽形和复合图案（图8.17）。对这些古代服饰的图案模式的解读，告诉了我们帕拉卡斯文化的一些宗教和社会习俗。帕拉卡斯文化统治者的一个最重要的作用就是调节人与影响甚至决定人生大事的超自然力量之间的关系，许多统治者的服饰装饰有萨满图案，表明穿戴者与超自然有特殊的关系。

人们曾经指责考古学家太过着迷于关于人工制品和制作工艺的微小细节，而几乎排斥任何其他事物。毫无疑问，我们之中有些人确实着迷于此，但是大多数研究者知道有关人类和人类行为的无价信息可能就隐藏在极简单的器物中。我们现在仅仅刚开始挖掘古代工艺的多学科研究潜力。

本章总结

1.考古学家在对人工制品进行分析时，极度依赖正规的分类体系。

2.考古学有自身独有的关于人工制品和文化单元的分类法。这就使得数据组织融入管理单元，更详细的分类融入人工制品的类型中。人工制品的类型利用了人工制品或工具群的独特特点。

3.描述性类型提供了一个等级制度，这个制度规定了人工制品间的关系，使得考古学家可以研究考古学资料中多变的组合。

4.类型学是一个考古学分类的体系，基于不同地层和遗址的可比较的结构类型。

5.类型被人工制品的特性组合所区别，这些特性被用来区别一个物体与另一个物体。

6.统计学方法在处理属性群中发挥重要作用，而且允许研究人员识别与过去人类行为相关的图案。他们使用在本章中定义了的描述性类型、年代学类型、功能类型和风格类型。

7.考古学家通常使用多变的考古学单元,如要素、阶段(文化)、地层和传统等,这些均在本章中给出了定义,以便研究更大的文化现象。

8.本章综述了一些主要的古代工艺,包括石器、木器、金属制品和骨器。

——— **问 题** ———

1.考古学中的分类研究为什么如此重要?

2.考古类型有哪些不同的形式,它们之间的区别在哪里?

3.石料还原法是什么?它与贝壳状破裂有什么关系?

第 9 章　现在与过去

詹姆斯·库克（James Cook）船长的画师西德尼·帕金顿（Sydney Parkington）于1769年绘制的毛利人战船

9.1 再谈谈考古学记录	9.7 生活考古学（民族考古学）	本章总结
9.2 遗址形成过程	昆桑人	问题
9.3 保　存	玛雅人的磨盘	
良好的保存条件	努那缪提因纽特人	
9.4 中程理论与考古记录	美国亚利桑那州图森市：	
9.5 生动的过去	现代物质文化和废弃物	
9.6 民族学类比法	9.8 实验考古学	

导　言

　　本章探讨的是考古学所记录的过去（静态现象）和现在之间的关系。我们将讨论复杂的遗址形成过程，这个过程从居住点被废弃时就开始了。保存条件，尤其是像木料和纺织品之类的无机物遗存，在不同的环境下差异很大。我们也会介绍一些非同凡响的考古发现，这些发现是在极度寒冷、干燥、潮湿的环境下保存的，其中最为著名的是图坦卡蒙法老墓和图伦男子（Tollund Man）。被称为中程理论的考古学理论，试图把考古学记录和现在联系起来。我们将对民族学类比法、民族考古学和实验考古学进行讨论，在当代背景下，可以用这三种方法来阐释考古记录的过去。

　　考古学记录是同时代的。它存在于我们的今天和任何观察之中，我认为它是一种当代观察。

　　　　　　　　　　　　　　　　　——路易斯·宾福德，
　　　　　　　　　　　　《从事考古学》（*Working at Archaeology*），1983年

附着在公元前1000年的古埃及木乃伊身上的小丝线；从太平洋西北地区具有500年历史的印第安村庄中出土的保存极好的篮子；西伯利亚深度冷冻的女骑士坟墓，甚至连马的装饰都保存得极好。这些特例，以及其他的考古发现，都在向我们展示有多少久远的岁月消逝在泥土中。考古记录是非常不完整的，这些保存下来的仅仅是曾经制造、修建以及使用的器物碎片而已。

在乌干达北部的维多利亚尼罗河河岸，我曾发现过一系列散落的石制工具。数以千计的石英碎片和数以百计的废弃石制箭羽标示着一个遗址，这个遗址被数千年前石器时代的狩猎采集者反复使用。一切有机物和易腐物品都在居住者离开后迅速消失，留给考古学家研究的只有石制工具以及在制造产品的过程中剩下的副产品。这里没有一点人类居住用的灌木遮棚痕迹，也没有木制长矛、箭杆、尖棍和用于收集成熟坚果的皮制斗篷。阳光、雨水、风，甚至是河马在夜间觅食的踩踏，都能把人类行为留下的有机物遗存过滤掉，甚至使其踪迹全无。很难想象能与奥斯丁·亨利·莱亚德于19世纪40年代在尼尼微大型矿区进行的发掘相提并论的事件。

大多数考古遗址——考古记录——并不壮观，但是它们可以提供无价的信息，同时，那些保存极好的考古发现具有强烈的吸引力。然而，考古学记录是如何形成的？是什么样的人为与自然因素影响了工具、食物遗存和遗址的保存？

到现在为止，我们已经讨论了考古学的基础——文化、时间、空间、发现和发掘考古遗址，以及分析人工制品和古代工艺。在本章，我们将跨越一座隐喻之桥，从数据恢复到复原古代生活方式，对过去的人们及其信仰进行研究，并解释说明从地面上复原的考古记录。在到达彼岸之前，我们必须更多地关注两个问题——到目前为止我们太偏向其中一边——即考古记录的性质与构造，以及影响我们研究对象保存的所有重要因素。我们坚持传到我们手中的考古记录是一个静态现象，与如今我们周围的动态人类行为大不相同。正如我们将看到的，人工制品的现代复原控制实验和观察人们的生活能帮助我们解释过去的静态考古记录（见发现专题"古代太平洋航海"）。

9.1 再谈谈考古学记录

作为研究古人行为的一种手段，过去的废弃物——食物遗存、建筑、工具——是无价的，这些材料遗存组成了考古记录，考古学家使用这些档案研究过去。考古记录包括各种考古发现——从吉萨金字塔到大约200万年前被使用过的位于坦桑尼亚奥杜威峡谷的早期人类屠宰遗址。美国加利福尼亚州的贝丘、俄亥俄州的土方工程，印加墓地，这些都是考古记录的一部分。当然，还包括一些独立的文物——图坦卡蒙（"图特王"）的王座，一个出土自美国中西部古坟的木制宗教面具，一件波利尼西亚石斧。

我们试图通过追踪史前人类的行为痕迹来找出他们。一只在2万年前被屠杀的猛犸象尸体是一个古代狩猎行为的信息宝库；分析干种子或者考古遗址中发现的古人类**排泄物**（feces）会告诉我们很多关于史前人类饮食的信息。但是通过考古发现的保存情况，我们能够发现的过去十分有限。一些物质，例如陶土或者石头可以无期限地保存，但是木材、骨头、皮革和其他有机材料，除非处于水下、被冰冻或者在极干燥的条件下，否则都将很快消失。每个人都听说过埃及法老图坦卡蒙墓，他令人惊讶的财富在尼罗河谷地干燥的气候中完好地保存了超过3000年（图9.1）。这个考古记录异常完整，且包含了大量信息。根据放置于内棺中的野花花束，我们甚至能得知图坦卡蒙的葬礼是在春天举行的。

但是在大多数被发现的考古遗址中，都仅能发现一些耐久性的材料。从这些材料中构建过去是一个挑战，需要面对各种问题，就像侦探用一些零碎的线索来拼凑犯罪现场一样。这里有一个接近的类比：拿两个火花塞、一个陶瓷杯子的碎片、一根针、一块磨石和一个烛台。想象巴塔哥尼亚的某人在1000年之后把它们挖出来，并试着告诉你制造者是如何使用这些物品的。这些分析正是考古学家所做的以及将要做的工作，这也是一群特殊类型的人类学家所做的工作。我们通过地面调查和发掘积累的数据组成了考古记录。正如我们所见，考古学家研究的两个基本单位就是遗址和器物。经过几百年、几千年的破坏，最终展现在我们面前的是大规模变化后的现象，即遗址形成过程（地层堆积）。

图9.1 埃及法老图坦卡蒙的王座是在有史以来最丰富的王室墓葬中发现的木制文物之一。图坦卡蒙大约死于公元前1323年，去世时20岁左右，正处于继承王位的初期。在他短暂的统治时期，在一段宗教混乱时期后，对太阳神阿蒙的崇拜被重新确立。（Ashmolean Museum, Oxford, England, U.K.）

发 现

古代太平洋航海

1769年，英国航海家詹姆斯·库克船长拜访了塔希提岛，他困惑于一个一直吸引学者们的问题——塔希提人是如何开拓他们的远方国土的？人们是如何仅仅依靠简单的独木舟且没有携带金属工具的移民方式穿越广阔无垠的公海，前往太平洋最遥远岛屿上定居的？库克拜访了一位塔希提领航人图帕伊阿（Tupaia），询问他独木舟航海家是如何从一个岛屿到达另外一个视野之外的岛屿的。图帕伊阿解释了他们在白天如何利用太阳作为罗盘，而晚上则利用月亮和星星。当库克惊讶于波利尼西亚人逆盛行风航行数百英里的能力时，图帕伊阿又指出11月至次年1月盛行西风，在这几个月中独木舟可以在顺风中顺利航行。图帕伊阿在脑海中拥有一个波利尼西亚精神信念。现代学者认为他可以通过东北部的玛贵斯岛来确定一个区域的边界，东至土阿莫土群岛（Tuamotus），南至澳大拉西亚群岛（Australs），西南至库克群岛。即使是西方的斐济岛和萨摩亚岛也存在于他的意识中，这个区域与澳大利亚或者美国一样大。

后来的探险家没有与塔希提航海者进行过谈话。很多学者假定是风吹着独木舟偶然到达太平洋岛屿中遥远的海外殖民地。但是1965年，英国小型渔船水手大卫·路易斯（David Lewis）遇到了密克罗尼西亚加罗林群岛年迈的独木舟航海者。他学会了如何使用关键星最高点的变化在远离陆地的海洋中航行，利用涌浪方向、反映遥远陆地的波浪，即使是海鸟和陆鸟也指示了群岛中他们想登陆的那个岛和出发地之间的距离。使用海中与空中相同的标志，他们也有能力安全回到家乡。路易斯决心保护这个快速消失的艺术，他使用欧洲设计的双体

图9.2 太平洋航海。拥有双层船壳的"霍库勒阿"号帆船从夏威夷瓦胡岛出发。这种独木舟混合了传统波利尼西亚的风格设计而成。

船进行远航，仅凭借一张星图和一位波利尼西亚领航员的帮助，就从库克群岛中的拉罗汤加岛到达新西兰。在20世纪70年代，路易斯通过自学到达了加罗林群岛，学习了如何通过太阳、月亮、星星、云、涨潮的形态甚至是观察飞鸟来帮助自己航行。

在20世纪60年代晚期，考古学家本·芬尼开展了复制古代波利尼西亚独木舟的长期实验。芬尼的第一个复制品是"纳来伊阿"号（Nalehia），一个12米长的夏威夷皇家独木舟复制品。测试在夏威夷多风的水域中进行，展示了它可以横穿风向航行，因此芬尼计划了一次从夏威夷到塔希提岛的往返航行。他建造的第二个复制品来自于一个复合独木舟，这种设计遍及太平洋群岛。"霍库勒阿"号（Hokule'a）长18.89米，拥有双层船壳、两个蟹爪形状的帆，由夏威夷人赫布·卡瓦努伊·凯恩（Herb Kawainui Kane）设计（图9.2）。1976年，芬尼、萨塔瓦尔岛航海家毛·皮埃勒格（Mau Piailug）和一些主要是夏威夷人的船员，使用"霍库勒阿"号进行了夏威夷至塔希提岛之间的巡回航行。这次航行和之后大约为期两年的环太平洋航行只使用了土著领航员，多亏了"霍库勒阿"号成功的实验，古代波利尼西亚人的航海技术才被后人完整地保存下来。

9.2 遗址形成过程

时间机器是一个虚构的工具，它可以把人在不同时间中转运，使一代代的读者和电影人着迷。虽然考古学家会很欢迎一个时间机器，我们会满足于过去物品的制造、使用、存放成功保存到了现代这个惊人的事实。我们不需要回到过去，因为过去会来到我们面前。

考古学家迈克尔·西弗（Michael Schiffer）的观点（1987:3）很有道理，那些保存至今的过去的物品，以两种形式展现在我们面前：无论是作为历史记录的器物——如奥维尔·莱特（Orville Wright）和威尔伯·莱特（Wilbur Wright）的第一架飞机，还是像黏土容器、石斧等考古记录中的废弃器物，它们都已经不再是社会生活的一部分。当器物呈现在我们面前时，形态肯定已经发生了改变，因为复杂的过程已经对这些物品产生作用，包括工具、房屋、墓葬、食物遗存，或者其他制造品和人类加工物。考古学家不仅研究这些器物，还整理了很多大事件和在考古记录中导致很大变化的过程（图9.3）。

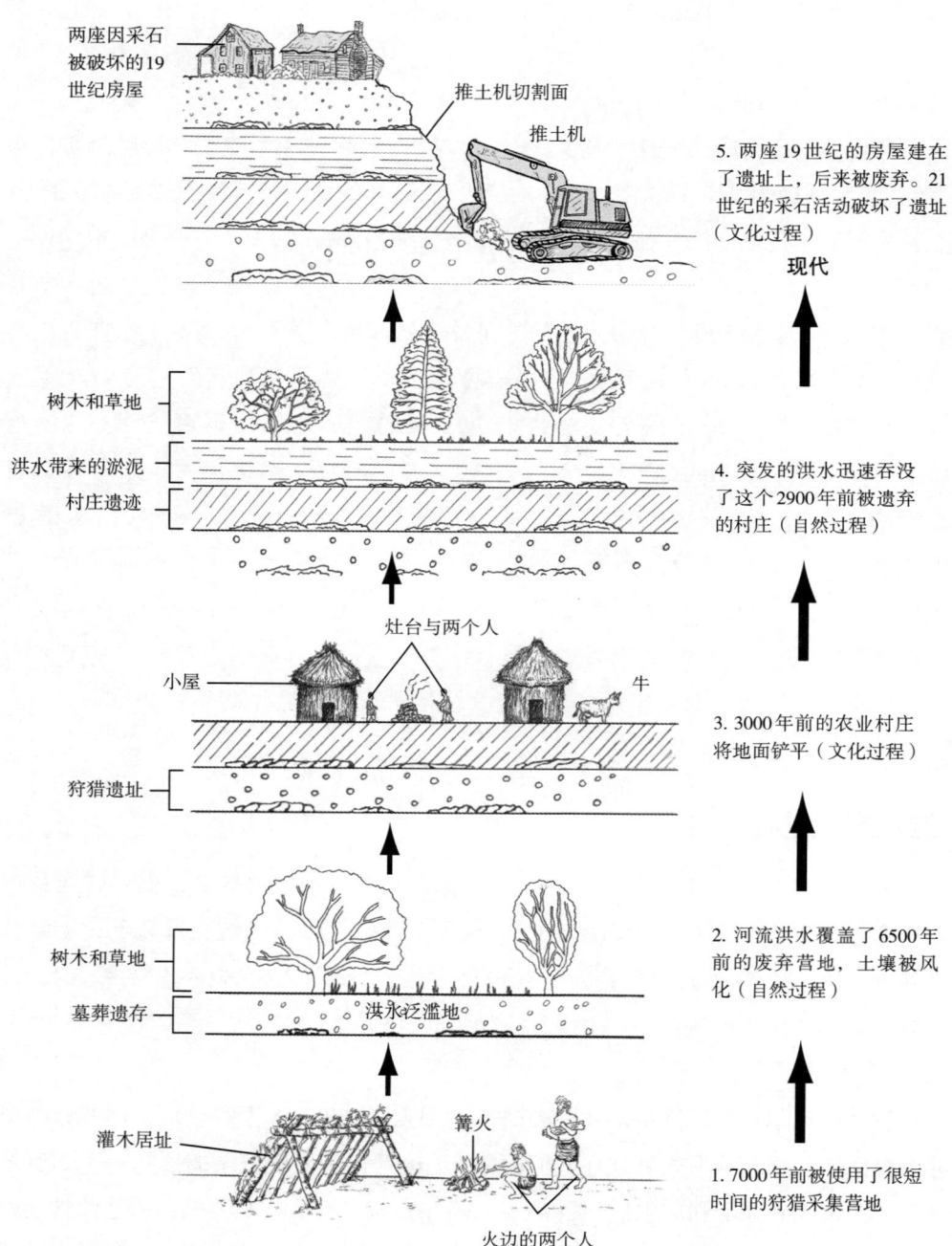

图9.3 遗址形成过程

创造历史和考古记录的关键就是著名的**遗址形成过程**（site-formation processes）。遗址形成过程就是媒介——自然或文化——转变成考古（或历史）记录的过程，有两种基本形式：文化过程和非文化过程。

文化因素是那些已经转化为考古记录的人类行为。它们在影响力和影响强度两方面都存在很大差异。例如，尼罗河谷地中一个狩猎采集营地的后期居住者已经变成农夫和牧民，而不再是狩猎者。他们房屋的地基已经深深打于基土之中，围栏里的山羊或许践踏、分散了地面上遗留的小石器工具。

除此之外人类还在复制用品。为了保存珍贵的工具和值钱的原材料，一个人或许会改变一件器物的使用方法——把刀改成一个刮刀或者回收一个抛掷尖器改作他用。有时，有名的贵重物品在一代代人的传递中被视为珍贵的传家宝，或者被用来随葬——正如2000年前在美国中西部，霍普韦尔族的领导者经常随葬滑石管和其他工具（图3.2）。重复使用，尤其是作为商品的建筑材料，在聚落中可以变成一个强效因素，它们会存在更长的时间——人们使用旧砖头和其他材料去建新房子。在美国西南部的普韦布洛人中，木梁在砍伐后会被一代又一代不停地重复使用，有时甚至被使用几个世纪。还有就是倾倒的垃圾。不论是在脚下或在其他地点，垃圾堆都有可能形成。这些垃圾堆经常聚集在特殊的地点，此地可能会被很多代人使用，也许是因为方便，垃圾堆放地经常是一个遗弃的储藏坑或老房子。安葬死者也可以被看作是另一种形式的丢弃行为。

把任何人类丢弃行为的模式想成是随机的都是一个巨大的错误。考古学家必须解释成堆的垃圾、死者的安葬，以及很多其他行为背后的复杂行为过程——或许是有逻辑的，如果你愿意这样想的话。总之，对于器物来说，考古记录并非安全之所，因为在堆积结束后会有无数人类活动扰乱它们。这些活动包括翻耕、开矿、挖地基、开荒，甚至是炮火袭击，更不用说赏金猎人和对遗址的抢劫。

非文化过程（noncultural processes）是一些对考古记录有影响的自然环境事件与过程。像侵蚀这种地质作用会破坏考古遗址，把考古记录变成碎片。土壤的化学性质或细菌会加速有机遗物——如木制长矛、房屋——的腐烂，但也可能增加极好保存物品的机会。河流可能冲毁、淹没一个聚落，用细泥覆盖被遗弃的遗存。风吹来的细沙、冰，甚至是蚯蚓都能扰乱考古记录。

一场大地震可以在几分钟之内颠覆一个聚落，就像公元365年在塞浦路斯库伦港发生的那样。大卫·赛林（David Soren）的发掘揭示了这场突发灾难的悲惨场景。地震发生在黎明前。地震发生前的瞬间，一个年轻女孩正走进一个房屋庭院去安抚一匹不安分的骡子，周围的墙倒塌了，压死了她和骡子。当发掘者将碎片移开时，人们发现她就躺在这些碎片之下。一个男人和他的家人死在了床上，丈夫疯狂地用身体护住他的妻子和孩子（图7.19）。死亡和惊骇的瞬间被固定在这一时刻，留给考古学家去发现。很容易描绘出崩溃的声音、晃动的大地、被埋者疯狂的叫喊，很快一切就归于死亡的平静。

总之，人们决定在何处建立据点，但是地质（非文化）运动可以决定它们是被保留还是被毁坏。因此，考古记录没有地质记录完整。

无论遗址形成过程是文化的还是非文化的，最重要的就是一个人不能仅以表面价值来看待考古记录。考古学家在地面上看见的东西并不一定直接反映人类行为，仅观察通常保存很好的情况或描述一个史前岩居的复杂地层是不够的，必须分析解释考古记录形成的途径。正如迈克尔·西弗说的（1987:4）：

> 那么，真正的时间机器是考古过程：作为科学家的我们应用历史和考古记录中物质痕迹的原则和程序。如果我们想获得与过去接近的真实观点……那么我们必须通过对一个形成过程的理解来建立自己的时间机器。

这个假想的时间机器中的最大组件就是保存。

9.3 保 存

考古记录的组成，大体上来说只有最耐久的器物，一般是石头和陶土。环境对人类器物来说是一个充满敌意的地方，引起很多器物属性的变质和剧烈改变，影响器物的一切——从颜色、质地到重量、形状、化学组成。

引起器物恶化的环境因素被分成化学、物理、生物几类。化学因素作用是普遍的，因为大气中充满能引起很多化学反应的水和氧气——例如对一些金属的腐蚀。不同的水温、被阳光照射的材料、大气污染物等都会引起化学反应。被埋葬的物品经常发生快速的化学变化，尤其是受到潮湿作用时。土壤也包括反应的化合物，如酸和碱，它们都有助于腐烂，例如酸性土壤会分解骨头。很多考古堆积都会含些盐，这源于木炭灰、尿液和酸碱中和。这种盐碱条件可以减缓腐烂，但是与铜、铁、银反应剧烈。

恶化的物理因素——水、风、光照和地壳运动——都是普遍存在的。水的作用尤其有力，因为水可以把器物冲到海岸线上，有时候甚至会破坏它们，这种破坏方式让人想起人类的干预方式。雨水可以像瀑布一样从屋顶流下，也可以沿着深槽管道流过墙中。干湿交替的周期可以使木头破裂、引起腐烂，冰的融化和冻结使岩石和混凝土破裂。物理因素对大小物体的作用是一样的。例如，公元365年，塞浦路斯库伦大地震不但把小港口夷为平地，也影响了几英里内的景观。

有机物是发生生物腐烂的主要因素。细菌无处不在，它们经常第一个占据死亡的有机物质，腐烂过程就是由此开始的。真菌也广泛存在于环境中，对木头与其他植物特别具有破坏性，尤其是在温暖、潮湿的环境里。蜜蜂、蚂蚁、苍蝇、白蚁寄生于考古遗址中，尤其是在垃圾堆和扔掉的食物中。狗、土狼和其他类似动物的撕咬、咀嚼，以废弃遗址中或食肉动物杀死的猎物骨头和其他地面上的有机物质为食。坦桑尼亚奥杜威峡谷的早期人类以破碎的动物骨头为食，上面的小孔清楚显示着土狼的牙印，在人类遗弃了他们的居住点后不久，这些肉食者就尾随涌入。

自然环境的内部进程不仅影响器物，也会影响在一定时间和空间背景中形成的实际遗址的物理特性。在田野里花去大部分时间的考古学家经常被认为是"泥土考古学家"，因为他们的工作总是伴随一个考古遗址的主要成分——土壤。在任何遗址中，第一个人类行为都是发生在一个自然表面，这个沉积面坐落在基岩之上。有时，这种沉积面经历了很长时间的风化，可能还含有花粉粒、植物遗存或者其他环境信息的来源。在欧洲，一些石器时代和青铜时代的墓葬土丘矗立在未受扰动的土地上，这些土壤包含的森林花粉粒给出了修建坟墓时本地环境的图景。例如，这些花粉告诉我们一个位于英格兰埃夫伯里著名的巨石阵附近的大型古坟，坐落在最近清理的林地中，靠近耕地。原来的土地表面在附近另一座山丘下面，山丘上仍然留有来自最近犁地的犁沟（图9.4）。

在这个遗址废弃以后，增加的沉积面通常会累积到考古遗存的顶部——沉积面通过风、水的运动积累，例如被风吹来的沙子在美国西南部普韦布洛房屋中不断堆积。人和动物的行走、穴居动物、蚯蚓、来自岩壁墙体的崩塌物、使器物恶化的因素、地层结构都会造成考古沉积的改变。例如法国西南部的石器时代岩居曾在1.5万年至5万年前被狩猎采集部落间歇性占据，其中一些较大的居址有包含灶台、灰烬堆积、岩石和毁坏建筑在内的密集堆积层。理清这些地层的形成是一个复杂的过程。一些较大的岩居，像位于韦泽尔河岸旁著名的马德莱娜（La Madeleine）居址，每次都会间歇性地被占据几个月，尤其是当鲑鱼洄游、春秋驯鹿迁移时。什么样的遗存堆积可以作为区分的基础，把反复短期居住从长期居住中区分开来。很多不同的环境进程都对遗址形成做出过贡献，它们可以改变可能被误认为人类行为痕迹的考古记录方式。

如骨头、皮革、毛皮、纺织物、木头等脆弱的**有机材料**（organic material）的保存取决于它们的物理环境。土壤和气候条件对考古材料有强烈的影响。无机器物——石头、

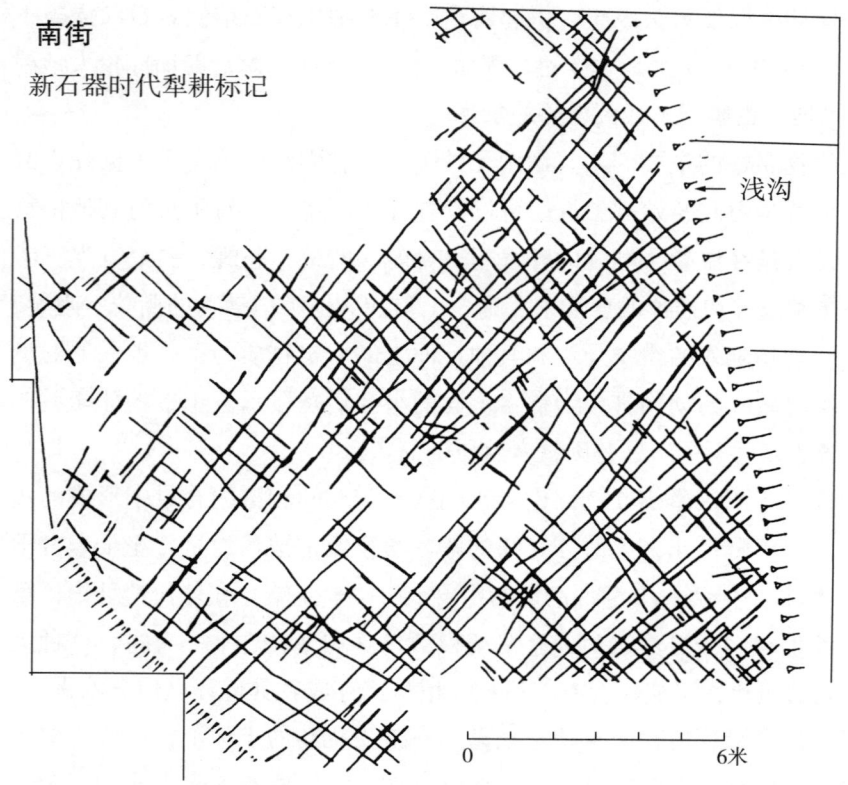

图9.4 英格兰埃夫伯里南街埋藏于一个古坟下的耕地上的犁耕标记

陶罐、泥砖、黄金、铜、青铜——保存得最好。大多数保存下来的考古记录中包含的人类工具，全是这种耐用的**无机材料**（inorganic material，图8.12）。

　　古代人使用很多有机物，这些材料只能在相当少的地区保存。骨头和鹿角被早期狩猎采集者普遍使用，尤其是在1.6万年以前的欧洲某些地区；北美西部沙漠民族的物质文化大多是植物纤维和篮子；硬木和软木都被用作挖掘棒、弓、箭和其他武器与工具；棉纺织品在2000年前的秘鲁沿海地区是非常珍贵的；几乎每一个人类社会都把收集野生蔬菜作为他们日常生活的一部分。以上这些，还有碎骨上的痕迹以及其他食物遗存只有在良好的保存条件中才会被发现。

良好的保存条件

　　在考古发现中，什么是最合适的保存条件？死于公元前1323年的埃及法老图坦卡蒙令人惊叹的丰富墓葬，出土了惊人的发现，包括他的私人木制家具、多件属于他的衣服,还有易腐烂的礼器,这些都陪着国王去了另一个世界(图9.1)。图坦卡蒙墓是迄今为止发现的最完整的法老墓,没有遭到盗墓贼的扰乱。这些丰富的陪葬品完全出人意料,不仅包括法老的私人财产,还有已经拆解成便于组装的战车的几部分(在最近的研究中,法国考古学家已经复原了战车,并推断战车是由小马甚至是矮种马拉动的)。

大约在公元400年,秘鲁北部海岸的莫切西潘领主都葬在一个黏土砖头平台下面。秘鲁沙漠干燥的环境把他们奢侈的豪华装饰保存了下来,三个领主分层躺在坟墓里,一个压着一个,每人都穿着完整的祭祀盛装,包括黄金面具和精工细琢的金银饰品。从莫切陶盆的绘画图案,我们可以知道这些人是战争祭司,他们主持战争和典礼仪式——包括献祭俘虏。在生活中,每当领主在公共场合出现,他们就会在太阳下闪闪发光,展示耀眼的政治与精神力量。他们看上去就像人间之神(图2.6)。

与尼罗河谷地的干燥情况相同的美国西部沙漠也有很多重要发现,在犹他州和内华达州山洞里不仅发现了鹿皮鞋、凉鞋、弓箭,还有其他木制品与纤维物品,除此之外还有数千颗种子,甚至是人类粪便(粪化石或排泄物)。这些可以被用来分析史前饮食的信息(图9.5,同时参考第11章)。

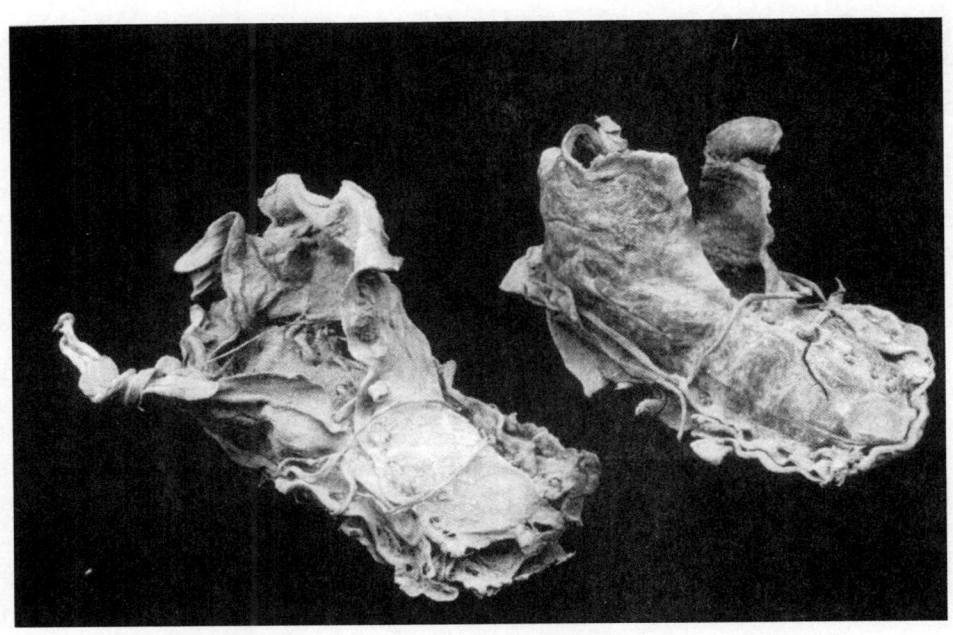

图9.5 保存完好的鹿皮鞋。较大的鹿皮鞋来自犹他州霍盖普洞穴(42B036),目录编号是FS47.7,这是一双公元500年弗里蒙特风格鹿皮鞋。稍小的鹿皮鞋发现于犹他州(42B01)普罗蒙特里(Promontory)山洞,目录编号9764,是公元1260年一个孩子的鹿皮鞋。(Francois Gohier/ Photo Researchers, Inc.)

图9.6 于丹麦的泥炭沼泽中发现的保存非常完好的图伦男子的头部。他很可能是一个仪式的祭品，现在被保存在哥本哈根的丹麦国家博物馆中。

浸水与被淹没的遗址也会得到很好的保存，它们可以把有机物在无氧环境中保存起来。丹麦考古学家曾经在很深的古代沼泽下面发现了史前独木舟，以及独木舟上的皮革衣服、罗网和木制长矛。他们最有名的发现就是埋葬于沼泽下的2000年前的祭品尸体。我们可以凝视图伦男子安详的面容。他的尸体保存得非常完好，我们可以知道在他死前至少24个小时没有吃东西了，而他的最后一顿饭吃的是大麦粥和野草（图9.6）。

理查德·多尔蒂（Richard Daugherty）通过发掘位于华盛顿州奥泽特一个被突发泥石流埋葬的马卡印第安人村庄，有了对北美西北海岸古代存在捕鲸活动的特殊看法。在海浪作用下，湿泥土冲毁了雪松木板的房屋，破坏性的气候效果封存了他们的一切。奥泽特村庄被封存了超过2000年，直到20世纪。被埋葬的房屋提供了关于多个世纪前马卡人的生活和艺术传统的丰富信息。稠泥浆保存了墙和屋梁、睡觉的长凳和细垫子。通过使用精巧压水枪清洗软木上覆盖的泥浆，木制鱼钩、海豹油碗、雪松存储盒和捕鲸叉全部被发掘出来。其中最特别的发现是一个用鲸鱼鱼翅雕刻的红松，其上还镶嵌着海獭牙齿，这是北美前所未有的一件特殊宗教仪式用品。浸水的条件可以保存完整的田野系统，以及穿过沼泽地修建的古道。英格兰西南部低洼的萨默塞特地层中的著名新石器和青铜时期古道在灰泥中被保存下来，其年代可以用树轮定年法来测定

(图9.7)。

幸运的是考古学家又发现了一个和奥泽特遗址保存情况差不多的遗址,这种情况相当特殊。北极圈的寒冷和永久冻土可以像其字面意义一样冰冻过去,保存住服装的细微细节,即使是皮肤上的文身也能保存。1993年,俄罗斯考古学家纳塔利亚·普罗斯马克(Natalya Polosmak)在西伯利亚南部的乌科克高原(Ukok Plateau)发掘了一个未受扰乱的墓室,从公元前6世纪到公元前2世纪,这个墓室一度作为古代牧民的家。墓室中有一个充满冰块的木棺,普罗斯马克通过连

图9.7 英格兰西南部萨默塞特一个保存很好的青铜时代古道

续多天向其表面浇热水来解冻这个木棺。棺中有一个25岁女人的尸体,戴着精致的头饰。这个女人168厘米,侧身安葬,强壮的手臂交叉放在胸前。一个皮肤仍然柔软的肩膀上文了一个神秘生物的复杂文身。她的葬礼服装包括一条绘有白色与栗色水平条纹的羊毛短裙,一件可能来自中国的真丝上衣,肩上披着斗篷,身边放着一个木柄镜子。附近一匹马的尸骨遗存把我们的注意力引到坟墓旁边,这匹马被石斧砍死,然后被放置在女主人旁边的坑中。

每个人都听说过罗马赫库兰尼姆和庞贝——公元79年,整个城镇都被附近维苏威火山的爆发吞没。火山灰和岩浆埋葬了这两个社区,甚至保存了所有逃跑者的尸体(图9.8)。这种遗址是很少见的,但是一旦被找到,就会随之出土很多惊人的发现。公元6世纪,河流附近的火山爆发突然埋葬了位于圣萨尔瓦多塞伦的一个小型玛雅村庄。那时人们正在吃晚餐,但是还没有上床睡觉,为了逃命,他们抛弃了房屋和财产。灰烬不仅埋葬了村庄,也毁掉了附近的农作物——埋葬了矗立在田野中的玉米、木薯和龙舌兰等植物。佩森·希茨和他的研究小组已经揭露出的全部房屋和附属建筑、屋内放置的器物,全都与它们被遗弃的时候一模一样。每个塞伦家庭都有一个专门用来吃饭、睡觉和进行其他活动的房屋,一个储物室,一个厨房,有时还有其他附属建筑(图9.9)。

大量茅草屋顶远远地伸出墙外,不仅遮盖了人行道,还为加工和储存谷物的地方

图9.8 意大利庞贝古城一具因火山灰窒亡的尸体

提供了遮挡。每个家庭都将谷物储存在由紧密盖子盖着的黏土容器里,从屋顶垂下一些挂着的玉米和辣椒,橡子上放着锋利的刀子。发掘已经揭露了玉米地的边缘,那里的植物已经翻了一倍,麦穗还挂在茎干上,这种储存技术今天还在中美洲某些地区使用。由玉米的成熟情况来判断,火山爆发发生在生长期的末尾——8月。塞伦提供了一个观察小型玛雅聚落生活的完整视角,这种生活和精英居住的伟大宗教中心的生活非常不同。

但是,正像我们说过的,大多数考古遗址只能发现一小部分被埋葬的有机材料。幸运的考古学家也许不仅能发现生产工具,还能发现一些食物遗存——动物骨头、一把贝壳、种子或其他蔬菜残留,但是几乎不会有更多了。很显然,获得如塞伦、奥泽特遗址一样完整的居

图9.9 艺术家复原的萨尔瓦多1号家庭的房屋、工作间(右边)、储物室(左边)。(From *The Cerén Site*, 1st edition, by Payson Sheets. © 1992 Wadsworth, a part of Cengage Learning, Inc. Reproduced by permission. www.cengage.com/permissions.)

住景象是几乎不可能的。这就使得缩小现在与过去的差距变得十分重要。

9.4 中程理论与考古记录

考古记录是静态的，但是现在是不断变化且动态的。那么，一个人如何研究过去与现在、静态与动态之间的关系？这个问题对考古学来说是至关重要的，因为我们的大多数研究都是基于一个假设，即器物是用特定的方式使用的，且在千年前就是这种使用方式。这个假设关系到两方面内容：

- 过去是死的，且只有通过现在获知——通过考古学对它的研究。
- 现在的准确知识对了解过去是很关键的。

中程理论（middle-range theory）包含了方法、原理、观点——它们可以应用于世界上任何时期、任何地区来解释我们对过去的发现、发掘、分析。总体概念来自于社会学，并描述了一个随着考古学家尝试缩小古代实际发生的事情和今天考古记录之间的差距而正在形成的理论主体。路易斯·宾福德和其他考古学家寻找的"罗塞塔石板"允许一个人通过观察静态的过去来陈述消失很久的动态过程，他们相信中程理论提供了概念性工具，它可以解释器物形态和来自考古记录的其他物质形态。

中程研究对考古学来说很重要，不论一个人是否相信，这个研究都是为了说明行为和物质遗存之间的关系，或者理解考古记录中模式的决定因素与结构性质之间的关系。它通过**民族学类比法**（ethnographic analogy）、研究社会生活（**民族考古学** [ethnoarchaeology]）、使用历史文献和控制实验（**实验考古学** [experimental archaeology]）来进行。

并非所有考古学家都同意考古记录保留了人类行为的非直接信息，一些人坚持在所有时间、地点的人类行为和物质文化之间的联系就是全部考古学。争论仍在持续，但是可以很肯定地说，如今，民族考古学、实验性研究和类比法在对过去的研究中占据主导地位。

9.5 生动的过去

我们所在的世界，被人类社会惊人的多样性所占据。一个世纪以前，很多人仍然使用与史前祖先同样的方式生活。但是不变的种植、收获、生死、狩猎季节、蔬菜食物等日常生活过程，已经在西方开发和工业文明面前凋零了。如今，仅有几个社会还采用他们传统的生活方式，许多传统社会都灭绝了。在白人定居的冲击下，塔斯马尼亚人实际上在70年之内就消失了；火地岛印第安人消失于20世纪50年代（图9.10）。伊什（Ishi），最后一个加利福尼亚狩猎采集者，直到1911年还努力生活在位于加利福尼亚北部山脚下的家园土地上，他目睹自己的所有同伴都被白人定居者消灭。亚马孙地区尚存的印第安人，在毁掉他们雨林环境的大规模采矿作业面前迅速消失。

人类学中的传统社会和非西方社会，以及在这些社会中生活的人，面对渐渐渗入的工业文明不得不做出广泛的调整以适应变化。人类学家追踪那些进行调整的人的命运，这些人通常会变成大工业城市中的少数贫困族群。自从19世纪以来，很多曾经被人类学家研究过的社会，通过死亡或转换，已经变成考古记录的一部分。他们不再是存在的群体，除了早期历史记录、口头传承和一些早先的人类学研究，留下的散落器物和遗址成了他们社会仅有的记录。总之，他们已经变成人类文化的过去。

从非西方社会第一次接触到欧洲人的那一刻，例如1769年詹姆斯·库克登陆南太平洋塔希提岛，考古学家很多年都在谈论"现在的民族志"。他们尝试着将塔希提人的文化，还有与此类似的其他文化，当作像时间胶囊一样的凝固体来思考，实际上这些文化已经持续变化了几个世纪，在与欧洲人接触后仍在不断改变。他们从来不是现在的民族志，但考古学家已经长期公认这种社会记录的价值，把它们作为一种解释更古老文化的方

图9.10　火地岛印第安人

法。考古学家通过使用民族学类比法和民族考古学来解决问题。

9.6 民族学类比法

早期的人类学家收集了全世界多元化社会关于传统物质文化的大量信息，这些材料给考古学家提供了比较拥有基本相似技术的现存人类和史前人类的机会。因此，有人认为，非洲桑族、澳大利亚土著居民还有其他不使用金属的现存狩猎采集者，能够被认为是史前使用石器的狩猎采集人类的现存代表。按照此类原则，一个在北极发掘有2万年历史的营地的考古学家，可以转而去比较今天因纽特人的现代材料。他们认为爱斯基摩人的钻孔和北极石器时代文化留下的钻孔有极大相似性，因为他们都要适应同样的环境。

这种类型的推理明显过于简单化，因为每个人类社会——古代的或现代的，或者已经有对所处环境的独特适应方法——都使用多种方法塑造其自身文化的各个方面。例如1.5万年前，法国西南部冰河时代晚期的一些马格德林狩猎采集者都是狩猎驯鹿的专家，他们的食物很大程度上依赖这些动物的季节性迁徙。相似地，现代加拿大北部靠近北极的狩猎团体以迁徙的驯鹿群为食，与驯鹿有紧密的联系。冰河时代晚期法国西南部的环境和加拿大靠近北极圈的那些环境有根本性不同，但每个群体正在使用的或曾经使用的技术都相同。那么断言1.8万年前马格德林文化是现代靠近北极圈的驯鹿猎人的史前实例的确是幼稚的。

考古学家随后开始采用类比最近社会的新方法。他们开始追溯早期一些已知的、存在的人群，通过发掘印第安人有历史记载的遗址并研究他们的社会，充分利用历史记录去解释他们的发现。因此，据说将拍摄于1890年美国西北部海岸印第安人家庭的照片与最近发掘的公元1500年的印第安人房屋基础进行比较，如果两者的特点相同，那么它就可以合理地解释源于这个模型的史前房屋设计。房屋将会被追溯回史前时期的遗址中，这些遗址比历史时期的聚落还要早几个世纪。

简单地说，这个方法的基础就是考古学家用民族志记录来解释史前器物和遗址。围绕着这种解释存在相当大的争议，因为如果要对现代器物模式和史前遗址中的发现进行比较，就需要复杂的研究方法。由于这个原因,很多考古学家相信"生活考古学"（或者民族考古学）是一个有效的方法。

9.7 生活考古学（民族考古学）

提供给考古学家的大部分民族学材料都是在人类学远没有今天的人类学那么复杂的时候收集的。人类学家收集对象中的物品或风俗信息经常没有聚落分布和文物模式详细信息的记录，而此类信息是考古学家现在最急需的。一个人很难指责先辈，因为他们已经尽力在无可挽回之前外出记录关于消失文化的信息，而微小的聚落细节很难被视为一个重要的优先项目。今天，很多人类学家研究的遗址本身已经变成了考古遗址，伴随着贝丘与破碎的房基，它们实际上已经和史前遗址没有区别了。那些转变成考古遗址的废弃聚落提供了一个研究整个过程的独特机会。理解这些过程使考古学的解释通俗易懂，所以一些考古学家已经开始为自己考虑而到田野中去研究"生活考古学"。

在20世纪70年代，伴随着对非洲桑族狩猎采集群体和美国阿拉斯加努那缪提驯鹿猎人的研究，这种生活考古学形式已经融入它本身之中。更多最近的研究已经在关注这些狩猎采集群体，如坦桑尼亚北部的哈扎；关注农业社会，如菲律宾的卡林阿（Kalinga）；还关注一些亚洲西南部的群体。据说，考古学家希望通过在一个因纽特人狩猎营地生活并观察居住者的行为，来记录一个考古学的可观测模式，了解什么行为是他们生活中常做的。有时候历史文献可以在这一领域中使用，以强化观察效果。初期的民族考古学工作关注特定器物模式并研究狩猎采集营地，这有可能提供一种解释奥杜威峡谷和其他地区最早人类遗址的途径。但是后期工作的一个主要问题是发展考古学的推论方法来缩小过去与现在的差距。

很多考古学家把民族考古学简单看作一系列大量人类行为的观测数据，通过这些数据他们可以草拟合适的假设来对比他们的发掘发现和实验室数据分析。这个解释完全错误，因为事实上民族考古学研究只能处理现代世界的动态过程。

昆桑人

考古学家理查德·李（Richard Lee）花了多年时间来研究南非的昆桑人（！Kung San，！符号表示咔嗒声，就是舌头顶住上颚发出的声响），在一次探险中，考古学家约翰·耶伦（John Yellen）一直陪着他。耶伦花了几个月来研究桑族人屠杀动物，以及来自于宰杀、做饭和食用的破碎骨头（图9.11）。他为最近被遗弃的一个年代已知的遗址起草了方案，记录了房屋、灶台、遗骸所在的位置，并且将与曾经居住在这里的人交谈作为建立精确的人口估计并分析原住民社会关系的一种途径。

图9.11　生活考古学：在非洲南部的卡拉哈里沙漠中，一个昆桑人用灌木搭建的庇护所和防风篷。

耶伦发现桑族人通过有意的行为来建立营地，例如建立一个庇护所或地灶，以及丢弃动物骨头和制造工具剩下的碎片等随意行为。营地中有一个每个人都能使用的公共区域，有围绕着灶台的私有家庭区域，还有一些活动区域——如炎热的一天中妇女砸坚果的地方就位于树荫之下。在家庭区域，耶伦记录了很多准备食物的地方。昆桑人营地中的大多数行为都和个人家庭有关。因此，从理论上讲，通过研究工具模式的变化，一个人应该能够对家庭在某个时期的发展进行研究。当然，付诸实践还需要综合数据和仔细制定的研究规划。

玛雅人的磨盘

在墨西哥与危地马拉边境附近，当考古学家布莱恩·海登（Brian Hayden）检查玛雅被殖民前时代的石器时，他发现一些现代说玛雅语的社区仍然制造和使用石盘和石杵，即磨盘和磨棒。海登设计了一个广泛的调查项目，去检查为制造工具而收集的石头的属性、石器技术的效率以及随着重复使用石制工具形制的演变。他和一个50岁的磨盘制造者雷蒙·拉莫斯·罗萨里奥（Ramon Ramos Rosario）密切合作，海登跟随罗萨

图9.12 雷蒙·拉莫斯·罗萨里奥在制造一个石磨盘。

里奥学习了整个石器的制造过程，从材料选择到最后的表面打磨（图9.12）。耗时和动作研究显示，制造出工具本身的大体形状，并且只使用石头工具来把磨盘表面打磨光滑，需要花费这个专业人士2.5天的时间，完成磨盘和磨棒需要4.5天到5.5天。最后，海登检查了他们在考古中发现的相似石片，检查了它们的切痕和啄痕，并结合这些使用痕迹来进行研究。海登挑选样本的排列基础是边缘磨损强度的大小，并以此为方法估测使用类似工具的相对长度。他把自己的研究结果和史前文物进行比较，结果表明，考古遗址中发现的许多钝边玛雅木工工具，可能都曾被妇女拿来磨制磨盘和磨棒。

海登的研究说明了一个多元民族考古学方法的力量和潜力，利用现在的动态数据来评估那些来自静态考古记录的考古现象。

努那缪提因纽特人

在另一个例子中，路易斯·宾福德研究了美国阿拉斯加努那缪提驯鹿猎人，目的在于尽可能多地了解因纽特人的团队狩猎实践活动。努那缪提人很依赖肉类，其中的一部分甚至由驯鹿胃中已消化的食物提供，并且一年只吃一满杯蔬菜类食物。因为只有大约两个月可以随手得到新鲜肉食，他们普遍依赖于储存了8个月到13个月的食物。宾福德很快发现努那缪提人的食物采购策略是基于复杂的决策，不仅包括在不同季节的食物分配，还包括储存不同动物及其某一部分的可能性，同时也有一系列采购、携带和储存肉类的后勤。这样做是否更易于让人们成为一个群体？或让人更容易携带肉类回到基地？他的研究使他相信，动物解剖的事实和实际的生活策略之间是有联系的，把握它们的关键就是对动物骨头进行有意义的分析。

宾福德研究了努那缪提人一年的生活，包括他们的屠宰和储存策略，建立衡量不同主体部位利用率的指标。他还对现在的屠杀地点和已知的42个可以追溯到很早时期的考古地点进行了比较观察。对努那缪提的研究很有价值，它不但生成了大量实验数据，还显示出文化适应是如何被局部限制的。

对努那缪提的研究和其他民族考古学项目具有警示作用，因为它们显示在不同地区的不同器物和人类行为可能完全源于本地考虑，而不见得是出于文化差异。

美国亚利桑那州图森市：现代物质文化和废弃物

虽然民族考古学调查趋向于关注狩猎采集者，但是更复杂的社会——甚至是我们自己的社会——还有许多有趣的研究实例。例如，威廉·拉思杰的长期主要研究是美国亚利桑那州图森市的现代城市垃圾，他的基础是最新的考古方法和研究规划。这个项目的目的是在一个现代背景下，调查资源管理机构、城市人口、社会和经济阶层之间的关系，项目中来自被采访者的控制数据和其他看法都可以详尽描绘一个考古研究的类型，这个类型也许是一个古代城市中心。图森市垃圾研究产生了惊人的效果，展示了城市两部分人口之间差异很大的资源管理模式，显示了中产阶级是最浪费的人。

世界各地还有很多有关民族考古学的例子。著名的有在菲律宾进行的有关陶器的研究。对于生活类陶器的研究为手工制作容器之间的变异提供数据，从而为研究遗址（例如西南地区的普韦布洛遗址）之间的不同提供了重要材料。其他方面的材料，著名的有关于勒克桑岛（Luxon Island）陶器的研究，解释了制作出颜色各异的生活陶器的原因。例如，黑色罐子在市场上很受欢迎；实验室的测试结果表明，黑锅比其他锅更好用。一些最有效的民族考古学研究通过实验考古来观察人们的生活。这对于研究古代工具制造技术尤其有效。

9.8 实验考古学

考古学家最爱尝试跟过去有关的实验。一个热心的早期实验者，爱尔兰都柏林的罗伯特·鲍尔（Robert Ball）很努力地吹响一个史前号角，以至于发出了像一只牛一样的咆哮声。不幸的是，他的努力引起了血管爆裂并导致了死亡。但是，并不是所有考古学实验都如此冒险。考古学家已经制造了石器工具，使用木筏漂洋过海，并试图重现已经过去的18世纪。其中一些人取得了非凡的成就。

著名的石器时代考古学家路易斯·利基，不仅发掘早期人类遗址，还用很多年来完善他作为石器制造者的技艺。他可以制造一个完美的史前石斧，并用它在几分钟之内剥下一只羚羊的皮——在学术会议上一个最受欢迎的示范。一个最值得注意的实验，是1947年挪威人索尔·海尔达尔（Thor Heyerdahl）的"康提基"号（Kon-Tiki）探险，他尝试证明喜爱冒险的秘鲁人曾经使用轻木筏穿越了几千英里的海洋，定居到了波利尼西亚。海尔达尔成功使用一个轻木筏到达波利尼西亚，但是，他的探险只是证明使用"康提基"号木筏在海上进行长期航行是可能的，却不能证明秘鲁人定居到了波利尼西亚。

在与几个世纪之前相同的条件下，人们使用石斧清理丹麦厚厚的林地，并在美国西南部种植史前作物。后者的实验持续了17年，除了其中的两年干旱杀死了幼小的作物，总体上作物还是获得了大丰收。以史前生活模式来生活的实验很受欢迎，尤其是在英国和丹麦，这两个国家的电视网络给"史前人类"志愿者提供长期的实验资金。一个英国实验是围绕几个家庭展开的，给他们提供作物和牲畜，并把他们隔离在一个重建的约公元前200年的铁器时代村庄中。他们要独自生活一年，唯一的让步就是使用抗生素和避孕药。此类实验是否具有科学价值尚且存疑，但是它们提供了史前生活现实的肤浅见解。更严肃的实验是对一些忠实复原的古代房屋进行控制焚毁，以展示当它们被烧尽的时候，结构会变成什么模样——这样的房屋在很多真实遗址中存在。英国考古学家甚至已经建立了一个完整的实验土木工事，在超过128年的时间里每隔一段时间就定期发掘一次。由此产生的土壤腐蚀和器物保存信息对解释相同史前遗址是无价的。

很多最近的实验者已经开始关注复制行为，例如史前石器工具工作边缘的磨损现象。劳伦斯·基利和其他研究者检查石器，如在高倍与低倍显微镜下观察古印第安尖状器的细节。他们现在能区分不同材料的不同磨光面，包括木材、骨头和兽皮，用这种方法分辨一个工具是用来切木材、蔬菜还是从骨头上剔肉是很可靠的。有时，边缘磨损研究可以收获意想不到的结果，尤其是结合拼合时——把碎片和它原本所在的石核重新拼合在一起。这种技术使丹尼尔·卡恩和劳伦斯·基利确定了在比利时梅尔的一位左撇子石器制造者——第8章提到过这个人。通过重新拼合一些石片和石核，研究工具工作边缘的磨损模式，以及检查遗址内石头碎片的分布，他们可以证明有两个人，其中一个人是左撇子，使用钻孔和骨头碎片来制造一些工具。

这个加上很多其他创新项目，让考古学家能够使用现在去更好地理解过去，并尝试着突破考古记录强加给我们的以及对它有影响的形成过程的限制。

本章总结

1.考古记录受到复杂的遗址形成过程影响，例如人类活动和土壤化学过程。

2.保存环境取决于气候和土壤条件。干旱的、极寒冷的条件，以及被水淹没的土壤都给有机物遗存——如尸体、软组织、纺织品、木材——提供了一个绝佳的保存机会。

3.考古记录是静止的，但是现在是不断改变的、动态的。

4.考古学家假定过去是死的，只能通过现在的考古学来研究和获知。他们使用中程理论：可以解释任何他们关于过去的发现，适用于世界上任何时期、任何地区的方法、原理、理念。

5.来自民族学类比法、民族考古学、对现存文化系统的研究、控制实验的理论主体被用于缩小过去实际发生的事情和今天考古记录之间的差距。

问题

1.在考古学研究中，为什么遗址的形成过程如此重要？

2.为什么中程理论在考古学中这么重要？它是如何在考古阐释中起到作用的？

3.民族考古学为研究古代社会提供了哪些重要线索？用本章的例子做相关说明。

第10章 古代气候与环境

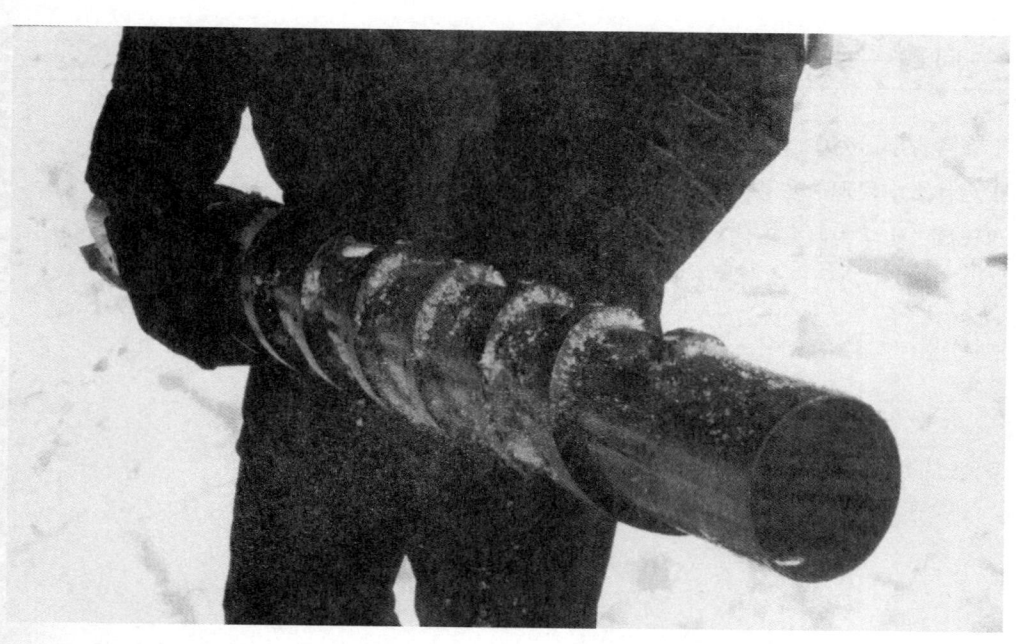

在秘鲁奎尔卡亚冰帽上进行的冰核钻探

10.1 短期与长期气候变化
10.2 长期气候变化：大冰期
　　深海沉积与冰芯
　　更新世框架
10.3 孢粉分析
10.4 短期气候变化：全新世
　　世纪性的变化：新仙女木事件与黑海

10.5 短期气候变化：厄尔尼诺
　　莫切文明
　　树轮：研究美国西南部干旱
10.6 地质考古学
本章总结
问题

导　言

从距今150万年前的冰期开始前，人类社会就已经适应了不断变化的环境和长期或短期的气候变化。近年来，一场使用深海沉积和冰芯、树轮和孢粉分析来研究古代气候变化的革命，使得从更细微的角度观察古代人类社会在复杂气候变化中的情况成为可能。本章介绍了冰期中的主要事件，然后是全新世，当然也会讲到研究气候的主要方法。我们会讨论厄尔尼诺现象的影响以及安第斯山脉的莫切社会和美国西南部普韦布洛社会的干旱情况。地质考古学这一交叉学科是研究过去气候变化的最重要的科学。

> 埃琉西昂原野，金发的拉达曼提斯的住处，居住在那里的人们过着悠闲的生活，那里没有暴风雪，没有严冬和淫雨，时时吹拂着柔和的西风，轻声哨叫，奥克阿诺斯遣它给人们带来清爽。[①]
>
> ——荷马，《奥德赛》

---

① 荷马著，王焕生译：《奥德赛》，北京：人民文学出版社，1997年。

在公元前4500年，英格兰北部的一片林地长满了橡树、白蜡树和榆树，其间点缀着几处草地和沼泽地。公元前3820年，一些采集者在森林中放火，以达到使森林长出新鲜绿色的嫩芽来喂养鹿的目的。桦木和蕨类此时出现了。在更多的景观被清除前，大约过去了30年。从大量的木炭碎屑可以判断出，火在矮树林中蔓延，遗留的灰烬给土壤增加了肥料。现在的小麦孢粉和一种被命名为车前草的种植作物出现了，随之而来的是50年的小麦种植，这些年里仅看到两次烧林，一次是在6年后，一次是在19年后。然后70年过去了，在这期间，农业停止了，这片土地空闲下来。当林地重新占据这片土地以后，榛树、桦树和桤木又开始繁茂，橡树也重新生长起来。

这些间隔短暂的场景——刀耕火种农业，抛弃与再生——在石器时代农业初期古代欧洲的数千个地点被不断重复。几个世纪之后，通过园艺和驯养动物，混合橡树林的自然环境被改变到难以辨认。直到几年前，我们还只能对这种环境改变进行猜测。今天，细粒度孢粉分析和其他高精度方法使我们可以重建遥远过去的短期气候与环境变化。

考古学研究长时段内文化演变的能力是独一无二的。同时，这也是一门研究成百上千年间人类与自然环境之间相互作用的交叉学科。本章主要从多学科视角，介绍考古学家研究长期与短期环境变化的一些方法（见发现专题"公元6—7世纪秘鲁月亮神庙莫切文化的人祭与厄尔尼诺现象"）。

10.1 短期与长期气候变化

气候变化有多种表现形式。发生在千年尺度上的与冰期相关的长周期冷暖交替，对人类的生存具有长期影响。例如，末次冰期期间，西伯利亚与阿拉斯加之间的浅海大陆架使人类能够在1.5万年前寻找到从亚洲向美洲迁移的道路，但是实际上连接两个大陆的大陆架构造本来需要经历数百年与数代人的时间才能形成。短期的气候变化，如厄尔尼诺现象引起的洪水和干旱，或者是火山喷发使火山灰充斥于大气层中等情况，就是另外一回事了。记忆中的大饥荒和其他类似事件很多都与气候变化有关，它们可能会持续几代人之久，因此这会对上百人甚至是上千人产生迅速影响。纵观人类历史，人们对于处理突发的气候变化带来的干旱、饥饿以及意料之外的食物短缺已经有了应对措施。人类总是聪明的机会主义者，具有解决由环境改变导致的意想不到的问题的能力。因此，无论在哪里，环境重建与气候变化都是考古学家面临的重要问题。

10.2　长期气候变化：大冰期

距今大约180万年前，全球性变冷标志着**更新世**（Pleistocene）的到来，更流行的叫法是大冰期。更新世与大约开始于1.5万年前的**全新世**（Holocene），一起构成了**第四纪**（Quaternary）的一部分。更新世是世界气候发生戏剧性转变的标志性时期。更新世的许多时候，大冰盖覆盖了西欧和北美的许多地区，北半球的大部分地区都处于极地气候，科学家已经至少识别了过去78万年间的8个主要冰期。冰期之间是短暂的温暖期，这时的世界气候有时比今天还要温暖。最普遍的模式是冷暖交替，随着逐渐变冷，最终在相对短的时期内会达到极寒，紧接着就是快速变暖。过去75万年中75%的时间，世界气候从一个极端转变到另一个极端，我们现在仍然生活在冰期内，在一个温暖的间冰期时段。如果当前的科学预测准确，且不受人为导致的全球变暖的影响，我们可能会在大约2.3万年内开始进入另一个寒冷时段。

没有人准确知道导致冰期气候波动的原因，但他们认为与太阳辐射量的波动和地球绕太阳公转的周期变化有关。但是这种气候变化对考古学家有十分重要的作用，因为这种气候变化为早期人类历史建立了一套长期的环境背景。尽管几乎没有人在覆盖北半球大部分地区的大冰盖或其附近居住，但是他们居住在被与冰盖有关的地理现象影响的地区：沿海地区、湖泊和河流冲积平原。当与更新世地质特征有直接关系的人工制品被发现时，有时就有可能把考古遗址与源于地质层的更新世事件的相对年代对应起来。

深海沉积与冰芯

我们关于冰期气候变化的知识来自于多种渠道，包括冰川堆积与古代高海岸线等地质地层以及来自于对环境变化十分敏感的哺乳动物骨骼化石——大至大象，小到老鼠。这种方法长期提供了冰期冰川作用的一个大致轮廓。但近年来，对于深海沉积和冰芯的研究——通过提供来自深海洋盆和格陵兰冰盖核心的冰期气候长期持续变化——已经改变了我们对更新世的理解。

世界大洋的洋底是一个关于古代气候变化的无价之宝。深海沉积产生了包含小型海洋生物体骨骼的海底沉积物的长柱，这些海洋生物体曾经生活在靠近大洋表面的地方。这些浮游多孔虫（原生动物）由大量的碳酸钙组成，活着的时候，它们微小的骨骼会吸收有机同位素，其中两种同位素——氧–16与氧–18——的比例由蒸发而异。当蒸发量很高时，更多较轻的氧–16被从海水中抽取，使得浮游生物富集更多较重的氧–18。

发 现

公元6—7世纪秘鲁月亮神庙莫切文化的人祭与厄尔尼诺现象

人牲在前哥伦布时期十分常见，如阿兹特克人和印加人。早期西班牙人统计了充斥人类被烧死、剥皮、斩首或者挖出心脏这些丰富故事的社会。很少发现这些行为的考古学证据使得1400年前莫切人献祭这一引人注目的发现变得特别重要。

公元500年左右，莫切王国控制着北部沿海的10个山谷，也就是现在的秘鲁。依靠灌溉农业和与高地邻居间的远距离贸易，一小群勇猛的战争祭司精英建立了早期安第斯社会的政治和宗教传统，用以创造一个复杂并富有的社会，这个贵族阶层可能是高贵家庭的联合。用来进行统治的宏伟寺庙群，是由数千名平民建成的金字塔，他们通过义务劳动向国家缴纳贡赋，这在之后几个世纪被当作一个安第斯古老的传统（mi'ta）。我们知道的关于莫切社会的信息大多不是来源于文献，而是来自他们奢华的视觉文化、惊人的制陶业、金属器物、木制雕刻、纺织品和壁画。这种视觉文化大多涉及战争、俘虏以及人牲。

最大的莫切中心位于瓦卡斯·达·莫切遗址（Huacas de Moche site），其中两个以太阳和月亮命名的巨大金字塔占据着主要位置。从1991年起，秘鲁考古学家圣地亚哥·乌塞达（Santiago Uceda）和里卡多·莫拉莱斯（Ricardo Morales）就开始对月亮神庙进行持续性研究（图10.9）。当时在神庙中的一处隐蔽区域挖掘了一个广场，史蒂夫·布尔热（Steve Bourget）揭露出一处建于6—7世纪的由高砖墙环绕的区域，砖墙内大约有70名男性战士被献祭。他们中的许多人，随后在至少5个不同的宗教仪式中被肢解。在献祭之后，牺牲者身体的各部分散布在仪式区域，其中一些人旁边还有以人命名的故意打破的泥雕（图10.1），他们的身上绘有精美的符号，这些都是个人用精美着色描绘的三维表现。

这些献祭意味着什么？他们可能是对战俘的仪式性杀戮，这是莫切艺术中常见的题材——其中一个完好记录发现于一个可以追溯至大约公元400年的

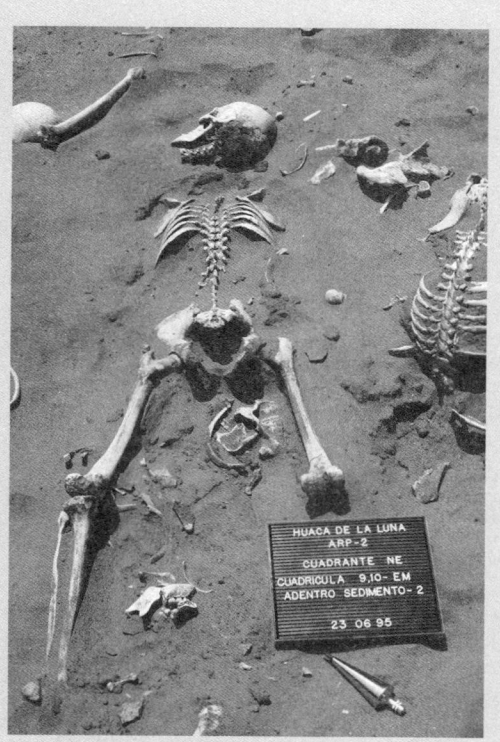

图10.1 秘鲁月亮神庙中被斩首的人牲

西潘领主的墓葬中（图3.5）。布尔热最初认为这些死去的人应该是战争中的伤亡人员，举行仪式是为了安抚未知的力量——莫切领地上无法控制的强大厄尔尼诺。但进一步研究后，他认识到厄尔尼诺事实上已经完全深入到莫切的宗教和意识之中。西潘领主的胸部装饰品、手镯和其他装饰品，都是从其他墓穴中掠夺来的，主要描绘了如秘鲁鹰鳐和螃蟹等外来动物，而只有当厄尔尼诺逆流时，这些物种才会到达北海岸。精英阶层也穿着描绘有被厄尔尼诺事件影响的本地物种的服饰，例如章鱼、鲶鱼、海鸟和海狮。月亮神庙的墙壁和其他圣地也描绘着与厄尔尼诺有关的动物浮雕。布尔热推测莫切的统治者通过把他们的权威与这些事件中令人敬畏的可以改变海洋环境的力量联系在一起，来回应厄尔尼诺的威胁。当厄尔尼诺事件带来大量的降水，冲走了全部的灌溉系统，并且摧毁了大批渔船的时候，统治者就利用这一现象加固他们的权威。他们早已穿戴着这些事件的图解，并且将这些内容展现在庙宇及礼器上（图2.6）。他们的权威来自他们感知到的与超自然力量独一无二的联系，这种联系通过献祭来加强。所以他们在这个特殊广场上利用70名献祭者，可能还有其他的祭品，来加强他们的力量并且维持发生危机时的社会稳定。

当冰川期大冰盖形成时，海平面下降，大陆冰盖的水分被抽干，在这一时期，与氧-16相比，世界海洋包含更多的氧-18，这个比例反映在数百万的有孔虫中。质谱仪被用于测量这个比例，它没有反映古代温度的变化，而是仅仅陈述了海洋大小和陆地上的同时期事件。

通过利用其他证据可以证明气候的波动，如质谱仪的变化频率和其他沉积中的海洋微生物化石。通过使用数据技术，并且假设不同物种与海洋条件之间的关系并未改变，气候学家能够把频率转变成对过去几十万年里海洋表面温度和海洋盐度的估算，并因此得出一个大多数冰期的气候轮廓（图10.2）。通过放射性碳元素定年（见第5章）以及古地磁学的研究，这些事件已经成为关键点。**松山-布容事件**（Matuyama-Brunhes event）——78万年前的一次地磁反转（地球磁场突然反转）——是一个关键的地层标志，这一事件可以从海洋岩芯和火山层中得到确认，这些地点能够被钾氩样本精确定年。

冰芯研究是一种最近才发展起来的技术，但现在已经不断产生越发精确的气候模型，特别是末次冰期和过去1万年内的气候模型。冰芯保存了过去很多年的年降雪量记

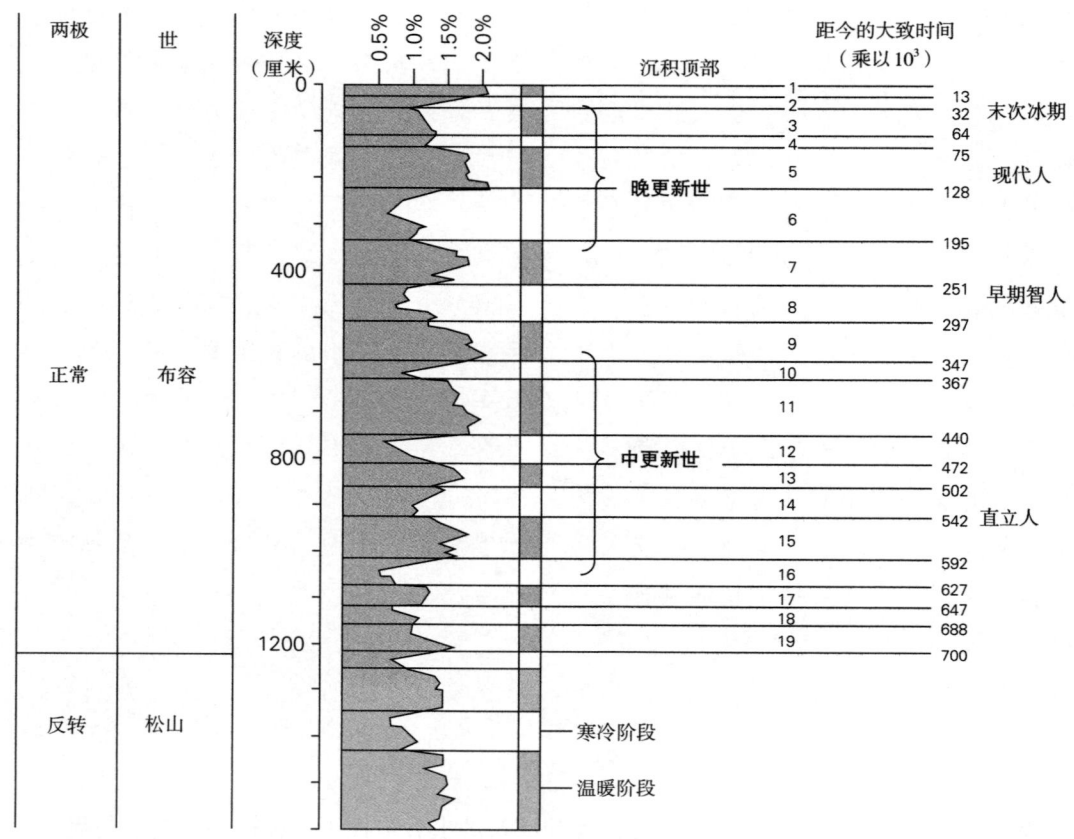

图10.2 深海沉积作为太平洋西南部所罗门高原在过去78万年的参考标准。松山–布容事件发生在11.9米的深度。图中的锯齿状曲线至少识别了8个完整的冰期和间冰期循环。

录，当冰川中的雪层被埋得越来越厚时，它们就被压成了冰。冰在冬季和夏季有着不同的质地，一旦研究人员意识到这一点，他们就能像阅读树木年轮样本一样读懂冰芯，通过这种非常好的解决办法可以回溯1.2万年并且提高精确度追溯到4万年前。一个来自南极洲的冰芯可回溯40万年，并且表明了自过去1万年以来的冰期是人类历史上气候最稳定的时期。冰芯还被特别应用于研究发生在间冰期，对人类有重要影响的短期冷暖情况。例如，科学家现在认为在距今3.5万年至2.5万年前，处于末次冰期的西欧出现了大量人类活动的痕迹，当时有短期相对温暖的条件。

冰芯和深海岩芯与孢粉分析相结合，提供了一个广泛的更新世架构，这一架构被考古学家广泛使用并且值得在这里总结一下（图10.3）。

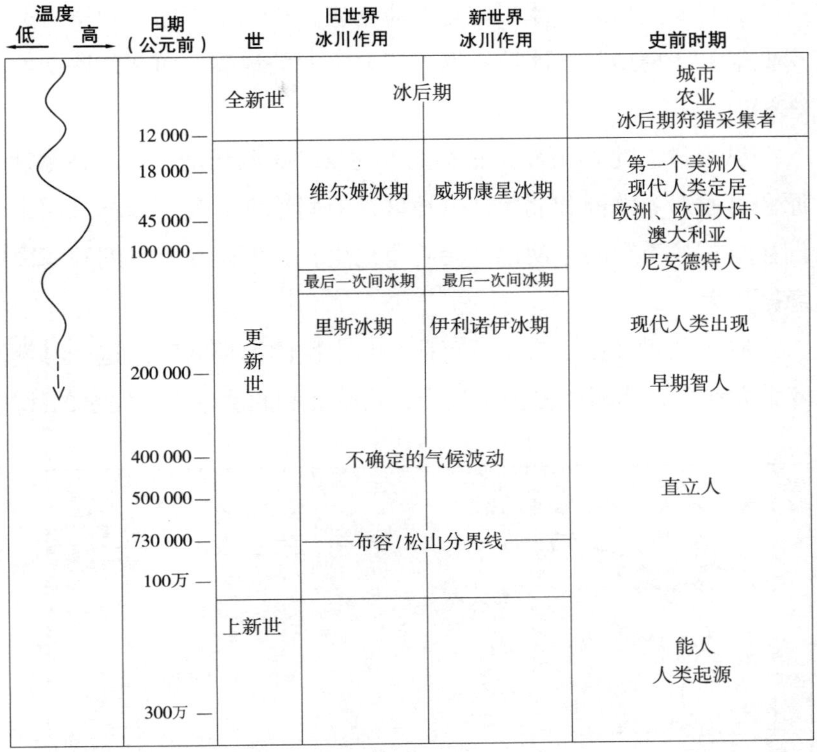

温度 低 高	日期 (公元前)	世	旧世界 冰川作用	新世界 冰川作用	史前时期
		全新世	冰后期		城市 农业 冰后期狩猎采集者
	12 000 —				
	18 000 —		维尔姆冰期	威斯康星冰期	第一个美洲人 现代人类定居 欧洲、欧亚大陆、 澳大利亚 尼安德特人
	45 000 —				
	100 000 —		最后一次间冰期	最后一次间冰期	
		更新世	里斯冰期	伊利诺伊冰期	现代人类出现 早期智人
	200 000 —				
	400 000 —		不确定的气候波动		直立人
	500 000 —				
	730 000 —		—布容/松山分界线—		
	100万 —				
		上新世			能人 人类起源
	300万 —				

图10.3 暂定年表与冰期的细分

更新世框架

更新世始于180万年前一个世界海洋长期变冷的趋势中。这些千年期有着几个持续的气候变化，更新世按惯例被细分为几个长时间段。

早更新世一直从冰期开始持续至距今78万年前，深海沉积告诉我们这段时间气候冷暖交替的幅度相对较小。这些是关键的千年期，因为在这些时间段内，人类在非洲出现了，并且从炎热的地区向着温度较低的欧亚大陆迁徙。

中更新世始于距今78万年前的松山-布容地磁反转时，这一被公认的地质变化不仅反映在深海沉积中，也反映在可以通过钾氩样本进行定年的火山岩层中。

从那时开始，有过至少8次冷（冰期）暖（间冰期）气候的周期，最后一次周期大约在1.2万年前（严格意义上讲，我们现在仍在间冰期内）。具有代表性的一次冷周期随着巨大的大陆冰盖在斯堪的纳维亚、阿尔卑斯山脉以及北美洲北部形成而逐渐开始（图10.4），这些冰盖的扩张封锁住了大量的水资源，导致世界海平面在冰期时下降了几百英尺。世界地形发生了巨大的变化，许多大陆架上都开辟了人类的定居点。当一个温暖期开始时，冰川融化得非常快，在几千年的时间里，上升的海平面淹没了海岸低地。冰期期间，冰盖占据了三分之一的地表，而在间冰期期间，冰盖的面积和现在相当。

纵观过去的73万年，植物的变化反映了气候的波动。在冰期，没有树木的北极草原和苔原遍布欧洲和北美部分地区，但间冰期时温带森林又回来了。在热带地区，非洲撒哈拉沙漠在间冰期也许会有草地生长，但是在干旱期和寒冷期，冰和沙漠景观会急剧扩大。

晚更新世开始于12.8万年前，与末次间冰期同时。这一时期直到距今大约11.8万年前才结束，当时气候慢慢变冷，给欧洲和北美带来了完全的冰川气候。维尔姆冰期，

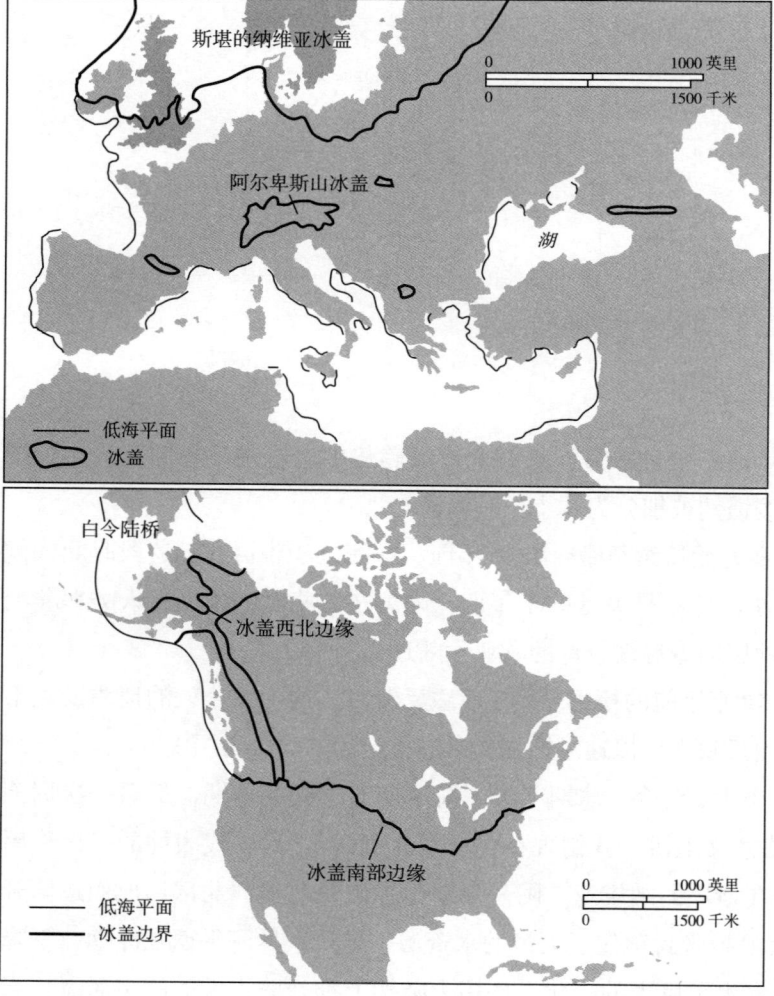

图10.4 末次冰期冰川作用期间，冰盖在欧洲和北美的分布，以及由于海平面降低而外露的土地范围。

是以阿尔卑斯山脉的一条河流命名的，这一冰期一直持续到距今1.5万年前气温迅速回升至温和条件。

维尔姆冰期是一段气候持续波动的时期，其中北半球出现了几段更温暖的温带气候（图10.2）。这一时期是人类史前史发展中最重要的一部分，特别是在这一时期，解剖学上的现代智人从热带地区向旧大陆的各个地区迁徙，并且进入美洲。在距今2.5万年至1.5万年之间，欧亚大陆北部的气候是非常寒冷且多变的。一系列卓越的石器时代狩猎采集文化在中欧开阔的苔原地带、欧亚大陆、法国西南部受庇护的河谷以及西班牙北部得以发展，这些文化以上好的鹿角、骨器和出色的艺术品著称。

1.8万年前的世界地形和现在完全不同，这些不同对人类史前史有着重要的影响，一个人可以通过平坦的低洼平原——白令陆桥——从西伯利亚走到阿拉斯加（图10.5）。这是距今1.5万年前，人类首次踏上美洲的路线。

不列颠岛与英吉利海峡和北海南部的大陆相连接。与现在相比，东南亚低洼的沿海地区在1.5万年前面积更大，这些地区支撑了许多石器时代采集者生活于此，植被区的波动分布也影响了人类聚落形态与人类历史进程。

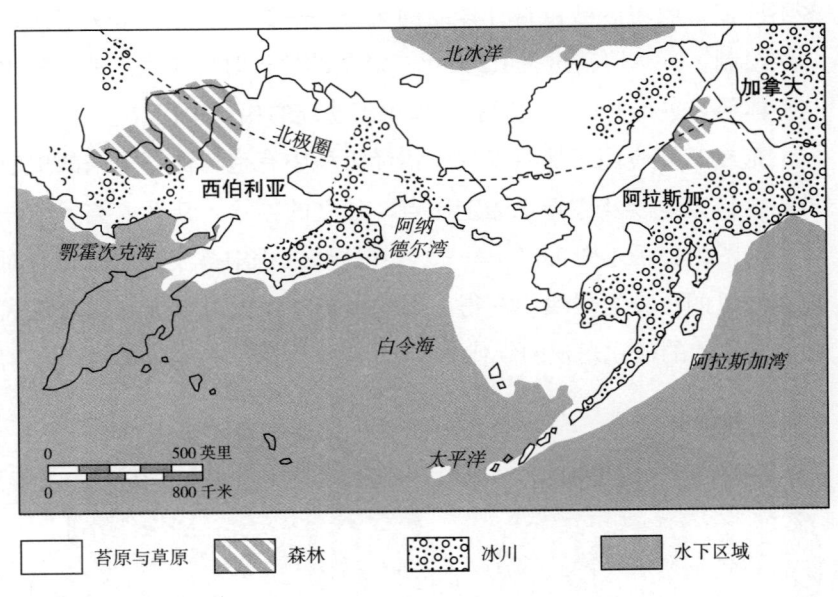

图10.5 通过多学科研究重建的白令陆桥地图

10.3 孢粉分析

早在 1916 年，瑞典植物学家伦纳特·冯·波斯特就利用一些常见树木——桦木、橡树和松树——的孢粉颗粒化石建立了冰期之后北欧的植被变化序列。他展示了桦木是如何代替极地的苔原，然后是戏剧性变化序列中的混合橡木林地——幸存于遍布斯堪的纳维亚半岛的沼泽与湿地中的孢粉样本中。从那时起，孢粉分析（孢粉学）成为一种研究古代环境和人类对自然植被影响的复杂方法。

原理很简单，大量的花粉颗粒散布于空气中，并且在未暴露于空气的地层中具有很好的防腐性。花粉颗粒可以通过显微镜进行十分精确的辨认（图 10.6），并被用于重建植被原貌，甚至是在它们被发现地点附近生长的普通草地和野草。

孢粉分析最初在田野中进行，植物学家参与发掘，并从遗址的地层剖面收集一系列位置靠近的花粉样本。回到实验室，这些样本在高倍显微镜下接受检查。每个属或者物种的孢粉颗粒都要被计数，并对由此产生的数据进行统计分析。将这些数据与发掘层位以及自然植被序列的数据相关联，以提供该遗址植被变化的序列。通常，这些植被序列会持续几百年甚至上千年之久（图 10.7），它构成了孢粉序列更长区域——许多不同遗址收集的数以百计样品的集合——的一部分。举例来说，在北欧，植物学家已经绘制了一套覆盖过去 1.2 万年、复杂的植被时代年表。通过将单个遗址的孢粉序列与整体年表进行对比，他们就可以得出遗址的相对年代。

孢粉学被应用于那些发现于沼泽沉积中有孢粉保存下来的史前遗址中，特别是渔猎或禽猎营地以及靠近水的定居点。独立的器物，甚至人类尸体——如发现于丹麦沼泽中的图伦男子（图 9.6）——也曾在这些沉积中被发现。孢粉有时能在附着于这些发现裂缝里的小型泥炭块中获得，因此植物学家就可以确定相对年代，甚至是一直无法被确定年代的孤立发现的年代。

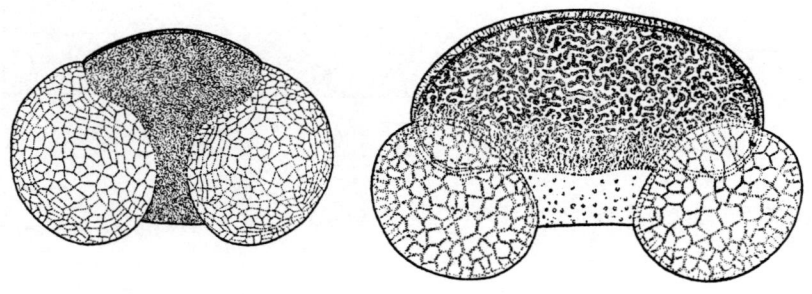

图 10.6 花粉颗粒。左边是云杉，右边是银杉，两者都是实际大小的 340 倍。

直到最近，孢粉分析已经进行了几个世纪。目前，得益于更多改良方法和阿尔法磁谱仪放射性碳定年，人们甚至可以研究短暂的片段，如在本章开始时提到的短暂农业现象。例如，在欧洲许多地区，林木花粉的急剧减少以接近10年的精确度记录了第一次农耕文化间隙。当时，典型的耕种草种第一次出现，如前面提到的车前草。美国西南地区的考古学家现在也有了一个地区性的孢粉序列，这个序列不仅提供了气候信息，也为研究不同印第安村庄房屋的功能和居民的不同饮食结构提供了有价值的信息。

从孢粉遗址鉴别文化活动非常棘手，因为微小的孢粉可以通过多种方法被带入遗址中，如风、水、啮齿类动物，甚至是人类带回家的成熟水果。有时，人们也会使用相邻地区含有孢粉的土壤来建造房屋地面。一些物种——如向日葵——的孢粉很重，可以依附在成熟果实上。上述这些因素很有可能对许多遗址的孢粉样本造成污染，除非有其他的植物证据来证实孢粉学数据，如南瓜皮或者种子。

孢粉分析为研究法国西南部距今约1.5万年至2万年的末次冰期全盛期石器时代的人类生活方式提供了新视角（图10.7）。这就是我们提到过的极寒时期，当时欧洲温度极低，人们猎捕极地动物，并且躲避在类似多尔多涅河谷与韦泽尔谷等深谷中——在这些地方发现了一些世界最早的洞穴艺术。事实上，来自这一时期岩洞和石器时代狩猎采集者露天营地的孢粉，描绘了一幅这一地区完全不同的末次冰期气候景象。这是一副气候在惊人温和条件下不断波动的北极环境景象，特别是河谷的南坡。在这里，

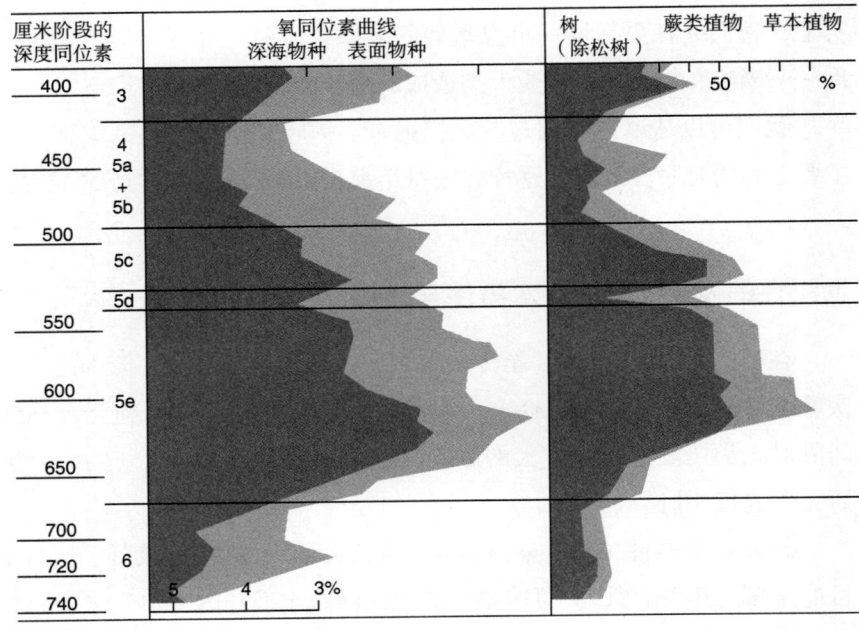

图10.7 西班牙（右）冰期的长期孢粉序列与取自比斯开湾附近海湾深海沉积的氧同位素曲线的对比，显示出两者密切相关。

人们使用面对冬季阳光的岩屋，春季雪融化得较早，并靠近驯鹿迁徙的关键路线以及在谷地过冬的北极猎物。一般认为山谷中的植被覆盖包括松树、桦木和时而出现的落叶树，夏季有茂盛的草场。

末次冰期是一段持续且长短期气候经常剧烈变化的时期。有些气候变化持续千年之久，给点缀着寒冷冬季的欧洲带来了几段与现代气候条件相似的温和间隔期。其他冷暖时段延续了几个世纪，导致人类必须去适应显著的新环境。正如今天，气候时段更短了，一年或几年一次，带来不寻常的酷暑、洪水、干旱和其他短期事件。

10.4 短期气候变化：全新世

最后一个旷日持久的冰期结束于1.5万年前，这时北美和欧洲的冰盖后退，世界进入一段明显的全球变暖时期。然后，巨大的冰川后退，海平面从低于现代91米的水平上升至接近现代的高度，全世界的植被格局发生了巨大变化。因此，在全新世初期，能看到大量的全球变暖、突然的寒流以及比现在更温暖的一段时期。气候变暖带来了食物生产与文明，以及最终的工业革命。许多人认为这种变暖一直在持续，并反映在如今的高温记录中。事实上，全球气候波动和末次冰期气候波动同样剧烈。最近的研究正在革新我们对这些开启了人类历史新篇章、推翻了文明并且引起了大面积中断的变化的认识。要强调的是，全新世是一个纯粹的科学术语，用来区分后冰期时代。事实上，我们处在更新世一个温暖的间隔期，以及，总有一天，地球会再次变得越来越冷——当然，如今正在经受人类造成的全球变暖的影响。

我们可以从冰芯、洞穴的沉积记录、树轮和孢粉样品来识别全新世气候变化。这主要是利用时序分辨率，这种方法每年都在得到改善，因为分析方法变得越来越精确。

世纪性的变化：新仙女木事件与黑海

在过去的1.1万年中，至少出现过三次造成全球气温下降的主要寒流。其中最后一次就是所谓的小冰河期，这个小冰河期从公元1300年持续到公元1850年。前两次寒冷间隔对人类历史进程有重大的影响，这个影响我们可以从新的深海沉积、冰芯和孢粉研究中进行评估。

新仙女木事件（Younger Dryas）从公元前1.1万年持续到公元前1万年。因为一些目前还知之甚少的原因，可能是由于大西洋暖水循环的突然变化，全球变暖突然停止了。

一个世纪左右的时间内，欧洲在近冰期环境下再次发生急剧变化，森林减少，普遍的干旱影响着亚洲西南部。这些在几个世纪充足降雨之后的灾难性干旱，可能是幼发拉底河和约旦河谷地区农业出现以及动物驯化的一个主要原因——这些地区的密集觅食种群之前长期拥有丰富的食物资源。接下来发生的事已被植物学家戈登·希尔曼用阿布胡赖拉遗址的植物遗存记录在案（见第11章）。干旱来临时，坚果产量锐减，猎物种群崩溃，野生的谷类无法支撑密集人口的生存。因此，觅食者转向耕作来补充他们的食品供应，在几代人之内，他们就成了全职的农民。新仙女木事件引起的干旱并不是农业出现的唯一原因，但是气候的突然变化是非常重要的。

在全新世早期，黑海是一个巨大的淡水湖（通常被称为尤克森湖），被土耳其和保加利亚之间的博斯普鲁斯峡谷这个天然堤坝从地中海分离出来。在公元前6200年到公元前5800年，四个世纪的寒冷和干旱再次占据欧洲和亚洲西南部。许多农民放弃了长期居住的村庄，并且在接近大湖和其他永久性水源的地方定居。深海沉积和孢粉图表记录了公元前5800年后气候回暖时发生的事情，海平面重新朝着现代海平面高度不断上升，含盐的地中海海水爬上更高的博斯普鲁斯峡谷。然后，大约在公元前5500年，上涨的海水冲破障碍，倾泻而下，进入152米之下的尤克森湖。在接下来的几周里，巨大的瀑布冲刷出了一条深沟，并且形成了现在连接黑海和地中海的狭窄海峡。以前的湖不仅变成了一个咸海，并且急剧上涨，淹没了数百个沿岸的农业定居点，或许还造成了巨大的伤亡。这个被长期遗忘的事件最近已经通过从地中海和黑海中获得的深海沉积物被重建起来，这些沉积物不仅记录了寒冷的天气和干旱，同时也记录了已经被淹没的湖的突然改变。

关于黑海的发现太新了，以至于考古学家必须评估其后果。巨大湖泊的洪水确实和农民从巴尔干半岛穿越温带欧洲的迁徙相一致。一些专家认为，随着人们逃离了他们曾经肥沃的家园，环境灾难和农业的扩散是相关的。

10.5 短期气候变化：厄尔尼诺

我们通过模糊的借鉴回顾过去，当我们接近近代，这种借鉴变得越来越容易使用。我们关于冰期气候变化的知识在很大程度上是必然的，尽管直到最近，甚至是冰芯的分辨率都没有达到逐年追踪短期变化的程度。然而，这种突然的变化对全体人类是最重要的，他们必须进行不断的调整来适应干旱和洪水这种不寻常的天气条件以及不寻常的热和冷。新仙女木事件和黑海的干旱与泛滥是长期的事件，但按照地质和早期史前的标准,这些事件的时间是很短的。我们现在仅仅是开始了解它们对古代社会的深远影响。随着对这些和其他长期事件研究的深入,更多的学者已经越来越关注长达一年之久的剧烈事件,例如季风衰退、火山爆发,以及最重要的厄尔尼诺。

鉴别古代短期气候变化,需要非常精确和复杂的环境和气候证据。这些证据大部分是从冰芯、花粉图式和树轮中获得的。尤其是冰芯,彻底革新了我们关于古代气候转变的知识,因为它们现在已经达到了5年或者更少年份的分辨率,这真正为研究过去的干旱周期和主要的厄尔尼诺事件提供了可能。

厄尔尼诺就像那些在1982—1983年和1997—1998年获得全世界关注的事件一样,并且有获得关注的很好理由。干旱和洪水带来数十亿美元的损失。美国加利福尼亚州享受着创纪录的降雨,而澳大利亚和巴西东北部遭受着残酷的干旱,巨大的野火摧毁了亚洲东南部和墨西哥的热带雨林。曾经,厄尔尼诺仅被认为是秘鲁沿岸的局部现象;现在,厄尔尼诺是广为人知的全球性事件。由于西太平洋的大气层和海洋环流发生变化,厄尔尼诺现象波及了整个热带地区。从考古学家的角度来看,厄尔尼诺具有重大价值,因为厄尔尼诺对许多在干燥环境中的早期文明具有强烈的影响。这些地区的洪水可能在几小时之内摧毁多年的灌溉农业。以前,人类并不容易受到厄尔尼诺现象的影响,直到他们在永久性的村庄和城市定居。农业和人口密度增长的现实使他们越来越难以远离干旱和洪水(图10.8)。

莫切文明

一个经典的脆弱例子来自秘鲁北部海岸。那里的莫切文明兴盛于公元400年左右,由来自伟大的金字塔中心的战争祭司进行强大的独裁统治(图10.9和图2.6)。莫切文明生存在地球上一个最干旱的环境中,他们使用复杂的灌溉系统以利用沿海河谷安第斯山脉的春季径流。所有的一切取决于充足的山洪水,当干旱发生的时候,莫切深受其害。

秘鲁南部高地科迪勒拉山脉的奎尔卡亚冰盖与莫切之上的季节性降雨山脉位于同一区域。1983年,在冰帽最高处钻孔得到的两个冰芯,提供了超过1500年降雨变化的记录,并且人们也间接对干湿季交替过程中到达低地河谷的地表径流量有了大致印象(本章章首图)。在南部高地,厄尔尼诺现象与该地区短期的强烈干旱有关系,同时也与附近的的喀喀湖周围的高原有关。这些冰芯呈现的遥远过去的干旱事件可能反映了强烈的厄尔尼诺事件,然而,它们更多的作用是观察长期的干湿季交替。

155米和164米长的两个冰芯,分别产生了明显的分层和每年的粉尘层,这些分层

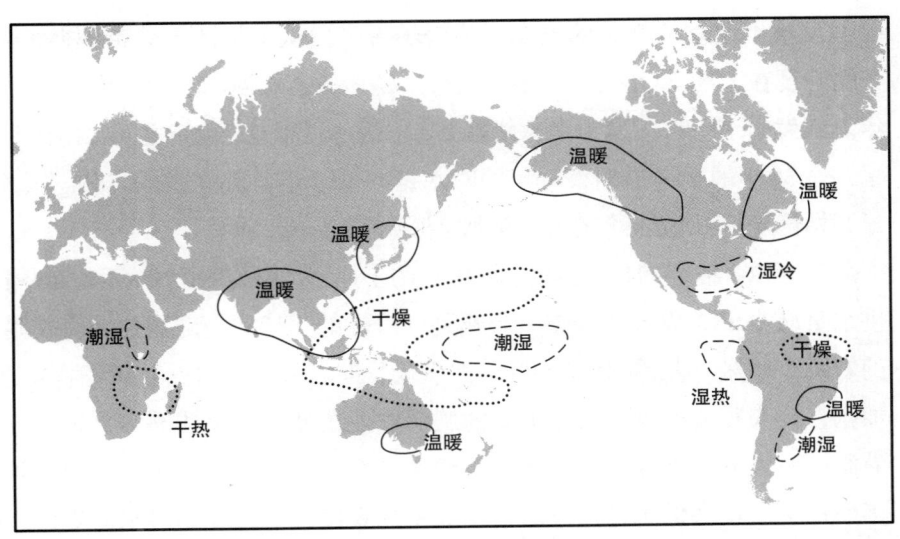

图 10.8 基于1982—1983年事件重建的一次强烈厄尔尼诺现象的全球影响。我们可以假设在过去的5000年里曾经历过广泛的类似影响。

图 10.9 莫切金字塔以公元5世纪其首都的太阳金字塔（Huaca del Sol）著称，强烈的厄尔尼诺事件对金字塔造成了严重的破坏。

能够反映干湿季节交替的周期。粉尘层将尘埃从干旱的土地带到西部的安第斯山脉，其精确度在大约 20 年之内。核心能够清楚地显示长期降水的变化。在公元 534 年至 540 年之间发生了一次短期干旱，然后，在公元 563 年至 594 年之间，山区和低地之间出现了一个 30 年的干旱周期，每年的降水量都低于正常降水量的 30%。公元 602 年，降水量开始恢复；公元 636 年至 645 年则又开始经历一次旱季。

公元 563 年到 594 年之间为期 30 年的干旱，大幅减少了到达沿海地区的地表径流量。供水量减少 25% 或 30% 带来的影响是灾难性的，特别是对居住在海岸附近、河流下游的农民。显然，直到 6 世纪中叶的严重干旱期之前，莫切社会都是繁荣的。随着干旱的加剧，地表径流减少，遥远下游的肥沃农业土地几乎无法灌溉，苦苦维持的数英里的灌溉渠一直处于干燥状态，风沙不断地填充进干旱的水渠中。到第三年或第四年，干旱使地下水位远低于正常值，数千英亩的农田几乎得不到河水的灌溉，晒干的盐分慢慢在土壤中积累，庄稼枯萎。幸运的是，沿海渔业能够提供充足的鱼肉——直到厄尔尼诺现象毫无预警地发生，为沙漠和山脉带来了温暖的海水和暴雨。

我们无法确切知道当强烈的厄尔尼诺来袭时会带来多久的干旱，但是干旱的发生确实是受到厄尔尼诺现象的影响。我们可以肯定的是，莫切文明瞬间陷入了危机，粮食供应不足、灌溉系统瘫痪、营养不良蔓延，人们对统治者神性力量的信心大大降低。这正是在月亮神庙中举行活人祭祀的时间（见本章发现专题）。当厄尔尼诺现象发生的时候，温暖的海水减少了许多地方鳀鱼的收获量，沿海饮食和高地贸易的主要产品下降了十分之一。暴雨淹没了安第斯山脉和沿海平原，干旱的河流变成汹涌的激流，卷走流经地区的所有东西。运河泛滥，堤坝倒塌，经年艰苦的劳动成果在几周之内就消失了。几十个村庄消失在淤泥和碎片之下，房屋倒塌、村民被淹死。洪水污染了泉水和溪流，公共卫生系统不堪重负，数千英亩的肥沃土壤被剥夺。当洪水退去，水位下降之后，伤寒和其他流行病在山谷蔓延，杀死了聚居地的所有人，并且侵蚀了肥沃的土壤。婴儿死亡率上升。

莫切精心设计的灌溉系统，在地球最干燥的沙漠中营造了一个供养密集农业人口的人工景观。如果没有技术创新，在这个地方发展农业是不可能的。农民们清楚干旱与厄尔尼诺现象的危害，但是，技术和灌溉不能确保一个被意识形态而非实用主义驱动的高度集中的社会生存。莫切文明可以承受的气候变化是有限的，最终，这个文明不可避免地崩溃了。

我们不知道厄尔尼诺现象在全球范围内出现了多长时间，但该现象出现在秘鲁至少有 5000 年了。新一代关于冰芯的气候研究和其他数据表明，短期气候变化对早期文明的命运发挥了比我们想象的更为重要的作用。

树轮：研究美国西南部干旱

许多古代社会生活在降雨变化莫测的环境之中，在这些地区，农业是一个非常偶然的事业。生活在美国西南部的古老民族，在半干旱的环境中，利用杰出的技巧耕种了超过3000年的时间，在水资源管理和植物育种方面发展出了非凡的专业知识。一个现代普韦布洛印第安民族的主要理念，就是人必须逃离干旱以求生存。直到最近，考古学家还没有完全理解美国西南部部落迁移的重要性。并且，考古学家不能解释，公元12世纪和13世纪在查科峡谷和四角区的古代普韦布洛人的突然迁徙。新的气候研究表明，气候因素在迁徙中发挥了重要的作用。

针对古代普韦布洛人的树木年代学，现在已经精确到一年以内，可以向我们提供任何地点早期人类社会最精确的时间尺度。最近几年，亚利桑那大学的树轮研究实验室已经开始了大量树木气候学的研究。这些研究已经重建了公元680年到1970年之间，美国西南部的相关气候变化。由杰弗里·迪恩（Jeffrey Dean）领导的同一群科学家，制作了关于季节性和年降雨量、温度、干旱和地区径流量的首次定量重建。这些研究不仅涉及树轮序列，同时也涉及树木生长与降雨量、温度、粮食生产等变量有关的复杂的数学公式。这些计算产生了这些变量在年度和季节基础上波动的统计估计。

迪恩和他的同事已经通过利用美国西南部27个长年轮序列的空间格网，编制了地图。这份地图绘制了不同站点的数值，这些数值的波动像等高线图一样，周期为10年。这使得他们能够研究像迪恩有时称之为"大干旱"——公元1276年到1299年，跨越美国西北到东南地区——的现象。1276年，干旱的开始表现为西北地区降雨量较平均降雨量出现负标准偏差，同时其他地区则享有高于平均水平的降雨量。在接下来的10年里，这种干燥的情况扩大到整个西南地区。直到1299年以后，降雨量才开始上升。这种地图形态，表明搬空的大小村落与短期气候波动密切相关（图10.10）。

当研究小组观察了从公元966年到1988年的整个时期之后，他们发现美国西北地区的树轮测站占降雨量变化的60%；相反，在美国西南部的东南测站仅占10%。这个总格局持续了几个世纪，刚好与现代西南地区季节性降雨分布的规律一致——东南部地区夏季降水占主导地位，而西北地区有冬季和夏季降水。冬季降水更加不能肯定。当科学家们观察539年到1988年间每隔100年的降雨量模式时，发现即使两个地区的边界有轻微反复，但变化并不明显。

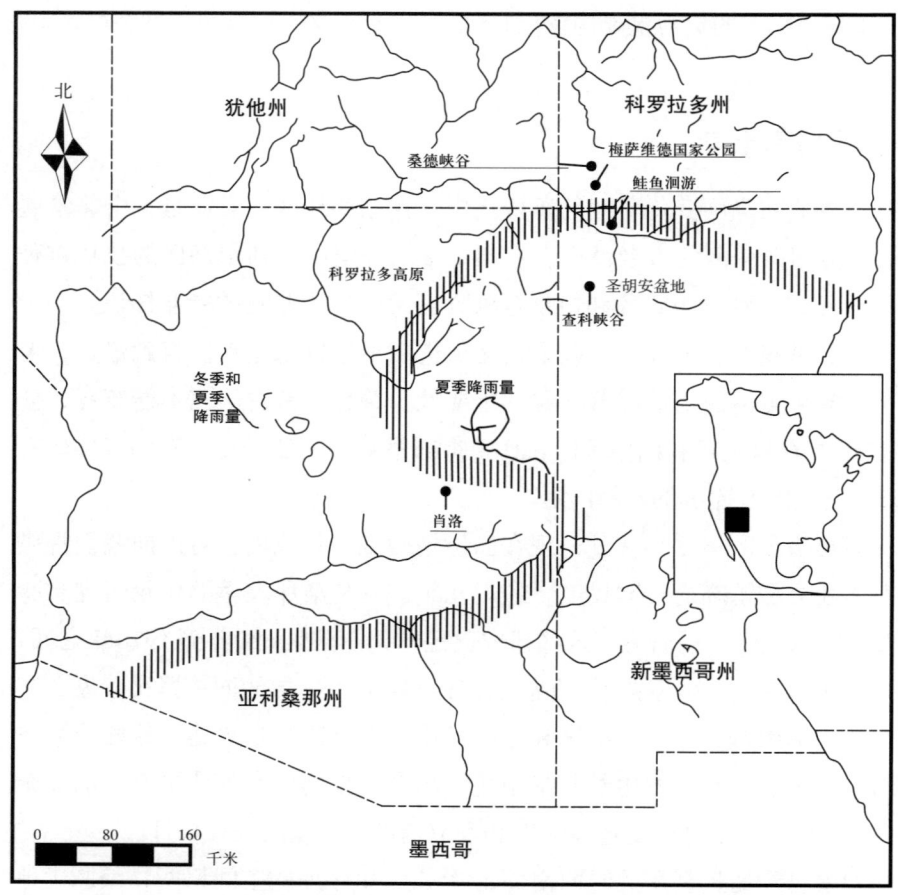

图10.10 美国西南部的气候变化特征显示了用树轮重建的该地区降雨量总格局。西北地区有夏季和冬季降雨，东南地区只能预测夏季降雨。

但是，这种模式在公元1250年到1450年之间被完全打破了，当时的美国西北盛行一个完全异常的模式。东南地区保持稳定，不过也有破坏严重的地方。在两个世纪的时间内，相对简单的夏季和冬季降雨的长期模式变得复杂、不可预测，并且经常有干旱出现。这种现象在科罗拉多高原尤为突出。这种变化的不稳定模式会对古代普韦布洛农民产生严重的影响，尤其是这些变化与公元1250年到1299年之间发生了"大干旱"相一致。

为什么会发生这样的事情？迪恩将气候的变化与人类行为之间的关系分为三大类。早期普韦布洛生活环境中某些明显稳定的因素，在过去2000年里并没有发生改变，比如基岩地质和气候类型。然后开始发生低频率的变化，这些变化的发生周期长于25年，很少有人能够在他们活着的时候见证这些变化。水文条件的变化，如溪流的侵蚀和沉积周期、河流冲积平原地下水位的变化以及超越世代的植物分布，这些都能够显著影响环境，尤其是干旱的周期。

对于每个普韦布洛人来说，短期、高频率的变化是显而易见的：年降雨量的变化，为期10年的干旱周期，季节的变化，等等。在几个世纪里，他们可能没有意识到这种长期的变化。因为当代人以及他们的祖先都适应了可以被称之为"稳定性"的一种形式。而干旱周期、异常的暴雨以及其他高频率的变化都需要临时的和灵活的调整，比如种植更多的土地，更多地依靠野生植物性食物，以及更重要的是，在某一区域不断地迁徙。

只要普韦布洛人的祖先对土地的开发远远低于土地本身的承载力，这种策略就可以很好地运作几个世纪。然而，在12世纪，查科峡谷的人口不断增加，逼近最大土地承载量，在面对像厄尔尼诺或者干旱这些事件的时候，人们变得越来越脆弱，这两种现象能够在几个月甚至几周之内消耗当地的环境承载力。当长期变化——比如半个世纪或者更长时间的干旱——降临到已经逼近承载极限的农业土地时，人们的脆弱性更加极端。在这些情况下，长达一年的干旱和暴雨可能会很快毁掉一个地方的人口自给自足的能力。于是，人群向有着更充足的土地和很好水源供给的地方分散。当然，气候的变化和干旱并没有导致普韦布洛祖先自身的扩散，因为其他重要的政治和社会因素也在扩散中起到作用。然而，毫无疑问，普韦布洛人的祖先从梅萨维德和查科峡谷分散出去的部分原因是干旱。不像远在秘鲁的莫切人，他们有灵活的流动方式。

随着科学家们在古代气候与一直鲜为人知的驱动全球气候变化的机制方面获得更进一步的知识，在未来的几十年，我们对古代环境和短期气候变化的理解将产生一场革命。与祖先一样，我们仍然生活在冰期。一些估算预测，在大约2.3万年的时间里，新的冰川环境即将恢复。毫无疑问，就像我们的祖先一样，我们必须适应持续的短期气候变化。并且，由于人类加速了全球变暖，这些短期的气候变化可能会变得更加频繁和剧烈，这给一个人口过剩的世界带来了很大的危险。

10.6 地质考古学

气候推动了地表和地貌的变化，所以沉积物和土壤包含了气候变化的记录。**地质考古学**（geoarchaeology）是使用地球科学方法和概念进行的考古学研究，在重建古代环境与地貌中起到了重要的作用。这是一种比地质学更为宽广的领域，至少包含了四个主要的方法：

- 地球化学、电磁学、定位考古遗址和环境特征的遥感设备（见第6章）。

- 研究遗址的形成过程和考古遗址的空间背景（见第5章和第9章），这个研究过程包括了从自然特征中区分出人类导致的现象。
- 通过古地质学和生物学方法重建古地貌，包括孢粉分析。
- 遗址的相对年代测定和精密测年，以及遗址的地质环境。

地质考古学在研究早期埃及以及美索不达米亚文明中起着很重要的作用。这两个文明都坐落在大河流经的肥沃土地上。每年，尼罗河的泛滥都会从上游给冲积平原带来肥沃的淤泥，对土地进行增肥。在干旱的年份，没有洪水，作物歉收，人们开始挨饿。公元前2180年左右，尼罗河的枯水期经历了几代人的时间。法老的权力被削弱，埃及分裂成九个地区，每个地区都被强大的军阀所统治。经历了一个多世纪，上埃及被强大的领导者重新统一。法老吸取教训，开始投入大量资金集中囤粮并且发展灌溉系统。在美索不达米亚平原，苏美尔人的城市在洪水和干旱中苦苦挣扎，尤其是当大洪水引起河道改变或者是水流十分缓慢，导致了土壤迅速盐碱化和谷物的大量减少时。

在小范围里，人类像风一样，是地貌的媒介。他们会无意或者有意地携带无机物或有机物回家，他们搬运垃圾、制造工具、建造房屋以及废弃工具。当人们居住在一个地点以及废弃这个地点之后，这些矿物和有机物要承受各种物理和生物化学过程。一个遗址，无论大小，占支配地位的地貌系统都由自然因素和重要的文化因素组成。地质考古学家从一开始就介入到考古调查中，他们不仅处理遗址的形成过程和其在被使用期间发生的变化，也要弄清楚在这个遗址废弃之后发生的事情。

在田野中，地质考古学家是多学科研究团队的一部分，记录发掘的以及附近特殊凹面的地层剖面，以此来获取土壤沉积序列的信息。同时，他们还要采集土壤样品，进行孢粉和沉积物分析，并且通过地形勘察，将遗址和地貌联系起来。与调查考古学家一起工作，地质考古学家的任务是利用航拍、卫星图像乃至单个遗址的地球物理勘探来定位遗址和自然地貌中的其他文化特征。作为这一过程的一部分，他们检查大量的自然地貌，研究全部区域的地层和沉积历史，并将这个区域作为发现于其中的遗址的广泛背景。他们的最终目标是确定遗址的微观环境，建立被考古发掘和调查揭露的整个区域的社会经济与聚落形态的生态及空间框架。

本章总结

1. 长期和短期的气候与环境变化研究对关注人类社会变化与其周边环境关系的考古学家十分重要。

2. 本章介绍了研究这些变化的几种方法。深海沉积和冰钻给我们提供了广阔的气候变化框架,在更新世(冰期)的78万年中,至少有8次冰期。

3. 更新世可以被细分为三个长时间段,最后一个长时间段刚好与现代人走出非洲遍布世界的时间相吻合。全新世包括后冰期时代、全球变暖期以及至少三个短期的寒冷时期。

4. 新仙女木事件使气候变得更加干旱和寒冷,有可能促进了西南亚地区农业的产生。

5. 大约公元前5500年,特大洪水使地中海的盐水大量流入黑海,造成了欧洲人口的迁徙。

6. 短期的事件,如厄尔尼诺和美国西南地区的干旱,通过冰芯、地质学观察以及树轮等方法来研究,这些方法的精准度在不断提高。

7. 我们现在开始认识到短期的气候变化在许多人类社会的兴起和衰落中发挥着重要的作用。

8. 地质考古学是一个研究人类适应性的多学科方法,使用遥感、古地质学和生物方法(孢粉分析)等技术重建古代地貌。

问题

1. 在人类历史中,世纪性变化气候事件和短期气候变化之间的差异是什么?
2. 有哪些方法被用于研究改变冰河时代的气候?这些方法的局限性在哪里?
3. 厄尔尼诺现象对古代社会产生了什么影响?

第11章 以何为生?

西非贝宁的牛群与牧牛人

11.1 生活的证据　　　　　狩猎动物　　　　　本章总结
11.2 古代饮食　　　　　　家　畜　　　　　　问题
11.3 动物骨骼　　　　　　古代屠宰场
　　 动物群分析（动物考古学）　11.4 植物遗存
　　 比较骨骼组合　　　　 11.5 鸟类、鱼类和软体动物
　　 物种丰富度和文化变迁　11.6 岩　画

导　言

本章主要讨论考古学家复原古代生活的方法。除非运用骨骼同位素分析或者有可用的人类粪便遗存，否则建立一个完整的古代饮食结构几乎是不可能的。我们首先介绍动物考古学——研究动物的骨骼，定义动物种类，研究屠宰方法以及对比不同的组合。接下来，在初步探讨鸟类、鱼类和软体动物研究方法之前，我们先致力于植物遗存和浮选方法。我们也会对能够反映古代生活的石制品艺术研究方法进行评述。

　　有响声，有地震。骨与骨互相联络。我观看，见骸骨上有筋，也长了肉，又有皮遮蔽其上，只是还没有气息。

——《旧约·以西结书》

古人是如何生活的？关于石器时代狩猎者的那些老掉牙的观念认为，他们追逐大型狩猎动物——如剑齿虎，并对肉食有着近似疯狂的渴求。这些观点在几代人以前就消失殆尽了。现在我们了解到，植物性食物和鱼类在许多古人类饮食结构中占据了至关重要的部分，土著美洲人的祖先对当地可耕种植物有着令人震惊的认知程度。重建古人的生活是一个十分艰苦的过程，包括花费数天分析碎成小片的兽骨，以及对通过复杂取样机器重新获得的微小植物种子进行高度专业化的研究。

在某种程度上，对研究古代生活的最好比喻就是"考古式的侦探工作"。有关史前寻找食物和农业的惊人详细的信息可以从最细小的线索中得到，例如陶罐中发现的鱼鳞和种子。但是，一如既往，这些成功的"探测"是寻找基本问题答案的一部分。在研究史前生活的过程中，考古学家需要回答很多基础性的问题，例如家畜在一个复杂的农业经济社会中到底扮演什么样的角色？对于以贝类和鱼类为主要食物、生活在海边的人来说，渔业到底有多重要？当居住者完全以捕鸟为生，他们的居住地是季节性的吗？农业系统是怎样运作的？土地是如何耕种的？在这一章，我们将要介绍寻找这些问题答案的方法，以及与之相关的一些有关生计的问题（发现专题"哥贝克力山丘雕刻品，土耳其，1994年"）。

11.1　生活的证据

史前生活的考古学证据包括人工制品和食物遗存。当然，有多少能够保存下来要看遗址的保存条件而定。总的来说，古代日常饮食方面的证据都不够完整。石斧和铁制锄头可能指示着狩猎或农业，但是它们很难给出考古学家们需要的详细信息。许多用于狩猎或农业的工具都是由骨、木、角这几类易坏的原料制成的（图11.1）。

保存下来的食物遗存相当少。大型哺乳动物的骨骼和牙齿是最常见的生活数据，但是，特别细致的考古发掘有时也会发现一些小型动物的遗存，如鸟、鱼、青蛙以及甲虫

图11.1　在斯堪的纳维亚的哥得兰岛上发现的石斧，其中一把装有现代木柄。

等无脊椎动物。尽管复杂的田野复原方法有所发展，但是植物遗存很容易遭到破坏与忽视。

11.2 古代饮食

　　研究史前食物遗存的最终目的不仅仅是了解人们如何获取食物，也要重建他们的日常饮食结构。当然，史前人类饮食结构的概貌需要建立一个特定环境下可供人类获取的食物资源列表，并且在接下来的工作中回答如下几个问题：肉类在日常饮食中占多大比重？日常饮食的来源有哪些？日常饮食随季节变化而变化吗？食物有被储存吗？有无某种食物特别受欢迎？这些以及其他相关问题只能通过在多重证据下重建史前人类日常饮食结构整体图表来回答。

　　但是，偶尔也能够获得几千年前真正被食用过食物的信息。被埋藏和保存在丹麦泥炭沼泽中的图伦男子就是其中之一，在他的胃中发现了颗粒完整的粥的遗存，这些粥是由大麦、亚麻籽和几种野草制成的（图9.6）；在他的胃中没有发现肉。第13章介绍的欧洲阿尔卑斯山上发现的冰人，他的最后一餐吃了肉、未发酵的面包和草本植物（图13.4）。然而，他的骨骼显示出了在他9岁、15岁和16岁时因饥荒而营养不良。古人的消化系统也提供了浪费食物的信息。发现于美国和墨西哥干燥洞穴中的人类粪便遗存被进行了显微分析。生活在美国内华达州中部沙漠地区洛夫洛克岩洞（Lovelock cave）中的原住民以芦苇和香蒲种子为食，同时他们还吃来自洪堡湖附近水域中的鲑鱼——生吃或烤着吃。一个粪化石至少包含51个鲑鱼遗存，鱼类专家据此计算出鱼的总重量有1.6千克。这些人也会吃些成年或幼年的鸟，以及潜水甲虫的幼虫。研究者通过对在靠近佩科斯河（Pecos River）河口的得克萨斯洞穴内发现的人类粪便样本进行精确的孢粉分析，确定这个遗址在公元前800年到公元550年这1300年间的春夏月份被人类有规律地占据使用。

　　虽然粪化石研究是获取日常饮食信息的主要手段之一，但是大多数遗址中食物遗存的保存远不够完整，不足以使我们对古代日常饮食达到一个普遍性的认识。研究使用的两种稳定碳同位素——动物肌肉组织中的碳-12和碳-13——之间的比例可以帮助科学家们了解史前人类日常饮食从野生食物向以玉米为主的饮食结构的转变，碳元素在植物中通过两种途径进行新陈代谢：碳-4和碳-3。植物构成的动物饮食结构具有不同的碳-13值。举例来说，玉米是一种碳-4植物，与之相反，北美大多数土生的温带植物群是以碳-3植物为主。因此，一个群体的饮食结构从野生蔬菜食物变为玉米，也改变了其饮食中同位素物质。因为碳-13和碳-12值不会在动物死后改变，因此研究者

发 现

哥贝克力山丘雕刻品，土耳其，1994年

德国考古学家克劳斯·施密特（Klaus Schmidt）在1994年土耳其东南部的一次考古调查中发现了这个大型哥贝克力山丘（Göbekli Tepe）。根据遍布遗址表面的石器，他立刻意识到这个遗址可以追溯到农业起源的最早期，大约公元前9600年。同时，他采集了许多被仔细打磨成形的石灰岩岩板。

该遗址位于一座可以俯瞰周围平原的大型山丘的顶部。遗址是一个很明显的地标，遗址的主人仍然进行狩猎和采集，并未出现农业生产，但是他们建立了一系列独一无二的圣坛与巨大的带有装饰的石柱，施密特称其为巨石柱。它们大多数是T形整体石柱，高几英尺，重10吨。这些石柱以来自附近采石场的石灰岩为原料，其中一个被遗弃在采石场的巨石柱近7米高，重达50吨。

许多巨石柱雕刻有双臂和手的浅浮雕，好像它们是栩栩如生的人，T形顶部代表了人的头部（图11.2）。一些巨石柱刻有狮子、狐狸、野猪和牛，甚至还刻了鸟类、蜘蛛和昆虫。这些生物的骨骼可以在当地村庄的贝丘中发现。巨石柱整体组成了许多个圆形或椭圆形的圈，每个圆圈有多达12个巨石柱，它们之间用石条隔开。每个圆圈中心有两个经过精加工的更大型巨石柱。

施密特很幸运，后来的村民们将垃圾倾倒于此，在它们被破坏前将其埋了起来。目前，施密特已经发掘了4个巨石柱圆圈，但地磁勘测显示至少有20个圆圈的痕迹，包含超过200个巨石柱。

我们可以在哥贝克力山丘遗址做些

图11.2 土耳其的哥贝克力山丘遗址。(a)一个大型地下建筑，展示了两个中央T形巨石柱的顶部以及位于建筑边缘的嵌入干燥石墙的另外两个T形巨石柱，发掘时在这里出现了一个石条。(b)遗址中一个带有浅浮雕雕刻的T形巨石柱。

什么？数量庞大的劳动力创造了巨石柱和石圈，但是没有证据能证明这个遗址曾有大量人居住过。这里没有房屋，没有庭院，几乎没有家庭垃圾。这个遗址是一处圣地，是一处很大范围内的居民一定知道的地方，这些人可以从很远的地方看到土丘。在哥贝克力山丘附近的涅瓦利·克利（Nevali Cori），施密特曾经发掘过一处居住遗址。但是，涅瓦利·克利是一处人们生活了很长时间的居址，那里有小型的祭坛，也有T形巨石柱和人与动物的雕刻。施密特认为，生活在这里和其他地方的居民会季节性地拜访哥贝克力山丘，他们在那里雕刻巨石柱并把它们围成圆圈。一旦巨石柱圆圈完成了，他们就会填充它，然后建造另一个。施密特还认为巨石柱圆圈的建造不是为了居住，而是为了祭祀死者。到目前为止，发掘者仍未发现墓葬的痕迹，但墓葬可能位于石圈的背面或者石条下。这些也许可以解释这些祭坛的建造和废弃过程。

只有很少的狩猎采集社群能生产相对少量的食物剩余。对于他们来说，组织大量的人力来建造圣地，雕刻巨石柱来祭祀祖先看上去是不太可能的。或许当面临生存压力的狩猎采集者把寻找填饱肚子的新方法和履行对死者的祭祀义务联系在一起的时候，农业就在这一地区产生了。农业产生的一种逻辑方法是首先增加对野生植物性食物的需求，通过播种来增加食物的供应。如果施密特的假设是正确的，那么当仪式风俗、敬畏祖先以及氏族特征变得对狩猎采集社会十分重要时，人类信仰和社会系统可能会先于经济生活改变。毕竟，每个人对野生植物的习性都很熟悉，为什么不能有意种植它们呢？

可以通过研究食物遗存、腐殖质和骨骼遗存中碳同位素的情况，对古人饮食结构有更深层次的了解。

比如，对美国亚利桑那州中东部普韦布洛埋葬的成人骨骼的详细化学分析，显示出这项研究方法的潜力。约瑟夫·埃左（Joseph Ezzo）认为，在公元1275—1325年间，男性更多地食用肉类和栽培作物，但女性更多地食用野生植物；在1325—1400年间，男人和女人的饮食结构相差无几，肉类和野生植物性食物都不再重要。这种改变可能源于社会的联合和某些环境因素，如不断增长的人口、干旱周期，以及边缘农业土地的使用等，这些都不断迫使普韦布洛人依赖农作物生活。人们在面对食物压力时，增加储存能力，减小家庭人口规模并最终进行迁徙。

稳定碳同位素方法也被应用于对不列颠哥伦比亚地区西北海岸史前人类日常饮食

结构的研究。来自海岸15个遗址的48份人体骨骼样本揭示了这些史前人类90%的日常饮食来自海产品，这一数字远高于粗糙的人种学估算。这一数据同时显示，不列颠哥伦比亚海岸附近的日常饮食结构，在5000年中并未发生多大改变，考虑到海岸线的丰富海产品资源，这也很好理解。

最近的研究又集中在了氮同位素，它可以使研究者区别来自海水、淡水和陆地的食物来源。当研究从陆地食物向海洋食物转变时，这一方法就显得尤为重要。在古代加利福尼亚地区，此类问题十分突出。这项分析的主要材料是骨骼中的锶和锌，以及其他有机材料，这些材料可以回答我们许多有关古代饮食结构的问题。不久之前，一份乔治·华盛顿（George Washington）总统头发的样本显示，他的日常饮食以小麦、豆类和许多谷物为主。这份样本揭示出一个强烈但不绝对的关于肉类的信息，华盛顿也吃一些海产品。通过对弗吉尼亚大学1万名现代学生进行的饮食调查建立的图表，华盛顿总统的饮食结构大致位于这份图表的中间位置。同位素分析可以使研究追溯到一个人断奶时的饮食结构，对于个人来说，日常饮食结构的改变伴随一生，甚至从一个地方搬到另一个地方也会导致饮食结构的改变，这一点我们可以从埋葬在皇家墓地中的骨化学中得出（例如，祭祀用的死者可能来自不同的地方）。

11.3　动物骨骼

动物骨骼可以为我们提供很多有关古代狩猎、放牧以及屠宰行为的信息，人们可以通过骨骼来辨认它们属于哪种哺乳动物。不幸的是，考古遗址中发现的大部分动物骨骼已经高度碎片化。直到目前，研究者们还假设，这些骨骼之所以如此粉碎是因为古代居民把每一具尸体都砍成碎片。但是，对屠宰现代食肉动物的研究和对被屠宰动物的可控实验——主要在非洲——表明，这些骨骼在被扔在后来考古学家发现它们的地点之后，在考古遗址中保存了很长一段时间，我们可以在骨骼上看到一系列复杂的很少被人们了解到的作用。骨骼暴露在空气中的风化作用，被埋藏后沉积物的压力，土壤中的化学成分，甚至其他哺乳动物的扰动踩踏都可能破坏骨骼，这些信息可以帮助我们认识到动物身体的哪部分仍然存在，哪部分已经不可见。这些偶然因素，再加上史前人类的屠宰行为，你就有了一个拼合在一起的考古学拼图（图11.3）。

一般来说，考古遗址年代越早，研究其二次沉积的压力就越令人却步，这个问题在东非的奥杜威峡谷和科比福拉遗址表现得尤为突出。200多万年前，古人类在这两个地方咬碎骨骼，并且可能以其他食肉动物杀死的猎物为食。更多最近的遗址中的发现表明，人们经常最大化地利用他们屠宰过的尸体。每块可用的肉都被从骨头上剔下来，即使对最小的动物或者被带回居址的部分大型哺乳动物也是如此。腱被制作成皮带，兽皮制成衣服、容器或者掩蔽所的一部分，甚至动物内脏都被吃掉了。狩猎者自己打碎骨头获取骨髓或者用骨头制作箭头和其他工具。动物骨骼被多种人类行为打成了碎片，这种碎片与被犬类或食肉动物咬碎及踩踏形成的碎片不同。因此，考古学家就有了一个艰巨的任务，从少量的被遗弃的骨骼碎片中辨别哪些是被人们猎捕或保管的，并且需要解释动物在人类经济生活、饮食和文化中扮演的角色。

动物群分析（动物考古学）

大多数动物骨骼采集品是由散布在考古遗址中数以千计的碎片组成的。偶尔，一个屠宰地点会为我们提供一个更详细的重建狩猎者行为的机会，这个地点或许来自大平原的史前野牛屠杀，或是某个被东非石器时代狩猎者屠杀的大型猎物。除了这些特殊的发现，大多数骨骼采集品都不得不在实验室内进行分类整理，以简要得出对遗址狩猎行为和石器加工技术的初步印象。动物考古学——对考古记录中发现的动物骨骼的研究——的目的是在动物骨骼条件允许的范围内尽可能全面地研究古代人类行为和重建古环境。但是，当动物骨骼暴露或埋藏于地下时都会受到人为与自然的作用，研究这种动物骨骼是十分复杂的。通过来自生物圈的动物遗存研究这种转变被称作**埋藏学**（taphonomy）。

埋藏学涉及两种相关的研究模式：观察最近死去的尸体是如何逐渐转化成化石的，运用通过上述观察得来的知识研究化石的遗存。动物考古学家面临的难题是他们的研究主体：动物骨骼的收集以及被实际发掘或收集的部分化石组合。这些化石组合包含了一部分仍存在于考古记录中的动物身体，一个组合与最初生活在此环境内的动物自然群体是不同的。动物骨骼的分析包含两个基本问题：首先，统计收集品中动物化石组合的特征，这是最为核心的问题；其次，猜想在变为化石之前，最初的动物骨骼组合是什么样的，这是埋藏学的问题（图11.3）。

研究人员把有助于判断的骨骼挑选出来，通常只有很少一部分骨骼可以判定出是哪一种动物。在一个距今3000年的中非狩猎采集营地发现了195 415片骨头，其中只有2128片可以被确定。实际上，判定分析只是把可判定的动物骨骼的某一部分——如牙齿、颌骨、角以及一些肢骨——与现代动物骨骼进行对比（图11.4）。这一过程并不像听起来那么简单。家养绵羊和山羊的骨骼和它们的野生祖先完全相同，家养牛的骨骼和非

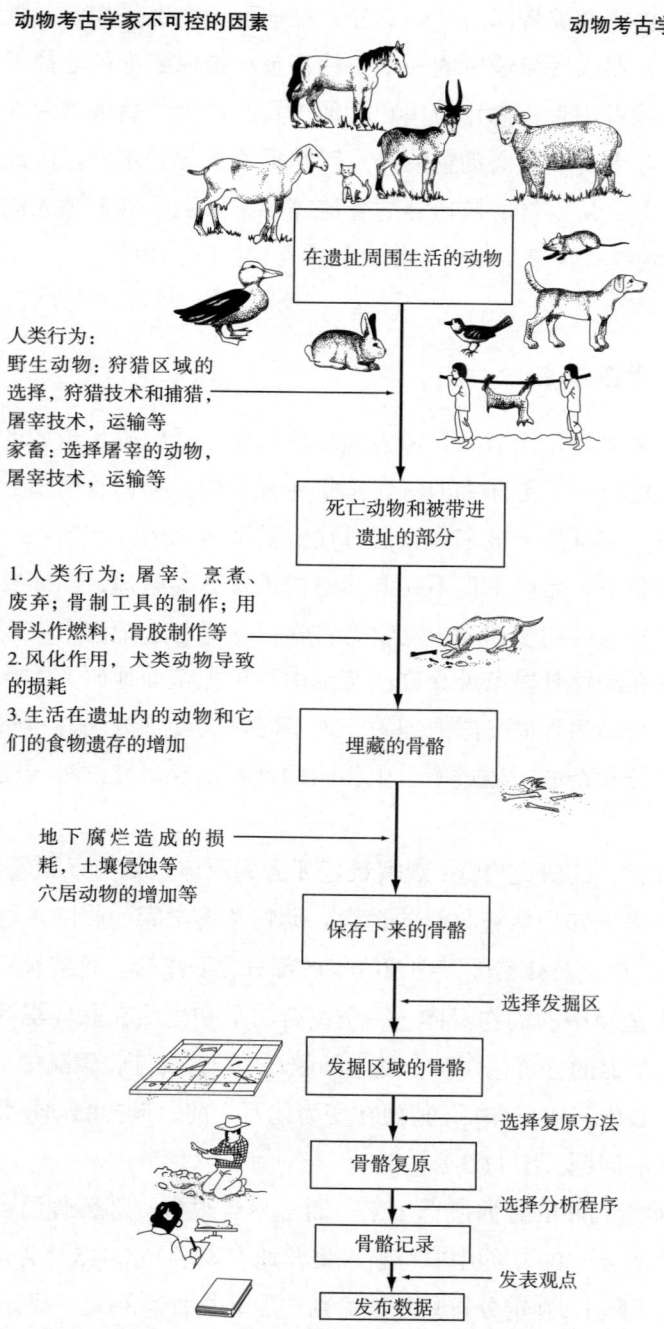

图11.3 影响考古遗址中发现的动物骨骼的因素。左边是考古学家不可控的因素，右边是可控因素。

洲的水牛十分相似，等等。但是，精确地判断又是十分重要的，因为它可以为很多问题提供答案。例如，所有的家养和野生动物现在还都存在吗？如果是这样的话，每个群体所占的比重如何？古代人类有仅关注于一种动物而排斥其他种类的情况吗？有现在已经灭绝的物种吗？

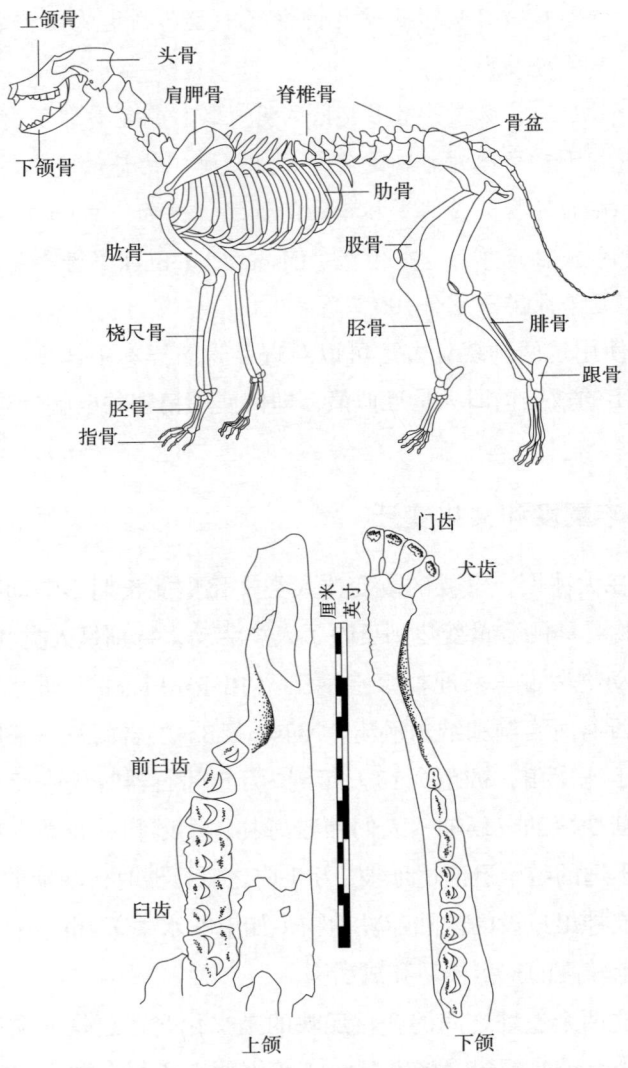

图11.4 上图是从骨骼识别观点标注的狗骨架中大部分重要部位。下图是家养牛的上颌和下颌。注意随着家畜变老，白齿与前白齿尖端磨损方式特征的变化。

比较骨骼组合

判定完动物种属，接下来如何把一个遗址中不同物种所占的比例与其他遗址进行对比呢？这项工作操作起来十分困难，因为从现存骨骼推测曾经的种群是几乎不可能的。

因此动物考古学家应用两种方法研究物种相对丰富度。

- 已判定的物种数量（NISP）是指可以判定是何物种的骨骼或骨骼碎片的数量。这种数量统计有明显的局限性，因为它很容易就会把一个物种过量统计，特别是在骨骼被破坏成很小碎片的情况下。已判定的物种数量和最小个体数量结合的话，其劣势更大。
- 最小个体数量（MNI）指说明所有可判定骨骼所需的个体数量的统计，这个统计基于对个体骨骼特定部位（如颌骨）的仔细观察。最小个体数量是对收集品中存在的动物数量的更加精细的计算。例如，乔·本·惠特（Joe Ben Wheat）使用几千个来自奥尔森－查伯克（Olsen-Chubbuck）野牛屠杀遗址的颅骨碎片计算出狩猎者杀死了不少于190头野牛。

使用这两种统计方法可以对现存骨骼样本中体现的实际动物数量进行概括，但是所得出的数据仍旧只是近似值，即使使用精密的电脑计算也是如此。

物种丰富度和文化变迁

在大冰期，气候的改变比人类文化更能长期影响动物种群数量的改变。然而，一些动物骨骼的数量变化则反映了人类活动，特别是人类利用动物行为的变化。

动物考古学家理查德·克莱因（Richard Klein）研究了两个南非沿海洞穴遗址——克莱西斯河岩洞和纳尔逊湾（Nelson's Bay）岩洞——来解释这种变化。克莱西斯河岩洞位于海岸角，被距今13万年到7万年间石器时代中期的狩猎者使用，这段时间是一段不断变冷的气候期。人们捕猎海豹、企鹅和贝壳类生物，靠非洲大羚羊生存。与它相距不远的纳尔逊湾遗址被2万年前之后石器时代晚期的人类使用。这些人类不仅猎捕危险或神出鬼没的内陆哺乳动物（如南非水牛），也猎捕鸟类和鱼类，这种多方式的捕猎要求较高的狩猎技巧和成功率。

这两个遗址之间的变化反映的是文化变迁还是气候变化？是早期的非洲大羚羊数量很多，或是很容易捕获吗？克莱因调查了每个洞穴内的工具，发现石器时代中期的石制品中大多为尖状器（矛头）和刮削器，但是之后的纳尔逊湾人则较多地使用弓、箭头和小型化的精致石制工具，且工具更加专门化。这些更加专门化的工具使得纳尔逊湾人容易猎到更多危险并狡猾的动物，因此，非洲大羚羊在后来变得不那么常见不是因为气候改变，而是因为其他种类的动物也可以被猎捕到了。进而，后期的人口规模也随之增加。克莱因从他的调查中发现，两个遗址中的帽贝和龟甲数量都有所增加。纳尔逊湾遗址中的个体样本要小一些，这些生物在早期人类较少捕捞它们时，会生长得比较大。

狩猎动物

对狩猎动物的采集可以提供关于各种被古人类捕杀的哺乳动物的丰富信息，令人惊讶的是，古人类仅使用了简陋的工具进行狩猎。北美古印第安人群体使用驱赶方式，长矛和其他武器来狩猎现在已经灭绝的大型狩猎动物。2万年前，位于俄罗斯西部第聂伯河与顿河两岸的大规模狩猎群体通力合作，猎捕猛犸象和其他极地哺乳动物，他们依靠狩猎的肉类度过长达8个月的寒冬。

当可鉴别的狩猎动物骨骼被统计完之后，一个物种就可能会占据主导地位。可能是因为经济生活的需求、狩猎难易程度和文化表现，有些狩猎者只狩猎一种或几种动物。当野牛夏天吃得很肥时，狩猎者可能在秋季捕猎几百头；当冬季这些动物很瘦的时候，狩猎者在春天则可能只猎杀很少的数量。即使把这些差异考虑在内，数字仍可能具有误导性，因为许多社会限制狩猎特定的动物。其他一些狩猎群体禁止男性或女性吃某一种动物，而其他种类的动物是每个人都可以吃的。今天卡拉哈里地区的昆桑人仍有复杂的个人、年龄和性别禁忌来规范他们的饮食行为。桑族人中没有人能吃到定期狩猎的所有29种动物，也没有两个人有同样的饮食禁忌。这种复杂的饮食限制在其他狩猎采集社会中有着数不清的重复案例。一个简单的饮食结构数据，如40%的白尾鹿和20%的野鹅，实际上反映的是更多的复杂行为特征，而不是简单的以两种动物为主要食物这一现象。

家　畜

家畜的骨骼更难被发现。驯养者可以用多种方式来影响他们的畜群，通过选择性繁殖来获取更多的肉类或增加羊毛产量，并且通过屠杀过多的雄性和老年动物来调节畜群的年龄构成。所有家畜都是从其他野生动物驯化而来，使其具有社会性的倾向，这一特征和人类有着密切的联系。

动物驯养可能始于人口不断增长，需要一个稳定的食物来源来供养每平方英里内更多的人口。野生动物与它们的家养种相比，缺少一些有价值的特征。野绵羊有毛皮，但它们的毛不适合纺线；牛的祖先和家养山羊都产奶来饲养后代，但不足以满足人类消耗。人类有选择性地繁殖野生动物，用很长时间增强它们某一方面的特征。通常，被驯养的动物不能再在野外生存了。

家畜的历史应该利用史前农民居住的遗址中发现的动物骨骼碎片来书写。家畜和野生动物骨骼之间的差异非常小，很难把两者进行区分。从单个颌骨来看，没有人能区别出这是野生羊还是家养羊。考古学家们不得不研究大量的动物，研究动物经过选择性培育后造成的身体体形和骨骼特征上的变化。亚洲西南部早期的家养绵羊体形较小，与它们的野生种相比，体形变化较少。甚至据《圣经》所言，"区分绵羊和山羊都很困难"。

古代屠宰场

史前人类狩猎动物来食用，用兽皮制作衣服和帐篷，用它们的胃制作容器。家畜为人类提供肉类，并被用于耕地、骑乘、取奶等。从动物骨骼碎片中建立这种行为是十分困难的，因为涉及细致地研究被屠宰动物的年龄和屠宰方法。

仅通过对比不同的组合，就会对探索人类行为方式有着不小的意义。例如，路易斯·宾福德对阿拉斯加驯鹿狩猎者的研究，就为这一研究方法提供了很有价值的信息（见第9章）。

判定动物的性别和年龄可以为研究屠宰者的狩猎和畜牧习惯提供一个途径。许多哺乳动物在体形和构成上都存在性别差异。对北美野牛来说，研究人员可以很容易从体形上区分雄性和雌性，但是体形相近的哺乳动物则较难区分。

牙齿和肢骨末端的**骨骺**（epiphyses，关节）最常被用于判断动物的年龄。在几乎所有的哺乳动物中，肢骨末端的骨骺都是成年个体的特征，所以，任何人都可以很容易地把动物区分为两类：未发育完全和发育完全的。牙齿和完整的颌骨是判定年龄更为精确的特征。牙齿提供了一个哺乳动物从出生到老年近乎连续的年龄尺度。在一个完整的颌骨上，研究人员可以研究乳牙的更替。大量的完整颌骨可以使考古学家统计出未成年个体和牙齿磨损严重的老年个体的比重。

理查德·克莱因利用牙冠高度来研究南非克莱西斯河和纳尔逊湾两个石器时代狩猎者遗址的哺乳动物年龄。他识别了两个"死亡率分布"，以应用于史前与现存哺乳动物群体数量的研究。

灾难性年龄分布（catastrophic age profile）是一个在体形和结构上稳定并且老年个体逐渐变少的分布。这是一个对现存大羚羊种群的常态描述（图11.5）。如果一群猎人追赶一群动物越过一个悬崖，你就会发现这样一种分布，因为他们在狩猎中没有区别对待猎物。

消耗性年龄分布（attritional age profile）体现了壮年期动物数量相对于它们庞大群体的整体数量明显不足，但是幼年和老年数量比例很大。这种分布是由于一网打尽或者简单的长矛狩猎导致的。

非洲大羚羊牙齿反映出该种群在克莱西斯河和纳尔逊湾遗址中都十分接近于灾难性年龄分布，所以克莱因认为它们是在大量驱赶过程中被捕杀的。相反的是，更多令人生畏的南非大水牛显示出的是消耗性年龄分布。

这些解释在平均水平上是很完美的，但是仍旧很难得出更加专业化的结论。路易斯·宾福德的阿拉斯加努那缪提驯鹿狩猎者在狩猎行为中直接获得肉类以供冬天消耗。在秋季，他们主要用幼鹿来制作衣服。年幼驯鹿的头和舌头为处理鹿皮的人们提供肉类。

居住面上的骨骼碎片是屠宰、砍砸和消耗家养与野生动物后期的产物。为了了解屠宰过程，动物的关节必须在发现它们的地层进行检查。几乎没有屠宰遗址能与位于科罗拉多著名的8000年前的奥尔森-查伯克遗址相比，在这个遗址内，至少有190头野牛被屠宰肢解。考古学家乔·本·惠特认为，狩猎者在几天内用他们捕获的动物搭建了遗址，并在已经形成的混乱动物尸体堆积上肢解野牛。当他们吃饱并晒干了足够一两个月吃的肉以后就离开了，留下了正在腐烂的尸体。几千年后，考古学家们发现了这个保存着大量被屠宰的动物骨骼的遗址。

骨骼分析还揭示出许多关于古代狩猎者有选择性的追猎行为。例如，约

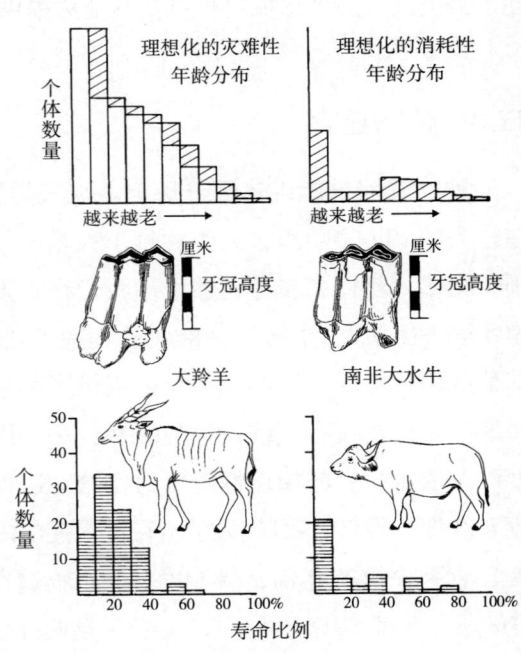

图11.5 基于两种常见的南非哺乳动物——大羚羊和南非大水牛——牙冠磨损的理想化死亡率数据。左边是理想化的灾难性年龄分布，右边是理想化的消耗性年龄分布（解释请参阅正文）。

翰·斯佩思（John Speth）在美国新墨西哥州南部平原加恩西（Garnsey）的发掘，揭示了古代平原狩猎者是捕猎的专家。大约公元1550年，一群狩猎者到达一处溪谷，他们知道那里在每年3月底或4月是野牛的聚集地。与杀死视野内所有的动物相比，他们更倾向于捕杀雄性。斯佩思认为雄性在春季身体条件更好，它们的骨髓有更高的脂肪含量。任何地方的狩猎者都更喜欢肥肉，因为那是重要的能量和脂肪摄入来源。在春季，这种肉很难获得，因为野牛群还处在度过冬季的复原中。所以，狩猎者选择加恩西的雄性野牛，只是因为它们有更多的脂肪。

探索屠宰技术是一个复杂的问题，有许多因素会影响到肢解方法。兽皮的韧性、可用的工具、动物的体形与轻便程度，以及兽皮和兽角的使用等，这些都是影响因素。在这一背景下解释动物身体部位的唯一途径是详细了解古人类的文化系统。例如，牧人发现不断增多的雄性动物超过了他们的需求，可能就会阉割一些动物，并利用它们进行骑乘、拉车、犁地。但是，即使对一些文化系统和完好骨骼遗存进行了深入观察，也很难得到对屠宰技术的完全认识。

许多因素都会影响采集到的动物遗存中可判定骨骼的数量。所以，研究人员必须在工具类型、遗址形成过程以及其他可提供狩猎人群行为信息的背景下进行解释。

11.4　植物遗存

动物骨骼只能讲述部分历史。在人类历史上，人们对多种植物有很大的依赖性。在过去的12 000年里，人类种植了大量的植物。人类的饮食习惯也以植物为主，肉类则少得多。然而，在考古遗址中我们很难发现植物遗存。例如，如今南非卡拉哈里沙漠的居民昆桑人，了解至少85种食物种子和块根。大多数情况下，人们只吃其中的8种。其他的植物资源为这些采集人群提供了可依赖的后备食物，特别是当关键的食物资源短缺时。这些人有抵抗饥荒的缓冲区——许多农民拥有清理好的耕地，更高的人口密度以及依靠少有的规律性降水的作物。这种农耕生活真的是首选吗？几项关于早期农业人群骨骼研究的项目，显示出在世界范围内，由于食物短缺导致的营养不良十分普遍。

直到大约25年前，最能确定为植物遗存的遗迹发现于干旱的西部大盆地，霍盖普（Hogup）和盖特克利夫（Gatecliff）是两处代表遗址。在前者中发现的大部分植物遗存是糠、种子和其他植物遗骸。理查德·麦克尼什归纳了墨西哥特瓦坎谷地自1万年前至西班牙征服时代人类生活的过程，他发掘了一系列露天遗址和洞穴，所有的遗址和洞穴都很干燥，保存了8万多粒野生植物遗存和2.5万个驯化作物的样本。麦克尼什可以在几

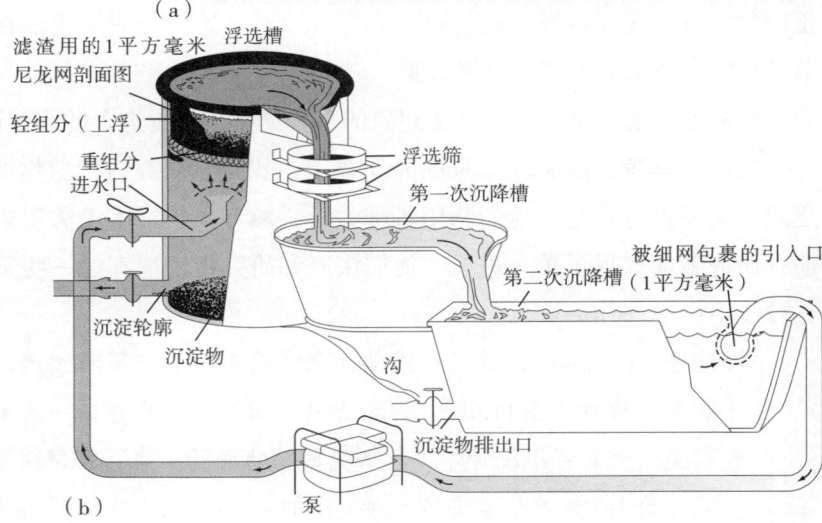

图11.6 发现采集和农业的证据。(a) 发现于英格兰东部早期农业遗址的一个陶器残片,其内壁上有一处明显的谷物印痕,残片直径约5.6厘米。(b) 水浮选设备模型,用循环水发现植物遗存,由英国植物学家戈登·希尔曼发明。最轻的遗存浮到水面并被特殊的筛网吸附,重的遗存沉到水下,被装进很轻的尼龙网中。(Top: Cambridge Museum of Archaeology and Ethnography, Cambridge University. Bottom: Annick Boothe after Hillman & Pearsall 1989. From Colin Renfrew and Paul Bahn, *Archaeology: Theories, Methods, and Practice*, published by Thames and Hudson, Inc., New York, 2001. Reprinted by permission.)

个洞穴中鉴别出最小的玉米棒，通过加速器质谱测年，这些玉米的年代被确定在大约公元前2700年。这些早期的玉米棒不超过2厘米，但后期的玉米更大。不幸的是，麦克尼什没能辨别出特瓦坎玉米的野生祖先，现在已知的仍生长在墨西哥的一种草本植物——墨西哥类蜀黍。基于墨西哥韦拉克鲁斯低地内的圣安德烈斯遗址发现的谷物孢粉与巴拿马雨林内发现的大约公元前5000年的新证据来看，美洲最早种植玉米的年代应在公元前6000年至公元前5000年。

在保存条件不那么理想的其他地方，唯一可以保存下来的主要是一些容易辨认的**植物大遗存**（macrobotanical remains），比如松仁、玉米粒、烧焦的坚果，或者是保存在灶台或炉炭中的种子，而煮熟的食物则很少能保存下来。粮食主要保存在潮湿的陶罐内，有时可以提供一些有效信息（图11.6a）。例如，玛雅农民在伯利兹北部的湿地开垦种植。含水量丰富的土壤中留有牛油果、玉米和其他人工培植的草木种子。在阿拉巴马州的达斯特洞穴中（第7章已有相关描述），居民种植大量的山核桃、橡子，还有黑胡桃、朴树和榛子，但以山核桃为主。被废弃的贝壳主要作为燃料，因为它们含很高的脂肪和燃烧热量。橡子在西方和其他地区是很重要的食物，但它们有一个不足之处，那就是食用时需要花费很长的时间对其进行处理，以排除毒素。不过，它们含大量的蛋白质，并且无需特殊处理便可保存好几个月。这一点对于生活在干旱地带且只能季节性地收获坚果的人们来说很重要。

近年来，通过利用之前无法想象的多种证据，植物遗存的研究取得了飞速进步。

古植物学家（paleoethnobotanist）恢复、识别、研究古代植物遗存，对人类和植物之间的关系进行评估。他们利用各种方法，参考早年根本无法想象到的证据，在植物遗存研究方面取得了重大进展。他们恢复和研究植物遗存的一些重要方法直到现在还在被使用：

- **浮选法**（flotation），通过水或其他化学物质对土样不断过滤，从中发现了微小种子和其他植物（图11.6b）。浮选方法是研究植物遗存的一次革命，因为它可以为我们提供大量可用统计学方法研究的植物种子标本。在伊朗阿里库什（Ali Kosh）土丘，肯特·弗兰纳里与弗兰克·霍尔（Frank Hole）认为植物遗存是很少见的，因此他们使用了浮选法，并在探沟中发现了4万粒种子。最近几年，植物学家从叙利亚阿布胡赖拉早期农业村落中获得了几品脱植物种子标本，这些种子十分完整，以至于植物学家戈登·希尔曼可以记录在超过3000年的时间内的植物采集行为的转变过程。阿布胡赖拉是一个公元前1万年以前的小型采集居址，人们靠收集附近森林里的橡树籽和其他坚果生活。但是当森林在干旱条件下消退时，人们转而食用野生的谷草，它们被很快驯化，以提供额外的食物来源。

- **孢粉学**（palynology，孢粉分析），在之前的第10章中已经有相关描述，提供了很多不仅与古环境有关，而且与人类活动相关的有效信息。被驯化的植物具有花粉孢子的特征。因此，在栽培前需要清除杂草，如车前科植物（在第10章开头提到的），它们会在土地被清理后待耕种时出现。花粉可以在瞬间传播至很远的距离，这就意味着从一个考古遗址采集的样品只能提供附近居民大致的饮食信息。这样的发现是非常难能可贵的。例如，大盆地的派尤特（Paiute）和肖松尼（Shoshone）印第安人十分依赖诸如矮松果那样的高地植物，而居住在内华达州卡森沙漠静水沼泽附近的居民，在1000年前似乎完全依靠附近湿地的植物，他们并没有步行20千米去高地获取矮松果。

- **蛋白石植硅**（opal phytoliths，来自植物细胞的二氧化硅微小颗粒，被植物根部吸收）以细胞沉积的形式存在于植物中。它们被用来确认中美洲和安第斯山脉早期玉米的使用情况，但是它们最大的用处是在定居点的沉积物中确认不同草种的丰富程度。

- **粪化石**（coprolites，干燥的人类粪便）有时是在美国西部干燥的洞穴和其他地方形成的。它们提供了古代饮食的一些独特信息。例如，在静水沼泽附近的隐藏洞穴（Hidden Cave）中发现的粪化石包含鸟、鱼和植物遗存的碎片，其中就有珍珠粟和蒲黄粉末，还有许多小型水禽的羽毛、像鲦鱼大小的鲢鱼、昆虫和蜗牛。住在隐藏洞穴里的人们可以从附近的环境中获得大量的食物。

- **骨化学**（bone chemistry）。骨头和稳定的同位素（在本章前面有所描述）在饮食的概况方面提供了大量有价值的信息。例如，生活在美国西南佩科斯河流域的人的骨化学分析显示，他们吃的主要是玉米和少量的肉类食物。正如人们所预想的那样，西北海滨的居民更倾向于食用海鲜。

以上这些都是现在用于研究古植物遗存的一些方法。这些不起眼且经常容易被忽视的发现却往往可以为一些重要问题提供关键信息。浮选分析的样品可以提供足够的种子来记录季节性定居点的差异。例如，在春季进行浮选分析时，发现样品中有一种在该季成熟的可食用草类极为丰富，这就是季节性定居的清晰证据。但需要注意的是，古代环境往往与现在不同，所以任何有关植物用途的研究不能脱离对当时周围环境的考察。植物在之前和现在的很多社会仍是重要的象征性和仪式性载体，比如致幻蘑菇和仙人掌。在古代人们曾使用植物治疗各种疾病，或者用一些秘方，将有毒植物涂在箭头上，例如阿拉斯加的原住民就将乌头毒草涂抹于捕鲸叉或矛头上。

11.5　鸟类、鱼类和软体动物

　　鸟类骨骼虽然含有大量信息，但在大型哺乳动物遗存面前经常被忽略。早在1926年，希尔德加德·霍华德（Hildegarde Howard）就研究了从旧金山湾东海岸附近一处印第安人贝丘收集的大型鸟骨。这里的居民经常狩猎水鸟，特别是鸬鹚、野鸭和天鹅。当霍华德近距离观察这些骨骼时，她发现所有的天鹅都是冬季迁徙过来的，在1月到4月的海岸地区十分常见；几乎所有鸬鹚都是未成年样本，大约5—6周大。她很好奇印第安人在一年中的什么时候在这个遗址居住。霍华德查阅了如今关于鸬鹚何时产卵的记录，并使用这些记录来判断早期印第安人在一年中的何时必须食用未成年的鸬鹚。基于这些记录，她计算出鸬鹚大约在6月28日被杀死。因此，她断定印第安人在此处居住的时间分为两段：冬季和夏初。

　　霍华德的研究十分珍贵和经典，值得引用，但是也有很多新近的例子，包括对大约10 000年前在冰河时代之后由于气候变暖和海平面上升而引起的人类生存环境的巨大转变的研究。许多狩猎民族在现在的波罗的海地区捕杀了大量水禽，其中包括鸭子和天鹅。在大盆地和密西西比河流域，狩猎者用诱饵来捕杀水禽，这大多发生在春天和秋天，即候鸟迁徙的季节。对于鸟类的研究，当然不仅指的是狩猎，还包括早期驯化的鸡、鹅和后来的火鸡。我们也不应该忘记人们养鹰主要是为了狩猎，养其他鸟类则是为了娱乐，这些都可以从一些遗址的考古发现中观察到。所以，诸如金刚鹦鹉那样的热带鸟类，它们充满异国情调的羽毛成为贸易商品，从墨西哥的热带环境被运往北方交易，并得到了美国西南部普韦布洛印第安人的高度推崇。

　　捕鱼就像捕鸟一样，在早期人类开始使不同的生活方式变得专门化以及适应高度特殊的环境时变得特别重要。捕鱼的证据来自那些被保存下来并可以被高度精确鉴别的工具和鱼骨碎片。淡水和海水鱼可能通过网或篮子状的鱼栅来捕获。生活在现在波士顿附近的公元前2500年的印第安人，用木桩和灌木建造了水坝。当大西洋涨潮时，大量的鱼进入水坝，并被网捕获。刺鱼枪（矛）和鱼钩在一些考古遗址中非常常见，但这类器物只能告诉我们很少的有关史前人类捕获量的信息。人们是全年都捕鱼还是只在鲑鱼洄游的时节捕鱼？他们只捕岸边的鱼还是乘独木舟冒险进入深海？这些问题只能从研究鱼骨本身来回答。

　　美国加利福尼亚州南部的丘马什印第安人是典型的捕鱼能手。他们乘坐木板做的独木舟到深海中捕鱼，使用鱼钩、线、鱼篓、渔网以及鱼叉等工具。因此，当洛杉矶世纪农场地区的遗址中出现的鱼骨既包含浅水鱼，如猫鲨和加利福尼亚大比目鱼，也有如金枪鱼、箭鱼、大型岩鱼等只出现于深水且只能在深水区被捕获的品种时，我们就不会感到奇怪了。早期西班牙人的数据显示，超过1万名印第安人居住在加利福尼亚圣塔芭芭拉地区，这实在是一个规模很大的群体。考古学显示这些沿海人口可以探索很大范围的海洋资源，但尽管海洋资源丰富，那里也会偶尔出现饥荒。

捕鱼拥有相对可预计的食物来源和高蛋白质含量，这些都使他们比其他狩猎采集群体更适合定居生活。美国西北海岸的印第安人通过可以使大量人口在一个地区生活很长时间并创造固定居所的海洋渔业和鲑鱼的洄游，创造了丰富的近海文化。

在中世纪及之后的时期，大西洋鳕鱼成为欧洲重要的食物。它易干燥，经过盐腌制后，制成蝴蝶状，可以作为挪威海员的重要干粮，以支撑他们从罗弗敦群岛航行到冰岛和拉布拉多。在冰岛和罗弗敦群岛遗址出土的成千的鳕鱼骨头为公元1000年的标准化食品加工提供了有力的证据，并且还显示了当时人们对于中等大小鳕鱼（长达90厘米）的偏爱。在天主教斋日里，还有在周五和大斋节，鳕鱼的需求量大大上涨，这种现象一直持续至现在。

贝类来自海洋、湖泊或河流，几千年来都是史前人类日常饮食的重要组成部分。淡水软体动物对美国加利福尼亚印第安人和东南部的史前人类十分重要。大多数软体动物只有限的食用价值，并且庞大的数量只能供养较少的人口。一项关于100人1个月的贝类需求量的研究，估计出所需的贝类重量高达3吨。贝类很有可能只是一年中某段时间的补充食物，而不是一种稳定的食物来源，因为很明显，捕捉如此大量的贝类是十分耗时耗力的。

即使不定时的采集也会导致贝壳在湖边或海边迅速累积成堆（贝丘），贝类经常在

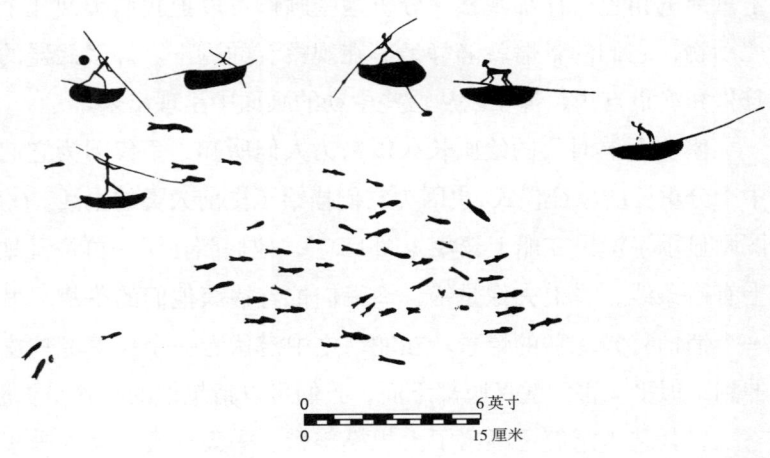

图11.7　南部非洲莱索托岩居中的捕鱼场景

靠近裸露岩石或海潮水坑的地方被发现。在美国加利福尼亚和其他地方发掘的贝丘遗址包含数以千计的贝壳，这些贝壳被统计、鉴别并测量大小变化。当克劳德·沃伦（Claude Warren）对加利福尼亚圣迭戈附近的一个贝丘遗址进行抽样时，发现该遗址的人类主要采集5种贝类。最早的贝类采集者主要采集红贻贝和牡蛎，它们在岩岸中十分常见；但是，到公元前4000年，贝丘遗址旁的潟湖淤塞了，所以喜爱淤泥的扇贝和维纳斯贝被大量采集，而早期的种类在新环境中不再多见了；不久之后，潟湖被彻底堵住了，贝壳采集者就离开了，再也没有回来。他们放弃海贝体现了遗址附近海岸环境变迁的过程。

淡水贝和海水贝在史前时期被广泛用作装饰品。墨西哥湾岸区的贝类从美国东南部被长距离交易到中西部那些从未见过海的人手里，有时这种装饰品有着惊人的声望价值。当19世纪探险家大卫·利文斯通（David Livingstone）于1855年拜访中非的辛特酋长时，发现他佩戴着两枚从东非海岸越过1590千米土地而来的贝壳，酋长告诉他这两枚贝壳可以买一个奴隶，5个可以买一个大的象牙。考虑到贝壳在当地的价值，面对半个世纪后大胆的商人在中非用仿制瓷器交易这种贝壳，也就不会感到奇怪了。

11.6 岩　画

有时史前岩画生动地描述了长久以来的人类生活行为，如狩猎和渔猎。狩猎采集者和渔猎文化在洞穴和岩居的墙壁上留下了他们日常生活的图画。近年来，南非考古学家大卫·路易斯-威廉姆斯（David Lewis-Williams）和其他学者利用口述传统和19世纪民族学的资料来解释一些图画中描绘的仪式。然而，艺术在解释生活行为中也扮演了重要的角色。仔细观察、分析这些画作可以把我们带回几个世纪或千年前，人们杀死动物，它们的骨骼就静静地躺在观察者的脚下。许多武器的细节、驯养装备，以及狩猎和渔猎方法，都可以从这些生动的画面中呈现出来。

南非石器时代的绘画长久以来为人们所知，不仅因为它们表现了狩猎采集者生活中十分重要的象征仪式，也因为它们描绘了史前人类的生活。在南部非洲莱索托的岩居，图画显示了渔民在船上聚集（图11.7），他们圈住了一群慌乱地游来游去的鱼。一些船上有一条线，看上去像是锚，渔民们忙着捕获他们的猎物。另一幅著名的图画描绘了一个悄悄狩猎鸵鸟的情景。在鸵鸟之中潜伏着一个穿着鸵鸟皮的狩猎者，他的腿和弓伸到了似乎无害的鸵鸟腹部下面，我们可以猜想他的狩猎是否能够成功。

古代艺术家们还画出了大规模狩猎、采集蜂蜜、女人采集水果、突袭牛群，甚至穿着红色衣服的英国士兵的图像。这些图画把我们带回了那个热血沸腾的时代。一小群狩猎者追逐着他们受伤的猎物,直到它们变得很虚弱。狩猎者悄悄跟踪猎物几个小时,当他们看见猎物因剧痛死亡时就在树荫下休息,接下来他们着手屠宰动物,把它们的肉和皮毛带回营地与其他人分享。这些场景中很少会有人工制品保存下来,但重建古代生活模式的目标是重新创造,还需要长时间在太阳下寻找土壤中保存不多的生活模式的踪迹。

本章总结

1. 来自人工制品和食物遗存的生活考古证据以及动物骨骼构成了最为主要的信息来源。

2. 重建全部的饮食结构十分困难,因为不同食物在饮食中所占比例必须被计算出来。沼泽尸体、人类粪便和稳定碳同位素分析为古代饮食结构提供了无价的信息。

3. 为了食用而被打碎的动物骨骼碎片(动物考古学)提供了狩猎与放牧的信息,需要仔细分析最小种类数量和最小个体数量。

4. 动物考古学有时能为狩猎行为、屠宰、季节性扎营和早期动物驯化与饲养提供信息。

5. 野生与驯化植物遗存可以通过碳化种子或陶罐内壁上的印痕来研究,但浮选方法为分析采集与农业实践提供了更多的统计标本。加速器质谱放射性碳定年使研究人员可以对单个种子或玉米进行年代判定,为食物生产的起源提供了有用信息。

6. 鸟类、鱼类和贝类是世界上许多地方季节性居住和进行密集觅食时十分有价值的资源。

问题

1. 在复原古代社会生活的过程中,动物考古学的用途和局限性分别是什么?
2. 考古学中的浮选方法是如何改变了我们对古代食物采集和农业的认识的?
3. 考古学家是如何研究古代饮食的?考古学中饮食研究的局限性是什么?

第12章 聚落与景观

英格兰埃夫伯里的土方工程

12.1 聚落模式
　　家　庭
　　群　落
　　群落分布
　　地理信息系统与罗克斯特罗马城镇遗址
12.2 人　口
12.3 景观考古学

12.4 神圣的景观：无形的真实反映
　　麦豪石室与斯丹尼斯立石
本章总结
问题

导　言

　　从本章开始，我们将把研究方向从孤立的遗址、人工制品和食物遗存转向千变万化的古代聚落形态。我们调查单个遗址和整个地区的人类聚落等级，并讨论一些在研究中已经使用的方法，包括地理信息系统。因为景观是人类的感知并随时间流逝而改变，所以与聚落模式的差异很大。我们将会讨论在寻找古代社会无形信仰时，考古学家研究宗教和世俗景观的方式。

　　地球不仅仅是一系列引人注目的静止地理特征——这些特征引发人们的好奇心或者吸引人们去探索——还是沉闷宇宙中一个活生生的存在。这片土地包括它拥有的水、植物、动物，都是精神的创造物，众神给它们注入智慧的活力。这些自然力量通过一个无形的信仰系统来帮助、教导、保护人们，这个无形的信仰系统通过人、自然以及超自然的关系被阐述清楚。忽视这些教导就是忽视生命的目的、意义与存在。

　　　　　　　　——罗伯特·麦克弗森（Robert McPherson），
　　　　　　　《神圣的土地，神圣的观点：纳瓦霍人的四季观》
　　　　　　　　　　　　　　　　　（*Sacred Land, Sacred View:*
　　　　　　Navajo Perceptions of the Four Quarters Region），1992年

"我是纯粹的原住民。"爱尔兰考古学家谢默斯·考尔菲尔德（Seamus Caulfield）曾经发表如是评论。我们曾经站在爱尔兰西北部梅奥郡可怕的石灰岩悬崖上，凝视着赛尔德田野（Ceíde Fields）起伏的沼泽地。考尔菲尔德生长在贝尔德瑞格（Belderigg）附近一座村庄的小屋中，这里被古代围墙环绕着，这些围墙在数千年里被多次重建。作为一个小男孩，一岁半的时候他就光着脚在这里跑，感受脚下狭窄道路、沼泽地和小田野的材质。数年以后，谢默斯·考尔菲尔德仍然和他生活过的家庭社区、曾经待过的农场有密切的联系，这种与环境和景观的密切联系曾经普遍存在于全世界的前工业化社会中，他把这些熟悉的农场称作他的"景观记忆"。多亏了考古学，考尔菲尔德可以在这片建于公元前3000年前被遗忘很久的石器时代野外勘探系统土地上追溯他先祖的痕迹。

考尔菲尔德从他教师父亲的身上继承了对考古学的热情，他的父亲发现了深陷在覆盖当地景观的泥炭土中的石墙。1983年，考尔菲尔德开始绘制赛尔德田野附近埋藏的石墙。首先，他尝试用航拍照片去辨认田野系统，但是腐殖质土壤掩盖了一切。然

图12.1　爱尔兰梅奥郡赛尔德田野（Photo © David Lyons/ Alamy.）

后他转向使用少年时代的原始工具——用一个2米长的铁丁字架和一把特殊的铁铲剪切地上的草皮。考尔菲尔德和他的学生布置了穿过山丘的测量线，并且以0.3米的间隔距离在沼泽地布上探测器。被掩埋的石墙就在浅浅的腐殖质土壤之下，很快，数百个竹竿标明了石墙及其范围。

一季又一季，考尔菲尔德不断回到赛尔德田野里工作，直到他绘制了超过6.4平方千米完整的、从公元前2400年以来就未受扰动的农业景观为止（图12.1）。在地质学家和孢粉学家的帮助下，考尔菲尔德证明冰期以后越来越温暖湿润的气候使得松树林在这一地区生长。树木年轮告诉我们，森林突然于公元前2800年左右消失，开放性的草原成为牛群放牧的理想地域。差不多在之后500年的时间里，一小群农民用低矮的石墙分隔各自的牧场，用线把土地分割成条形、矩形、正方形小块。每个家庭都生活在一个小的圆形茅草房屋里，房屋外有一个石头围栏，通过一代代人的修整，石围栏上的镶嵌图案不断变化。

500年后，潮湿的气候击败了农夫们。潮湿的沼泽与苔藓、石南花、沼泽草甸无情地在山丘上蔓延。草原消失了，牧牛的牧人都退回内陆，曾作为边界的石墙也消失在腐殖质土壤下。梅奥郡是爱尔兰最平静的部分，没有罗马军队或者大灾难来破坏赛尔德田野的生活，确保了这个位于爱尔兰角落的文化的高度连续性。谢默斯·考尔菲尔德家族已经在贝尔德瑞格生活了很多代人，多亏了自己的研究，他感觉可以完全宣告自己是一位"原住民"——200代前一些本地农夫的遥远后代。

赛尔德田野项目是聚落考古的一个典型案例，聚落考古也是本章的主题，是考古学家研究古代家庭、社区和古代文化景观的方法。下面两章我们将把焦点从孤立的遗址、器物扩展到古代社会和它们之间的联系方法这一更宽广的范围中。本章介绍考古学家研究古代聚落模式和景观的方法，第13章讨论个体与群体之间、古代贸易之间的交流。

考古学遗址中发现的工具和食物遗存反映了原住民们的物质文化与生活行为。狩猎采集者倾向于使用便携的工具，这些工具大多数是用有机材料制成的，以致不能在考古遗址中很好地被保存下来（图9.11）。他们的很多遗址都是临时营地，有些是被永久遗弃的，考古学家很难在这些营地找到器物和食物遗存。但是更多的定居农民在同一地点会居住更长时间，而且农民面临更多复杂的年度工作。同时，农民必须储存每年的剩余食物，这一行为会迅速增加一个农业定居点的复杂程度。大量的房屋、储藏坑、公墓、打谷场、牲畜围场——即使是一个小农业村庄也必须具备这些因素。

考古学家对这些房屋和储藏坑的研究模式，与研究器物和食物遗存的方式一模一样，他们也研究不同聚落中遗存的时空分布与相互关系。这些研究属于**聚落考古学**

（settlement archaeology），聚落考古学揭示了一个聚落通过贸易、宗教信仰、社会活动等方面与另外一个聚落的联系。聚落考古学研究需要结合常识、细致的绘图、精细发掘与测量，此外还经常需要其他高科技手段。

12.1 聚落模式

聚落考古学是分析人类互动、适应自然和社会环境的一部分。史前社会的房屋与村庄，就像灶台旁边的器物和食物残留一样，也是聚落模式的一部分。这个模式包含了人际关系，他们出于实用、政治、经济、意识形态和社会因素的目的在此地修建房屋、聚落和宗教建筑。聚落考古学也让我们可以分析不同聚落和商业网之间的关系，了解人们开发环境和组织社会的方法。通过研究聚落模式，我们有机会审视那些引起古代文化变迁的无形因素。

例如，美国加利福尼亚南部的丘马什印第安人居住在圣塔芭芭拉海峡两岸和岛屿上。由于海洋自然上升洋流的滋养，让该地成为世界上最富有的近海渔业地区之一。700年前，丰富的海洋资源馈赠使丘马什人的人口密度很大，固定聚落的人口达1000多人。这些村庄成群地聚集在海岸庇护点，其中最重要的因素是在近海范围内拥有优良的独木舟码头、渔场、海洋哺乳动物。如果你发现一系列坐落在沿海那些可以保护他们躲过冬季东南风暴的庇护点的丘马什聚落，你就能合理假定在遗址分布背后的决定因素是否充分、实用。就村庄本身来说，我们知道决定房屋布局和彼此之间关系的是社会、经济，甚至是个人因素的复杂变量。

另一方面，作为一个整体的村庄或城市可能会反映社会观点——居住者的世界观、宇宙观。古代中美洲人把大量公共宗教仪式置于大型仪式中心的核心位置。1500多年前，伟大的低地玛雅城市，如科潘和蒂卡尔，就使用分层的石头和灰泥对中美洲人精神世界中的天堂、人间、地狱进行了复制（图3.8）。他们的金字塔是神圣的山丘，山顶神庙的正门可以通过统治者开启；吉贝树（Wacah Chan）作为精神世界的媒介，通过它可以往来于冥界和来世，是玛雅宇宙中联系不同阶层的象征性世界树。1000年以后，阿兹特克首都特诺奇蒂特兰的巨大广场成了古代墨西哥世界的中心。当西班牙人赫尔南·科尔特斯和他的征服者在1519年登上太阳神维齐洛波奇特利和雨神特拉洛克伟大神庙的最高处时，他们就站在了阿兹特克宇宙的轴线上。从神庙辐射而出的阿兹特克世界的四季是如此神圣，以至于同一位置的金字塔被反复修建（图6.4）。

个体与景观的关系等同于整个社会的复杂程度。一个中非农民曾经给我展示他的土地：一个混杂的小花园，一些密集的耕地，另外一些随着土壤恢复来年再用的休耕地。直到他将土壤恢复的微小信号指给我看之前，我看到的仅仅是土壤；不同种类的杂草几周之后都将被他的牛群吃光，接下来在雨季末期坚果树会获得大丰收。这个景观充满生气，由花园、植物、动物组成，被现在这块土地的精神守护者，即他的祖先所保护。我的朋友和他周围事物的关系就是一个"景观记忆"，建立于世世代代流传下来的祖先经验之上的"景观记忆"。

聚落考古学就是关于这些层次动态关系的，其中一些如果不与现存社会对比就不可能分辨清楚。出于工作目的，很多考古学家把这些不同层次的关系分为三个一般水平的松散等级——家庭、群落和群落分布（图12.2）。

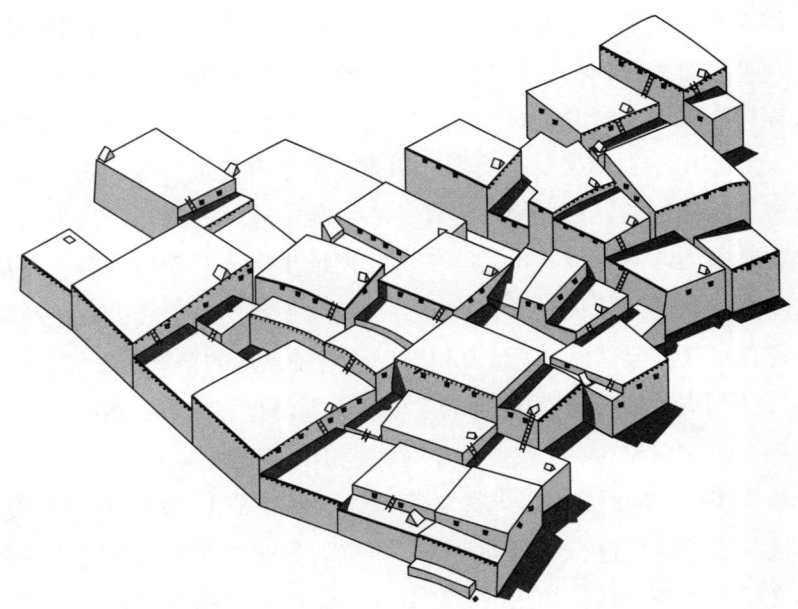

图12.2 家庭和群落。土耳其安纳托利亚镇大约公元前6000年的房屋和神殿的复原图。如此近距离的房屋排列提供了对抗极端气候的保温效果，并能够抵御敌人。安纳托利亚不仅是一个重要的农业中心，还通过优质的黑曜石贸易给自己增加了其他重要性——黑曜石在附近即可开采。在全盛时期，它是世界上最大规模的人类聚落之一。

家 庭

　　1400年前某天的日落时分,伴随着隆隆声的火山爆发撼动了玛雅村庄,那时人们才刚刚吃完他们的晚饭。在毫无预兆的情况下,爆发过后大地至少裂开了1.6千米,灰尘和有毒气体的云雾遮蔽了天空。为了活命,所有村民都扔下脏盘子逃跑了。几天之内,这个小村庄和它周边的地区就都被覆盖在4.6米的灰烬之下。

　　大约1400年之后,一位推土机操作员为种植粮食而推平土地的时候,偶然揭露出一个覆盖着灰烬的茅草棚屋的一角。这个位于萨尔瓦多塞伦的玛雅村庄是一个极其丰富的考古学宝藏,一个被及时冻结的史前聚落(图9.9)。考古学家佩森·希茨绘制了塞伦全部房屋的大体图。其中一个家庭拥有复杂的四个居室:一个厨房,一个工作间,一个储物室和一个居住者进行社交、吃饭、睡觉的居室。希茨和他的同事发现磨刀石仍然立在把它架离地面的分叉树枝上,储物室旁一个被精心照料的花园中甚至还有三种药草,每种植物都生长在主人自己堆起来的土壤中。20厘米到38厘米高的玉米幼苗被保存在附近一块田地里,幼苗明显是这种环境下典型的8月成长类型。

　　塞伦的发掘揭示了简陋的玛雅家庭正准备进行他们的日常工作,通过这个偶然的机会,他们的器物原模原样保留在一天中这一时刻——当男人、女人和孩子聚在一起吃晚餐的时刻。像塞伦这样的考古遗址是人类互动的档案,器物、食物遗存还有其他实物材料的发现提供了古代人类行为的关键信息。极少有遗址能够有塞伦这样的特殊保存发现,但是很多遗址都包含反映各种活动的器物图案信息。

　　当肯特·弗兰纳里和他的学生发掘墨西哥瓦哈卡谷地中一个可以追溯到公元前1350年至公元前850年的农业村庄时,他们不仅揭露和记录单个房屋、茅草棚、木骨泥墙结构房屋,同时还标绘与之关联的人工制品模式,对房屋本身及其附近一系列储藏坑、坟墓、垃圾坑进行了仔细区分。研究人员非常仔细地绘制了一个家庭的特征图,还定义了一些与之相关的用专业工具——制作珠子和黑曜石——进行特殊活动的区域(图12.3)。虽然每个家庭的食物消耗方式都不同,但每个家庭在获得、加工和储存食物方面都一样。一些瓦哈卡家庭花费大量时间制作石制工具和装饰品。这些专业行为大概提供了整个聚落的需要。这个墨西哥的案例,以及在所有个体结构的研究中,人工制品、人类活动及与它们相关的因素对考古学家来说,与结构本身的设计和布局同等重要。

　　我们永远不能忘记家庭是人类相互交流的编年史,聚落更是如此。考古遗址,无论是小型狩猎营地、小型农业村庄或者大城市,都是人们交流的档案。人们在这些地方出生,在这些地方死去,他们成长、结婚、生子、与邻居吵架。男人与女人、富人与穷人、商人和他们的顾客、奴隶与主人的日常交流,都通过与众不同的器物模式和

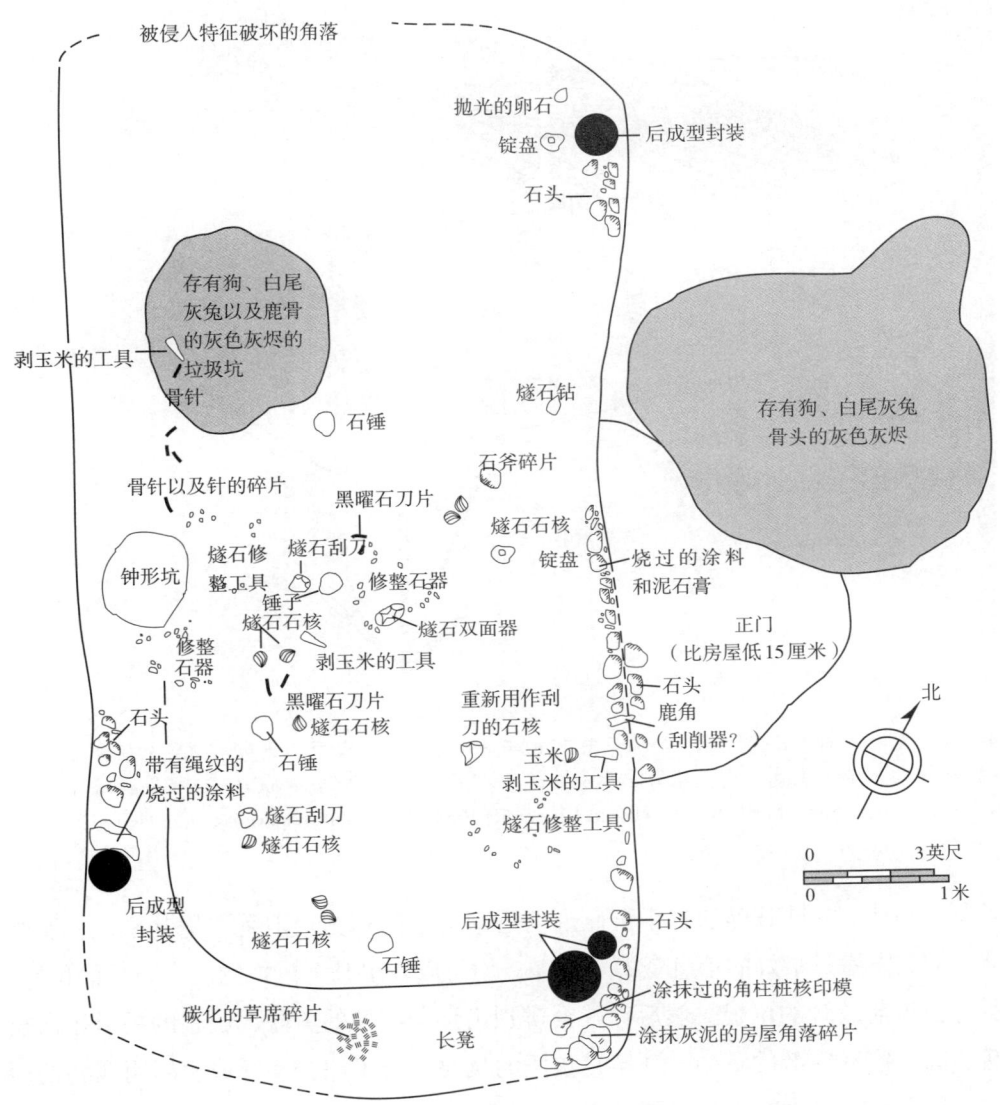

图12.3 墨西哥瓦哈卡谷地中一个大约公元前900年房屋的平面图,包括地面上被挑选出来的人工制品的位置。

社区聚落模式呈现给我们。这些来自单个房屋、居民区、宫殿、神庙器物的无名证词,揭示了全部的,而且通常是毫无疑问的古代人类聚落的多样化(图12.4)。

家庭需要缓慢的区域发掘,以确保在任何东西被从房屋中拿走之前,每一个器物与特征——如灶台、凹坑、微小的食物遗存(种子)、破碎的动物骨骼——的精确位置都被用电子以及照相的方式记录下来。有时,当仍在发掘房屋地面的时候,我已经开始设法确定不同个体的行为了——散布各处的石制工具、废料、制造工具所用的石核

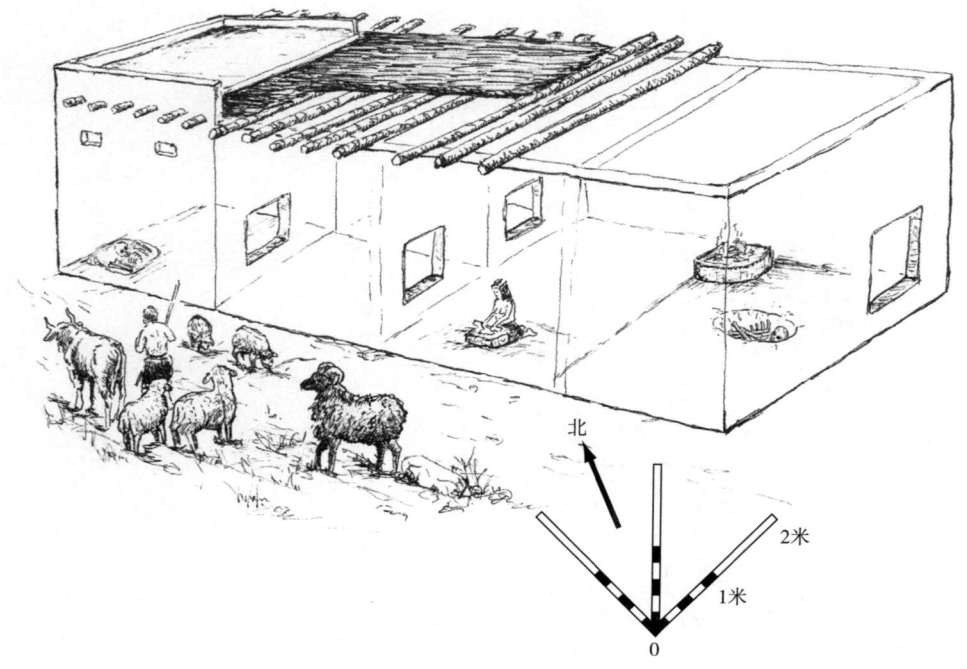

图12.4 叙利亚阿布胡赖拉遗址一个约公元前7500年的房屋等体积复原,该房屋被一个从事谷物种植和放牧山羊的家庭使用。墓葬位于房屋地面之下。(From *Village on the Euphrates* by Andrew M. T. Moore, copyright © 1999 by Oxford University Press, Inc. Used by permission of Oxford University Press, Inc.)

说明了制石行为;一堆破碎的骨头可以说明屠宰兔子的行为。但是,通常来说,实验室电脑中的数据库是最好的信息资源。例如,你可以找出某个风格的所有瓷片的位置,或者所有公牛前肢骨的位置。然后你就会辨别出预期不到的关联,微小的提示指向长期被遗忘的、家庭内部的活动,甚至是孩子的玩耍。对于缺少墓葬或房屋附属物的历史个体,这是你在考古学中尽可能接近个人与家庭的方式。这种类型的发掘在研究性别角色,或者通过独特器物揭示一个家庭文化多样性等方面是非常重要的。

就像海床上的沉船遗骸,被充分发掘的古代房屋也是过去某个时刻的密封胶囊,专家可以像阅读一本书一样阅读它(见发现专题"大约公元前2200年塞浦路斯马尔基的家庭")。

群 落

每个家庭内成员之间的交流、与其他家庭的成员的交流都发生在群落之内,整个家庭和其他家庭之间的交流也是如此。一旦我们开始关注一个群落里的家庭，全新的复杂性就会出现。第一是聚落的永久性，生态和生活的现状对它有主要的影响。非洲卡拉哈里沙漠中桑族人的狩猎营地可以存在多长时间，取决于可用的水资源、猎物和遗址附近的蔬菜食物，他们的营地会定期移动。与此相反，安纳托利亚——一个公元前6000年的土耳其农业聚落——的农民几个世纪都住在同一个拥挤的小镇里，小镇由被窄巷分隔开的土坯房屋组成。这是因为他们把自己固定在离田地很近的地方（图12.2）。

像这种小型的群落，家庭和亲属关系是最重要的，它影响到房屋的布局、家庭院落以及住房的分组。通过绘图并分析器物模式和房屋资产，有时你可以发现一个单独群落里不同住宅集群的痕迹。肯特·弗兰纳里和密歇根大学的一个研究小组使用此类数据绘图，至少发现了4个位于圣何塞丘（San José Mogote）的快速增长的村庄居民点（贫民区），这些居民点繁荣于公元前1350年之后的瓦哈卡墨西哥山谷中。填满垃圾的侵蚀沟把每个正方形茅草房屋群和它的邻居区分开来。

小群落就像城市，从来都不是静态的实体。人们的孩子成长、结婚，并在附近开始组建新的家庭。房屋被烧毁或者倒塌，由新的房屋取而代之。在美国东北易洛魁人的村庄里，经常发生聚落过大而不利于自身防御的情况，居民会建起不断延长的篱墙以保护新建的长屋（图7.9）。对古代群落的研究就是对个体、**家庭组**（household groups）、聚落成员之间互动关系的研究，它通过仔细研究**活动区**（activity areas，某人执行特定任务，如食物准备的地点）和器物模式来识别。

像生活在城市这种较大群落中人群的行为和交流，也可以通过器物模式和作为整体的城市聚落模式来反映。但是经济和环境现实经常影响较小群落的选址，此外还有更复杂的因素，例如与古代社会相伴的神权继承。举例来说，伊拉克南部的埃利都（Eridu）是公元前4000年地球上最大的人类聚落。埃利都的位置靠近幼发拉底河，通过这条河很容易进入波斯湾这个更广阔的世界。或许有5000人聚居在这座拥挤城市的内部，而它最初也仅是亲属之间或专业技工之间为了相互保护和经济利益而紧密生活在一起所组成的小村庄。他们生活在恩利尔（Enlil）神伟大的泥砖金字塔形神庙山的庇护下，这是一座名副其实的人工山丘，可以到达广阔的天堂之上（图12.6）。埃利都神庙是方圆数英里平坦乡村的最高点，是被神青睐的神圣之地的象征。强制性的政治和宗教因素有助于决定埃利都这个被恩利尔选定的城市的位置，就像很多其他古代城市一样，这个最古老的人类城市也是整个宇宙中心的象征、地球上的圣地。

曾经被系统研究过的最大社区群落模式是墨西哥的特奥蒂瓦坎，勒内·米伦已经在

发 现

大约公元前2200年塞浦路斯马尔基的家庭

研究家庭不但需要一丝不苟的发掘，还必须仔细考虑房屋变化、整个群落变化背后的社会变化。极少有田野项目可以达到这个程度，但是最近在地中海东部塞浦路斯的发现逐渐开始向这个正确方向迈进。在公元前2400年以后，马尔基的青铜时代村庄存在了大约500年到600年。这五六百年之间，在衰落和被遗弃之前，村庄从一个只有几间房屋的聚落发展到一个拥有几条狭窄街巷、占地超过6公顷的聚落，最多时人口数为大约400人。马尔基集自给自足的农业聚落和铜矿业聚落于一身，居民开发特罗多斯山脉附近暴露出来的铜矿。大卫·弗兰克尔（David Frankel）和詹妮弗·韦伯（Jennifer Webb）已经发掘了聚落中大约6555平方米的面积，这使他们能够研究居民使用可利用空间方式的变化（图12.5）。

发掘确定了33个大院，他们认为这些是单独的家庭。其中一些院落的使用时间超过一个世纪，其他的使用时间较短。它们中大多数都是由矩形的院子和建在石基上的土坯封闭房屋组成。房间都有灰泥墙、长凳、灶台、黏土炉，并通过狭窄的小巷与其他房屋连接起来。大多数大院都被改造和翻新过，部分原因应是土坯建筑朽烂得比较快。建设者会拆毁土坯墙，并在现存的基础上重修，这受修复规模的约束。弗兰克尔和韦伯把马尔基细分成九个阶段，每一个所谓的"重写构造"阶段都代表大概三代人的行为活动。纵观聚落本身的历史，每个家庭都有一个矩形院子和位于院子后

图12.5 塞浦路斯马尔基的家庭院落

面的有顶房屋。没有任何房屋和工具能够暗示他们和其他家庭之间存在不同的贫富等级。很多代原住民从来没有进行过总体社区规划，院子是随着偶然因素和积累因素而增加的。随着时间的推移，人口随着空间扩大的持续进程而增加。一旦有独立结构的小村庄形成，这个村庄就变成一个开放空间很少的建筑密集区，变成限制进入的私人所属区域。

重建和修复房屋的周期占据了很长一段时间，这清楚说明每一个房屋都被它们先前主人的后代所继承，被已经立起来的家庭继续使用。尤其是其中两个大院，被连续使用长达三四个世纪，这很可能是行使很大权力的结果。它们中的一个甚至还保持着家族分支，在家族变得更大并最终分为一个个独立庭院之前，这些房屋互相联通了好几代人时间。

随着家庭空间的扩大和细化，许多交流的细节总是回避着我们，而一些总体趋势是很明显的。大院和房屋内更好的隐私性，体现在完全封闭的院落上，最终一个院落也会与其他院落分离。

在聚落最早的几代人中，院落内部房间面对一个以最低限度围合的院子，在这个院子里可以进行范围广泛的活动。这意味着，在一个大约40人的小型社区中，个体家庭直接存在高等级的社会和经济合作。大约在一个世纪之内，独立的家庭开始出现，这时它们已经可以作为稳妥的独立经济个体了。到这一时期，人口增加和家庭扩大导致每个房主和地主都可以维护自己的房屋和土地。但是相邻的院落说明这里已经越来越强调扩展家庭关系。

马尔基遗址反映了一种深刻的生态和社会变化，这一变化可以通过仔细发掘一个小群落内的独立家庭来确认。群落内的每个人经过几代人的持续互动交流，就会发展成一个不受个人影响的村庄，在那里人们趋向于生活在一个封闭院落里，并且只熟悉自己社区中的人。同时，在马尔基遗址，新的社会控制机构可能已经发展起来，包括无形的亲属联系和扩大的家庭成员间的义务。但是否真的如此，我们永远也不会知道。

这里绘制了数十个住宅院落、一个市场和大量的宗教礼仪建筑（图12.7）。他甚至发现了一个特殊的区域，来自瓦哈卡和墨西哥湾低地韦拉克鲁斯的外国人——通过他们独特的建筑和陶器反映出来——在这个陌生城市生活了几个世纪。米伦在寻找很多问题的答案：这个城市存在哪些社会等级？这里有什么样的专业手工艺人，他们住在哪里？不同时期有多少人居住在特奥蒂瓦坎？回答这些问题的唯一方法是绘制整个城市的地图、综合地表采集物、通过试探性发掘把整个聚落模式的概貌呈现出来。

图12.6 伊拉克埃利都金字塔形神庙的复原图

图12.7 墨西哥谷地中特奥蒂瓦坎的太阳金字塔。特奥蒂瓦坎的金字塔和其他建筑物组成了这个巨大史前城市的核心,巨大的金字塔是作为宏大公共仪式的一部分而设计的,这些仪式是中美洲宗教信仰的共同特征。特奥蒂瓦坎是一个基于大规模规划的城市,它的仪式区旨在让拜访者感受到神力与精神世界的力量。

多亏了绘图工程数据，我们可以确信，热闹的居民区——包括庭院和走廊的单层、平顶、矩形的公寓院落——位于城市巨大礼仪区的远方。每一个院落和邻居之间被狭窄的、仅有3.7米宽的街巷和街道分开，每个房屋都住着20人到100人，他们或许是相同亲族的成员。从器物模式来判断，某些地区居住着熟练的工匠、制作黑曜石和贝壳饰品的家庭、织布者和制陶工匠。

居住在特奥蒂瓦坎无名公寓院落中的人的生活是怎样的呢？墨西哥考古学家琳达·曼萨尼亚（Linda Manzanilla）已经调查了一个类似的聚落，它位于特奥蒂瓦坎西北边缘附近，曼萨尼亚在这个复杂聚落中发现了不同活动留下的痕迹。公寓和庭院中的灰泥地板已经被清扫干净，因此曼萨尼亚和她的同事通过使用化学方法分析地板上的遗存来搜寻人类活动。她开发了一种化学读数不同的镶嵌图，例如在垃圾腐烂的地方有很高的磷酸盐读数；高密度的碳酸盐则来自石灰（在准备做玉米饼和粉刷时都会使用），表明有烹饪和建筑活动。曼萨尼亚的院落化学方法精确指示了烧鱼地点和吃饭地点——居民在此享用鹿、兔子、火鸡等动物。她已经能确定三个家庭，总共大约30人，这群人生活在群落中三个分开的房间中，而这个群落本身又位于一个更大的群落之中。每个房间都有专门用于睡觉、吃饭、宗教活动和举行葬礼仪式的区域。

特奥蒂瓦坎的居住区显示了熟人之间、紧邻的社区之间，以及更广阔的城市本身之间都有着密切交流。沿着一条干净的街道走，你可以想象正穿过一条和1500年前一样宽度的街巷，每边都以裸露的、灰泥粉刷的院墙为界。偶尔有一扇正对着街道的门打开着，透过门可以看到成荫的庭院，锅和丝织品晾晒在太阳下。街道上可能还有刺鼻的味道和刺耳的声音——木材烟尘、犬吠、研磨玉米发出的单调刮擦声、妇女织布的轻微声响和飘来的焚香气味。

群落分布

没人能够永远完全独自生活，即使是那些最小的狩猎采集家庭团体也不行，这些家庭至少在一年中的某个时间与相邻聚落有过短暂的接触。但是当人类社会变得更复杂、聚落存在时间更长久，共性关系也就变得更复杂。不同的聚落越来越多地依靠其他聚落提供关键原材料（例如盐和铜矿）和专业产品（石刀、宗教饰品等）。发展中的村庄可能会分裂成两个聚落，它们虽然在空间上分开了，但仍然保持密切的亲属关系。人类聚落模式不仅是地图上的那些点，它们很复杂，有持续变化的人际交流网络、商业网络、宗教网络和社会关系网，还有为适应本地环境而进行的改变。

多年以来，群落分布的研究依靠大面积考古调查，调查结合了航拍和地面上几个月的系统徒步调查。这类研究开始于一个地区的考古遗址分类的发展。这些遗址中每一种类型都与其他遗址有联系，全部遗址类型的总分布就组成了一个聚落模式。每一种遗址的类型被其结构特点、器物模式、食物遗存和其中的小发现定义，这些定义给我们提供了一种将这些遗址按连续水平等级进行组织的方法（图12.8）。例如，玛雅城市科潘是一个主要的宗教和商业中心，一个重要王国的所在地。围绕着这个城市，坐落着其他等级的聚落——二级中心城市、小城镇、村庄和小村子，每一个都依靠着其他聚落，而且每一个都处在人类聚落假想金字塔中的明确位置。在古代世界中，贸易和朝贡在连接这些聚落和其他等级聚落的不同层面上扮演了重要角色，所以一个聚落附近范围内的食物和其他资源的供应是很重要的。剑桥大学的埃里克·希格斯（Eric Higgs）开发了一种被称为**遗址资源域分析**（site catchment analysis）的方法，它概述了遗址不同半径内的资源，是一种确定人们是在哪里获得食物和其他商品的高效方法（图12.9）。

20世纪70年代，来自美国宾夕法尼亚州立大学的威廉·桑德斯（William Sanders）

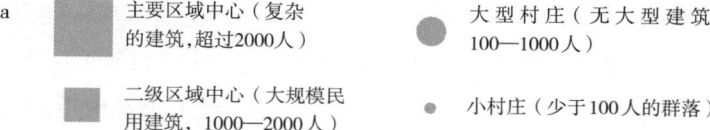

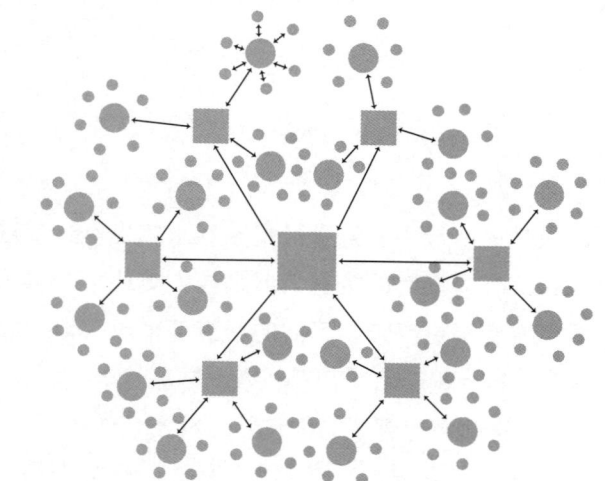

图12.8 一个中美洲遗址的等级。(a)简明遗址类型等级。(b)假想的地面遗址等级。主要区域中心每隔一段时间就为二级区域中心服务一次。这些中心反过来又服务于更大的村庄以及它们的小村庄网络。

和一个大型研究组调查了整个墨西哥谷地——阿兹特克文明的中心。他们编绘了每个已知考古遗址的分布图，并针对综合环境数据对它们进行标绘，得到了一个激动人心的结果。桑德斯展示了在公元第一个千年内，伴随着伟大城市特奥蒂瓦坎的兴衰，这个盆地的人口在几个世纪内是如何减少和迁移的。几个世纪后，当发展中的阿兹特克首都特诺奇蒂特兰成功占据主要地位后，出现了最戏剧性的变化。到公元15世纪末，至少有20万人居住在帝国首都，他们生活在密集的住宅区，现在这片区域已经被埋在墨西哥城的高楼大厦之下（图6.4）。首都附近的遗址十分集中，桑德斯估计至少有40万城市和乡村居民居住在这个368平方千米的山麓、平原和湖床区域内，他还计算出在那个时期大约有100万人居住在墨西哥盆地范围内。特诺奇蒂特兰对边远人口来说是一块磁铁，它的存在扭曲了盆地的整个聚落模式。如此多的人生活在这里，为了确保有足够的食物供应，阿兹特克人开垦了该地区的每一块土地。

特诺奇蒂特兰位于一个有序景观的中心，它由一个野心勃勃的统治者建立，这个统治者思考的只有一件事——在盆地南部建造一个大约1万公顷的高产湿地花园。不到两个世纪，当地的聚落模式就改变了，从小国和主要中心的混合模式转变成一个高度集中的农业景观，这个农业景观至少能满足50万人的基本食物需求。

很少有聚落模式能像墨西哥盆地一样展现出如此剧烈的变化。桑德斯是聚落考古学中把环境和考古数据进行结合研究的先驱。但是从今天一些计划的水准来看，他的计划并不精确，如今的计划依赖于高科技整合实地调查和广泛且多样的空间数据。

地理信息系统与罗克斯特罗马城镇遗址

位于今天英格兰中部以西什鲁斯伯里附近的罗克斯特罗马小镇，是不列颠尼亚时期第四大城市中心。罗克斯特起源于公元60年的一个军团营地，然后在30年后变成了一个小镇，并持续繁荣到5或6世纪。大多数罗马时期的小镇都是现代城市的基础，如伦敦、约克。对考古学家来说，幸运的是罗克斯特大部分都在开放的乡村。在100多年的时间里，一代代发掘者调查了这个城镇主要的公共建筑和商业区。他们使用航空照片、地表搜集的陶片和其他器物绘制聚落的大致面貌，并建立起这些建筑的详细年表。

但是，这些简单的方法不能回答基本问题——关于曾经通往附近且未被征服的威尔士的一个战略性军事关口的历史。很多罗马堡垒和军营都位于这个城镇附近，是什么影响让这些军事营地有了农业人口？罗马征服本地铁器时代农民的后果是什么？考古学家文森特·加夫尼和一个国际研究小组已经结合地理信息系统、航拍照片和地面调

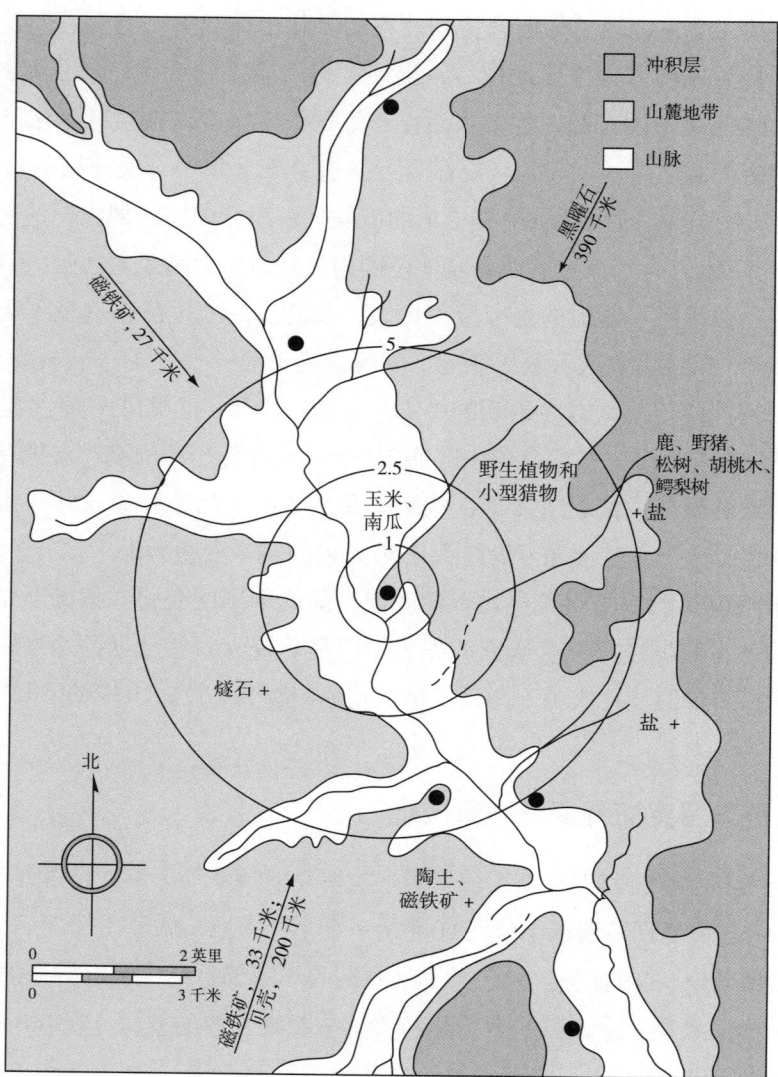

图12.9 墨西哥瓦哈卡谷地中一个未使用地理信息系统的遗址资源域分析的简单例子。这个农业村庄的居民于公元前1150年至公元前850年在此生活,在小于2.4千米半径内获取他们基本的农业需求。常见矿物和季节性植物食物可在5千米范围内找到,猎物和建筑材料的获得半径是14.4千米。

查给出了部分答案（关于地理信息系统，见第6章）。

罗克斯特的考古学家可以利用周围村庄航拍照片的大量档案，获得超过半个世纪的每一种可能的天气状况。他们定位了超过40个农业围场和曾经很广阔的田野系统遗存。研究人员"扭曲"航拍照片的数据图像，将其映射到英国国家地图网上，将图像转换为地理信息系统的地图。转换之后的地图十分准确，它能让田野工作者测量并说明像罗克斯特罗马街道网络的特点，并保证误差小于1米（图12.10）。

罗克斯特工程的不同之处，在于在地面上工作的考古学家在进入该地区之前，有能力先在屏幕上控制所有可用的考古数据。田野工作者主要依赖于志愿者，他们每隔10米就通过测量记录罗马城镇的地形。磁强计测绘结合探地雷达揭示了迄今不为人知

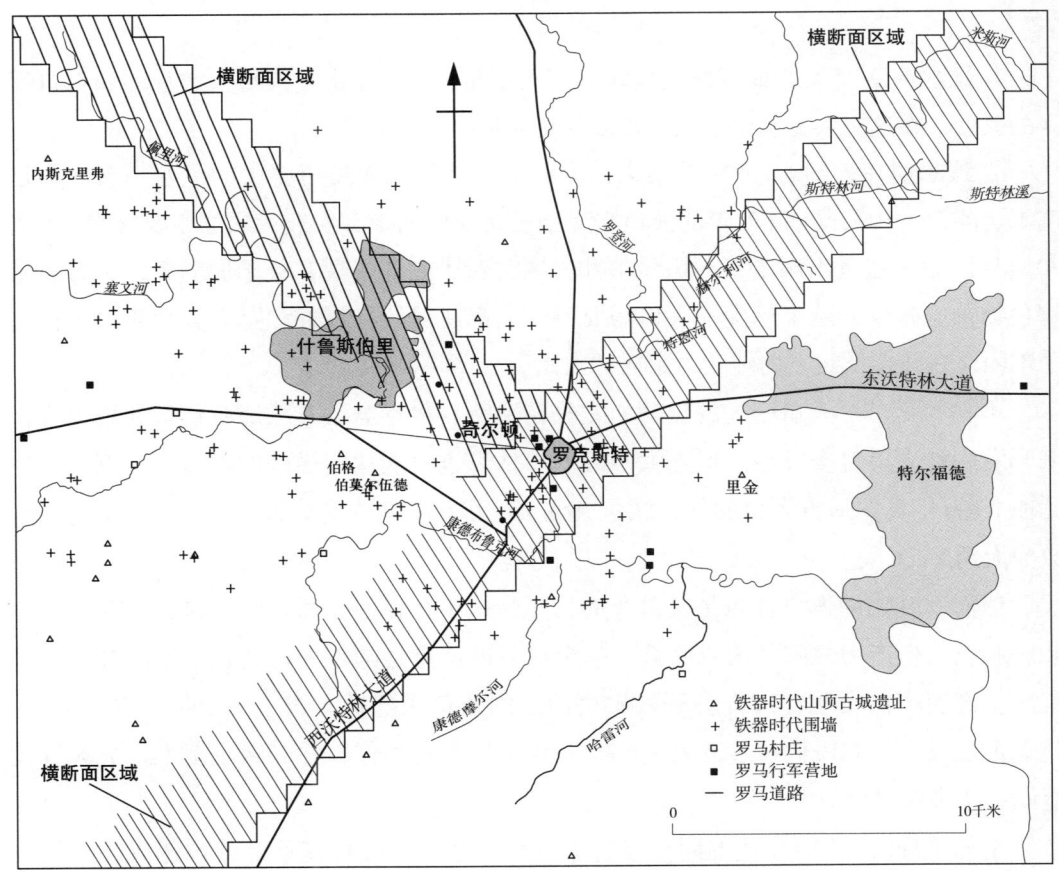

图12.10 来自许多渠道的地理信息系统数据，包括几代航拍照片，这些数据为调查罗克斯特罗马遗址腹地提供了背景数据。这张地图展示了罗马城市和边远的遗址，还有考古学家在地面上走过的三个**横断面**（transect）。罗克斯特是英国唯一一个没有被埋在现代城市之下的罗马城镇，这使得它对聚落研究极其重要。

的城镇边缘建筑。经过几代人的努力，不列颠尼亚专家称罗克斯特是一个精心设计的"花园城市"，包括公园和露天场所。地理信息系统和遥感技术揭示了一个缺乏良好组织的社区，由于吸引周围乡村的人口，这个社区边界不受控制地不断扩展。

罗克斯特的数据十分完整，你甚至可以在网络上探索动态的、不断变化的聚落模式，你的电脑会引导你穿过一个消失已久的罗马城镇的三维图像。在几年之内，罗克斯特的考古学家将有能力回答关于供需模式变化的问题。通过假设这个城镇是周围地区的经济中心，通过地理信息系统数据库，他们能够展示在遥远地点大量生产的陶器是如何沿着现存基础设施——大道、小路和河流——进入这个区域的。

12.2 人　口

与景观演变交叉的聚落模式反映了三大变量：环境变化、人与人的互动和人口密度的改变。在这三大变量中，人口密度的研究最困难。

直到冰期在大约1.5万年前结束，人口增长都不是人类历史中的主要因素。但是毫无疑问，大约公元前1万年的人口密度增长是亚洲西南部农业发展的主要因素；大约7000年以后，这里出现了第一座城市和文明。对于农业来说，较干燥的条件、野生植物食物供应减少、越来越多的人口需要供养，都使得约旦峡谷和今天叙利亚很多狩猎采集团体在几个世纪之内转变为定居的农民。

不幸的是，对人口密度的预测通常只是猜测。尽管尝试着从房屋数量和垃圾堆积来开发一种人口普查方法，但是大多数人口估算也只能达到最好的近似值。例如，公元前1.1万年英国地方人口的估计数量大约为1万人，伊拉克南部早期国家的平均人口数为大约1.7万人。

然而，变化的人口分布是最重要的，因为这里存在一个清楚的人口、潜在承载力和农业农地生产力之间的因果联系。一个流行的论点是随着人口增长，人们会努力采集或生产更多的食物，或许会开发出更高效的捕鱼或狩猎方式，或者转向农业生产。就像古埃及人，农民们通过开发能够在一年里生产几种作物并养活更多人口的大规模灌溉系统来面对挑战。

正如威廉·桑德斯和他的同事通过墨西哥盆地中阿兹特克首都的快速成长所展示的那样，在聚落考古学中，人口是一个关键变量。虽然桑德斯的人口估计仅仅是猜测，但也能展示几个世纪以来剧烈的上升趋势。由于他们的工作，才使我们可以监测像整个文明的兴衰这种大规模进程，这些普遍趋势是我们最感兴趣的。

12.3　景观考古学

景观（landscape）一词很难简单定义，但是所有人都同意景观是由人创造的。一个景观就像一件雕塑，在艺术家的手中发生改变。即使在好的或坏的天气里，人们对景观的认知也会不断变化。景观中的地点充满了意义——洞穴可能是通往地狱的通道，或者是萨满通过精神恍惚进入超自然领域的地点；云雾缭绕的山顶是众神和神话中英雄的住所。对埃及人来说尼罗河是神圣的；特奥蒂瓦坎城以一个朝着主要方向调整的长期总体规划为基础，每个景观都有自己的神灵，甚至有它自己的颜色。即使是今天，一些社会仍坚信树木是神圣的，赋予火与水超自然的属性，把善良与邪恶的品质分配给不同的风。这些无形的品质，在一代代人中改变，当一个地区被遗弃或者一个社会衰败时才最终消失。即使是这样，**景观记忆**（landscape of memory）会随着新一批人到来、新的定居者分散于整个景观中，或者犁代替了挖掘棒、汽车代替了马车而继续变化。

本章开始提到的爱尔兰西北部的赛尔德田野是一个景观变化的生动例子。石器时代景观不仅是后来占据周围乡村的大量的熊足迹，还包括1845—1848年爱尔兰土豆饥荒时期被遗弃的农场——这场饥荒导致数万人丧生。考古学家谢默斯·考尔菲尔德在这个景观中心地区的一个小村庄里出生，在他自己、父辈、祖辈的一生中对于变化有生动的记忆——他自己的景观记忆。

让我们来想想与聚落分布截然相反的"景观考古学"。在这里提到这个考古学研究的新渠道是很重要的，因为它把第13章的两个主题联系在了一起：人际互动和无形的考古学。在考古学方面，玛雅科潘城和石器时代英格兰南部埃夫伯里的周围景观自从人类定居在那里就已被永远改变。这两个景观在过去100年中发生了彻底的变化，更何况在之前几百年和几千年中的不同用途。我们最大的挑战就是把景观复原成与它的各种使用者看到的一致的景观——也就是通常所说的"景观记忆"。

考古学家用多种方法来研究景观：基于生态系统的方法、包括地理信息系统和卫星数据的技术方法，或者是另一个极端——所有流行文学中描述的如18世纪花园或法国市场这类现象（图12.11）。新一代聚落研究人员已经转向景观地理学，把它作为一种研究古代真实景观的手段，环境和生态的象征性关系在古代景观中扮演着重要的角色。

很多从事景观研究的考古学家认为要按照三个方面组织景观：

1. 物理特征和属性。
2. 随时间而发生的历史转换。
3. 人类与环境的物理和象征关系。

图12.11 作为权力表现的景观。威廉·帕卡（William Paca），18世纪美国马里兰州安纳波利斯一位杰出的殖民者，他的花园设计通过精心安排视角和梯田给参观者带来一种力量和权威的感受。

景观分析是一种历史生态学，长期的景观变化起到了文化记录的作用。景观是文化稳定性的符号，随着时间推移保持着持久的意义。同样，景观在很大程度上和一个独立遗址或一件器物一样，都是文化记录，并且，当它被看作是一种人们组织社会世界关系的方法时，景观就成了一个意识形态和无形文化信息的重要来源。这些研究的资料大多是通过民族志学和历史记录来提供的。

遥感在文化景观研究中扮演着一个重要角色。威廉·帕卡是《独立宣言》的起草者之一，也是美国马里兰州的政府人员。在为期5年对其位于马里兰州东海岸怀依大厅种植园的研究规划中，詹姆斯·哈蒙（James Harmon）、马克·利昂（Mark Leone）和他们的同事绘制了大面积完整的梯田系统、正规庭院和工作区——如奴隶大院（这个房子于1870年毁于大火，所以不是原来的那个房子了）。帕卡和其他同代人有意操纵环境，创造部分被视线定义的文化景观。当一天中没有树叶的树木达到地面最大化视野时，调查组就会获得雷达数据，然后使用数据处理算法处理原始数据（关于雷达，见第6章）。这些数据形成了大量碗状景观的等高线地图，景观中的梯田是通过帕卡手下100个奴隶扛着一篮一篮泥土堆砌而成的（图12.12）。图像和发掘工作揭示了三个梯田和两个斜坡，还有位于上层梯田的成对分布的8个花园温床。所有的温床都设计成15度角，让发散视线聚焦于远处的水景。地理信息系统、雷达、传统调查发掘的结合揭示了一个已经被几乎遗忘的文化景观。同样的方法已经被应用于马里兰州其他大型不动产土地上。

12.4 神圣的景观：无形的真实反映

我们是智人，有敏锐的能力，能通过语言媒介把知识和理念传递下去。我们有觉悟、自我意识和远见，我们能表达自己的意见、展示情感，我们有独特的能力——使用象征性符号、进行精神思考。这些品质使我们可以定义存在的界限，使不可见的个体、群体与宇宙的联系概念化。

带着精神信仰和宇宙观，我们进入了人类行为的无形世界。考古学家研究过去的物质遗存，这些遗存提供了一个模糊的古代精神信仰的反馈。显然，一些重要遗址都具有宗教意义。坐落在特奥蒂瓦坎的太阳金字塔就是一例，巨石阵则是另外一个例子。与它们相关的圣地和神话景观，在所有社会中都扮演着至关重要的角色。它们为某种

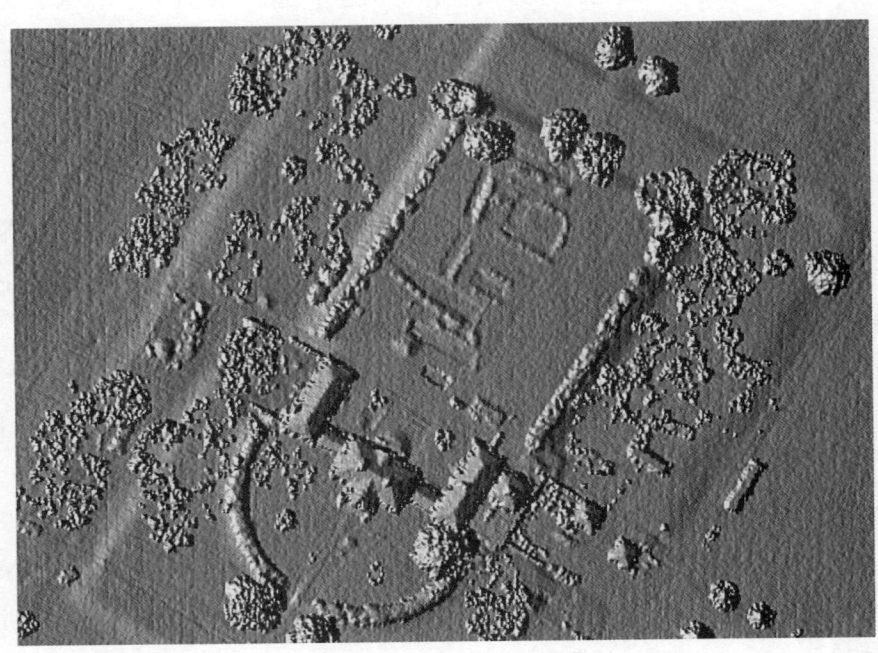

图12.12　威廉·帕卡称之为怀依大厅的大宅和周围花坛的雷达图像，这个建于18世纪90年代的花园是由卢克·欧戴奥（Luke O'Dio）设计、帕卡的奴隶修建的。第一版照片显示了树顶、房屋、梯田与发掘探沟。

宗教仪式而建，以确保文化传统的延续，是代代相传的熟悉圣歌中众神声音响起的地方。像印度教的须弥山、希腊的奥林波斯山、拉科塔印第安人的黑山等圣山都是他们宇宙的轴心；玛雅贵族建立了伟大的仪式中心，作为他们世界中那些圣山、洞穴、树木、湖泊的代表符号。破坏一个圣地也就是毁掉人类存在本身的内涵。1521年，西班牙征服者赫尔南·科尔特斯夷平了墨西哥谷地中的阿兹特克首都特诺奇蒂特兰——这座城市以神庙和广场展现他们珍爱的、包罗万象的超自然世界。

在大多数古代社会，物质和精神世界的形成是连续的，它们之间没有界限。地球上一个"外部的"景观也是一个人心中"内部的"景观，或者一个"景观记忆"。在这里，色彩、群山、溪流、小树林、基本方向与其他现象在当地神话中都与他们的住所有精神联系。研究古代景观给我们提供了对于古代无形世界出乎意料并通常是有益的见解。

像吉萨金字塔、巨石阵或玛雅蒂卡尔等圣地都坐落在更广阔的文化景观中心，被世世代代的带有超自然特质的体验所界定。位于英国南部埃夫伯里的石圈是一个更大的神圣景观的组成部分，这一点已被自然地标和坟冢确定。直立的巨石勾勒出了神圣的大道，死者在公共墓地下葬前被露天放置在这个建筑中（见本章章首图）。最近几年，考古学家组成的小组已经通过调查和发掘逐步复原了这个消失已久、支离破碎的景观，揭示了它在几个世纪中的逐渐演变。

麦豪石室与斯丹尼斯立石

一个经典的神圣景观案例来自对苏格兰北部的奥克尼群岛的尖端研究。两个石圈——斯丹尼斯立石和布罗德盖石圈——以及一个被称为麦豪石室的古墓，它们都坐落在景观的中心。

斯丹尼斯立石是一个被独立石柱包围的高大圆圈，有一条带有一个入口和凹岸的石制沟渠，其中心坐落着一个石制灶台。附近的布罗德盖石圈如果完工，会相对更大一些，将会有超过60个直立的石柱和两个相对的入口，整个石圈被一个3米深、45米宽的沟渠环绕着。麦豪石室被称为**通道式坟墓**（passage grave），一条长甬道通到一个带有3个侧室的巨大中心墓室，墓室内有4个独立石柱，它们并不起支撑作用，显然具有象征意义。这个公共墓地周围有墙和沟渠，当发生洪水的时候，这个坟墓在更大景观中就成了一个岛屿的形象。麦豪石室是一个死亡之地，通过墙和沟渠与活人世界分隔开。

1983年，考古学家科林·理查兹（Colin Richards）开始了一项定位石器时代农业聚落的田野调查。这个调查分散在几个不同的地区，包括一个距麦豪石室和斯丹尼斯立石水平距离很近的地点。通过在巴恩豪斯（Barnhouse）遗址5年的发掘，理查兹揭露了一个通过放射性碳定年确定为大约公元前3100年至公元前2900年的农业村庄，村庄中有一群大约5米宽、覆盖着草皮屋顶、看上去像低矮山丘的独立房屋。随着村庄的发展，房屋形成了一个同心圆的布局，一组房屋围绕着一个露天的中心区域，另一组房屋在其外围。

在聚落的西边，有一个更大的建筑物，大约12.8米长、10米宽，尺寸超过周围小屋的两倍。一个稍小房屋与其相对，中间横跨一条狭窄的铺砌小径，它们的正门彼此相对，两者之间似乎有某种联系。大型建筑内部与民居十分不同，由角落支墩形成的6个凹穴组成，此外还有两个石制支柱，将建筑物分成相等的两部分，每部分都有一个中央壁炉。当一个人进入建筑时是在东边，所以西边的部分是建筑中"最深的"空间。其内部复杂的石砌构造让人想起麦豪石室。因此，这种结构或许联系了生与死，正像聚落西半边位置的朝向——日落方向。

随后，居民在这个现在已经被废弃的村庄西部边缘建立了一个大广场，广场周围是一个凸起的黏土台和封闭的石墙。随着一个大型灶台式建筑在遗址中心崛起，整个聚落的特征似乎都被改变了，被另一个新建筑内部的灶台替代。同时，来自原来灶台的石头被抬起并移动，在斯丹尼斯立石的中央形成一个中心灶台。

石灶台的移动突出了仪式在巴恩豪斯生活中的重要性，各种私人和公共的宗教仪式标志着四季的流转和人们的个人生活。这个村庄，还有其他仍未被发现的村庄，都把自己看作是一个持续变化的景观的一部分。在聚落生活期间，麦豪石室建筑和两个石圈在被科林·理查兹及其同事称作"不朽设计"的进程中改变了他们对乡村的认知。

仪式布置的秩序感遍及乡村生活。你可以在早期的圆形房屋中看到它，屋中占主体的石制"梳妆台"、左边和右边的壁龛以及一个灶台构成的十字形结构（在史卡拉弧状岩石附近的村庄里，可以看到一个复原的例子，图12.13）。灶台或许总是燃烧的，用维持生命的火焰保持人类生活。理查兹和同事相信房屋建筑式样部分代表了居住者的抽象信仰和秩序概念。

在巴恩豪斯被使用的400年间，村庄东南的斯丹尼斯立石增加了200米。再次强调，这里有相同的秩序感：正如房屋一样，有一个中央灶台，中央有两个直立的石头（在某些地点已经被拆走），整个历史遗迹被墙包围着——这次是沟渠和斜坡。因此空间组织的普遍原则出现了，虽然斯丹尼斯立石满足一个非常不同的宗教仪式角色——大概包含宗教仪式和特殊知识，另外还有对世界秩序的仔细感知（图12.14）。

图 12.13 奥克尼群岛史卡拉弧状岩石遗址复原的房屋内部

斯丹尼斯立石和布罗德盖石圈中大量矗立的竖直石头，在游客的心中留下了极深的印象。它们永久性地坐落在地域中心显眼的地方。毫无疑问，创造者就是要把它们打造成持久的建筑，注定比创造者们的生命要长——他们做到了。这些建设在采石、拖运、把石头立起来等方面涉及很多人的合作，也包含涉及个人和团队声望的复杂社会契约，以及家庭、亲属群体和整个社区之间的强烈义务关系。

麦豪石室长满草的土丘位于村庄东南方1千米处略微凸起的地面上，建造在一个早期农业村庄的遗址上，它或许代表生与死、过去与现在的关系（图12.15）。通道面向西南，冬至日落日的余晖会照亮中心石室的内部，然后石室内部又回归黑暗。太阳再次升起并再次照亮石室内部是一个与祖先共享的象征性重生过程，因此，麦豪石室标志着农业年的年度周期——再生的开始——这一固定时刻。通道式坟墓和附近占主要地位的景观霍伊（Hoy）山有着紧密的联系。理查兹和同事认为麦豪石室——祖先的居所——是仿照地球建造的，石室把自己的岩石覆盖在土壤上，位于人类居住的世界和地狱之间。

因此，从公元前3300年开始，巴恩豪斯就是通道式坟墓、石圈（圆形石结构）、立石等建立超过400年的整个景观的焦点。村庄的建筑风格和伟大的纪念碑密切相关，以至于其中一个就是另一个的扩展版，正如建筑师的目的——祖先是人的生命从现世进入死亡领域的连续性的生动例子，他们与后代一样，是季节、种植与收获、生与死的循环世界的一部分。

斯丹尼斯立石和布罗德盖石圈坐落在两个单独湖泊的相对隆起处。在相对的另一面，一个天然碗状的丘陵环绕着它们，因此两个古迹都像是被海和丘陵包围着。如果

图 12.14 奥克尼群岛的斯丹尼斯立石

图 12.15 雪中奥克尼群岛的麦豪石室墓

站在遗迹内，你会有一个圆形景观的印象，在那里你可以跟着石圈产生的同心圆，来到沟渠中（一年中大多数时候都有水），来到岸上，然后来到周围环绕着的水和丘陵之间。进入圆形结构内部的游客将穿过一个狭窄的堤坝，就好像穿过水进入到一个用立石模仿周围丘陵地势——可以俯瞰村庄和生活在其中的本地人——的地方。

宗教景观是形式化的日常生活的社会景观，石圈和麦豪石室是幸存的仪式元素，它们曾经作为彩色的、精心准备的宗教仪式背景——该仪式涉及装饰品、仪式服装，或许还有唱歌、跳舞。这种仪式可能会短暂改变纪念碑的特质，但是在一年中的大多数时候，绵羊都能在石头间静静吃草。这些壮观的纪念性景观是宇宙观作用的结果，是淡水湖旁有人类存在的小村庄理解世界和观察世界的方式。

本章总结

1. 环境、经济行为、技术能力等多种因素决定着聚落模式。
2. 聚落考古学是人类与自然、社会环境间交流与适应研究的一部分。
3. 人类聚落有以下三个基本层级：单独的建筑、建筑在群落中的排列、针对景观的群落分布。
4. 在研究古代景观中不同等级遗址的关系时，遗址资源域分析和地理信息系统都扮演着重要的角色。

问题

1. 为什么聚落考古学对我们研究古代社会如此重要？
2. 考古学是如何研究古代家庭的？从这样的研究中你能获取什么样的信息？
3. 景观和聚落模式之间的区别是什么？为什么？

第13章 人的考古学

画家复原了约公元前2470年的阿姆斯伯里（Amesbury）弓箭手。

13.1 研究死者：生物考古学
　　性别与年龄
　　营养不良、负重和工伤
　　暴　力
　　锶和人们的生活
13.2 个　体
13.3 群　体
　　社会等级
　　种族和社会不平等
13.4 性　别
　　性别化的过去
13.5 更广泛的社会：前国家与国家社会
13.6 互动：贸易和交换
　　贸易类型
　　研究古代贸易：来源法
　　长途贸易与乌鲁布伦沉船
13.7 相互作用：宗教信仰
　　研究宗教与意识形态
本章总结
问题

导　言

　　归根到底，考古学是关于人与人之间关系的研究。本章主要介绍了考古学家研究个人与群体的方法，这个过程主要依赖研究人类遗存的生物考古学。生物考古学家能告诉我们古代人类的性别和年龄，提供有关他们疾病与伤害的信息。然而，对群体的研究包括社会等级、种族、社会不平等、器物的使用、聚落模式和人类遗存。本章也将讨论近年来越来越重要的对古代社会性别的研究，最后会讨论贸易与交换以及宗教和信仰，这些都与复杂的社会背景有很大关系。

> 人类真是脆弱得可悲！多少世纪以来，成千上万代人已经逝去，他们的历史可能永远不会告诉我们什么信息……多少不朽的杰出人物——艺术家、君主和战士——现在却被遗忘，尘封于地下的墓葬中。
>
> ——亨利·莫哈特（Henri Mouhot），
> 《暹罗中部地区游记》（*Travels in the Central Parts of Siam*），1872年

"在超过4.8千米的地方都可以听到他们的低语和哼声……"1519年，征服者伯纳尔·迪亚斯面对阿兹特克首都特诺奇蒂特兰中的巨大市场惊叹道。西班牙人漫步于市场中的买家和卖家之间，每天至少有2万人蜂拥至此。摊位的整洁有序令他们印象深刻，每一件商品都有独立的区域。商人们可以销售从阿兹特克帝国不同地方带来的商品，如金、银、半宝石、羽毛和其他外来品。你可以买到披肩、可可、狗、各种食品，甚至是来自高山上的冰。十几名法官轮流坐在一个宽敞的大厅内维持市场的秩序，督察员徘徊在人群中检查哄抬物价或缺斤少两现象。标准的定价系统基于如可可、豆类、棉布和T形小铜件等主要商品。特诺奇蒂特兰的市场是前哥伦布时期靠武力、贸易与纳贡方式支撑起来的巨大帝国的中心，但是这个市场的运行依赖于人们之间的互动与联系。

对于今天考古学的所有高科技产品，我们千万不要忘记，考古学家研究人类，不只是研究器物、食物遗存和文化变迁。本章"人的考古学"将用器物、证据和其他物质遗存考察古代社会的背后信息，以及处于所有人类社会核心的群体与个人之间的复杂关联。

13.1 研究死者：生物考古学

与冰人（Ice Man）类似的个体研究显示出了**生物考古学**（bioarchaeology）——古代人类遗骸的多学科研究——作为理解过去人类及其行为途径的力量（性别和DNA在第4章有过简要介绍，这里着重介绍人骨研究）。从古代取证的角度考虑，**法医考古学**（forensic archaeology）确实已经成为现代侦查的有用工具，一些训练有素的考古学家专门用这种方法处理人类遗骸。考古学家曾被邀请到科索沃和伊拉克发掘万人坑，他们关于公共坟场的专业知识在那里是非常有用的。发掘队曾赴越南调查作战失踪人员的出事地点，甚至在美国阿拉巴马州调查墓地——这里的墓葬从1858年以来就被新墓葬非法破坏和干扰。作为工作的一部分，布朗大学的理查德·古尔德（Richard Gould）组建了救灾小组，主要在像世界贸易中心和罗得岛普罗维登斯一个被大火毁掉的夜总会这种遗址中寻找人类遗骸和其他证据。

如果说有争议的话，面部重建是生物考古学中的重要部分。通过使用用于面部整形外科的现代医疗技术，复原图坦卡蒙法老的长相（至少到近似程度）是可能的（图13.1），或者用于复原中世纪面部严重受伤的士兵的外貌。然而，面部重建只是生物考古学中的一小部分。

性别与年龄

人骨可以提供死因、营养、疾病以及包括寄生虫、饮食在内的长期医疗条件的指示性信息（图13.2）。个体骨架可以提供有价值的信息，从墓地获取人类样本是生物人类学家的梦想，因为通过这些样本可以研究整体健康状况、预期寿命、婴儿死亡率，甚至当代人口中饮食习惯的差异。例如，尼克拉·克普克（Nikola Koepke）和约尔格·巴滕（Joerg Baten）研究了欧洲过去2000年间2938名女性的骨架和6539名男性的骨架，发现女性的差异性多于男性，但身高随着人口密度和社会不平等而不同，也因为气候与性别不同而不同。在世界的另一边，玛雅的平民寿命比贵族短，这几乎可以确定是饮食差异的结果。

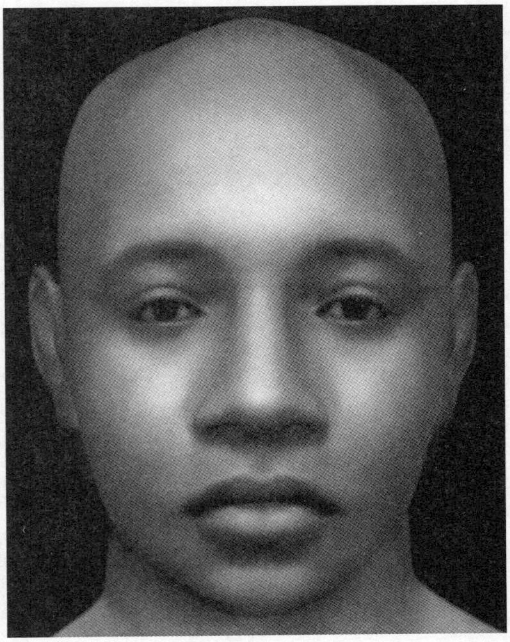

图13.1 罗宾·理查兹（Robin Richards）已经完成了他的工作，依靠特效为法老注入生命——增加眼睛的颜色、眉毛和脸部肤色。这个图坦卡蒙的数字形象是这位少年国王在世界上的第一个面部重建，出自由大西洋制作公司制作的英国电影电视艺术学院提名影片《谁杀了图坦卡蒙？》。（Copyright Atlantic Productions Ltd.）

营养不良、负重和工伤

冰人在一生中的不同时期都出现过营养不良，这可以通过在其肢骨末端发现的**哈里斯线**（Harris Line）来证明。美国南加州丘马什印第安人的死亡不仅通过哈里斯线表现出来，也通过其他医疗条件表现——他们牙釉质中一系列不规则的线条是童年时期营养不良的标志。一些骨骼存在眼眶增厚和点蚀的特征，这表明存在因贫血和寄生虫感染导致的筛状眶。

除了医学疾病，也有职业性损伤，其中大部分都是重复作业导致的。欧洲中世纪渔民的脊椎变形，主要是多年拉举沉重渔网所致。来自叙利亚阿布胡赖拉早期农业村庄的87名成人中的大部分都有因为用头扛举重物导致的颈部脊椎增大，如今仍有许多维持生计的农民这样做。正如下文将看到的那样，阿布胡赖拉的许多年轻及成年女性脊椎已有损坏，大脚趾也有关节炎，这是因为她们多年来在膝盖上研磨谷物。重复的往复运动对她们的脊柱造成了很大破坏。1545年，载有415人的亨利八世旗舰"玛丽·罗斯"号（Mary Rose）沉没于英国朴次茅斯，船上有一半人是装备沉重紫杉木长弓的弓

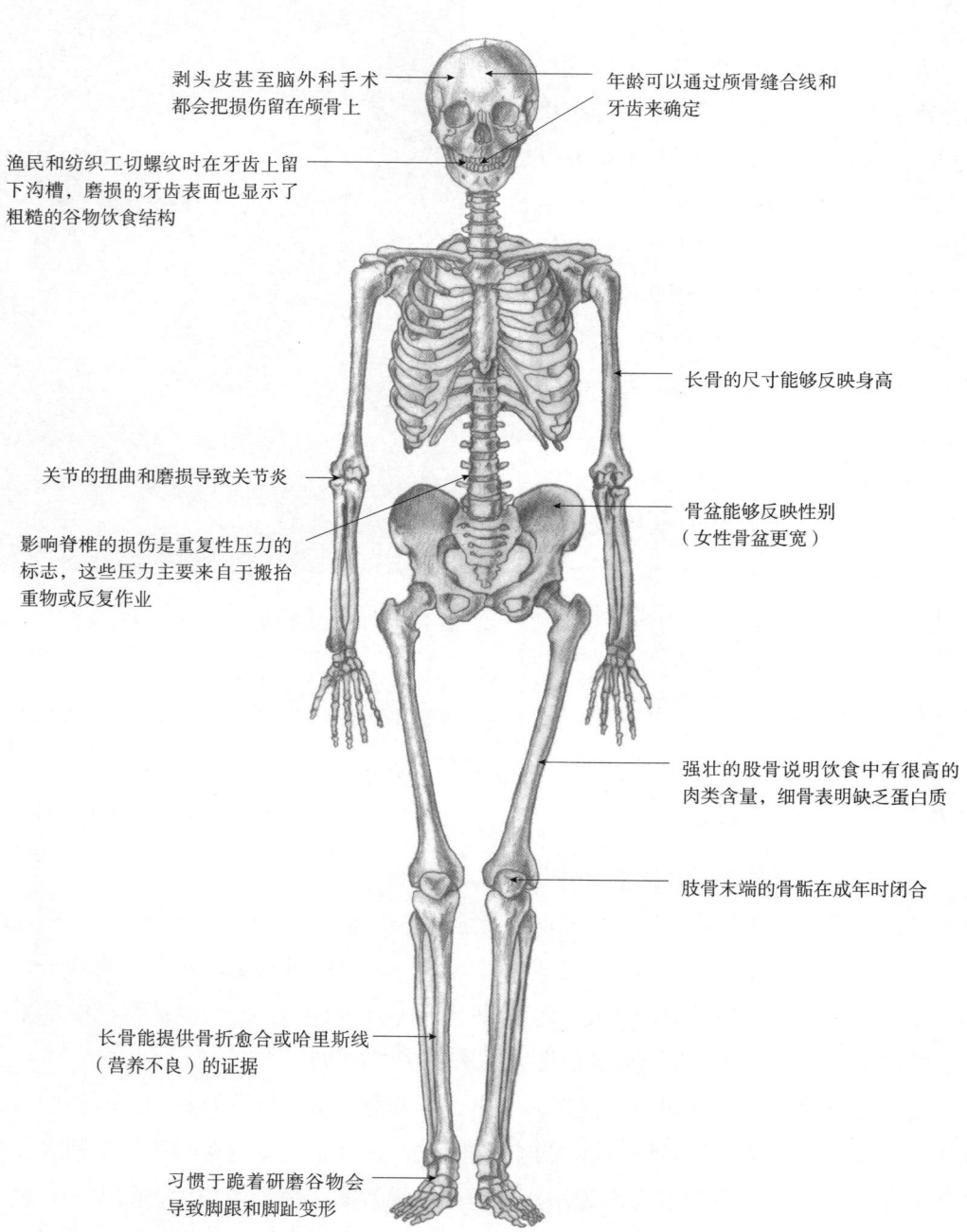

图 13.2 一些能够从人类遗骸上搜集到的信息类别

箭手，每张弓重量为68千克。用长弓射击是一项艰巨的任务，需要弓箭手将弓推开再放箭，这一动作通常使用左肩。"玛丽·罗斯"号上将近20%的个体骨骼显示出由操纵重弓导致的左肩畸形特征，这种情况被称为"棒球肘"，首次发现于美国南加州年轻棒球手身上。

暴　力

古病理学（paleopathology）研究过去人类的医疗条件和受伤情况，除了各种武器造成的致命伤案例，古病理学不常显示具体的死亡原因。回到石器时代，考古遗址常见暴力现象。有些伤口源于狩猎创伤，这一类司空见惯。例如，5万年前，尼安德特人使用的是简单的长矛，即使面对大型动物，他们也要靠近到足够近的距离；1.2万年前的埃及狩猎采集者们有大量箭伤，这可能是在日益狭小的区域内争夺珍贵的食物资源导致的；公元1100年的丘马什印第安人墓地中的部分尸体带有箭伤。

一些古病理学研究通过一个1461年英格兰北部陶顿战役万人坑中的死者遗骸揭示了双方的野蛮，这个万人坑是迄今为止发现的主要战役中为数不多的一个。交战持续了10小时，据说这场战役是英国境内发生的最血腥无情的白刃战。多达2.8万名士兵丧生，当地河流被鲜血染红，尸体散落在乡村9.6千米长的土地上。1996年的发掘搜集了16岁到50岁之间的男性伤亡标本，万人坑中的大部分骨骼都受到过严重打击或被斩首（图13.3）。一个头骨显示了由近战造成的至少8处刀伤，导致死亡的致命一击来自死者的后脑；其他颅骨显示出由十字弓螺栓、箭头和战锤造成的外部创伤。大部分肢体创伤限于前臂，应是格挡攻击者的打击造成的。陶顿战役的骨架提供了中世纪战争中一个可怕的恐惧、报复、仇恨和嗜血的画面。

食人让我们震惊，但这类现象从尼安德特人（甚至更早）开始就是人类社会的一部分了。冷静地开展研究或记录人类遗骸中的屠杀现象是非常困难的。生物人类学家蒂姆·怀特是研究早期人类的权威，他采用相同的方法研究美国西南部曼科斯普韦布洛遗址中的人骨遗

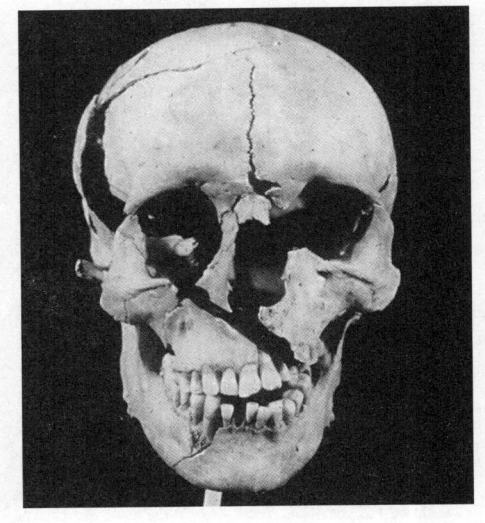

图13.3　中世纪战争的残酷。一个带有致命剑伤的陶顿士兵的头骨。

发 现

阿尔卑斯山冰人

1991年9月,德国登山运动员赫尔穆特(Helmut)和艾瑞卡·西蒙(Erika Simon)正在意大利阿尔卑斯山霍斯拉伯乔奇(Hauslabjoch)附近一条3210米长的狭窄溪谷中行走。艾瑞卡突然发现一个自溪谷底部冰川融水中伸出的棕色物体。开始艾瑞卡认为只是个玩偶,但她很快辨认出了一个面朝下的男人的头骨、脊椎骨和肩膀。

第一位到达现场的警察推测这个男人是位登山遇难者,这个独特的考古学发现在当地验尸官解剖台上的尸体编号是91/619。几天之内,当局就意识到这具尸体非常古老,他们请来了奥地利因斯布鲁克大学的考古学家科恩拉德·斯宾德勒(Konrad Spindler)。当地考古学家组织了一次对该地点的发掘——之前已经深入雪下0.6米,他们用蒸汽机和吹风机恢复了部分草衣、叶子、丛生植物和木材碎屑。发掘结束后,他们确认,这个现在绰号为"奥茨冰人"的男子,曾将斧头、弓和背包储存在隐蔽的岩架处。在此之前的某段时间,他发生过激烈的打斗。

因斯布鲁克大学研究小组用最新的考古学和医学科学保存并研究这名47岁的男子。在几个星期中,5座加速器质谱仪放射性碳测定奥茨的尸体年代为公元前3350年到公元前3150年间。生物人类学家们估算他的身高大约为1.6米,DNA样品分析表明他的基因组成与今天的欧洲人相似。奥茨冰人的最后进食包括肉、一些草本植物和无酵面包,最后一餐的时间可能在春天。他忍受着寄生虫的折磨,生活在有开放式壁炉的小住宅中,吸入的大量烟雾导致他的肺部受损,这与现代吸烟者一样糟糕。奥茨冰人在9岁、15岁和16岁时经历了长期的营养不良,手和指甲因为长时间的体力劳动而伤痕累累。他的后腰、左小腿和右脚踝有成组的文身——大多是平行的竖线。

在死前的最后一天,奥茨在腰上系上皮带,吊带裤通过皮带连着一双皮绑腿。他穿着黑色和棕色交替条纹的动物皮外

图13.4 身穿草制披风、手执武器的奥茨冰人复原图

套，披着直到一个世纪前阿尔卑斯山人仍然披戴的草制披风。奥茨用按扣把熊皮帽固定在下巴底下，脚上穿着熊皮和鹿皮鞋，鞋内被草编绳袜填满了（图13.4）。

奥茨在不断移动中实现自给自足。他带着木框皮革背包、燧石匕首、木柄铜刃斧头、紫杉长弓和装有14支箭的皮箭袋。他的装备包括干蘑菇、点火用的黄铁矿以及备用箭头。

今天，奥茨被保存在复制冰川条件的特殊冷冻环境中。科学家们仍然对为何奥茨会出现在这么高的山区感到迷惑。装在裘皮服装内的一些小麦种子告诉我们，他曾经生活在农耕村庄内。一些来自阿尔卑斯山南部峡谷的野生种子，似乎说明他是从意大利这边攀爬而上的。他是一位在高纬度被发现的牧羊人？他为躲避家族世仇逃到山中？或者他仅仅是为了猎取野山羊？近来，计算机断层扫描显示，奥茨的胸腔中有一个燧石箭头，这支箭是从他左侧射出的，击碎了肩胛骨进入到接近左肺的位置。奥茨还用手抵挡了匕首攻击，之后他可能仅存活了几个小时。当然，至于他为什么会受到攻击仍是个谜。

从敌人那里逃脱后，奥茨的身体逐渐虚弱。他侧身躺下，头搭在大石头上，也许是为了躲避溪谷中迅速恶化的天气。从他放松的四肢判断，他在几个小时后陷入昏迷，并且被冻死了。5000年来，奥茨的尸体一直在溪谷中，上面流动的冰川保护了他的尸体。

奥茨冰人是作为可辨识个体保存下来的最早欧洲人，是过去极少被完好保存下来的人之一，我们几乎比他自己更了解他——他的外伤、疾病、寄生虫。这个重要发现产生了很大影响，因为通过奥茨，我们可以直接面对一个曾经活着的人，一个会哭与笑、工作和玩耍、爱与恨，并和其他人有互动的人。

存。他发现人类遗骸曾被切割并被提取骨髓，然后与动物骨骸在同一堆垃圾中。尽管怀特进行了细致的分析，但我们仍然不知道是否真的有食人情况存在。如果有，是出于仪式和象征性目的，还是作为持久干旱饥荒期间玉米、豆类、猎物肉食的补充？食人将永远是关于过去的一个谜，因为食用人肉的动机永远是复杂的，且通常极度隐秘。

锶和人们的生活

锶从侵蚀岩进入食物链，能提供地质特征，保存在动物和人类的牙釉质中。一旦得知这一特征，判定牙齿主人的出生地便成为可能，一个人的出生地与死亡地可能相同或不同。

锶有书写人们生平事迹的潜力，但需要很长时间才能有足够的锶特征档案，让我们认识更多的古代生活。泰国东北部的班清墓地（Ban Chiang cemetery）包含了从公元前2100年到公元200年共三个时期、十个阶段的人类墓葬。但这些人都生活在同一个地方吗？这些墓葬的样本提供了第二和第三臼齿中锶、碳和氧的同位素。在班清，男人和女人有很大的差异。男性显示了很大的差异性，而女性往往保持不变。研究者认为，这种模式反映了一个入赘社会，女性会住在同一个地方，而男人往往因在外狩猎，只能与由女性一系继承的定居聚落通婚。除了群体动力学外，锶的研究也为个人生活史提供了精彩见解。

13.2 个 体

冰人是一个罕见的案例。除了那些来自埃及、蒙古和秘鲁的干枯木乃伊、冰冻或浸于水下的尸体——如图伦男子（图9.6）、保存在永久冻土带中的北极家庭，很少有个体能从遥远的过去保存下来。例如，我们通过埃及法老拉美西斯二世的木乃伊可以知道，他身高1.7米，患有关节炎、口腔脓肿和血液循环不良（图13.5）。通过生物考古学和现代医学科学，我们现在有能力精确描绘古人生活的画面。

一个经典案例就是所谓的阿姆斯伯里弓箭手的生平，他被安葬于公元前2470年，墓葬距离英格兰南部巨石阵4.8千米（本章章首图）。这是一位35—45岁的强壮男子，身穿一件用骨针固定的斗篷。他向左侧卧，腿部弯曲，头部朝北；下巴患有脓肿，去世前几年遭受了一次严重事故，导致左膝盖脱落，因此只能用偏左的直脚走路；他也因为骨头感染而忍受持续的痛苦。所有的有机材料，如弓杖和服装，早已消失，但如果这些东西能残存下来，我们可以做出理智的猜测。

另一座墓葬与弓箭手的墓葬同时被挖掘，二者位置靠近，墓中是一位25—30岁男人的骨骼。这两人显示了同样不同寻常的脚部骨骼结构，即脚部跟骨和上跗骨连在一起，这强烈暗示了他们的亲属关系。

对弓箭手牙齿的氧同位素分析提供了一个有关他故乡的惊人线索。饮用水的氧同位素比例取决于水源、距离海岸的距离，还有海拔、纬度和当地降雨的温度。温暖环境下饮用水的同位素比例大大高于寒冷环境。因此，科学家能用现代饮用水水样与古代牙齿的同位素比例进行对比，从而找到古代人的住处。阿姆斯伯里弓箭手的牙齿氧同位素记录表明，他青年时代居住的环境要比英国南部冷——在瑞士阿尔卑斯山。与此相反，第二个墓地的年轻男子的智齿上有更小比例的氧同位素，说明他在英格兰中部或苏格兰东北部度过了青少年阶段的后期。阿姆斯伯里弓箭手证明，早期人们迁徙的距离远远超过我们迄今所能想象的范围。

13.3 群　体

个体、家庭、社区和社会之间的联系以各种有形和无形的方式详尽表达着自己。例如人们和社区间的联系可以通过礼物交换来表达，可以通过亲属关系和相互义务表达，也可以通过贸易表

图13.5　埃及法老拉美西斯二世（公元前1279年—前1212年在位）的木乃伊

达。同时，也有劳动分工问题，男人和女人的角色每一代都发生变化。许多联系是无形的，因此这些联系在考古记录中不容易被识别出来。

作为个体，我们都生活在和其他人的不断联系当中，如家庭成员、亲属、社区成员和来自不同群体的人。我们的生活就是和其他人进行不断的联系和协调，被亲属规则、个人关系和社会差异所包围。考古学家研究三种反映以上这些相互作用的重要现象：社会等级，个人、家庭、社区和更广泛社会之间的关系，社会多样性（种族）。

社会等级

那些罕见和不寻常的器物，无论是充满异国情调的贝壳、金项链还是黑曜岩镜，几千年来一直都是拥有者或穿戴者们身份地位的象征。一般来说，社会越复杂，窖藏金饰、精美饮用器等更多的财富就越集中于少数人手里。财富和权力成了同义词，希腊迈锡尼统治者们精心建造的宫殿和公共建筑，美索不达米亚苏美尔人装饰华丽的庙宇都是证明。

与中美洲玛雅礼仪中心蒂卡尔和帕伦克一样，许多建筑都是作为政治、社会和宗教权力的重要象征而建立的（图13.6）。例如，科潘就是玛雅精神世界的一个象征模型，包括圣山、树与洞穴。埃及太阳神阿蒙的卡尔纳克神庙是神圣王权的证明，神庙内装饰着伟大法老和太阳神的绘画和雕像。象形文字和皇家服装的细节是皇权和神权的持

图13.6 埃及底比斯卡尔纳克神庙中的智慧之神透特（Thoth）。对埃及诸神的描写旨在证明国王的神圣权威。

续性象征（图13.7）。

社会等级有时可以从建筑与社区布局来推断。特奥蒂瓦坎城处处显示着精心规划的迹象——市场和手工业者的特殊专用区，祭司长和贵族们的住宅位于将城市一分为二的死亡大道（Avenue of the Dead）附近。像这样的情况，很容易通过建筑风格和与众不同的器物来判断房屋所属的社会等级。

人类墓葬是史前社会组织和等级信息的最重要来源。例如，埃及胡夫法老在建造吉萨金字塔和神庙上花费了庞大的资源（图2.1）。在他统治的23年间，为了建造金字塔，成千上万的劳动者搬运了超过230万块重达2.5吨到15吨的石灰岩块。有时候墓葬的不同地位可能表明一个社会的严格等级。位于乌尔的王室墓葬及陪葬的平民墓地就是一个例子（见第1章）。在欧洲中部，铁器时代的酋长们一生都被精致的物品围绕着（图13.8）。

有时这种差异比较微妙。在泰国的班纳迪（Ban Na Di），查尔斯·海厄姆和拉查尼·托撒拉（Rachanie Thosarat）发掘了公元前700年到公元前400年间的墓地，墓中骨架被成排摆放。他们挖掘了两个区域，每个区域都包含人类遗骸。每个发掘区的男人、女人、儿童都伴出同种类的本地陶罐，但墓地西北方向的大部分坟墓中有石器、青铜和贝壳手镯，而且比其他坟墓有更多的贝壳盘珠。牛俑和作为牺牲的完整动物前肢来自5座装饰华丽的墓葬，和现在一样，牛一定是财富的象征。一个5岁的孩子身穿一件鳄鱼皮寿衣，全身只有骨板保存了下来；附近的一个女子戴着一件用鳄鱼头骨制作的大型骨头吊坠。海厄姆和托撒拉推测墓葬中的富裕人群属于以鳄鱼为图腾的群体，他们认为班纳迪社会的某个族群有获取异国商品的机会，这或许是他们在群落中拥有更高社会地位的结果。财富上的区别不是很大，但足以暗示更高的社会地位，或许社会成员的高级血统从他们最早的祖先就已开始了。

图13.7 危地马拉蒂卡尔的玛雅中心建筑

种族和社会不平等

考古学提供的种族多样性的独到见解，有时也被称为"不平等的考古学"，这是人们对其他人实现经济和社会统治的一种方式。

精英们运用许多策略统治其他人，从温柔劝说到神圣王权、经济垄断和赤裸裸的武力，也许最重要的是意识统治。古代玛雅领主建造了包括高耸金字塔和巨大广场在内的象征玛雅精神世界的巨大礼仪中心。正是在那里，统治者走进一个萨满式的恍惚中，在豪华的公众仪式中与神和祖先进行沟通。一切验证了生者与死者、统治者和平民间复杂关系的大方展示和隐喻，都证实了至高无上的领主所拥有的神权。

以多种形式行使政治和社会权力是极其多样化的现象。考古学家感兴趣的，是如何运用物质材料——如陶器——来研究人是如何与其社会地位相协调，并抵制自身文化的消亡的。器物研究提供了一个能检验大量群落历史的独特方式，这些群落没有文字记载，但独特的器物和他们购买与使用的商品能表达群落居民的不同情感与文化。

与典型研究相反的案例来自美国南部，最早的非洲人带着自己的宗教、仪式和超自然力量来到北美洲。"几内亚的黑人有时在神居周边筑上围笼。"一个佛罗里达州的种植园主在1839年写道。历史记录中很少有这样的神龛，但考古学家们在北美洲东南

图13.8　放置一位40岁酋长尸体的青铜床，出土自德国霍赫多夫装饰丰富的铁器时代墓葬，年代约为公元前550年。床由六个铆接金属板组成，以安装在轮子上的青铜人雕像为支撑。酋长穿着金鞋，佩戴金项链、金手镯、金胸针，这些黄金共计重0.5千克，他通过控制地中海到南方的贸易获得了这些财富。这位酋长被安葬于大型坟冢下的一个橡树墓室里。

部的许多奴隶遗址中发现了蓝色珠子和其他护身符。非洲黑人奴隶到达北美洲的同时，也带来了和他们雇主完全不一样的文化价值观和世界观。奴隶种植园是更广泛、更复杂社会网络的一部分，这个网络连接着种植园主与种植园主、种植园主与奴隶、奴隶与其他种植园的奴隶。尽管条件恶劣，非裔美国人仍保持着自己的信仰与文化，他们需要通过几代人将这些新环境中的新思想与新材料创新融合在一起。他们相信自己的文化、生活方式，以及从饮食到信仰系统的一切东西就是最好的。

　　所有的非洲精神信仰都高度灵活，能很好地适应外界影响，无论是政治、宗教还是经济影响。因此，现存的精神信仰都是数代人通过使用新器物或修改现存事物以更好适应美国新环境的结果。例如，在弗吉尼亚州托马斯·杰斐逊的蒙蒂塞洛庄园，考古学家们发现了来自奴隶们居住的桑树街的结晶体、穿孔硬币和祭祀器物。

　　传统的从业者们都是在不利的环境中工作，因此他们要小心伪装自己的活动。在得克萨斯州南部的李维·乔丹棉花和甘蔗种植园中，考古学家肯尼斯·布朗（Kenneth Brown）和多琳·库珀（Doreen Cooper）发掘了一间非裔美国人医疗魔术师的小木屋，屋内出土了兽骨、铁钉和其他器物，这些器物是西非传统治疗师随身用具的一部分。对于种植园中的非裔工人，这些器物具有不为外人所知的象征意义。正是出于这个原因，没有任何用于贸易的医疗工具带有象征性装饰。在18世纪新英格兰的新萨勒姆种植园中，杰拉尔德·索耶（Gerald Sawyer）发现一个基督教墓地周围分布着密集的非裔美国人墓葬，在墓地旁边发现了雕刻的墓碑和石英碎块，众所周知，这正是非裔美国人的仪式。

在非裔美国人的村庄和奴隶居住区，他们的公民权被白人严重剥夺，以至于他们的雇主和女主人更像环境中的一部分，而不是他们社会生活中的关键角色。在南卡罗来纳州和佐治亚州，奴隶甚至讲与众不同的非裔美国语言。在这种文化中成长的儿童使用由该文化中的成员制作的器物（如陶罐），听魔法故事和宗教圣歌，而这些是确立非裔美国人身份，维持意识形态和使价值观成形的重要方式。虽然许多奴隶可能无法抵制自身的劣势，被白人赐予一定的社会地位，但他们仍对有利于自己发展的欧美文化置之不理，拒绝将奴役合理化的意识形态。

在南卡罗来纳州，利兰·弗格森（Leland Ferguson）已经记录了这种文化抵制的存在。1740年的南卡罗来纳州，黑人数量几乎是白人数量的两倍，其中一半以上出生于非洲。与南大西洋沿岸的其他地方一样，非洲妇女带着制陶知识来到这里，在新家园使用在原来家园流行的器物。在种植园的奴隶居住区和城市内发现了独特的无釉陶制品（图13.9），这些器物一度被认为是通过贸易卖给奴隶的美国本地产品。这些"殖民商品"是由黑人与白人，以及他们与土著美国人之间交流导致的人口和文化力量的产物。弗格森发现，被他称为南卡罗来纳州"容器环境"的包括木材、编织品，以及与奴隶的非洲家园明显相似的陶器。弗格森认为，非裔美国人的饮食习惯与西非一致，和他们周围的那些欧洲裔美国人截然不同。殖民商品在很大区域内具有广泛的相似性，由生活在少数民族环境中的人制作，在这个环境中，互惠互利关系是至关重要的，而且这个环境与祖先的非洲文化有很强的联系。正如弗格森所说，这是一种对奴隶制和种植园系统的无意识反抗。他指出，美国南部文化的发展是一个漫长的准政治谈判过程。令人兴奋的是，我们可以用考古学来考察这个复杂谈判过程的早期阶段。

另一个关于种族对抗的记载来自一次考古调查，这次调查的路线是由美国北部夏安族的一小群人记录的。1879年1月9日，他们在内布拉斯加州攻破了罗宾逊堡，同驻军展开运动战，横跨白河、爬上断崖，进入开放的村庄，军队花了11天在这里围捕他们。这些大部分是无可争议的，但夏安族拿出的河谷路线是有争议的。据军方记载，逃生队伍翻越裸露的砂岩山脊到达断崖，这条暴露的路线是不合逻辑且十分莽撞的，因为当天是满月。夏安族的口述传统坚称有另外一条到达断崖的路，这条路穿过一条保存较好且能提供良好掩护的排水渠。南达科他州大学考古学实验室的考古学家与当地夏安族代表合作研究了逃生路线，他们用探铲和金属探测器在三个区域——两个排水道和军方记录中的裸露山脊——寻找射出的子弹。本次调查在裸露山脊上没有收集到子

图13.9 殖民陶器

弹,但在排水系统中发现了,从而证实了夏安族暴乱口述记录的真实性。

这看上去似乎是现代历史的脚注,但重要的是,要记住这次战争已经成为白人眼中美国西部的经典故事,它被约翰·福特(John Ford)导演的电影《安邦定国志》(*Cheyenne Autumn*)永远记录了下来。这部电影从胜利者的角度讲述故事,形式是西部时代道德故事。现在,口述传统和考古学已经粉碎了部分神话,从印第安人的角度讲述故事,在这种情况下,科学可以帮助制作近代历史的马赛克——真实历史而非虚构。

关于少数民族以及他们抵制社会统治——目前是美国——的研究最为引人注目,这项研究通过历史遗迹来进行,在这里,书面记录在很多重要方面扩大了考古记录。正如我们经常看到的,发展于历史遗迹的方法终会被应用到史前遗址中。例如,古埃及奴隶和工人们的生活方式是什么?通过发掘吉萨金字塔的工人居址我们知道,许多劳动者过着艰苦的生活,营养不良,预期寿命也很短。这种发掘提出了许多关于统治者和被统治者间关系的问题。考古学在研究平凡、琐碎以及日常生活中的微小细节方面潜力巨大,是客观研究社会不平等和种族的不可替代的工具。

13.4 性 别

男人和女人间的互动已经有250万年的历史了,他们彼此协商,共同承担生命与生存的责任。然而,考古学家很少关注性别研究与过去两性间协作关系的变化。某种程度上,这是因为缺乏对该学科的兴趣,同时也因为考古记录一直被看作是无名的,相比对个人的研究,考古学家更关注对整个文化变迁进程的解释。直到最近,才有考古学家转向性别与两性关系这一复杂问题,这项新的研究拥有光明的前途。

性别不同于性,它指的是生物学意义上的男性和女性。性别是文化与社会的组成部分,性别角色和关系从有意义的文化和历史角度方法中获得意义。因此,性别是人类社会关系的重要组成部分,也是古代人类社会研究中的核心问题。

不同社会的性别表达随着时间一直在变化。一些考古学家,如玛格丽特·康基（Margaret Conkey）和琼·格罗（Joan Gero）,以"生殖考古学"（engendering archaeology）为题材,这种考古学尝试以无性别歧视的方式重构过去的男人与女人。这比证明壶是由女人制造,石制抛掷尖器是由男人投出,或试图在考古记录中找出妇女的活动要深入得多。性别考古学涉及性别的意识形态、角色与性别的关系——两性在人类社会生活各个方面的相交方式。这种角色与社会关系是如何建构的？男性和女性分别在古代社会中做出过怎样的贡献？性别考古学运用多样的考古方法揭示古代社会中性别的作用,阐明它的文化意义。

这种研究两性角色的科学有着美好的前景。叙利亚的阿布胡赖拉农业村庄是世界上已知最早的农业聚落之一（图12.4）,大约公元前1万年,居民开始由狩猎觅食转为农耕。阿布胡赖拉的妇女们一连几个小时在膝盖上进行劳动——为晚餐研磨谷物,聚落中重复着单调的刮擦声。生物人类学家瑟亚·莫勒森（Theya Molleson）通过对从阿布胡赖拉房址中发现的骨骼进行研究,很快发现除了由于繁重的重复性工作造成的骨骼畸形外,人们都很健康。然后,她注意到一些青少年的颈椎出现了肿大,这是搬运重物的结果。她还发现许多膝盖骨的关节存在骨质增生的情况,这是长期反复跪地造成的。很多女性骨骼也有腰椎骨受压、趾关节肿大、严重的大脚趾关节炎等问题。

莫勒森一直对这种畸形的情况很迷惑,直到她的同事造访了埃及并在古寺庙的壁画上注意到那些跪拜者总是脚趾向前卷曲。在阿布胡赖拉,只有一种活动可以产生同样的结果,就是跪在房屋前用手研磨谷物。出于好奇,现在莫勒森开始重构整个研磨过程。磨工把粮食放在手推磨上,然后双手紧握磨石,他（她）脚趾弯曲地跪着,手臂向前推石磨,随着石头到达手推磨的底端,手臂向内转。整个过程结束时,上身几乎与地面平行。每天重复这样的来回移动会导致和这些骨架上相同的脊椎损伤,也会造成膝关节和髋关节的弯曲应力,最终导致脚趾关节炎,正如在阿布胡赖拉发现的那样。莫勒森几乎可以肯定,妇女和女孩受到重复性压力损伤是因为她们肩负准备食物的艰苦任务。

性别化的过去

性别化的过去意味着不仅要着眼于像冶金或制作壶罐这种主要原料的成就或者关注古代环境，同时也要关注人际关系和日常活动的社会动力。狩猎、园艺、准备食物、建房等活动占据了人们大部分的日常生活。但是，性别对于贸易、工艺专业化、国家的形成、宗教、仪式等提到过的几个人类主要活动也有影响。

考古学上的性别研究关注的不只是女人，还包括作为个体的人和他们对社会的贡献。考古学家伊丽莎白·布鲁姆菲尔（Elizabeth Brumfiel）研究了阿兹特克的女性，她们是专家级纺织工。的确，纺织对于阿兹特克的贵族女性来说是一项基本技能（图13.10），不过，伊丽莎白指出，对于这些女性的描绘仅限于纺织，而忽略了纺织、烹饪、育儿（只提及几个妇女的任务）与更广泛社会中的女性生活之间的重要联系。例如，墨西哥谷地的人口在其被征服前的4个世纪里增加了10倍，这是阿兹特克家庭经济成功的显著证明。女性编织纺织品与象征阿兹特克人社会地位的斗篷，她们编织的产品对阿兹特克文明所依赖的庞大朝贡系统至关重要。棉斗篷甚至被当作货币的一种形式，布料则成为组织商品来往流动和服务的一种主要方式，维持国家的日常运作。

布鲁姆菲尔展示的阿兹特克家庭和女性角色比起早期西班牙观察者认为的有很大不同。此外，纺织和烹饪技能是重要的政治工具，是维持社会和政治控制的主要手段。因此，她认为这些技能在阿兹特克的民间传说和成熟的学校教育中有理想化的表现，因为女人是贵重物品和人类的制造者，是她们保证了阿兹特克人亲属群体的连续性。对阿兹特克人生活过于简单化的观点掩盖了女性在这个非凡文明中的活力和具备高度适应性的角色。

性别研究往往是基于民族考古学和人种学数据的推断。住在秘鲁高地北部曼塔罗谷地的索萨（Sausa）村民是种植马铃薯和玉米的农民。在大约公元1460年被印加征服之前，索萨一直是当地几千人口中的一员。征服者们急于提高玉米产量，把他们分散成小村落。考古学家克里斯汀·哈斯特夫（Christine Hastorf）对由于印加征服而变化的社会动力很感兴趣。在新的条件下，妇女的地位如何发生变化？她通过两个不同的途径来揭示这个问题的答案——将在发掘地点发现的食物遗存与现代居民食物进行比较，以及通过古代索萨村庄中男女骨骼的稳定同位素分析获得饮食证据。

在安第斯山人的家庭里，妇女负责准备和储存食物。哈斯特夫研究了遗留在房址和院落中的植物成分，以及家庭中男性和女性行为之间的关系。例如，在以男性为主的家庭中，哈斯特夫在厨房区域发现了多种植物形式，而在进行其他活动的院落中却

图13.10 阿兹特克妇女教她的女儿如何纺织。图片选自《曼多撒手抄本》,少数存世的阿兹特克抄本之一。

很少发现作物种子。与此相反,以女性为主的家庭,在厨房和院子里都有大量的农作物种子,这些地方似乎在食物的准备和消费上有不同功能。

接下来,哈斯特夫绘制了前西班牙时期农作物种子在院落中的分布图。在前印加时代,玉米十分罕见,具有巨大的神圣价值。每一个居民都会使用和消耗各种植物类食物,包括玉米、马铃薯和许多豆类。玉米更多出现在庭院中,哈斯特夫认为,正是在这里进行了如制作啤酒等公共活动——啤酒是对仪式、社会和政治会议至关重要的商品。在后印加时代,院落中的土豆减少,玉米大量增加。在这里,玉米的加工更集中——对玉米进行略微烧灼,仿佛更多地被用于生产啤酒。哈斯特夫猜测玉米在后来的院落中密集且有限制的分布,可能反映了女性对玉米的强化处理。当时印加政策要求不断增加玉米生产,常规税收以劳动和生产的形式征收,因此,为了支持男性活动,女性的强化角色更加受限。

哈斯特夫还研究了从索萨村民骨架中提取出的骨胶原的稳定同位素。她发现在前印加时代,男性与女性的饮食结构基本相同,主要包括藜、块茎和一些玉米,这些类似的价值观表明啤酒是男人和女人共享的。之后印加进入索萨社会。在这些世纪的21具骨架中(12名男性、9名女性)出现了更高的玉米消费量,近一半男性的饮食有比女性更丰富的玉米。哈斯特夫认为,这反映了在印加规则下社会条件的转变。妇女将更多处理过的玉米加入啤酒,这些啤酒不是任何人都能消费的,只有一小部分男性可以享用。饮食差异反映了政治环境的变化,使索萨这个曾经的小团体被融入一个更大的政治范围内。这个政治范围依赖于更多参与聚会、宗教仪式以及义务性工作的男人们,啤酒正是被这些人享用的。女性们努力工作，但在印加制度之下，她们在家庭外的位置受到了更多的限制。

哈斯特夫展示的案例说明，性别研究将现代高科技考古学与老式的考古学观察进行了合并。这将赋予我们远超物质的潜力，探索个人和性别的能动性，甚至像哈斯特夫示范的那样，探索男性和女性适应不断变化的环境的方式。这种关注古代社会变化动态的细致研究具有非常远大的前景。

13.5 更广泛的社会：前国家与国家社会

10万多年前，自从现代人类在非洲出现，人类社会已经发生了巨大变化。诸多破译古代社会组织复杂性的努力已经开始，其中最成功的方法是使用广泛的进化框架。这一方法为追踪人类社会组织——从人类最早的第一个简单家庭结构到早期文明的高度复杂国家组织的社会——提供了一个大体的轮廓。

人类史前史的所有理论都是基于人类社会已经在很长一段时间中发生了变化，并且贯穿整个史前的总趋势是走向更复杂的人类文化和社会制度的前提。当然，这并不意味着像维多利亚时代的人类学家曾经认为的那样，所有的人类社会进化路线都是阶梯状的。多方向的文化变迁已经在进行中，并仍在进行。如果随着时间流逝这是大势所趋，那么它是向着社会和政治愈发复杂的方向发展的。

此外，这一趋势更大的复杂性表现在政治和社会组织方面非常相似的方式上。许多考古学家通过这个广泛相似性将早期人类社会分为两大类别：前国家社会和国家组织型社会。

前国家社会（prestate society）是基于群落、族群和乡村的小规模社会。他们政治一体化的程度差别很大，可分为三组，但在这里只进行总的概括。

族群（band）通常是由几户人家组成的自治和自给自足的群体。他们奉行平等主义，领袖的产生不是靠继承或后来获得的政治权力，而是靠丰富的经验和个人品质。

部落（tribe）与平等主义的族群类似，但有更多的社会和文化机构。他们已经建立起以亲属为基础的社会机制，以调节他们更固定的生活方式，重新分配食物并组织一些公共服务。一些更复杂的狩猎采集社会，如北美西北太平洋海岸的群体，可以被归类为部落，虽然他们大部分与村庄农业有关。

酋邦（chiefdom）是由掌握特殊仪式，拥有政治和创业技能的个人领导的社会，往往很难与部落区分开。社会仍然以亲属为基础，但出现了更多的层次，政治力量集中到强大的家族领导手中，他负责资源的再分配。酋邦往往有较高的人口密度以及彰显社会等级的标志，社会等级体现在部分个体拥有了更复杂的物质财富。酋邦的复杂程度差别很大，但公元1000年后的夏威夷、塔希提岛，以及美国中西部和南部的密西西比人达到了更为复杂的高水平。

许多研究人员目前质疑族群–部落–酋邦分类的一般效果，理由是它太死板，而且应用很有限。一般来说，前国家社会值得注意的是它们具有小规模的社会和政治组织，尽管复杂程度差别很大——从几户人家到遍布整个太平洋岛屿的复杂酋邦。

国家组织型社会（state-organized society，文明）通过中央集权社会和政治组织、阶级层次、集约化农业进行大规模运作。这一类型的社会具有复杂的政治结构和许多永久性政府机构，并基于社会不平等的观念——特权掌握在少数人手中。国家组织型社会即早期城市文明，如苏美尔、古埃及、玛雅和其他文明，这些文明都由掌握绝对权力的最高统治者进行管理。这些工业化之前的文明，建立在社会不平等和成千上万的劳动力基础之上，是后来历史中工业文明的先驱。

埃及法老或玛雅贵族的绝对权力来自他们对超自然力量的感知，这种感知是强行嵌入并牢记于心的意识形态。金字塔、广场、庙宇为奢侈的公共仪式提供设施，在这些地方，统治者会随着敲鼓祭祀、歌颂传唱、焚香升入天空出现在他的臣民面前。神圣的地点可以验证文明的发生，它们向考古学家提供了一种破译古人宗教信仰的方式。

13.6　互动：贸易和交换

涉及贸易和交换的人类互动是所有关系中最复杂和持久的。只有很少的人类社会已经实现自给自足。狩猎采集者，如美国古印第安人和末次冰期欧洲人，通过长距离交换工具制作石制品和海贝壳。一旦食物生产取代狩猎和采集，人类的需求就会更复杂，人们通过与旁邻贸易获取所需的广泛原料和成品。出于这个原因，贸易被定义为"货物的双向互动运动"，还可在此基础上添加长距离的概念。交易总是涉及两个元素：货物和商品的交换，以及人的交换。任何形式的交易活动都涉及社会系统的某些形式，这些形式提供了贸易兴旺之下的人与人的关系。

考古记录中的贸易是以在遗址内发现异国物品——远离其发源地——的形式出现的。例如，苏必利尔湖地区（Lake Superior）的印第安人从湖附近露出地面的天然矿脉获取铜矿，然后在千里之外的美国俄亥俄州交易贵金属。在美国加利福尼亚州、中美洲和亚洲西南部，黑曜岩是众所周知的贸易商品，它是精美的火山玻璃，在制作刀、装饰品和镜子方面拥有广泛价值（图13.11）。

贸易类型

　　赠送礼物是社会中相对自给的交流与贸易的共同媒介。交换礼物主要是用来强化个体和整个群体的社会关系，礼物则作为双方的义务标志。过去的2000年中，这种贸易形式在新几内亚和太平洋地区很常见，在非洲与古代美洲也非常普遍。一个著名的例子是西南太平洋上美拉尼西亚（Melanesia）的库拉环（kula ring），这是一个复杂的礼物交换网络，贝壳项链向着一个方向流通，手镯则向着另外一个方向。他们通过人与人之间的礼品交换，维持了几十年的礼品伙伴关系。这些礼物交换享有很高的声誉，已经作为食品和其他更多日用品定期交流的框架。这种个人和群落之间的不定时相互作用减少了人们的自给自足，并最终使他们形成更大的社会，人们不仅通过基本商品，也为了社会目的而依靠彼此。

　　互惠主义（reciprocity），商品在两个个体或群体之间的互换，是众多礼物赠送和易货贸易的核心。它可以在同一个地点年复一年地发生，这个地点可以是某人的房子。这样的"中心地点"成为赠送礼品和贸易的焦点。当一个村庄卷入贸易商品的生产和与其他群落间的交换，它就可能会成为一个更重要的中心，一个人们将前往交易的地点。

　　贯穿文化中心位置的贸易货物**重新分配**（redistribution）需要一定的组织形式，以确保重新分配的公平性。重新分配机制可以由首领、宗教领袖，或某种形式的管理机构来控制。领袖——也许是通过宗教力量巩固的位置——对延伸至几个村庄的群落负有重大责任，他的重新分配线通过等级较低的个人延伸至村民。首领间会协商交换，然后将外来的材料和物品重新分配到各家各户。

　　市场（market）是管理和组织贸易的地点和特殊风格，鼓励人们留出一个相对稳定的地方用于交易，几乎所有主要商品的价格都是固定的。没有文字的文明曾经在没有强大的中心地的情况下发展，在这里，贸易活动受到管制，发达的材料与贸易路线被垄断。如本章开头所述的特诺奇蒂特兰市场就是一个例子。成功的市场交易需要可预见基本商品的供应量和对贸易路线的充分监管，大部分早期美索不达米亚和埃及的近河贸易值得注意，因为这些监督起来比较容易。当伟大的陆路商队路线开通，政治和军事问题——贡物、贸易路线的控制以及通行费——占据了主要地位。在这些帝国之前，由骆驼、驴和其他牲畜组成的商队是有组织的贸易形式，这个形式坚持按小心设置的明确路线行进，并有官方的维护（图13.12）。旅行者沿着这些设定的路线，眼中

图 13.11 中美洲的黑曜岩镜
(Neg.#312721. Courtesy of Dept. of Library Services, American Museum of Natural History.)

除了进口与出口的运输和交换别无其他。市场是收集相距很远的人们的信息的地方（现在依然是）。在西非，富拉尼（Fulani）牧民花费大量时间在市场闲逛，这不是因为他们想浪费时间，而是因为他们想获取关于放牧草地和水源的有价值信息。

研究古代贸易：来源法

获得长途贸易的证据所涉及的不仅是绘制距离产地上百英里的独特器物的分布。研究原材料的来源，有时也称为**来源法**（sourcing）或**特征描述**（characterization），因为它涉及识别用于服装、石斧等独特原料的特性。我们应该强调"独特"（distinctive）一词，因为这些方法的本质是我们能够精确识别特定来源。例如，黑曜岩从西西里的利帕里岛（Lipari Island）被交易到地中海中心的广泛区域，这种具有独有特征的黑曜岩表明它来自利帕里，而不会是其他地方（图 13.13）。

来源法包括利用**微量元素分析**（trace element analysis）和其他方法对石斧薄片或碎陶片进行微观检查，以确定原材料的来源并确定其在陶土或金属器物中的成分。微量元素分析采用多种技术，如中子活化分析和 X 射线光谱测定。所有这些技术产生的是元素表中的个体元素，如锑、铅、锡等。匹配这样的来源表是极其困难的，需要仔细

图13.12 骆驼商队。大约公元前1000年,阿拉伯南部的人们驯化了骆驼,并于公元元年前后发明了战斗和负重时使用的马鞍,它彻底革新了亚洲西南部的沙漠旅行和贸易。饲养骆驼、控制贸易路线的人可获得很大的政治权力。如今位于约旦的著名的佩特拉城(Petra)曾经就是一个主要的商队终点站。

的研究策略,这通常涉及统计学与几个要素。

目前已经获得了一些令人瞩目的成果,特别是黑曜岩。例如,我们现在知道,西南太平洋上俾斯麦群岛(Bismarck Archipelago)中的阿德默勒尔蒂群岛(Admiralty Islands)的黑曜岩被交换到不少于2976千米外的密克罗尼西亚的瓦努阿图,以及西边3520千米外的婆罗洲。我们也知道美国加州不少于50个的黑曜岩来源,这些都是经过长距离交换而来的。使用源数据使我们能够在区域基础上设想交换场景。

史前时期的采石场是潜在的交换外来材料的有价值信息源,如希腊、中美洲、澳

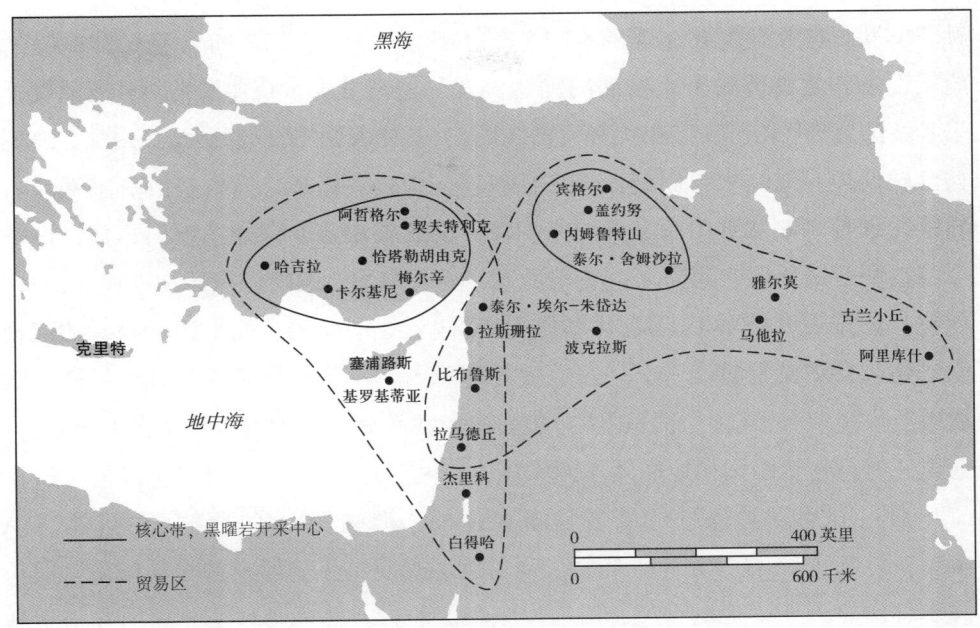

图13.13 地中海东部地区的黑曜岩贸易。来源法研究表明，塞浦路斯、安纳托利亚和黎凡特地区的早期农业社会从安纳托利亚中部的两个来源获得黑曜岩。同时，像扎格罗斯山脉的雅尔莫（Jarmo）和远在东南方向的阿里库什这些村庄的资源来源于亚美尼亚。像安纳托利亚的恰塔勒胡由克（Çatalhöyük）聚落，非常接近黑曜岩产地，所以他们很可能自给自足——他们80%以上的石器是由这种材料制成的。供应线上的地区离产地越远，黑曜岩工具也就越少。在20世纪60年代，科林·伦福儒等人利用**光谱分析**（spectrographic analysis）找出了不下12处早期农耕村落，这些村落主要从土耳其中部的契夫特利克（Ciftlik）地区获取黑曜岩。前沿研究表明，298千米范围内村庄的打制石器，有80%是用黑曜岩制造的。在"供给区"外，黑曜岩的百分比随着距离的拉长而急剧下降，在叙利亚村庄降到5%，约旦河谷则是0.1%。如果这些计算是正确的，那么说明每个村庄都将进口黑曜石的大约一半沿着这条线路传递下去。

大利亚的采石场。考古学家罗宾·托伦斯（Robin Torrence）在研究公元前5000年爱琴海黑曜岩贸易时发现交流是非商业性和非竞争性的。史前石匠参观采石场并准备用于交换的材料，很少关注原材料的经济使用价值。例如，在米洛斯岛上，游客只需开采他们想要的东西，然后离开。这里没有专业化生产的证据。

长途贸易与乌鲁布伦沉船

器物分布和表征技术有助于为土耳其南部青铜时代乌鲁布伦沉船提供史前贸易的独特描绘。公元前1305年，重型货船从地中海东部向西航行，在卡斯附近的乌鲁布伦触礁沉没。它沉没在46米深的水中。在打捞海底任何文物之前,考古学家会绘制木材、船舶设备和货物等每一个物品的确切位置。他们发现,该船装载着6吨铜锭,或许开采于塞浦路斯;还有一些锡锭和器物(图13.14),锡可能来自土耳其南部。迦南罐子来自巴勒斯坦,或是来自叙利亚——宗教仪式中盛放橄榄、橡树树胶和玻璃珠所用。船舱里装载着可能从地中海陆路而来的波罗的海琥珀、非洲的乌木类木材,以及来自北非和叙利亚的象牙、河马牙、鸵鸟蛋壳,还有埃及、地中海东部和迈锡尼的匕首、剑、矛头,并排摆放的木工工具,以及一套动物形态的砝码。船中还有昂贵的玻璃锭,美索不达米亚的圆柱状图章,一个迈锡尼印章石,甚至金杯和部分玳瑁琵琶。船上载有埃及圣甲虫宝石,几十个钓鱼重物,鱼钩和23个石锚——对在有风的海湾下锚至关重要。甚至还有打包货物用的地榆灌木被保存下来。

通过利用陆上遗址的发现分布和各种来源技巧,考古学家乔治·巴斯(George Bass)和杰马尔·普拉克(Cemal Pulak)已经重建了无名船长的最后旅程。船长从地中海东部海岸开始了他的远航,沿着海岸向北航行,然后越过塞浦路斯并沿土耳其南部海岸航行。船利用季风风向的优势停靠途中各个大小港口,沿着一条繁忙路线向西航行,

图13.14 土耳其南部发掘的乌鲁布伦沉船

经过克里特岛、爱琴海的一些岛屿，也许到达了希腊大陆。船长曾多次走过这条路线，但这次他的运气用完了，无情的乌鲁布伦礁石使他失去了船和货物，也许还有他的生命。从考古学家的角度来看，乌鲁布伦沉船是天赐之物，因为它使我们能够连接超过3300年前的地中海东部与埃及、爱琴海、希腊等地区，填补复杂贸易网络中的许多细节。

古代贸易的研究是关于社会组织与社会变得日趋复杂的途径的重要信息来源。贸易本身在商品交易和人际互动方面具有很大的复杂性。科林·伦福儒已经确定了不下十种能够引发贸易的人际互动模式，范围从个人间的简单联系到通过专业贸易商进行交易，例如玛雅和阿兹特克的波其德卡（pochteca），他们有时甚至充当间谍。

13.7　相互作用：宗教信仰

宗教信仰也涉及人与人以及活着的人与超自然世界之间的互动。在第12章中，我们讨论了定义人与宇宙之间关系的神圣景观，当人类墓葬的证据被发现，宗教信仰的证据可追溯至约7万年前的尼安德特人时代。世界上最早的宗教物品之一是来自公元前7500年约旦艾因加扎勒（'Ain Ghazal）早期农耕村落的祖先俑（图13.15）。

信仰来世反映了一种人生观，即现世与超自然领域在一个无缝的连续统一体中。出于这个原因，葬礼和纪念祖先曾在古代生活中发挥了重要作用。例如，有成百上千的阿登纳与霍普韦尔墓葬点缀在美国中西部的风景中，许多首领和权贵的坟墓埋藏有与众不同的随葬家具，有的还随葬精心制作的著名器物，如云母和铜饰。霍普韦尔土丘是按照将死者放置在土制平台上，然后用巨大土丘覆盖其上的

图13.15　约公元前7500年约旦艾因加扎勒的祖先驱魔俑，是世界上最早的宗教用品之一。

图13.16 美国俄亥俄州亚当斯县霍普韦尔巨蛇山,由密西西比人所建,是仪式性土方工程。(Mark Burnett/ Alamy.)

方式一步步建造的。俄亥俄州著名的巨蛇山(Great Serpent Mound)是后来的仪式性土方工程,我们仍不知道其确切的宗教意义(图13.16)。

大多数社会的宗教信仰都能被解读并通过在一年中的特殊时间举行定期宗教仪式来维持,这些特殊时间可能是收获和播种的日子。这些定期的仪式对新兴的复杂社会组织是至关重要的,可预测的每年一轮的宗教生活为社会提供了一个食品重新分配、处理剩余的牛、积累财富以及其他经济功能的框架。这些统一的新宗教信仰的长期影响是惊人的。

公元前1150年至公元前850年,中美洲社会开始经历快速转型。行政和宗教权威集中到了新等级社会的领导者手中,新的等级社会包括专家和定居点的等级制度。该组织与早期时代的分散村庄相比,出现了更复杂的公共建筑,寺庙和宏伟建筑反映出个别群落共同参与到公共工程中(图13.17)。在中美洲和其他地方,一个社会根本的神圣信仰和宗教仪式与社会和环境变化的过程相关。

研究宗教与意识形态

近年来，许多学者纷纷转向民族史和历史记录来破译古老的宗教信仰。墨西哥被西班牙人征服之后仅仅几年，传教士弗雷·伯纳狄诺·迪萨哈冈（Fray Bernardino de Sahagun，约1499—1590年）辛苦记录了从征服中幸存下来的印第安人处收集的阿兹特克人的生活和文明的信息。他的伟大著作《新西班牙的事物通史》（*A General History of the Things of New Spain*）不仅描述了早期的阿兹特克历史，还包括印第安宗教，甚至是阿兹特克人的哲学和诗歌等微小细节。现代学者们研究他的著作，发现阿兹特克人的宗教信仰至少与取代它们的天主教信仰一样复杂。

大卫·路易斯-威廉姆斯是南非史前岩画专家，这些洞穴和岩居墙壁上的岩画存在了几千年，直到18世纪和19世纪欧洲人到来。这种艺术描绘了追逐中的动物和猎人、营地生活和宗教仪式，以及复杂的标志和符号（图11.7）。没有画家幸存到21世纪，但是路易斯-威廉姆斯找到了19世纪研究者收集的绘画早期口述传统，这位研究者还记录了一些关于创作绘画的桑族人的口述传统。威廉姆斯的研究使他能够在古代符号背景下评估一些大羚羊和其他动物的绘画。这些绘画是桑族完整的象征世界，一个与被他们猎杀的动物紧密联系的世界。

大卫·弗里德尔（David Friedel）和琳达·舒勒（Linda Schele）对玛雅宇宙观的研究

图13.17　4个雕像被有意排列成一个场景，它们被发现于墨西哥瓦哈卡圣何塞丘约公元前1200年的房址下面。

就是此类研究的一个很好例子。他们利用玛雅图像和象形文字的变化，研究与政治权力相关的符号的含义。例如，玛雅社会在公元前100年的宗教象征是基于日出和日落作为晨星和昏星的金星的轨迹。仅通过观察天空，就可以辨别并证明任何玛雅群落的宇宙观。随着时间的推移，玛雅宇宙观日趋扩大并更加复杂。起初，并没有公开记录的统治者名字——也许这些对公共纪念物的永久性验证被认为是没有必要的。公元200年后，玛雅统治者采取了完全不同的策略。他们通过血统、公共仪式和纪念碑使自己的统治合法化——很多艺术形式变成了统治者合法化的标识，他们宣称自己是玛雅宇宙众神的一员。大卫·弗里德尔和琳达·舒勒认为双胞胎祖先——金星和太阳——的暗喻提供了一个关于宗族、群落和每一个相信相同神话的人之间横向血缘关系的强大想象。因为双胞胎来自一个母亲，有相同的血液，所以玛雅人认为他们是同宗同血的。

这项玛雅人的研究表明，我们不应该孤立地看待宗教和仪式，而应该将其与社会组织、经济生活和政治制度一起作为一个整体。理念和信仰是所有宗教的核心，反映在人类生活的许多方面，特别是在艺术和建筑上。每个社会都有自己关于世界是如何组合的模型，有自己的根本信仰。这些神圣的命题是通过大量神学和宗教仪式被如实解读的。宗教仪式是或多或少的标准化宗教行为，通常在一年中的固定时间——收获、种植和其他关键时间——反复举行；其他仪式则在需要时举行，如结婚、葬礼等。一些社会，如古埃及人和玛雅人，根据宗教活动的时间和天文周期制作固定历法。这些定期的仪式不仅在整合社会资源方面有重大作用，而且在食物再分配、通过杀婴控制人口，以及依据仪式积累财富的形式分配剩余公牛等活动中也有重大作用。

宗教经历主要是感性的，往往是超自然和令人振奋的。一个宗教信仰通过圣洁的态度、价值观和神示——一个拥有神圣祝福的道德规范——运作，来自社会的根本性神圣命题能引起人们可预测的反应。这样的预测，引发了一些来自中央宗教权威的指令，保证社会的有序运行。随着时间的推移，在美索不达米亚，这一权威可以变得世俗化。与这些神示相关的机构和个人都可以神圣化，因为他们都与处于社会信仰核心的神圣命题有关。随着社会变得越来越复杂，的确需要有一个稳定的架构来管理使社会成为一个整体的日益增加的专业化子群的需要。宗教信仰是无形的，只存在于寺庙、祭祀用具和艺术形式中。孤立地看，如果考古发现是唯一可用的信息来源，那么对古代宗教的研究似乎是一个毫无希望的任务。但如果把宗教和仪式看成社会的一部分，并与其他方面的活动紧密联系在一起，我们也许能够从整个社会范围内的祭祀和宗教器物看到研究的希望。

有一个来自墨西哥瓦哈卡谷地的案例。公元前1400年至公元前1150年之间，在当地的村庄内出现了一些建在泥石和土台之上的庄严寺庙。由低地海岸贸易而来的稀有海螺壳喇叭和龟甲鼓被明显用于这些建筑曾经举办的公共仪式中，同一时间出现的还有舞者泥俑和陶制面具，泥俑的衣着和面具使它们看上去像奇物异兽。另一种宗教用品，进口于墨西哥海湾的黄貂鱼脊骨，用于个人的放血自残仪式。西班牙人曾经描述过阿兹特克的贵族们用刀和黄貂鱼脊骨划伤自己的宗教行为，这被视为在神面前的忏悔。因此，考古学家肯特·弗兰纳里认为有三个层次的宗教仪式：个人放血；家族群体的舞蹈，这也被视为是跨越家族界限的活动；以及在仪式性建筑里的公共宗教仪式，参加仪式的区域往往超出一个村庄的范围。

研究社会组织或者宗教信仰和仪式这些无形资产的最有效方法，是将它们视为社会的一部分，与社会其他方面的行为活动紧密联系起来。如果仔细制作研究规划，宗教仪式可以确保反映在建筑风格和艺术形式中的宗教信仰连续性，考古记录中神圣器物的有无可以揭示有价值的史前宗教信息。

通过这些和其他多种途径，考古学家试图解读古代人类世界复杂而难懂的符号。这不会是项简单的工作，它需要大量的数据设置、良好的保护措施和复杂的理论方法。澳大利亚历史学家因加·克兰狄能（Inga Clendinnen）写过一本关于阿兹特克人的优秀专著，书中把我们称作"捕捉大白鲸的亚哈"。她巧妙地写出下面一段话：

> 我们永远不可能追上它……随着我们把这片奇怪的海域分成四份，它是我们思维、理解力和想象力的局限。那时我们以为在深水中看到了一处阴影，一阵大浪，意外接踵而至——然后是不能直视的庞大白影……在隐隐放光的海平线上（1991：275）。

我们已经介绍了很多关于考古学的基本原则和方法了。在第14章，我们将转向考古学的另一面——为后代管理过去。

---- 本章总结 ----

1. 人类一生都在参与作为个体或群体的互动。本章介绍考古学家是如何研究这些相互作用的，从个人开始，然后是群体。

2. 在研究社会组织方面，考古学家利用外来器物和人类墓葬，通过检查财富和纹饰的差异来确定社会等级。他们使用与众不同的器物模式、历史记载，以及政治和宗教权力的象征来研究社会等级和意识形态的统治，以及抵抗力量。

3. 对美国南部非裔美国人社会的重要研究展示了很多这样的社区是如何世代维持自己的信仰与文化的。

4. 近年来，一些考古学家通过对纪念性建筑、器物及食物模式改变反映出的妇女地位变化的研究，来分析古代社会的性别关系。

5. 考古学家定义了史前社会文化演变的几个阶段，提供了通过时间跟踪人类组织的总体框架。前国家社会包括族群、部落和酋邦，小规模社会在政治一体化程度下的变化很大。国家组织型社会——前工业化文明，伴随着集中社会、政治制度和社会阶层大规模运作。

6. 古代社会使用交换系统获得他们自己住处以外的商品和服务。很多古代贸易依赖于互惠原则——个人之间的商品互换，并且从整个文化的中心位置进行重新分配。这种交换不同于市场，市场是更复杂社会中管理和组织贸易的场所。

7. 考古记录中的贸易以外来物品的形式出现，如内陆的海贝或远离原始资源的金属。

8. 各种特征描述或来源法允许考古学家识别部分原材料——如铜和黑曜岩——的具体来源，从而使他们能够对古老的贸易路线进行研究。这些方法包括光谱和中子活化分析，以及器物分布。

9. 宗教信仰有时可以从传统历史中辨别，有时也可以通过艺术和对早期手稿的解读获得，如玛雅的象形文字。这些信仰是所有社会都不可或缺的，研究它们需要细致的研究规划。

---- 问题 ----

1. 生物人类学对研究古代人类有什么帮助？请举几个相关的例子。
2. 性别考古学研究的重要性是什么？它可以告诉我们有关人类多样性的哪些信息？
3. 来源法可以为我们研究古代贸易和交易提供哪些信息？

第14章　管理过去

尼罗河沿岸的埃及女王哈特谢普苏特神庙（约公元前1483年）

14.1 为过去立法
14.2 保护什么？
14.3 评估、缓和损失与合法性
　　第一阶段：鉴定和初步评估
　　第二阶段：评估重要性
　　第三阶段：管理计划与缓和措施
14.4 管理和研究
14.5 文化资源管理研究策略
　　地貌学
　　安　全
　　技　术
14.6 管理挑战
　　质量问题
　　遗址记录问题
　　管理问题
出版与传播
14.7 美国原住民与文化资源管理
14.8 公众考古学
　　考古旅游
本章总结
问题

导　言

　　本章抛开考古学的基本原则，着眼于文化资源管理对考古记录的管理。我们将概括包含考古遗址保护在内的主要美国联邦法律，然后介绍构成符合联邦法律的文化资源管理调查的三个阶段。随后我们将讨论面对文化资源管理，那些与管理截然相反的议题和研究，并讨论有效管理过去的四个基本问题。当公众考古学快速发展为学科的一部分时，美国原住民在文化资源管理中扮演了一个重要角色，这体现在对过去利益相关者的新关注上，也体现在考古旅游中。

　　举个公众的例子，你抓住任何一个在历史遗迹上乱写名字或偷拿碎片的同伴，后人都会保佑你的。

　　　　——卡农·哈德威克·D. 罗恩斯利（Canon Hardwicke D. Rawnsley），
　　　　　　　　《尼罗河的注释》（*Notes for the Nile*），1892年

考古学已经经受了一代代的围攻。自19世纪欧美工业文明迅速扩张以来，那些有限而脆弱的历史档案一直不断受到威胁；自20世纪60年代以来，这个问题已经到了具有划时代意义的地步。伴随着城市化的普及和全球人口的激增，大规模破坏的步伐也在加速。为缓解交通拥堵，道路建设疯狂增加；城市快速扩张；露天采矿的加剧和工业规模的程序化运作——你拥有了一个大规模破坏的方案。对那些具有经济利益古物的遗址的洗劫进一步威胁了正在迅速消失的过去记录。在许多地区，这些过去记录都前途未卜。洛杉矶19世纪50年代以前的考古记录，只有不到5%保持原状。1750年，美国阿肯色州至少有25%的遗址因为农业或其他土地用途被毁，更不用提1962年至1972年间的洗劫行为了。尽管从那以后人们为扭转局面付出了巨大努力，然而破坏一直在持续。

如今，我们在世界的许多地方达成共识，将有限考古资源的**管理工作**（stewardship）置于绝对优先的地位。未来的大多数考古学家将终其一生致力于为后代保存过去。到目前为止，本书已经介绍了考古学研究的基本原理、方法和技术。在本章中，我们将把注意力转移到对过去的管理、文化资源管理和公众考古学上（发现专题"非裔美国人的墓地，纽约，1991年"）。

14.1 为过去立法

文化资源（cultural resource）是人类创造的和与人类活动相关的自然特征。它们是独特的且不可再生的遗址、建筑和器物，组成了人类历史的物质记录。**文化资源管理**（Cultural Resource Management，CRM）是对管理技能的应用，用于保护——为今天或未来的利益——我们文化遗产的重要部分，这些遗产既有历史时期的也有史前时代的。大量的联邦和州一级的立法用于保护位于公共土地上的古物。然而，少数一些国家的法律对保护私人土地上发现的考古遗址没有做出规定，美国就是其中之一。

美国文物保护的努力可以追溯到很久前颁布的《1906年文物法》（Antiquities Act of 1906），旨在控制美国西南普韦布洛利益丰厚的彩陶交易。自第二次世界大战以来，整个北美地区考古遗址的急剧破坏催生了各式各样作为文化资源管理框架的法案。文化资源管理作为一个复杂的现象出现，它的执行围绕着一个精心设计的法律、条例及章程体系，不仅囊括了联邦和各州的法规，还包括各县市及美国原住民部落的相关章程。

现在，文化资源管理考古学是一项巨大的事业，范围从数百万美元的项目到不及一个小城镇土地的小规模运作或几英亩农田的简单调查。

文化资源立法并不是唯一的保护手段，特别是一些位于私人土地上的遗址，可援引其他的法律来实施保护。有时候，民间团体在保护资源的过程中起核心作用。成立于20世纪80年代初的美国考古保护协会是一个由私人赞助的会员制组织，专门购买一些受到威胁的考古遗址，并为它们制订百年管理计划，以期可以使其永久保存。该组织已购买的遗址包括俄亥俄州的霍普韦尔土墩群；肯塔基州从古印第安时期至密西西比时代一直为人类居住的野人洞穴；还有新墨西哥州的圣马科斯普韦布洛，圣菲（Santa Fe）附近一个约200户的印第安村落。（通过致信新墨西哥州阿尔伯克基市中心大街5301号902室的考古保护协会或者点击http://www.americanarchaeology.com，你就可以加入考古保护。）

我们没有足够的篇幅来细述文化资源管理立法的每个细节，但在稍后的"法律"专题中列出了主要的法律。

这些立法导致考古工作的急剧增加，其中大部分是与政府签订合同，也有的是由私人公司承担开发工作。50年前，几乎所有美国考古学家都在博物馆或大学里工作，而如今他们大多都在联邦或各州的政府部门或私人公司从事文化资源管理的工作。在近代历史中，大量金钱被用于抢救和保护考古遗址，这导致了更大规模的发掘。资金也被用于一些创新性方法中，如遥感和科学应用。

14.2 保护什么?

大多数美国人可能会认为国家历史遗迹和考古资源得到很好的保护是为了便于考古学家的研究和子孙后代的欣赏。然而，不同州和不同遗址的文化资源在实际保护中存在着差异。一个项目的合法流程充其量只是一个通过得到妥善管理的项目发现文化资源受到威胁的尝试，其中管理包括记录、评估、保护，甚至在必要情况下的抢救。

一般情况下，美国政府土地上的考古遗址都得到了很好的保护，包括国家和州一级的公园、森林、水库和军事基地。这些地区被要求依法制订管理计划，并对记录和保护他们的考古资源做出积极的努力。政府公用考古学家监督发展并且同私人考古学家签订合同开展工作。一些被完整记录与保存的遗址因为位于军事保留地而无法对公众开放，一个典型的例子是位于南加州中国湖海军航空武器站内的科索岩画国家历史遗址（图14.2），其中包括了一些极为壮观的岩石艺术。该遗址只能经过有限的特殊安排才会向公众开放。

在美国，私有土地上的文化资源保护存在较大差距。在许多国家，无论在哪里发

发 现

非裔美国人的墓地，纽约，1991年

文化资源管理项目有时会有意想不到的发现。1991年联邦政府计划在纽约下曼哈顿区中心建一座34层的写字楼，该工程的负责机构——美国总务管理局——聘请了一批考古学家来研究清理后的现场。在检查了18世纪这一地区的城市地图后，研究人员发现建设地点位于当时测量员称之为"黑人墓地"的地区。他们推断，19世纪建筑物的地基已经破坏了墓地中的大部分坟墓——如果不是全部的话，并由此得出结论，在废弃的墓地之上进行建设也是安全的。

不幸的是，很多墓地已经被深深地埋在厚厚的填土之下，并且在19世纪建筑的地基下，有很多保存完好的墓葬（图14.1）。仅在承包商刚开始建设的几个星期，就发现几十座未被破坏的墓葬。420座层层叠叠的坟墓，最终仅发现了其中一小部分。这一发现提供了美国最大规模的骨骼采集，是考古学家研究18世纪最重要的遗址之一。此次发现引发了激烈的争论，纽约黑人社区对于这次调查发掘并未与非裔美国人协商就处理了遗址中的遗体，表示了极大愤慨。该遗址成了社会舆论和文化意识的焦点，最终，遗骸被移交给霍华德大学的生物人类学家迈克尔·布莱基（Michael Blakey）进行研究，之后被安葬。

很少有考古发现像黑人墓地这样引发巨大争议。如果能够事先进行更深入的实地调查，大部分怨恨和政治活动是可以避免的。不过，这个著名的发现凸显了考古调查的复杂性，尤其是在城市地区。在这里，现代学者面对着将各种形式的遗址和历史记录归档的复杂问题。世界上许多大城市,如阿姆斯特丹、伦敦、旧金山都设有专门关注考古资源鉴定与保护的办事处。

图14.1 纽约市非裔美国人的墓地

法律专题

1960年以后美国文化资源管理的部分法律

以下是对1935年《历史古迹法》中一些联邦立法关键特征的概括。该基本法案赋予美国国家公园管理局广泛的授权，去鉴定、保护和保存文化财产。许多州、地方及美国原住民部落的法律扩充和细化了这个已经很复杂的法律体系。

1960年《水库打捞法》

该法案授权考古学家挖掘和抢救受到联邦政府主持修建的水坝项目威胁的遗址。

1966年《国家历史文化保护法》（1976年和1980年两次修订）

该法案旨在建立保护文物的国家法律框架，要求联邦政府建立一个全国性的系统，对那些通常被称为"历史地点"的区域进行识别、保护和复原。该法案呼吁建立历史地点的国家登记系统。"历史地点"包括史前和历史时期的考古遗址。

1969年《国家环境政策法》

《国家环境政策法》为国家土地利用规划和资源管理制定了全面的政策。该法案规定所有联邦机构都应在历史保护中发挥先锋作用，并且定位可能有资格列入《国家史迹名录》的地点。

1972年11593号行政命令

11593号行政命令和《国家环境政策法》明确了考古学家对州、联邦以及私人土地上的考古资源的全方位信息进行研究和维护的要求，这些信息对考古学家来说至关重要。在短时间内，这些信息将使他们能够评估开发这些资源的潜在影响。

1979年《考古资源保护法》

《考古资源保护法》为联邦土地上超过百年的考古遗址制定了更为严格的保护规则。

1988年《遗弃沉船法》

该法案的保护对象延伸至沉船，并对遗弃于州和联邦水域中的船只所有权做出规定。

1990年《美国原住民墓葬保护和文物返还法》

该法案要求博物馆等机构接受联邦资金，对持有或收藏美洲土著人遗骸、随葬品、圣物和那些被称为"文化遗产"的物品进行建档，以便对这些物品进行归还和重新埋葬。同时，该法案也对所有美国原住民墓葬和在联邦及部落土地上的考古遗址内发现的文物提供保护。法案还要求在联邦和部落土地上进行考古调查的任何人都必须和有直接或间接关系的美国原住民协商处理所有发现。

图14.2 加利福尼亚科索山的大角羊和药包岩画

现的文物，都被认定为国家财产。相反，美国的法律在这一条上是模糊的，因为美国宪法第五修正案规定禁止没收未经公平赔偿的私有财产供公共使用。私有财产是神圣不可侵犯的，多年来，私人土地上的考古资源一直被认为是土地的一部分，属于私有财产。虽然有些业主非常重视对自己土地上考古资源的保护，但也有些人不这样认为。一些未被记录的遗址可能在不知不觉中被犁过，同时另一些被土地所有者当作收入来源而被破坏。随着法律和官方对盗墓贼和文物贩子制裁力度的加大，拍卖行和非法交易市场中的文物价格飞涨（图14.3）。

一个多世纪以来，由于西南部美洲原住民令人叹为观止的编织篮和陶器吸引了收藏家和经销商的注意，导致了最大规模的遗址破坏。几年前，一个普韦布洛的祖传篮子在英国伦敦拍卖行被拍出15.2万美元，而一个密西西比石斧在新奥尔良被卖出15万美元的高价。即使是一个相对普通的容器也可能价值几百美元，因此催生了极为繁荣的地下商业交易，这些交易很可能是连接运营商的网络。他们的工作可能不会带来难以置信的利润，但足以支撑这个行当的运作。情形如毒品交易一般可怕，对该领域的制裁将会引起价格飞涨。以美洲印第安人的文物交易为例，美国内外存在着许多毫无良知可言的富有私人收藏家。美国原住民与这些活动进行了长期的斗争，他们认为贪婪的文物交易是盗窃他们祖先的遗产，是对他们的亵渎。如今，考古学家与美国原住民结成时断时续的联盟来对付共同的敌人——文物掠夺者。

14.3 评估、缓和损失与合法性

鉴别、评估和管理考古资源的过程往往被分为三个阶段来讨论，这三个阶段反映了考古实地调查与研究水平的不断提高。

第一阶段：鉴定和初步评估

第一阶段是对项目区域内的文化资源进行初步鉴定与评估。编制项目区域内的文化资源概览，最理想的是包括环境背景、该地区已知的文化历史、前人研究成果回顾和对相关历史和人种学信息的简介。调查区域要明确落实在地图上，并且要与研究区域内的土地所有者进行接触。研究人员利用地表调查及有限的地下探测，评估可能存在的未被破坏的考古遗存，并提出管理建议。如果评估结果显示该地区的遗存已被先前的建设严重破坏，或者没有证据显示发现有文化迹象，那么第一阶段的报告将会给出无须进一步发掘的结论，可以展开正常的建设开发。反之，若是初步研究确定为重大资源，将建议进行第二阶段的调查。

图14.3 美国西南部出土的一个明布雷斯人彩绘碗。近年来，美国联邦和各州范围内所有重要的明布雷斯遗址都遭到挖掘机的破坏。破坏的步伐还在不断加快。

第二阶段：评估重要性

本阶段研究的重点是确定考古资源目前的意义，以及被收入《国家史迹名录》的可能性。实地调查包括目标明确的地表收集、有限的试掘、探沟法识别埋藏遗存，以及剥去表面的干扰层来揭示埋藏特点。具体目标是确定是否存在地层完整的考古遗存，并依据该遗址对了解一个重要人物或事件的贡献来评估其潜在意义。本阶段的最终报告要讨论关于文化资源管理法律的文化资源认定，并为之后的研究提出建议，如果有必要，可以确定其进入《国家史迹名录》的合格性。

第三阶段：管理计划与缓和措施

这是文化资源管理工作最后也是最密集的阶段。本阶段的工作阐述了具有进入《国家史迹名录》资格的文化资源的管理计划，本阶段的提议可能会对开发计划造成影响或破坏。为保护考古遗址采取适当的缓和措施，可以使开发或抢救性发掘时产生的不可避免的破坏降到最低。

缓和措施（mitigation）也许包括改变建筑物的设计，以避免考古资源在遗址整体发掘或部分发掘时不能被保留的情况发生，目的是尽可能回收更多的信息。第三阶段的最终报告提交给相应的政府机构或承包公司，描述并综合被恢复的数据，为考古资源研究提供全面的记录。

合法性流程（通常被称为**第106条**[Section 106 process]，在1966年《国家历史文化保护法》后提出）可能会很复杂，涉及考古学家就推荐管理策略与相关政府机构间的提议与交涉。为了使管理更为高效，管理计划必须是一个不断改进的文件，随着考古学家对地区的持续管理和监控来维护与改变。例如，第三阶段的发掘可能揭示了以往工作中未确定的考古资源的存在，因此必须为更多的研究制订一个缓和计划。

同样的过程也涉及联邦和州一级相关机构的其他管理职责。他们有责任保护遗址免受破坏，这在某些地区是一个重大难题。每一个个体资源的价值都必须被评估，要么在研究规划背景内建立其科学价值的基础，要么因其优点在原地保存。相关机构还必须考虑如何使遗址服务于公益。正如解释查科峡谷那样，这些机构的责任在于向大众解释那些他们参观过或通过书籍、电视节目、知名文章了解到的遗址的信息。

14.4 管理和研究

大部分文化资源管理涉及收集和评估来自与开发相关的特定区域的考古数据，如位于石油探井的遗址和电力线路沿线的遗址。这些地区通常可能会很小并且不包含文化物质，或者仅有一小部分遗址，但规模较大的项目有时可以涵盖整个地区或整条河流水系。文化资源管理工作的本质是强调重点调查和有限发掘，基本上是旨在满足合法要求的描述性调查。考古记录的识别和保护，有时被当作文化资源管理第一个，也是唯一优先考虑的工作。这是一个相对理论自由和描述性的方法，其土地使用的管理决策基于某一区域内建立起的遗址目录。

许多致力于学术研究的考古学家认为，文化资源管理这种描述性、抢救性考古发掘的特点与研究的问题导向背道而驰。因此，一直存在将考古分为两大阵营的倾向：一边是学术性研究人员，他们针对具体问题进行研究；另一边是涉及抢救性发掘、管理和合法性的合同制考古学家。当然，这种隐含的区别过于简单化，并没有真正意识到文化资源管理考古学的重要性。文化资源管理考古学，尤其是大规模进行时，为回答一些关于过去的基本问题提供了独特的机会。问题在于如何把握并充分利用这些机会（图14.4）。那些关于学术性考古学比最佳状态的文化资源管理考古学更有优势的说法就是无稽之谈。北美考古学都是文化资源管理。

如今，新的考古学理论和方法论与合同制工作的实际之间形成了持续反馈。许多文化资源管理项目是对北美考古学家工作方式的重新定义，这部分原因是由于合理的研究规划，也是因为对它们的资助水平要比对最具雄心的学术项目高得多——不仅在调查和发掘阶段，有时是分析和出版阶段。问题导向方法将文化资源管理作为研究和评估过去的当代考古学所有复杂理论的一部分。

一些文化资源管理项目会涉及大规模的考古行动和耗资数百万美元的调查和发掘。尚未发表的洛杉矶巴隆纳湿地（Ballona Wetlands）项目仍在进行中，亚利桑那州的佛得谷低地项目和西南地区的黑山项目都为方法论做出了重要贡献，有时是理论指导。

图14.4　持续了一年的文化资源管理发掘。在寒冷的冬季，美国宾夕法尼亚州西南部沃斯尼尔森遗址的发掘是在充满暖气的温房里进行的。

历史时期遗址的文化资源管理工作也涉及一些大规模的细致发掘，极大地增强了我们对过去的理解。

一些非常成功的项目就是在专门从事环境影响工作的大型民营企业或与学术机构关系密切的文化资源管理考古学的指导下进行的。例如，美国南卡罗来纳大学的考古学与人类学研究所的研究人员已经建立起大学间强有力的合作关系，这使他们能够在学术环境下开展大型的文化资源管理项目。凭借优良的技术资源和充足的项目预算，他们能够进行详细的研究、细致的田野调查，以及除了少数纯学术研究项目之外，都超出预算范围的实验室研究。

作为一个长期项目，一些学者将美国东南部的大量原始数据和其他文化的历史信息汇集成详尽的集合。一个典型的例子就是对整个地区古印第安遗址的全面研究，这是对知识的无价贡献。这些努力会将当地文化资源管理项目的价值最大化，并使其积累的大量数据成为具有巨大知识价值的有意义的总结。

在北美，文化资源管理考古学是识别和记录迅速消失的考古资源的唯一可行方法，所需的各种数据需要满足考古学的主要目标之一——跨越长时间段解释文化变迁。这不仅是一个经济现实的问题，也是一个感知的机会，既满足私人合约的要求，同时也为考古学提供重要的知识进步。一些文化资源管理公司开始和大型土地开发商合作，在开发土地之前数年内完成调查并提出缓和措施的建议。这种策略的优势，在于在建设期限前有充足的时间完成考古工作。

14.5 文化资源管理研究策略

随着文化资源管理成为北美地区考古田野调查的主导力量，确保研究质量成了关注的焦点。对于所有关于冲突论的辩论，坦率地说，是大量可疑的研究。文化资源管理提供了大量有益于基础研究的方法论，这些方法中要重点强调史前聚落模式、采样程序、计算机应用，尤其是遥感技术。方法论的主要贡献在三个方面：地貌、安全与技术。

地貌学

文化资源管理项目将地貌的专业知识与景观的四维角度（第四维是时间）相结合，以便更好地了解古代景观的发展，并定位和评估深埋地下的遗址。例如，上密西西比河谷经历了多次持续的文化资源管理工作，这些工作将古生态学的景观变化研究与埋藏遗址的现场相结合。其结果是得到了480千米长河谷的末次冰期和全新世地貌全图，这为准确评估文化资源潜力奠定了坚实的基础。

研究人员已经在纽约德拉姆堡文化资源项目中使用了类似的方法。最初建立于1908年的纽约德拉姆堡如今是第十山地师的所在地，刚好位于沃特敦的东北，占地4046公顷。军事训练可以对文化资源产生重大影响，基地中包含各种史前和历史时期考古遗址。为了确保文化资源不被破坏，德拉姆堡文化资源项目遵循一个综合文化资源管理计划，这个计划随着文化资源的识别和基地需求发展而改变（图14.5）。

有效管理的第一个挑战是在遗址受到影响之前识别它。到目前为止，已经确定了6个被遗弃的村庄、360多个历史时期的农场和超过200个史前遗址。虽然有些历史遗迹可以通过地图和文献资料定位，但仍有部分历史遗迹需要通过考古调查、试掘和非侵入性地下探测方法来识别，如探地雷达、电阻率和磁力仪调查。借助地貌研究，考古学家可以追寻到1万多年前退去的易洛魁冰川湖边界。通过追踪古代海岸线，他们可以推断出早期人类的定居地点。需要特别注意，基础活动可能对这一区域造成影响，有多种选择可以减轻对遗址的破坏。在某些情况下，那些包含或可能包含文化资源的区域会被列为禁区。其他情况下，历史建筑或遗址都是被"加固"的：用滤布覆盖并用沙石掩埋。当完成这些的时候，遗址将会非常坚固，甚至可以承受坦克的碾压。另一项保护措施是恢复该地区原生植被物种以防止水土流失。在这种情况下，运输和挖掘车

图14.5 与美国军方密切合作的纽约德拉姆堡考古

辆可能将被禁止，但影响较小的行人可以通行。在使用率较高的地区，考古材料的发掘和抢救可能是唯一的选择。例如，由于兵营建设的需要，要对德拉姆堡第1093号史前遗址进行部分发掘，这处遗址是伍德兰文化中期的一个村庄。

德拉姆堡的工作说明了在管理文化资源时必须具有的广泛关注和方法论。研究人员是幸运的，他们关注的广大地区都是受单一机构管辖并有统一的政策指导，他们也得益于全面的技术和设备支持。可悲的是，许多文化资源并未得到这样的待遇。

安　全

无论进行什么样的田野调查，考古学家都将面临特殊的安全问题。文化资源管理的研究人员已经率先将高安全标准引入田野工作中，这使考古学更符合其他领域的指导方针，如建筑、工程和钻井。美国《职业安全与卫生条例》以及各种地方法律可能会涉及考古田野调查。例如，发掘单位超过1.2—1.5米深时必须进行加固，以确保施工人员安全。在某些情况下，考古学家在评估可能被有毒废弃物污染的遗址时，田野工作者必须穿防护服。

技　术

文化资源管理考古学家带领他们的同事使用高科技的遥感设备、基于计算机的数据采集和数据管理系统。因为经常迫切需要快速识别和发掘遗址，文化资源管理项目往往采用探地雷达、磁力仪和电阻率法来定位遗址，并不需要耗时的发掘。由于文化资源管理工作量造成的特殊压力，导致所有考古学家都面临数据存储和信息传播的问题。文化资源管理考古学家创造性地通过计算机数据库和数据管理程序来解决这些问题，地理信息系统与现场保护技术一样，在很多文化资源管理项目中发挥了主导作用。

这些创新可能会增加在文化资源管理研究范围内大量出现的各种其他发展，真正了不起的调查将这些与其他恶劣天气条件下的创新相结合。例如，美国纽约州内战时期的铸造厂文化资源管理项目是在加热棚里进行的，加热器24小时不停运转。该研究融合了计算机地理信息系统遥感技术与计算机传输映射、图像分析和三维摄影。现场保护与管理设备一周要处理多达5000件文物，每一件都要经过冲洗、X光检查、计算机登记、适当地去污和保存。所有活动都在《职业安全与卫生条例》和环境保护局危险物品规程及注意事项下进行，然后结合书面证据提供一个在林肯总统直接授权下执行的情报活动的故事。

14.6 管理挑战

虽然文化资源管理改变了美国考古学的情况——大多数情况下是使之变得更好，但也带来了一系列问题。这些困难在很大程度上是所有考古学家都要面对的，其中一些因为文化资源管理工作的规模和工作量而特别具有挑战性。

质量问题

其中最紧迫的问题是对考古研究质量的关注。虽然联邦法律阐明了指导方针，但在不同州和社区的实施情况却存在差异。由《国家历史文化保护法》规定的国家文化资源管理工作的监督机构——国家文物保护办公室（SHPOs）——往往因为人员的短缺，很难做到全面的监督。一方面，活动数量如此之大，以至于解决质量危机的唯一长效方法在于目标和科学考古研究技术的日益结合，另一方面在于文化管理的现实与要求和合同制考古的融合。

自我调节的尝试已经开始。一些专门的组织，如考古学家学会（http://www.rpanet.org）和美国文化资源协会（http://www.acra-crm.org）制定了严格的研究指导方针，以督促考古学家对公众、客户和同事负责。如果持之以恒，这些尝试将保证统一高标准的行为和研究。不幸的是，指导方针的价值仅限于组织的成员，而且是完全自愿的。而商业改善局的道德执法很困难，而且只能进行有限谴责。

遗址记录问题

考古资料的记录特别重要，群落的研究和考古遗址的分布是有效文化资源管理的组成部分。只有当遗址被识别出，并有信息提供给发展规划时，才会对遗址进行保护或抢救性发掘。然而，这些信息数据的收集和组织是具有挑战性的。一个区域内的考古遗址信息通常可以从多种渠道获得，这些资源在细节和质量上千差万别，并且散布在不同的报告、档案和出版物中。例如，学术项目的信息和业余的考古工作可能不会与文化资源管理报告在相同的资料仓储中。

幸运的是，计算机数据库和电子媒体，如光盘和万维网，具有非常巨大的潜力。

在国家层面，还有国家考古数据库，这是一个包含了近1.5万条考古报告记录的在线系统。现在考古学家可以通过电话宽带和电子邮件访问数据库，数据库通过地理资源分析支持系统（GRASS）中的各州和背景环境信息提供全面的遗址分布，地理信息系统则被国家公园管理局所使用。这个资源是真正意义上的数据库，管理者可以从县级遗址数据中获取信息，以推动墓葬的返还与重新安葬工作。国家考古数据库由费耶特维尔的阿肯色大学高级空间技术中心管理，这个强大的资源库对于北美任何专业的考古学家而言都是非常宝贵的工具，其他国家也在积极开发类似的系统，特别是丹麦——那里同样拥有很多有价值的国家和地方数据库。

管理问题

　　管理（curation）是指在考古活动中对文物与其他资料进行管理、存储和保护。一旦遗址中出土的文物经过分析，接下来会怎样？考古的地表收集与发掘很容易积聚数百上千的文物，其中很多器物如果想长期保存的话，就需要保护。虽然在过去，有时文物经过分析后会被丢弃，但为未来研究或补充分析而保存还是可取的：以往的研究材料可能作为新项目的一部分被重新审视，新的分析方法可能会得到连最初发掘者都意想不到的信息。

　　许多考古学组织和机构都制定了材料管理的指导方针。例如，美国国家公园管理局在现行法律修正案下，根据需要颁布了联邦收藏管理的法规。不幸的是，管理是昂贵的，提供永久保护和保存的成本高昂。许多博物馆与其他指定的仓储将看似堆积如山的考古发现交给文化资源管理项目处理。除了所占据的空间，所有出土物必须标记、编目并放在塑料包装袋或包装盒中，这样才不会使保存不完好的材料破碎或损坏。濒危文物的保存——清洁、稳定化处理、防护——是一个大问题，一些文物若没有妥善处理将会彻底损坏，如古代的箩筐或金属物体。

　　只要给予时间和资源，管理也是可克服的问题。考古学家和博物馆的技术人员都知道要做什么，但现实却是另一个问题。目录清册和博物馆馆长的努力推动了指导方针的进步和设备的更新。然而，根本没有足够的空间容纳众多的藏品，也没有足够的资金来支付管理的实际成本。因此，管理很可能将是一个被持续关注的问题。

出版与传播

激增的合同制考古和文化资源管理工作不仅导致了原始数据的激增，也导致了最终报告和出版物的增加。当然，考古资料的出版发行旨在使尽可能多的考古学受众有机会可以利用它。这种分配通过书籍、国家与国际期刊以及地区性期刊获得，如《平原人类学家》(*Plains Anthropologist*)或《新汉普郡考古学家》(*New Hampshire Archaeologist*)。同行审阅的出版物分布广泛，都在出版前经过仔细审阅和评估。理想情况下，这种类型的方法将被用于所有文化资源管理的报告以及重要项目发表的成果中，但这显然是不可行的。

许多小型项目的报告往往是纯粹描述性的，并包含超出小型项目之外的有限综合数据。虽然这些报告中有些具有潜在的可用性，但大部分是枯燥的，其中添加了少许对过去理解的死记硬背的描述，又或是仅仅为了满足文化资源管理法律而单独设计的。其中许多报告只是考古学的文字模板，就像研究者填了一张表格一样，甚至重要的研究报告也没有达到在国外学术期刊上接受业内同行评审的程度。这就是诸如伊恩·霍德（Ian Hodder）这样的考古学家坚持理论与发掘的结合至关重要，而不仅是一个枯燥记录过程的其中一个原因。

另一个问题在于文化资源管理报告的实用性。即使是许多优秀的文化资源管理报告也有可能是限制发行流通的文件，被深埋在政府机构或私人公司的文件中，或者充其量是被严格限制流通的影印出版物——所谓的"灰色文献"。据一位权威人士估计，在20世纪90年代初，约有20万份灰色文献，并以每年1万至2万件的速度增长。从那时起，这个数字就已开始激增。有时在数月内，这些报告就会被遗忘，甚至被销毁，其中的重要数据可以说是科学的损失。那些未能发表却在论坛中广泛存在的文化资源管理数据也是一个大问题。讽刺的是，如今，对考古记录破坏的认识比以往任何时候都强，很多这种焦虑的结果却被淹没在稀有的出版物中，这几乎和销毁它们一样有效。万维网的问世使这一情况有所缓解，但需要考虑网站的持久性问题。考古记录是有限的，这意味着其发掘的永久记录必须正好相反。出版和传播的问题对未来考古学仍然至关重要。

14.7 美国原住民与文化资源管理

美国大多数考古学研究都会涉及对美国原住民遗址的发掘，虽然多数研究人员的祖先不是原住民。历代考古学家认为，从他们研究中得到的知识对包括原住民在内的所有人都是有益的。文化资源管理关注的考古遗址保护与管理，也将美国原住民与考古学家置于同一立场。尽管有这些假定的共同利益，但美国原住民在哪些遗址应被保存、考古研究应如何进行、以何种方式对待考古遗存等问题上的意见往往与考古学家大相径庭。1990年通过的返还和再次安葬原住民骨骼的《美国原住民墓葬保护和文物返还法》仍会偶尔引发激烈争论，并以对簿公堂收场，特别是肯纳威克人的事件（见第7章）。

一些美国原住民群体已创立了自己的文化保护办公室，如西南部的霍皮人。霍皮人办公室保存"霍皮人精神文化的精髓，包含……考古学、民族学、追回被盗的神圣文物、农业及保存下来的霍皮人的语言"（T. J. Ferguson et al., 1995:13）。与社区代表的紧密协商有助于解释对考古学家及对他们工作的质疑。

霍皮人对于值得保留的遗址的定义，比联邦和各州法律中的更为广泛。从法律上讲，他们和其他美国原住民群体将每个祖先的考古遗址定义为理应被保护和单独保留的传统文化财产。同样的术语——传统文化财产——适用于神殿、宗教圣地、泉水、采石场和史前地貌等以值得纪念的史前或历史时期事件命名的地点，其中有些没有可见的人类活动痕迹。因此，考古遗址在传递和保留霍皮文化中发挥着核心作用。考古与传统数据的一致性通常在霍皮仪式知识的背景中阐述。例如，有一段时间霍皮人预言，甚至是祖先留下的灰烬都将被用于证明他们的主张，这些灰烬已经与被用于仔细分析古代灶台的浮选法相联系。

主要的争议围绕着祭祀遗址、器物及墓葬展开。虽然我们这些考古学家将物品看作过去宗教信仰、社会组织、健康状况的重要线索，但许多原住民群体将我们的发掘看作是对他们文化遗产的亵渎与不尊重。对此，专业机构的报告包括了有关原住民权利和在考古研究中需要考虑到的美国原住民的关注点。

14.8　公众考古学

考古遗址保护的成效取决于公众对过去的态度。考古学本身已经变得比以往更加专业化，随着文化资源管理项目的普及，使得对过去的研究脱离公众的危险增加了。考古学家和其他人都在思考民众是否能从耗资巨大的文化资源管理中受益，许多人认为其过于奢侈。对此，一种开放的考古学形式——**公众考古学**（public archaeology）出现了。公众可以通过电视、国家资助的"考古周"、特殊的博物馆展览和活动，以及互联网和流行出版物等渠道获得考古信息，这一形式已经成为当今考古学的一部分。公众考古学囊括了无数活动形式，如由考古学会和博物馆主办的针对儿童的博物馆研讨会、汇总考古新发现的出版物宣传单和网页，以及诸多由城市组织的一流公众宣传项目。在一些地区，如亚历山大市、弗吉尼亚州和马里兰州的安纳波利斯，考古学家与历史学家、当地社区密切合作，组织徒步旅行、讲座及其他教育项目，与造访者分享考古发现与管理问题。

考古旅游

公众考古学使考古学家与除了政府机构之外的过去的**利益相关者**（stakeholder）联系在了一起。这些利益相关者包括学者、护林员、古董商、科学记者、当地农民和业主等，他们都与过去有着各种各样的利益联系——金钱、法律和情感。多数公众考古学涉及考古学家与这些利益相关人员间的联系与合作，其中很大一部分是围绕考古旅游展开的。

如今，包括考古学在内的文化旅游是旅游业增长最快的领域之一；如今，得益于大型喷气式客机和游轮，追寻过去成为游客关注的热点；如今，一个月之内参观吉萨金字塔的游客比一个世纪前一年的人数还多。游客数量规模急剧膨胀。伊朗的波斯波利斯是阿契美尼德国王们的都城，其中大流士一世时期（公元前521年至公元前486年）的建筑杰作，因其平台上高耸的圆柱建筑和附属民族朝贡用的装饰着粗呢的台阶而闻名于世（图14.6）。1914年，英国上校赛克斯（P. M. Sykes）骑着马登上阶梯，从顶部俯瞰这一建筑杰作。他拥有自己的位置，这与今天你乘坐空调巴士在护栏外花上紧张的两个小时看到的考古环境是不同的，体验的质量更是完全不同。

曾经只有少数人能享受的冒险现在已占据了广大的旅游市场。如今，即便是相对难以到达的遗址也成了国际旅游线路，如柬埔寨吴哥城和吴哥窟的高棉宫殿与庙宇（图4.6）。一项预测表示，到2020年，将有430万游客参观吴哥窟，这一数字相比于今天的25万是一个巨大的增长。这对附近暹粒镇的经济影响是巨大的。豪华酒店如雨后春笋般出现，道旁的简陋棚屋变成了废墟，基础设施承受了巨大压力。不幸的是，使该地区成为真正全球性旅游目的地所需要的巨大投资，已经超出了柬埔寨的负担能力。但是与其他遗址相同，考古学在这里产生的长期影响是潜力巨大的，如太平洋拉帕努伊岛（复活节岛）上的巨型雕像一样。

考古学家面临一个可怕的困境。一方面，令人欣喜的是数百万的人认识了各大古代遗址；另一方面，大量的游客也对遗址本身造成了破坏，以至于其中一些景点不再向公众开放，除非有特殊许可证，否则你不能穿行于巨石阵的巨石之间。法国具有1.5

图 14.6　伊朗波斯波利斯的阿帕达纳阶梯，1914 年赛克斯上校曾骑在马背上拾级而上。

万年历史的拉斯科洞窟壁画不再开放，游客只能看到极为逼真的复制品，虽然对于多数人而言，这些复制品和原件几乎一样。随着游客数量的增加，游客与遗迹间必须保持距离。你不能再走在希腊苏尼翁波塞冬神庙的圆柱之间，这里以壮观的日落闻名于世——日落时分，神庙的圆柱会焕发出一片深玫瑰的色调。未来将会怎样？世界上壮观的考古遗址将会对除专业人员外的公众限制开放？这样的解决方案是不可想象的，但似乎很难找到更经济实惠的选择，而且参观复制品——例如巨石阵——是不能令人满意的体验（图 14.7）。

考古学已经成为国际旅游市场的摇钱树，但很少有国家能负担得起因人满为患带来的遗址保护难题。如果游客被安排参观那些并不出名或并不壮观的遗址，他们是不会高兴的。因此，这种景象最终可能以遗址被破坏而告终。

这种情况一旦发生，无论是在物质还是精神方面，都是人类无法估量的损失。如果我们的子孙永远没有机会走过奥林匹亚神庙和蒂卡尔高耸的金字塔，那将是什么样的世界？我们将会失去我们的过去，失去人类集体的结晶和宏伟的文化遗产，这将是不可想象的（图 14.7）。同样重要的是，我们将永远没有机会通过苏尼翁永恒的夕阳或在埃皮达鲁斯剧院中吟诵的希腊悲剧与我们的祖先进行情感交流。这样的时刻在拥挤的旅行世界中是罕见的,但是它们可以被找到。如果失去了这些机会,我们将失去一个与过去沟通的无价渠道,而正是过去成就了如今的我们。因为归根到底,我们就是全人类。

图14.7 如今的考古学有时需要机械化操作。文化资源管理考古学很大程度上依赖对土方机械谨慎和负责的使用。在美国伊利诺伊州的洛曼遗址,使用反向铲除去贫瘠的表层土,机械剥离之后才是人工发掘。

本章总结

1. 文化资源管理包括优先保护的总体战略发展和对考古记录这一有限资源的管理。

2. 美国联邦立法与州、地方和部落法律结合，为保护国家考古遗产提供了法律手段。

3. 在美国，联邦立法，特别是1966年的《国家历史文化保护法》、1969年的《国家环境政策法》和1979年的《考古资源保护法》，奠定了土地利用和资源政策的法规，也将超过百年历史的文物定义为考古资源。

4. 美国保护最好的考古遗址都位于政府土地上，这里有对考古资源进行认定与保护的管理计划。考古资源保护的差距主要体现在私人土地上。

5. 文化资源管理考古学关注的首要问题是考古资源的识别、描述和保护。大型项目往往为对考古学理论与方法发展产生重大影响的重大考古发掘和调查提供了契机。

6. 由于大量预算和独特的大规模田野与实验室研究机会，文化资源管理对美国考古学未来发展方向的影响越来越大。

7. 文化资源管理研究存在数量庞大的问题。某些情况下，如果监督不力会导致考古研究的不足。遗址的记录、文物的管理与保存、重要发现的出版与传播也是需要解决的问题。

8. 美国原住民团体要求归还那些公共和私人收藏的印第安人遗骸，这一行动催生了1990年的《美国原住民墓葬保护和文物返还法》。现在美国考古学家在发掘可能发现墓葬的遗址时会与美国原住民社区保持紧密联系。

9. 文化资源的最大好处之一就是会不断提高公众在考古研究中的参与度。为了向公众介绍考古学，许多考古学家现在开始谈论公众考古学，这是通过电视和其他方式向公众开放的考古学形式。

10. 由于大量游客造成的拥挤和对遗址的人为破坏，考古旅游给考古学带来了严重的问题。

问题

1. 文化资源管理考古学与以学术为目的的考古学之间的区别是什么？举出三点理由说明为什么文化资源管理考古学在现代社会如此重要。

2. 合法性流程是指什么？它要求考古学家怎么做？

3. 考古旅游给考古学带来了哪些问题？有什么办法可以解决吗？

第15章 你想成为考古学家吗?

约旦佩特拉金库前的游客

15.1 作为职业的考古学
　　决定成为一名考古学家
　　获得实习经验
　　就业机会
15.2 学历和研究生院
15.3 对不成为职业考古学家的思考
15.4 我们对过去的责任
15.5 考古学道德准则的简单守则
本章总结

导　言

　　你正在考虑把考古学作为一项事业吗？本章将讨论一些就业机会、培训和成为考古工作者应有的个人素质。我们也会介绍一些在不成为考古学家的情况下你可以做出贡献的方法，然后本章将以对所有人都适用的考古学基本道德的总结作为结束。

　　我爱上了乌尔这块地方。傍晚美丽的景色，宝塔式建筑耸立着……我喜爱那儿的工匠，带班的，挎篮子的孩子，考古发掘者，他们的手艺和生活。历史的吸引力摄取了我的心灵。目睹从沙中慢慢发掘出一柄熠熠闪光的匕首，真是富于浪漫色彩。望着从沙中小心翼翼地捧出陶罐和其他器皿使我也心血来潮要做个考古工作者。[①]

　　　　——《阿加莎·克里斯蒂自传》（*An Autobiography*），1977年

[①] 阿加莎·克里斯蒂著，詹晓宁等译：《阿加莎·克里斯蒂自传》，贵州人民出版社，1998。

在进入英国剑桥大学就读时，我对未来的事业规划没有任何想法，成为考古学家是出于偶然。当时的情况，是除了没有任何天赋的希腊语和拉丁语，我可以接受任何学科。因此我列出了可能的学科，并在无意从事这项事业的情况下心血来潮地选择了考古学和人类学。我的第一位讲师是研究石器时代的考古学专家迈尔斯·伯基利（Miles Burkitt），他以课堂故事而闻名。在1910年前，迈尔斯·伯基利在第一位系统复制岩画的法国传奇考古学家亨利·布鲁（Henri Breuil）手下研究末次冰期时代的岩画艺术，并且拥有与经历相称的故事。伯基利的热情回忆激发了我对过去的兴趣。同样是大学时代，我很偶然地遇到了另外一位著名的考古学家——非洲史前史学家德斯蒙德·克拉克（Desmond Clark）。最终，我毕业后去了非洲中部的博物馆工作。从那时起，我就已经成为一名考古工作者，选择这个职业我无怨无悔。

15.1 作为职业的考古学

在一次鸡尾酒会的失败经历后，我便再也不介绍自己是考古学家了。当你说完自己是考古学家后，提问者就会瞬间多起来。那些新认识你的人总是会说"多么棒、多么吸引人的职业"。他们会认为你是印第安纳·琼斯一样的人物，永远在遥远的土地上寻找考古学的"圣杯"。当你告诉他们你研究的是石制工具，并且最近花了三个月寻找啮齿动物化石（这些话通常是真实的），他们便目光呆滞，而且通常不相信你所说的。此外，还有另外一种情景，当旁人听到你的职业后，他们满眼放光，并私下问你"埃及的狮身人面像真的有1.2万年之久吗？"或者"消失的亚特兰蒂斯大陆是什么样的？是不是在巴哈马附近？"或者是最常见的"《死海古卷》有什么最新发现吗？"。我必须承认自己是个胆小鬼，并且我通常会说自己是个历史学家——在某种意义上我确实是——之后他们便对我失去了兴趣。

考古学仍然充满着传奇的气息，而且有很多惊人的发现，这就是为什么你上课时被首先指定读这本书的原因。你会很快发现，通常引人瞩目的且有时在遥远土地上进行的现代考古学，是一门惊人发现少之又少的高科技学科。印第安纳·琼斯式的人物个性显然不是考古学所需要的标准，而且可以说从来就不是。如今的考古学家与琼斯教授相去甚远，你甚至可以在远离研究所的地方供职。

那么，具备什么样的品质才能在高度专业化研究和职业选择多样的今天成为一名出色的考古学家呢？接下来我们将要讨论的个人品质和学历一样重要，因为考古学家永远不会迅速致富。这是一个有着独特回报的职业，而金钱不在回报之列。

任何希望成为考古学家的人所需要的要比获得学位多得多。以下是一些概要：
- 积极性，即对考古学和历史的热情。这是任何想进入这个领域的人的底线。最优秀的考古学家是那些满腔热情，并通过这些热情推动他们筹措经费、克服困难并完成工作的人。
- 无限耐心。充满耐心地完成田野工作和其他调查，这些调查可能会涉及进度缓慢、重复性工作和一些难缠的家伙。
- 关注细节的头脑。因为大部分考古学工作都是琐碎的——石制工具和碎陶片的微小特征，分析计算机数据，连续数周研究微小的细节。
- 适应性。这是一种忍受长途旅行、不舒适的田野工作和简陋的居住条件的能力，你需要适应长距离步行和在困难的情况下随机应变。举个例子，在离服务站几百英里外，你可能需要用钉子将车轮轴承与路虎汽车连接起来才能回家。我知道考古学家一定能做到这些，他们必须做到。
- 良好的组织协调能力。因为大量考古工作就是后勤与对现场工作人员、遗址档案，甚至是营地厨房的管理，良好的组织协调思维是一种伟大的财富。
- 文化敏感性和良好的人际关系是必不可少的。许多成功的考古从业者投入大量的时间处理人际关系，与美洲原住民和其他文化群体进行沟通。这就是为什么拥有人类学背景对于考古学家是如此重要。
- 严格遵守考古学道德标准同样是必需的。除非你已经准备好遵守本书所述的道德标准，否则不要成为一位考古学家。
- 富于幽默感显然是必不可少的，并且是极其重要的，因为许多考古学家都过于严肃了。你是否曾花费一周时间写论文，但在你进行备份之前，你的电脑发生故障了，田野调查和这种感觉一样令人苦恼。这就是为什么考古学家必须具备幽默感，因为有时，所有事情会突然一起出问题。

总之，其中最重要的是陪伴你克服任何困难的承诺和热忱。

决定成为一名考古学家

我成为一名考古学家几乎是偶然的，这完全是因为大学时代一次偶然的田野工作经历。这次经历非常有趣，让我想要获得更多这样的经验。当申请研究生时，你可以慢慢深入这个领域，并且将会拥有美好的时光。

我遇到的所有正在考虑把考古作为事业的人，几乎都是在高中上过考古课或者因为在大学上过基础入门课程而对考古产生了兴趣。那么，在这之后，当对历史的兴趣大开之后你应该做点什么呢？

第一，参与尽可能多的、拥有广泛师资力量的高层次考古课程。以先进的方法和理论课程作为开始（如果你不觉得课程很无聊，那就说明你确实是对此感兴趣的，因为这些课程并不那么令人兴奋），然后选一些不同方向的课程，这样你就可以知道哪些方向吸引你。记住，如果申请研究生，你将需要一些特殊的兴趣点作为学业的潜在关注点。

第二，尽可能彻底且广泛地理清生物学和人类学的脉络，因为学好这两门课可以让你知道你的兴趣点是现代人类还是古代历史人物。

第三，尽可能多地参加相关科目的课程，以便培养出强大的多学科兴趣，因为像农业的起源这种最重要且有趣的考古学问题只能通过多学科视野来解决。许多文化资源管理考古学也具有很强的多学科性。

第四，在本科生阶段获得重要田野和实验室经验。这样的经验对于申请研究生资格非常重要，尤其是如果你的经验极其丰富。更重要的是，这可以使你在真正拥有这份工作前体验挑战、艰苦环境、田野和实验室工作的现实生活（你应该把在研究生的经历看作一份工作）。

如果你在本科阶段获得广泛考古学知识时遇到问题，那就意味着你已经为研究生阶段做好了准备，这也是通往职业生涯的康庄大道。如果你的成绩没有在平均成绩以上，就不要考虑申请研究生课程。你所申请的专业要符合你个人的兴趣爱好，推荐信要请那些真正了解你和你的考古潜力的人去写。

获得实习经验

"我该如何进行发掘？"这个问题我会在一年中被问几十次，尤其是当我教授考古入门课的时候。令人欣慰的是，如今本科生比从前有更多的机会进行田野实习，这使他们有充足的准备去找到答案。首先选择学校中的课程，如果有的话；然后将眼光放远，从利用个人关系和学校中的公告板开始。和学校公告板一样，万维网是非常有用的关于田野实习机会的信息来源。你可以参加大学的教学与科研实验基地。最受欢迎并且严格的教学与科研实验基地是有严格要求的，而且充满了竞争，有时竞争来自研究生。普通教学与科研实验基地是值得去的，因为它们会将发掘、实验室分析和学术指导结合为一次强化的经历。一些发掘项目参与者之间的友谊是值得纪念的。我的许多学生的第一次考古发掘经历都是通过成为当地文化资源管理项目的工人而获得的,他们中的许多人一开始是以志愿者身份参加工作,后来才会获得一定的报酬。去看一看你所在地区的任何一家私人文化资源管理公司是很有必要的,或者你可以咨询你的导师,他可能会有一些能帮助你的关系。

就业机会

因为工作机会少、竞争压力大,所以目前成为一名学术考古工作者不是一个好的选择。但是考虑进入政府部门或者私营公司确实是一个不错的选择,因为他们都可以有效地管理或者在北美进行大部分考古工作。

学术考古这个领域正在萎缩。大约30年前,几乎所有考古学家都是学术机构的教职员工,或者在博物馆或研究机构内工作。纯粹的学术考古仍然是本科和研究生培养的主流,并且有许多怀揣成为传统研究学者这个坚定理想而进入研究院校的人。但是,学术职位的增长非常缓慢,一些项目甚至正在萎缩。

北美和欧洲一些地区的大部分考古学活动是由文化资源管理项目管理的,其中大多数受法律控制,这就意味着大多数(非全部)美国大学中的学术考古在海外进行——大多在欧洲、中美洲和安第斯山脉地区。随着时间推移,这就意味着在像中美洲这种地区,学术工作岗位很少会有空缺,竞争也会非常激烈,而北美考古学的学术职位申请者甚至更多。

最近对于美国考古学家的研究表明,只有35%左右的考古学家在学术界工作,而且这个数字每年都在减少。这个道理很简单,倘若想成为一名学术考古学家,就一定要避免研究过于专门化或者研究领域过于窄小,并且掌握像文化资源管理或电脑技术等技能。

博物馆的工作机会是很少的,尤其是那些单纯的学术研究岗位。在博物馆工作的职位是有益的,但是很难实现。因为这份工作除了学术训练,还要求具有藏品保护、展示、管理或藏品收藏及一些其他方面的专门化培训。

文化资源管理和公众考古学几乎为那些寻求职业生涯管理和保存考古记录的人们提供了无限制的机会。还记得当年,学术考古学家看不起从事文化资源管理的同事,认为他们只是二流水平;反过来,我认识从事文化资源管理的考古学家也看不起学术型考古学家,认为他们才是业余的。当然,这些都是无稽之谈,所有考古学家关心的都是人类的过去。下个世纪的一些考古学的巨大机遇将出现在公众考古学和私人考古学上，而且挑战也将大于传统学术范畴。在未来几年里，为了适应这种现实的变化，本科生和研究生的课程也将进行变动。

如果你对公众考古或者从事文化资源管理感兴趣，那么你可以选择为政府部门工作，或者为从事文化资源管理项目的组织工作。这些组织可能是非营利性的，也许与博物馆、大学有联系，或完全是私营部门运作的营利性的公司。后者有许多不同的模式和规模，较大的公司可以提供最好的机会和职业发展，尤其是对入门级的考古工作者来说。虽然有少数私人公司专门组织公众考古活动，但大多数公众考古活动是由政府组织开展的。如果选择在公共部门任职，你可以在如美国国家公园管理局和联邦土地管理局这样的许多政府机构找到机会。许多考古工作者为国家考古调查和其他类似的组织工作，类似俄亥俄州历史协会这样的组织常常会雇用一些考古学家。

不论选择什么样的职业轨迹，你都需要一个看起来不错的考古学术背景和田野考古经验，同时还需要合适的学位去实现自己在这个领域内的职业理想。虽然你可能在本科或研究生期间接受了一些文化资源管理或公众考古学领域的背景培训，但是大多数培训将会在今后真正的工作中或作为工作一部分的特殊课程中体现。

不论你对职业考古学如何感兴趣，我都强烈建议你获得一些文化资源管理田野调查或实验室工作的背景和经验，以作为你培训的一部分。

15.2 学历和研究生院

如果你有了考古学的本科学位，你就有资格作为杂工参与到文化资源管理发掘、学术发掘或者其他小型的发掘项目中。这些实践不但会给你比大多数人更好地了解过去的机会，还会启迪你今后的人生，让你找到更多乐趣。许多人在文化资源管理项目中工作了多年，仍然住在汽车旅店，他们甚至有自己的非正式时事通讯。

考古学界的任何永久性职位最低都需要文学硕士学位，这个学位可以使你在许多政府或私营部门找到职位。所有研究型大学的学术职位和逐渐增加的教师岗位都需要博士学位。

通常，考古学领域内的硕士学位需要两年的学习、一些形式的田野实习或数据库论文。此外，一些协会会有口试。硕士要有自己的研究方向，如文化资源管理或文物保护，但对绝大多数普通学位来说，你要准备在一些两年或四年制的大学任教，而且很多文化资源管理组织和政府也会为你提供机会。硕士学位的有利之处是可以证明你拥有广泛的考古学背景，这种背景在该领域内是必不可少的。这就是进入许多政府部门、文化资源管理组织或公众考古职位所必需的资格。

博士学位是专业研究学位，是你在学术型大学和许多强调教学而非研究的机构中任教的凭证。对于学术型考古学家和那些想进入政府或者私营部门的人来说，职业凭证是重要的，这些部门有很多复杂的研究项目，并且需要进行管理决策。典型的博士学位流程需要至少两年的研讨会、课程和在职培训，然后还要进行综合考试（包括笔试和口试）、硕士论文，然后是正式的开题报告和一段时间集中的实地考察，并以书面形式写成的博士论文。一般的博士计划会历时7年左右，使你成为具有教学和研究经验的高度专业化的职业人才。7年之后，你需要在竞争激烈的市场寻找一份工作。的确，7年光阴和不富裕的生活是令人气馁的，但是，对于一个对考古和学术研究充满热情的人来说，知识和个人价值是非常巨大的。

15.3　对不成为职业考古学家的思考

经过多年教授考古学，我已经向几千人介绍过这门学科，但却只有少数人成了职业的考古学家。大部分听过我讲课的学生选择了各种千差万别的行业，如陆军游骑兵、从政、国际商人、律师、政客、房地产大亨、教师甚至是厨师和糕点师等。我曾经至少有两个学生还进了监狱！但是，他们每一个人都了解了考古学及其对当今世界的作用，以及我们的古代祖先所获得的显著成就。这显然比我的教学工作重要得多，也比我对研究生进行的所有专业培训都要有意义得多。

入门老师的任务不是将人们招入学术领域内，比如举办一个了解碳-14定年、俄亥俄州中部或东西伯利亚考古学全部概念的小团体，而是帮助创造美国国家科学基金会所称的"见多识广的市民"。一些老师的学生最终没有对考古学产生任何兴趣，他们认为考古学很无聊，而且与他们的生活一点关系都没有。但你可以确定的是，他们了解了有关的学科知识和显著的学术成就，并且已经找到了适合自己的生活。毕竟，这正是大学教育的目的之一。

话虽如此，但许多人只上了一门考古学课程，就对某个主题产生了贯穿一生的兴趣。如果你是他们中的一员，至少你可以通过许多途径参与到考古学中。

考古学依赖见多识广的业余考古爱好者（我们称之为考古发烧友），他们志愿参加田野发掘、科研实验和博物馆工作。考古学界许多极其重要的贡献都要归功于这些隶属于当地考古协会的业余考古爱好者，他们能参与发掘并且关注该地区的新发现。设立业余考古学奖学金是一个很强大的传统，特别是在欧洲，在那里，一些业余爱好者已经成为一些特殊考古领域内的世界权威，比如古代养兔业或者特殊陶器形制，他们的研究成果还定期在学术期刊上发表。

没有志愿者，考古学就无法正常运行，无论是守望地球组织支持的发掘，还是从始至终的人工制品编目工作或一场讲座之后默默无闻的工作。如果你对志愿工作和作为业余爱好者定期参加考古工作有一系列的兴趣，当地组织有许多方法可以让你参与进来，如大学、博物馆、考古学会和美国考古协会的分会。在研究领域极度专业化和专业学术成就极高的今天，我们可以轻而易举地说考古爱好者已经没有什么发展的空间了，然而这种傲慢的观点是荒谬且不符合实际的。考古爱好者为考古学带来了特别的技术。在我的职业生涯里，我与形形色色的人共事过，有会计（整理我的发掘图书）、建筑师、专业摄影师和艺术家（他有如田野考古天赐之物）、珠宝匠（为我分析金饰）、研究刀耕火种农业的专家（他对环境历史充满激情）。一个人的天赋是无价的，并且一定不要否定自己的天赋。我把这段文字拿给一个学生已经在商业领域非常成功且拥有高薪的同事看，他表示这些学生正默默地进行着慈善事业，包括捐赠教授职位，为发掘提供资金，并帮助学生。

许多人对过去产生兴趣，这使得他们在旅行时总把对历史的兴趣作为旅行动机。他们的考古学背景大多是在本科时期获得的，这些背景知识使他们能够作为见多识广的参观者拜访全世界的著名遗址，并且充分欣赏古代人类的所有成就（图15.1）。我的文件夹里放满了来自不知名地区和名胜古迹的明信片和信件，比如，其中的一张来自巨石阵："感谢您向我介绍巨石阵，在上过您的课之后，我对巨石阵有了更深刻的了解。"这张明信片让我非常高兴，如果仅凭专业学者对考古学的热情，而没有普通人对于过去的兴趣，考古学是不会存在的。我们都是这些无价且有限资源的管理员，而这些资源正在我们的眼前逐渐消失。

15.4　我们对过去的责任

我们所有人，不论是职业考古学家、爱好田野发掘的工作者、偶然产生兴趣的旅行者，还是基本毫无兴趣的市民，都分担着对历史的责任。不论是帕特农神殿、吉萨金字塔、卡霍基亚遗址还是秦始皇陵，都是所有人类的共同遗产。我们的历史可以上溯至250万年前的冰期，文化成就是人类独一无二的珍贵遗产，我们必须珍惜并将其传承给尚未出生的后代。虽然管理者这个词被过度使用，但是我们对待历史的态度，要像保护海洋、森林和其他所有自然环境一样。考古学在一个重要方面与自然环境有所

图15.1 英格兰威尔特郡巨石阵。著名的石器时代和青铜时代圣地，从公元前3000年开始发展了许多代，使用期超过1500年。

不同，那就是一旦被摧毁，考古资料便永远不可复原，它们会永远消失。专业的考古学家在对待过去时，遵守严格且明确的道德规范，但是，归根结底，为了未来保护过去是我们所有人的责任。

正如我在这本书中多次强调的，世界范围内的考古遗址正在受到不同形式的冲击——工业发展、采矿、农业，还有寻宝者、收藏家、职业盗墓者（图15.2）。伊拉克战争导致了对考古遗址和博物馆的大规模洗劫。由于供不应求，甚至是一般级别的文物都会在国际市场被炒到很高的价格，没有政府愿意用必要的资金去适当保护文物。而且，如埃及、危地马拉和墨西哥这些国家，虽然有着丰富的考古遗存，却有着极其严重的保护问题，甚至那些名胜古迹也存在相同问题。只要收藏者对古物有需求，并且我们保持着对个人财物的物质主义价值观，破坏古迹的现象就不会减少。即使有必要的法律阻止对考古遗址的破坏，但在世界大多数地区，这一力量还很微弱。但仍然有希望存在，希望源于那些通过大学课程或者通过认识考古学家而对考古学或历史产生兴趣的数量庞大的博学之人。如果有足够多的人可以影响公众对考古遗迹和收藏道德的行为和态度，我们的后代今后还能有希望去研究和欣赏这些考古遗迹。

我对自己能成为一名考古学家感到非常高兴，更加令我高兴的是，在经历了多年的田野发掘、实验室工作和课堂教学后，我对考古的热情仍未降低。我遇到过许多出色的人，面对过让我的职业向意想不到的方向发展的复杂研究问题的挑战。当站在考古遗迹、荒芜土方工程或是被风化了的建筑前，我会加倍珍惜这些瞬间，并且历史会

图 15.2 历史对于未来的两种可能性。上图：考古工作者在发掘特洛伊遗址。下图：偷盗者在盗掘秘鲁的西潘遗址。这种活动对遗址造成了不可挽回的破坏。将这种毁坏行为与第7章中提到的发掘行为做一对比。

突然鲜活起来，我非常幸运有过几次这样的经历。有一次，在梅萨维德的悬崖宫殿，那是冬天第一场暴风雪后的一天，看到冰柱挂在树上，我能够想象出普韦布洛人祖先燃烧木柴的味道和犬吠的声音。另一次，在英国的一个防御工事遗迹上，我感到了有如黑云压城般的压迫感，几乎可以听到罗马军团前进冲锋的低吼。还有一次是在美国加州南部沿海的一个贝丘上，我可以想象出一个夏日晴朗的夜晚，几艘独木舟徐徐登陆的情景。这些瞬间来得毫无预兆，并且带有很深的情感，由日落、云彩和光线的效果，甚至是一丝偶然的想法引发，但是它们却是弥足珍贵的。

不论我们是乐于奉献的科学家，或者是会偶尔参观一个遗址的人，过去对我们来说都是私人的东西。如果记载着所有伟大成就、光辉瞬间或被长期遗忘的惨痛事件的考古记录突然消失，那么后代将永远不会知道我们的祖先经历过什么，或者永远无法享受沉浸在历史中的那股强大与非常满足的情感。我们应该把这些遗产留给子孙。

15.5　考古学道德准则的简单守则

过去会有未来吗？答案是肯定的，但是需要我们的共同努力。不仅是通过影响人们对考古学的态度，还需要所有人——不论是不是职业考古学家——遵守以下基本道德准则。

- 把所有考古遗迹都当作是有限的资源。
- 永远不要挖掘考古学遗迹。
- 永远不要为了自己收集文物，或者为了个人利益买卖文物。
- 遵守联邦、州、当地或者部落的关于考古遗址的法律。
- 报告所有意外发现的考古遗存。
- 避免扰乱考古遗迹，并且对墓葬遗存保持足够的尊重。

---── 本章总结 ──---

1. 本章简单说明了一个人成为考古学家的必要资格，并列出了一些就业机会。
2. 美国和其他国家的大学、博物馆、政府服务部门和私人公司都为专业考古学家提供了工作机会。
3. 大部分考古学工作要求硕士学位，有的需要博士学位。
4. 除非你拥有高于平均分的成绩、一些田野工作经历、你的教授的强烈支持，以及不以牟利为目的收集古物的道德使命感，否则不要考虑成为一名专业的考古学家。

5.即使不想成为专业考古学家的人，也可以通过参加教学与科研实验基地和海外发掘来增加发掘经验。

6.考古学赋予了我们对过去的深刻理解，并且提供了让博学的外行人参与进来的可能性。它也使我们能够通过独特的方式欣赏世界主要考古遗址，并帮助考古学家保护历史。

7.我们所有人都应该对过去负有道德上的责任：不收集古器物，报告新发现，遵守联邦、州和部落保护考古遗址的法规。

8.除非我们都对过去认真负责，否则过去将没有未来。

重要词汇

A

absolute chronology 绝对年代 确定现在之前的历法年。

accelerator mass spectrometry/AMS 加速器质谱 直接计算实际碳-14原子数的放射性碳定年法，要测定精确日期需要大量极小的样本。

activity area 活动区 一个遗迹内指示着特殊活动的人工制品模式，如石制工具制造。

agency 媒介 一个人或一群人对文化变迁负有责任的假设。

analogy 类比 通过两个对象某些相似的性质，推断它们在其他性质上也有可能相似的一种推理过程。

analysis 分析 考古学研究的一个阶段，包含描述和对人工制品与非人工制品数据的分类。

anthropology 人类学 通过最广泛的方式研究人类。人类学研究从最早时代到如今的人类，包括文化人类学、体质人类学和考古学。

antiquarian 古文物研究者 对过去感兴趣的人，与科学的考古学家不同，他们收集并通过非科学手段挖掘文物。

archaeological data 考古资料 被考古学家公认为重要证据而加以收集和记录的材料。四种主要考古资料分别是人工制品、特征、建筑和食物遗存。

archaeological record 考古记录 历史材料遗存、考古遗址、人工制品、食物遗存等组成了研究人类历史的数据库。

archaeological survey 考古调查 系统地尝试定位、识别和记录考古遗址在地面上的分布，并与自然地理和环境背景进行对比。

archaeological unit 考古单元 为了方便将一组器物与其他器物在时间和空间上区分开来，由考古学家进行的任意单位的分类。

archaeologist 考古学家 一些通过科学方法研究历史的人。他们以记录和解释祖先文化为目的，而不是为了获利或展示而收集古代文物。

archaeology 考古学 人类学的特殊形式，运用材料遗存研究已消亡的人类社会。考古学的目标是建立文化历史，重建过去的生活方式，研究文化的进程。

area excavation 区域发掘 大面积的发掘，通常用来揭露房屋和史前定居方式。详见"水平发掘"（horizontal excavation）。

artifact 人工制品 任何手工制作或被人类改进的物品。

assemblage 聚集物 在一个遗址发现的所有人工制品，包括该遗址所有的地下聚集物。

association 关联 一件器物和其他考古

发现与遗址级别或其他人工制品、建筑、特征的联系。

Assyriologist 亚述学家 研究亚述文明的学者。

attribute 特征 明确定义一件器物的特征，使得它不会被过度细分。考古学家定义特征的类型，包括形制、风格和技术，以便分类和解释器物。

attritional age profile 消耗性年龄分布 由选择性狩猎和捕食导致的动物群的年龄分布。

B

band 族群 人类社会组织的简单形式，繁荣于史前社会。族群由一个家庭或者一系列的家庭组成，通常有20—50人。

biblical archaeologist《圣经》考古学家 研究《圣经》的考古学分支学科，专攻西亚地区。

bioarchaeology 生物考古学 对古代人类遗存所进行的多学科研究。

blade 石叶 这是石器技术中应用于穿孔石片的一个术语，石片通常是从石核上剥离的。通常是3.5万年前之后的史前社会的典型特征。

bone chemistry 骨骼化学分析 通过分析骨骼中的同位素来研究个体饮食结构的技术。

C

cambium 形成层 树皮下的黏性物质，位于树木每年生长和树皮脱落的地方。

catastrophic age profile 灾难性年龄分布 动物群因自然灾害死亡导致的年龄分布。

characterization 特征描述 识别史前器物（尤其是黏土、金属和石头）来源的方法。

chiefdom 酋邦 比部落社会更加复杂的社会组织形式，逐步形成了一些领导机制和结构，便于分配物资和服务整个社会。社会的普通民众自愿奉献和支持管理整个社会的酋长以及为酋长服务的专家。

chronological type 年代学类型 通过时间标记形式来定义的类型。

chronometric chronology 精确计时年表 追溯今天以前的年代，利用统计概率算出时间范围。主要方法是钾氩测年法和放射性碳定年。

civilization 文明 详见"国家组织型社会"（state-organized society）。

Classical archaeologist 古典考古学家 希腊和罗马古典文明的分支学科。

classification 分类 利用各种排序系统将考古学数据按组和级别排序。

cluster sampling 分组抽样 运用集群元素抽样。

cognitive archaeology 认知考古学 见"认知-过程考古学"（cognitive-processual archaeology）。

cognitive-processual archaeology 认知-过程考古学 考古学理论研究法，通过结

合过程方法和其他数据来研究宗教信仰和其他无形事物。

community 群落 考古学中，任何时间段内最大数量人群占据一个地点活动的有形遗存。

compliance process 合法性流程 在文化资源管理中，确保围绕考古资源履行法律要求的过程。

component 要素 从遗址的一个地层出土的所有器物的关系。

conchoidal fracture 贝壳状破裂 用于古代石制工具制作的结晶岩断裂特征种类。

conservation archaeology 保存考古学 详见"文化资源管理"（Cultural Resource Management）。

context 背景 考古学发现在时间和空间上的位置，通过测量和评估它的关系、模型和起源来建立。评估内容包括研究器物被掩埋后发生过什么。

coprolite 粪化石 因干燥或成为化石而保存下来的粪便。

core 石核 考古学中，一块通过人工打击剥去石片的石头。

crop mark 作物标志 从空中俯瞰，不同长势的作物和植被覆盖可以揭示考古遗迹的轮廓。

cross-dating 交叉断代 通过已知时代的物体或已知时代的相关器物判断遗址的时代。

cultural anthropology 文化人类学 人类学的一个方向，主要关注人类社会的文化方面。这个术语在美国被广泛运用。

cultural ecology 文化生态学 研究人类社会和其所处环境的动态相互作用。在这种方法下，文化是被人类社会使用的主要适应机制。

cultural process 文化过程 考古学研究的演绎法，旨在研究文化系统和人类整个文化过程的变化与相互作用。过程考古学家利用描述和解释模型的方法。

cultural resources 文化资源 与人类活动有关的人为和自然特征。

Cultural Resource Management（CRM）文化资源管理 通过保护和管理考古遗址和器物来保护过去。

cultural system 文化系统 文化及其环境是若干相关系统的文化观点，这些系统通过其中一个或多个系统的一系列微小的相关变化而发生改变。

culture 文化 考古学家和人类学家使用的理论概念。这个概念可以描述人类适应自然环境的外部方法。人类文化是一系列为了维持生存的设计，这有助于塑造不同条件下的回馈机制。考古学中的"文化"是一个任意的单元，意味着将若干遗址中发现的相似器物集群，定义在一个精确的时间和空间背景中。

culture history 文化史 一种假设器物可以被用来建立一副人类文化的广义图景以及在时间和空间中的描述性模型的考古学方法，这个广义图景和模型是可以被解释的。

curation 管理 保护、管理、储存考古资料。

D

data acquisition 数据采集 从发掘、调查或实验室分析获得考古资料的过程。

dendrochronology 树木年代学 树轮年表。

descriptive type 描述性类型 基于物质和器物外部特征的类型。

diffusion/diffusionism 传播（文化传播论） 通过人与人之间的联系，从一个地区向其他地区进行文化传播。

direct historical approach 直接历史研究法 从已知时代的历史遗址向更早时代逆向作业的考古学技术。

E

ecofact 生态因素 没有被人类加工过的被带入遗址的物体（如一个被带入早期人类定居遗址的未加工卵石）。

ecosystem 生态系统 通过纵向食物链和能量流动模式维持的环境系统。

Egyptologist 埃及古物学家 专攻古埃及考古学的考古学家。

electromagnetic survey 电磁勘探 通过测量土地的导电性来帮助定位埋葬地貌的地下探测方法。

electronic spin resonance（ESR）电子自旋共振 通过测量骨头或者贝壳的辐射缺陷或捕获电子密度定年的一种测年技术。

element sampling 元素抽样 利用任意坐标格系统抽样。

epiphysis 骨骺 长骨末端关节，会在成年后闭合。

ethnoarchaeology 民族考古学 生活考古学，民族志的一种形式，主要涉及材料遗存。考古学家通过生活考古学记录人类行为、器物类型和食物遗存之间的联系。

ethnographer 民族志学者 研究人类社会文化、技术和经济的人类学家。

ethnographic analogy 民族学类比法 利用类比法，用现存社会和文化解释古代社会和文化。

ethnologist 民族学家 从事人类文化比较研究的人类学家。

excavation 发掘 挖掘考古遗迹，移动基质、观察其中发现的出处和背景，并用三维方法将它们记录下来。

experimental archaeology 实验考古学 利用仔细控制的现代实验提供的数据帮助解释考古记录。

F

feature 遗迹 如房屋或窖藏这种遗址中不会被挪动的器物。通常，这些是仅有的记录。

feces 排泄物 粪便。

feedback 反馈 系统理论的考古学应用概念，反映了多元文化和其环境之间持续变化的关系。

fission track dating 裂变径迹 通过测量物质中的裂变径迹和由微粒分裂导致的损

害为含有铀的金属定年。

flotation 浮选 在考古学中，利用水将植物种子和其他沉淀物分离开，从而发现植物遗存。

forensic archaeology 法医考古学 关于古代损伤，以及利用骨骼材料和其他方法进行的病理研究。

functional type 功能类型 基于文化用途或功能而非外在表现形式或年代位置的类型。

G

general systems theory 一般系统理论 任何有机体或组织都可以被作为一个系统来研究，这个系统可以分解为若干相互作用的子系统或部分，有时也称为控制论。

geoarchaeology 地质考古学 运用地理科学理论和方法的考古学研究。

Geographic Information Systems 地理信息系统（GIS） 计算机生成的地图系统，考古学家依靠来源于遥感、数字地图和其他资源的环境和背景绘制并分析遗迹分布。

ground–penetrating radar 探地雷达 详见"探地雷达"（subsurface radar）。

H

half-life 半衰期 放射性同位素的一半衰变为一个稳定元素的时间，是放射性碳定年和其他测年方法的基础根据。

Harris lines 哈里斯线 人体骨骼上出现的线条，是营养不良的症状。

hermeneutics 解释学 解释的技巧。

historical archaeology 历史考古学 结合历史文献对考古遗址的研究。有时被称为历史遗迹考古学或文本辅助考古学。

history 历史学 对过去书面记录的研究。

Holocene 全新世 来自希腊语"holos"，意为"最近的"。地质时间从1.5万年前冰期结束至今。

horizon 地层 一组广泛分布的文化特征和器物集合，其分布和年代可以使人假定它们传播迅速。地层常常由广泛分布且具有一定联系的器物和有特点的文化宗教信仰组成。

horizontal excavation 水平发掘 旨在揭露大面积遗址，尤其是居址布局的考古发掘。

household groups 家庭组 反映发生在房屋周围和假定属于一个家庭活动的器物模式的任意考古单位。

human culture 人类文化 见"文化"（culture）。

I

industrial archaeologist 工业考古学家 研究器物、建筑和工业革命技术的考古学家。

industry 产业 一个遗迹内发现的所有不同材质的，在同一时间内被一群人所制造的特别器物。

inorganic materials 无机材料 不属于动物界或植物界的物体。

interpretation 阐释 因为考古分析是综合性的，且因我们尝试去解释它们的含义而出现的一个研究阶段。

invention 发明 创造或进化出的新观点。

L

landscape 景观 人类创造出的对环境的感知。

landscape of memory 景观记忆 人们在一生中保留的对景观的感知，包括早期感知的记忆。

Lidar 激光雷达 基于激光测高法的光探测和光测距，用激光测距仪测量高度的雷达的光学等效措施。

linguistic anthropology 语言人类学 对人类语言和文化的研究。

lithic analysis 岩屑分析 对制石技术和器物的研究。

M

macrobotanical remains 植物大遗存 残留在炉台或木炭上面易于辨认的物质。

magnetometer survey 磁法勘探 通过测量考古遗址的磁场生成地下埋藏轮廓地图。

market 市场 人们聚集在一起买卖和交换货物与商品的地方，价格一般相对稳定。

Matuyama–Brunhes event 松山–布容事件 78万年前地球磁极逆转的重要时刻，以发现这一现象的两个地质学家的名字命名。

Mayanist 玛雅文化专家 研究古代玛雅文化的学者。

Mesolithic（Middle Stone Age）中石器时代（石器时代中期） 源于希腊语"mesos"，意为中期；曾被旧世界考古学家用于表示旧石器时代至新石器时代的过渡期，是相对过时的术语。没有准确的经济和技术性定义。

mica 云母 闪闪发光、鳞状形式的矿石，被广泛应用于装饰。

microlith 细石器 源自希腊语的小石头。是小型工具的一种特别形式，通常是旧世界的中石器时代人类使用的箭刺。

midden 贝丘 考古学中的食物遗存堆积和其他残骸堆积。常被用于描述贝壳或软体动物的堆积，也称"贝冢"。

middle-range theory 中程理论 寻找准确识别并测量过去文化系统特别属性途径的方法。

migration 迁移 决定改变其影响范围的整个社会的移动。

mitigation 缓和措施 将对文化资源的破坏最小化的过程，比如作为考古记录管理一部分的考古遗址。

multilinear cultural evolution 多线文化进化 把每个人类文化看作通过适应多变的环境，以自己的方式进化的文化进化理论。有时将其分为四个社会组织进化阶段（族群、部落、酋邦和国家组织型社会）。

N

neutron activation analysis 中子活化分析 通过激活中子追踪陶器中微量元素集群的研究。

noncultural processes 非文化过程 对考古记录产生影响的自然环境事件和进程。

normative view 规范性观点 认为一个人可以通过确定抽象规则来调整一个特殊文化的人类文化观点,通常是研究从古至今的考古学文化的基础。

O

obsidian 黑曜岩 火山玻璃。

obsidian hydration 黑曜岩水合法 在黑曜岩碎片上测量水合作用层结构的测年方法。

Oldowan tradition 奥尔德沃文化传统 最早的石器制作传统,可追溯至距今260万年至距今200万年。以奥杜威峡谷命名。

opal phytoliths 蛋白石植硅 由在被植物根部吸收和运输的地下水中的水合二氧化硅形成的植物细胞,产生出了二氧化硅的微小颗粒。

optical stimulated luminescence (OSL) 光释光 一种光测年方法。用激光技术测定考古遗址中石英和长石颗粒辐射的年代。

oral tradition 口述传统 通过人与人之间口述传播的以历史故事、实践知识、传统与价值观为形式的知识。

organic material 有机材料 如骨头、木头、角或隐藏在曾经的有机体中的物质。

P

paleoanthropology 古人类学 古人类及其行为的多学科研究。

paleoethnobotanist 古植物学家 研究史前植物的学者。

paleopathology 古生物病理学 主要通过人类骨骼来研究古代病理状况。

palynology (pollen analysis) 孢粉学(花粉分析) 使用微小孢粉研究古代植物。

passage grave 有通道的坟墓 在新石器时代不列颠群岛的人们使用的一种公共埋葬形式。

paste 制陶黏土 陶瓷研究中,一种制作容器的黏土。

patterns of discard 废弃模式 在被最初使用者遗弃后受到自然破坏力影响的器物和食物遗存留给调查研究的残余。

permafrost 永久冻土 永久冰冻的地下土壤。

petrological analysis 岩石学分析 利用微量元素和岩石的其他特征研究石器工具的来源。广泛应用于追踪欧洲石器时代石斧贸易的路线轨迹。

phase 阶段 由可精确确定时间和空间的文化特质典型分组来定义的考古单元。这种考古单元持续时间相对较短,发现于一个地点或区域的一个或若干遗址。它的文化特征足够明显，以至于可以独立划分为一个阶段。

physical anthropology 体质人类学 生物人类学，基本上包括人类化石、遗传学、灵长类和血型的研究。

Pleistocene 更新世 离我们最近的主要地质时期，时间跨度为距今250万年至公元前1.3万年。有时也被称作第四纪（Quaternary），或大冰期。

postprocessual archaeology 后过程考古学 考古学理论方法，是对新考古学的批判，并且强调人类社会中的社会因素。

potassium-argon dating 钾氩测年法 基于钾-40变为氩-40的衰变率的绝对年代测定方法。

potsherd 碎陶片 陶土器皿碎片。

prehistoric archaeologists（prehistorians）史前考古学家（史前史学家） 研究史前人类的考古学家。

prehistory 史前史 有文字记载之前几千年的人类历史。史前史学家研究史前考古学。

prestate society 前国家社会 以群落、族群或村庄为基础的小规模社会。

primary context 原始背景 未被扰动的关联、基质和来源。

probabilistic sampling 概率抽样 通过数学途径关联小型数据来研究更大人口数量的方法。

processual archaeology 过程考古学 考古学方法，利用演绎研究方法——研究规划——和分析文化变迁条件的科学方法进行研究。

public archaeology 公众考古学 考古学教育，向普通大众介绍考古学和有关的历史知识。

Q

Quaternary 第四纪 详见"更新世"（Pleistocene）。

R

radiocarbon dating 放射性碳定年 绝对年代测定方法，根据碳同位素碳-14衰变到稳定状态的衰变率测年。该测年方法可以用树轮测年校准。

random sampling 随机抽样 使用随机抽样方法选择样本，并获得客观的样本。

reciprocity 互惠主义 在考古学中，两方的物资交换通常意味着他们有互相交换礼物的义务。

redistribution 重新分配 从中心地区到整个社会的贸易商品分配，这是一个对文明进步起着极其重要作用的复杂过程。

reductive technology 还原法 工匠获得材料的技术，通过去除裂痕和其他碎片将材料成型，直到其彻底制作完成。通常应用于石器制造技术。

refitting 拼合 重新组装打制石器废弃的碎片和石核，以重建古代制石技术。

relative chronology 相对年代学 通过迭复率或器物顺序确定的时间标尺。

remote sensing 遥感 用空中摄影等设备探查地下特征和遗迹的勘察与遗址调查方法。

research design 研究规划 为考古研究的执行制定规范和系统的规划。

resistivity survey 电阻探测法 测量土壤不同的导电性，用来探测如墙体或沟渠这样的地下埋藏。

S

sampling 抽样 通过概率论评估数据可靠性的科学。

satellite sensor imagery 卫星传感器图像 利用红外线辐射从空中记录遗址的方法。这种方法超过了实际的胶片光谱反应，对于追踪那些大面积表层土壤已经受到干扰的史前农业系统非常有效。

secondary context 二级背景 考古学发现的已经被之后的人类活动或自然现象干扰的材料。

Section 106 process 第106条 详见"合法性流程"（compliance process）。

seriation technique 系列法技术 将器物按时间顺序排列的方法。类型相近的器物，其制作时期便相近。

settlement archaeology 聚落考古学 对相应景观背景中古代聚落和聚落分布的研究。

settlement pattern 聚落形态 景观中的人类聚落分布及聚落内的考古群落。

shovel pit 铲坑 试掘坑，一般为直线布局，只挖几铲，用来明确浅层遗址。

site 遗址 发现过物件、特征、人类制造或改进过的生态因素的地点。从居住地点到采石场都可以算作遗址，并且遗址可以按功能性或其他特点定义。

site catchment analysis 遗址资源域分析 总结距遗址一定范围内的自然资源。

site-formation processes 遗址形成过程 地面上过去的材料遗存，在被丢弃后由于人类或自然原因改变的过程。

social anthropologist 社会人类学家 研究社会组织的人类学家。

sourcing 源化 详见"特征描述"（characterization）。

spatial analysis 空间分析 考古记录中的空间关系分析。

spectrographic analysis 光谱分析 光的许多微量元素通过棱镜或绕射光栅，对最后在光谱上的波长的化学分析。这使得研究人员能分离辐射和识别不同的微量元素，是研究金属物体和黑曜岩器物的有用方法。

stakeholder 利益相关者 对于考古遗址或发现有既得利益的个人或组织。

state-organized society 国家组织型社会 以城市、中央集权政府、社会阶层化和大规模社会复杂性为标志的前工业文明。通常称作文明（civilization）。

stewardship 管理工作 为后代永久管理考古记录的过程。

stratified sampling 分层抽样 当整齐间距因为文化原因而不适用时，概率抽样技术被用于集群和孤立样本单位。

stratigraphic excavation 地层发掘 单层发掘方式。

stratigraphy 地层学 考古遗址中对叠压层的观察。

stylistic type 风格类型 基于风格区别的类型。

subassemblage 潜聚集物 由有联系的器物指示出的由某些群体进行的史前活动的独特形式。

subsistence 生存 人们是如何获得食物和维持生计的。

subsurface radar 探地雷达 不经过挖掘来探测地下考古遗址形态的雷达装置。

subtractive technology 减数法 详见"还原法"（reductive technology）。

superposition 叠压 从地质学中借鉴的原理，即地层的上层比下层时间晚。

surface collection 地面采集 从遗址中收集的考古发现，发现于地表的有代表性的器物样品。地面调查通常建立了遗址中的活动类型，定位了主要建筑物并且收集了遗址中居住最密集区域的信息，这些信息对于整体或部分发掘非常有用。

T

taphonomy 埋藏学 对在堆积作用后动物骨骼和其他化石遗存变形过程的研究。

taxonomy 分类法 一组操作的顺序，是器物细分到有序分类的结果。

tell 台形土墩 阿拉伯语中的占有土丘，该术语被用于近东地区这种类型的考古学遗迹。

temper 调和物 在陶瓷研究中，优质的粗糙物质——沙土或碾碎的贝壳——被加入黏土中使得器物在烧制中定形。

test pit 探坑 在大规模发掘或进行地面调查前，用作样本或探测的发掘单元。

theory 理论 考古学中大量的理论概念，为考古学家提供看透事实和客观材料的框架和方法，对史前史事件的发生进行解释。

thermoluminescence（TL）热释光 通过测量迅速加热时陶器释放的光能量精确测年的方法，可以指出物体自从最后一次受热至今的时间。

Three-Age System 三期论 1816年，针对旧世界史前史提出的技术细分。

total data station 总数据站 用于遗址调查和发掘的电子调查设备。

trace element analysis 微量元素分析 识别器物和原料来源的方法，利用X射线度谱术和其他可以识别石头和金属内特殊微量元素的技术。微量元素分析被用于研究黑曜岩和其他金属远距离贸易的来源。

tradition 传统 通过不变的器物形制，可以辨识持久的技术或文化模式。这种持久的形制比一个单独阶段的时间更长久，而且可以出现在广泛的地区内。

transect 横断面 在考古学中，通过统计方法选择出的走廊地带会在田野调查时被重点调查。

tribe 部落 通过亲属关系维系的统一大型群体，由其中的族群或亲属群体选出的代表委员会管理。

type 类型 在考古学中，如果一组器物是比照另一组器物而制作的，那么这组器物可能与最初制造者的器物或工具的设计类型相同或者不同。

typology 类型学 类型的分类。

U

underwater archaeology 水下考古 研究水下沉船或考古遗址的考古学学科。

uniformitarianism 均变论 地球上的地区是通过相同的自然地质过程形成的学说。

unilinear cultural evolution 单线文化进化 19世纪晚期的进化理论，认为所有人类社会按照同一个文化进化轨迹进行发展，从简单的狩猎采集模式进化到出现文字的文明。

uranium series dating 铀系法测年 通过测量由碳酸钙组成的形成物——如石灰岩——中铀元素稳定衰变为其他元素测年的方式。

V

vertical excavation 垂直发掘 发掘工作中建立起的时间顺序，通常在一个有限的区域内进行。

zooarchaeology 动物考古学 考古学中研究动物遗存的学科。

考古遗址和文化词汇

以下的简要介绍提供了一些本书中涉及的史前遗址和文化的背景,但它们并非精确的定义。一些意义重大的遗址已在书中讲过,并未包含在以下内容中。

A

Abbeville,France 阿布维尔,法国 位于索米山谷的村庄,因附近沙砾层中的石器时代人工制品而闻名。

Abri Pataud,France 阿布里·帕唐,法国 法国西南部多尔多涅省韦泽尔河附近的大型岩居,5万年至1.9万年前被尼安德特人和克罗马农狩猎采集者使用。

Abu Hureyra,Syria 阿布胡赖拉,叙利亚 世界上最早的农业村庄之一,考古学家记录了这里从狩猎采集向食物生产的转换。

Abu Simbel,Egypt 阿布辛贝神庙,埃及 大约公元前1250年,拉美西斯二世在努比亚建造的古埃及神庙。1968年,为了避开纳赛尔湖洪水,遗址和法老坐像被移到了更高的位置,这次转移大约花费了4000万美元。

Abydos,Egypt 阿比多斯,埃及 在上埃及,阿比多斯是一座神圣的城市,是古埃及通往地下世界的大门。公元前3000年前埃及最早的法老们便安葬于此。

Acheulian 阿舍利文化 分布广泛的石器时代早期文化,以法国北部的小镇圣阿舍利命名。在距今100万年到10万年间,阿舍利文化繁荣于非洲、欧洲西部和亚洲南部。阿舍利人制作了许多种类的石制品,包括多用途屠宰手斧和切割器。

Adena,Ohio 阿登纳文化,美国俄亥俄州 位于美国中西部俄亥俄山谷的独特墓葬祭祀制度和村落文化。阿登纳文化繁盛于公元前700年至公元200年,以远距离贸易和通过大型土方工程与坟冢表现的与众不同的墓葬祭祀制度闻名。

'Ain Ghazal,Jordan 艾因加扎勒,约旦 安曼附近一个可追溯至大约公元前7500年的农业定居点,以祖先雕像闻名。

Ali Kosh,Iran 阿里库什遗址,伊朗 位于伊朗德鲁拉平原的早期农业遗址。通过浮选技术,在此地发现了谷物植物耕种的证据。该遗址可追溯至公元前7500年。

Ancestral Pueblo(Anasazi) 史前普韦布洛印第安文化(阿纳萨齐文化) 公元10世纪末和11世纪初兴盛于美国西南部的印第安人,是大型印第安村庄的建设者。

Angkor Wat,Cambodia 吴哥窟,柬埔寨 由高棉王朝统治者苏耶跋摩二世于公元1117年建立的印度教神殿,代表着印度教宇宙。

Avaris,Egypt 阿瓦里斯,埃及 下埃及时代的王宫和贸易遗址,以克里特文明壁画而著名，这些壁画是大约公元前1500年埃及与克里特岛贸易的证据。

B

Ban Na Di, Thailand 班纳迪，泰国 这里的贸易聚落和农业村庄大约可追溯至公元前1400年至公元前400年，墓地证明了社会等级的存在。

Benin, Nigeria 贝宁，尼日利亚 西非国家从公元1400年到近代统治的城市贝宁。

C

Cahokia, Illinois 卡霍基亚，美国伊利诺伊州 著名的密西西比人仪式中心，其鼎盛时期大约是公元1250年。

Çatalhöyük, Turkey 加泰土丘，土耳其 土耳其中部的早期农业村庄，公元前7000年之前被首次使用，因其民居神龛而出名。

Cerén, El Salvador 塞伦，萨尔瓦多 公元684年被意外的火山喷发埋葬的玛雅村庄。火山灰将村庄掩埋得极其完整，以至于整个房间的布局和陈设都保存完好，甚至农作物都被保存了下来。

Chaco Canyon, New Mexico 查科峡谷，美国新墨西哥州 古普韦布洛印第安人复杂的建筑物，包括可追溯至公元第一个千年后期的普韦布洛人村庄和基瓦会堂。

Chavín, Peru 查文，秘鲁 极具特色的艺术风格和一系列宗教信仰，公元前900年至公元前200年间广泛传播于秘鲁高地和低地地区。

Chavín de Huantar, Peru 查文·德·万塔尔，秘鲁 公元前第一个千年间重要的宗教圣地，是查文宗教信仰的中心。

Chichén Itzá, Mexico 奇琴伊察，墨西哥 玛雅主要的仪式中心，位于尤卡坦半岛东北部，可追溯至大约公元9世纪，当时处于高地地区托尔特克人的影响下。

Clovis 克洛维斯 古印第安人文化，繁荣于北美地区或者更远的地方，时间在大约公元前1.1万年，甚至更早。

Colonial Williamsburg, Virginia 殖民地威廉斯堡，美国弗吉尼亚州 重建的弗吉尼亚昔日首府，得到了考古学研究的帮助。

Copán, Honduras 科潘，洪都拉斯 公元435年至900年的著名玛雅古城。

D

Danger Cave, Utah 丹格洞穴，美国犹他州 位于美国西部的古老沙漠洞穴，自大约公元前9000年至近代，被古代狩猎采集者偶尔使用。

Duch, Egypt 杜赫，埃及 公元前第一个千年间的埃及人沙漠村庄，因墓地遗迹而闻名。

Dust Cave, Alabama 达斯特洞穴，阿拉巴马州 古印第安人晚期定居的分层岩洞，碳-14检测显示其年代为公元前8000年至公元前1500年。

E

Easton Down, England 伊斯顿高地, 英格兰 长冢, 大约公元前2500年由石器时代农民建设的公共墓地。

Epidauros, Greece 埃皮达鲁斯, 希腊 著名的古典希腊圆形露天剧场, 最早建于公元前5世纪。

Eridu, Iraq 埃利都, 伊拉克 位于美索不达米亚三角洲的早期城市, 拥有大量公元前4000年的神殿, 是世界上最早的城市之一。

F

Flag Fen, England 弗拉格沼泽, 英格兰 英格兰东部的青铜时代晚期仪式中心, 可追溯至大约公元前1100年。因其木制人工制品、木桩和古道而闻名。

Folsom 福尔松文化 繁荣于北美平原的古印第安文化, 时间约为公元前1.1万年后。

Fort Mose, Florida 摩西堡, 美国佛罗里达州 北美第一个自由非裔美国人社区, 存在时间为1738—1763年。

G

Galatea Bay, New Zealand 格拉迪亚湾, 新西兰 位于新西兰北岛的重要贝丘遗址, 大约有500年的历史, 以堪称典范的发掘方法和数据复原而闻名。

Garnsey, New Mexico 加恩西, 美国新墨西哥州 野牛宰杀遗址, 可追溯至公元1550年, 猎人们在这里选择雄性野牛, 因其具有更高的脂肪含量。

Giza, Egypt 吉萨, 埃及 吉萨金字塔群建于大约公元前2550年的埃及古王国时期, 位于靠近开罗的沙漠中。最大的金字塔约481英尺（146.6米）高, 占地面积13.1英亩（5.3公顷）。

Grasshopper Pueblo, Arizona 格拉斯霍帕普韦布洛, 美国亚利桑那州 重要的普韦布洛遗址, 约在公元14世纪至15世纪被使用。

Grotte de Chauvet, France 肖维岩洞, 法国 法国东南部壮观的岩画, 岩洞使用时间约为距今3.1万年至2.4万年。

H

Hadar, Ethiopia 哈达尔, 埃塞俄比亚 非洲东北部地区, 在这里发现了数量众多的原始人类遗存, 包括可追溯至大约450万年前的拉密达猿人。

Hadrian's Wall, England 哈德良长城, 英格兰 罗马皇帝哈德良在公元122—130年间建造的边境防御工事, 以抵挡苏格兰人进攻英格兰北部和最北边的罗马行省。

Halieis, Greece 哈利依斯, 希腊 公元前4世纪的古典村庄, 因橄榄油而闻名。

Harappan civilization, Pakistan 哈拉帕文明, 巴基斯坦 位于印度河流域的城

市文明，繁荣于公元前2500年至公元前1500年。

Herculaneum，Italy 赫库兰尼姆，意大利 因公元79年维苏威火山喷发而被摧毁的罗马古城。

Hidden Cave，Nevada 内华达州的隐藏洞穴 约1000年前狩猎采集者利用附近的湿地形成的洞穴。

Hissarlik，Turkey 希萨利克，土耳其 荷马时代的特洛伊遗址，位于土耳其西北部，是公元前2000年至公元前1000年间的一座重要青铜时代城址。

Hochdorf，Germany 霍赫多夫，德国 大约公元前550年铁器时代埋葬酋长的土墩，因丰富的随葬品而引人注目。

Hogup Cave，Utah 霍盖普洞穴，美国犹他州 位于美国大盆地内，从大约公元前9000年至近代一直被使用的干燥洞穴，以因极度干燥而保存的有机人工制品而闻名，如编织鞋。

Hohokam，Arizona 霍霍卡姆文化，美国亚利桑那州 西南传统文化，起源于公元前300年，持续到公元1500年。霍霍卡姆人大多为农民，生活地区为现在的亚利桑那州。现在的奥哈姆印第安人是这种文化的延续。

Hopewell，Ohio 霍普韦尔，美国俄亥俄州 公元前200年至公元600年之间，"霍普韦尔相互交流地区"繁荣于中西部。霍普韦尔宗教的崇拜对象和独特墓葬风俗与分布遥远且广泛的长距离贸易交流有关。

Huaca del Sol，Peru 太阳神庙，秘鲁 强大的莫切文化首都位于秘鲁北部海岸，使用时间为大约公元500年，遭到厄尔尼诺现象的大面积破坏。

J

Jomon tradition，Japan 绳纹传统，日本 可追溯至公元前8000年至公元前300年的日本文化传统，其早期制陶业和复杂的狩猎采集经济文化尤其引人注目。

K

Karnak，Egypt 卡尔纳克神庙，埃及 古埃及太阳神阿蒙的神庙遗址，大约公元前1500年的新王国时期是其荣耀的顶点。

Kennewick，Washington 肯纳威克，美国华盛顿州 距今超过9000年的美洲原住民墓葬，是一直存在激烈讨论的课题。

Khorsabad，Iraq 豪尔萨巴德，伊拉克 公元前8世纪亚述萨尔贡阿卡德王的宫殿。

Kish，Iraq 基什，伊拉克 伊拉克南部的苏美尔文明城市，是公元前4000年至公元前3000年间第一批建立的城市之一。

Klasies River Cave，South Africa 克莱西斯河洞穴，南非 中石器时代洞穴，约在12万年至10万年前被使用，发现的化石和文化证据表明了极其早期的现代人的存在。

Knossos，Crete 克诺索斯，克里特岛 克里特岛北部的宫殿和圣地，大约在公元前6000年，由一个小村庄发展成为克里特文明的主要中心城市，于公元前第二个千年后期被废弃。

Koobi Fora，Kenya 科比福拉，肯尼亚 坐落于肯尼亚北部图尔卡纳湖东岸，在这里追踪到了可追溯至超过250万年前的早期人类文明的痕迹。

Koster，Illinois 科斯特，美国伊利诺伊州 始于公元前7000年前，终于距今1000年，原始狩猎采集和之后的农业定居遗址都曾在伊利诺伊河河底被发现。这个遗迹的与众不同之处在于其拥有很长的连续古代地层序列、林地聚落和大量的食物遗存。

Kourion，Cyprus 库伦，塞浦路斯 地中海东部塞浦路斯西南的罗马小港口，被公元365年7月21日清晨的大地震摧毁。对该村庄的发掘显示了许多被遗忘的灾难细节。

L

Laetoli，Tanzania 莱托里，坦桑尼亚 这个位于东非的遗迹发现了最早的有人类特征的脚印，通过钾氩测年可以追溯至350万年之前。

La Madeleine，France 拉马德莱娜，法国 末次冰期的岩居，包含可追溯至1.8万年前的广泛的石器时代遗存分层。拉马德莱娜文化遗迹类型因其移动性和岩石艺术而闻名。

Lascaux Cave，France 拉斯科洞窟，法国 位于法国西南部的马格达林文化岩画洞穴，可追溯至1.5万年前。

Lovelock Cave，Nevada 垂发洞，美国内华达州 位于美国西部地区的沙漠遗址，早在公元前7000年就已经被使用了。其地点在沙漠内的沼泽附近，这里显示出了在很长一段时间内对沙漠适应性的史前微小细节。

M

Maeshowe，Scotland 麦豪石室，苏格兰 奥克尼群岛的石器时代通道式坟墓，时代大约为公元前3100年至公元前2900年。

Maiden Castle，England 梅登堡，英格兰 大型铁器时代山丘堡垒，公元43年被罗马军团攻击并摧毁。是"二战"前进行传统发掘的遗迹。

Marki，Cyprus 马尔基，塞浦路斯 青铜时代村庄，可追溯至大约公元前2200年。

Meer，Belgium 梅尔，比利时 中石器时代的一处狩猎采集营地，位于比利时北部的沙地空地上，年代为大约公元前7600年。

Mesa Verde，Colorado 梅萨维德国家公园，美国科罗拉多州 大峡谷地区以普韦布洛著名的悬崖宫殿而闻名，其鼎盛时期为公元12世纪。

Mesoamerica 中美洲 美洲中部地区，国家组织型社会（文明）出现于此。

Minoan civilization 米诺斯文明，克里特岛 大约公元前2000年至公元前1450年的克里特岛青铜时代文明，因其广泛的贸易活动而闻名。

Mississippian culture 密西西比文化 大致在公元1000年至1450年或更晚，集中在密西西比山谷和北美东南部的大小酋长精心组织建立的农耕社会文化。

Moche civilization 莫切文明 秘鲁北部沿岸沿海国家，公元400年到达其鼎盛时期。

Moundville, Alabama 芒德维尔，美国阿拉巴马州 密西西比人的仪式中心，全盛时期在公元1100年后。

Mycenae, Greece 迈锡尼，希腊 大约公元前1500年的迈锡尼文明的主要宫殿，因其皇家墓穴和蜂窝状墓葬而出名。

N

Neanderthal, Germany 尼安德特，德国 1856年，该洞穴出土了第一个尼安德特人头骨（以遗址命名）。

Nelson's Bay, South Africa 纳尔逊湾，南非 非洲东南部晚石器时代海岸洞穴，大约在公元前5000年被使用。

Nimrud, Iraq 尼姆鲁德，伊拉克 亚述城市，《圣经》中的迦拉。

Nineveh, Iraq 尼尼微，伊拉克 亚述的首都，因公元前7世纪亚述巴尼拔王的宫殿而著名。

Nippur, Iraq 尼普尔，伊拉克 伊拉克南部大约公元前2800年的苏美尔人城市，因泥板文献而备受考古界瞩目。

O

Olduvai Gorge, Tanzania 奥杜威峡谷，坦桑尼亚 其分层湖床中有散落的人工制品、遗址以及早期人类遗迹，时间可追溯至距今175万年至距今10万年。

Olmec 奥尔梅克文明 墨西哥低地最早的国家组织型社会之一，繁荣于公元前1500年至公元前500年。奥尔梅克人的贸易区广阔，拥有独特的艺术传统，包括拟人型的美洲虎和自然及超自然生物。并且发展了许多宗教传统，支撑着玛雅文化和如特奥蒂瓦坎文化在内的其他中美洲文化。

Olsen-Chubbuck, Colorado 奥尔森-查伯克，美国科罗拉多州 北美平原上一个具有8000年历史的北美野牛屠宰遗址，揭示了许多古印第安人狩猎和屠宰技术的细节。

Olympia, Greece 奥林匹亚，希腊 伯罗奔尼撒北部奥林匹克运动会的遗址，年代为大约公元前400年。

Ozette, Washington 奥泽特，美国华盛顿州 华盛顿州的沿海聚落，被现在玛卡人的祖先使用了至少1000年。奥泽特在两个世纪前遭遇了重大灾难，房屋被土崩掩埋，并因此完好保存下来，为20世纪70年代研究它的考古学家提供了完美的条件。

P

Palenque, Mexico 帕伦克，墨西哥 古典玛雅城市和仪式中心，在公元10世纪中期达到鼎盛。

Paracas，Peru 帕拉卡斯，秘鲁 秘鲁南部海岸的大型复杂墓地，纺织品被很好地保存在木乃伊墓葬内，年代可追溯至公元前600年至公元前150年。

Pecos，New Mexico 佩科斯，美国新墨西哥州 美国西南部普韦布洛祖先（阿纳萨齐），大约持续了2000年。通过A.V.基德尔的发掘，总结出了美国西南部史前史的第一个地层序列。

Petra，Jordan 佩特拉古城，约旦 贸易城市和骆驼车队的终点，由约旦纳巴泰人建造，在耶稣纪元早期被罗马人占领。

Pompeii，Italy 庞贝，意大利 意大利城镇，因公元79年维苏威火山的爆发毁于一旦。

Pueblo Bonito，New Mexico 普韦布洛博尼托，美国新墨西哥州 普韦布洛祖先（阿纳萨齐），最早建于公元850年，全盛时期在公元12世纪。

R

Ring of Brodgar，Scotland 布罗德盖石圈，苏格兰 石圈与麦豪石室和斯丹尼斯立石相互关联。

S

San José Mogote，Mexico 圣何塞岩丘遗址，墨西哥 瓦哈卡谷地的农业村庄，繁荣于公元前1350年，包含了四个居住区和一个小型圣坛。

Schoningen，Germany 舍宁根，德国 德国北部的狩猎遗迹，发现了有40万年历史的木制长矛。

Shang civilization，China 商文明，中国 中国早期文化，早在公元前2700年夏朝于北部崛起时便已经繁荣了。商朝崛起成为强大力量是在公元前1766年，统治结束于公元前1122年。商文明统治者在黄河附近建立了一系列首都，其中最著名的是安阳，使用年代大约是公元前1400年。

Shiloh Mound Complex，Tennessee 田纳西州的土墩遗址 位于田纳西河沿岸的密西西比文化的中心，大约在公元1000年至1350年之间。

Sican culture，Peru 秘鲁的西坎文化 位于秘鲁北部海滨，兴盛于公元800年至1100年的社会。

Sipán，Peru 西潘，秘鲁 大约公元400年，莫切文明四个壮观的含有随葬品的战争祭司墓穴遗址。

Skara Brae，Scotland 史卡拉弧状岩石，苏格兰 奥克尼群岛的石器时代农业村庄，使用年代为大约公元前3100年至公元前2500年。

Snaketown，Arizona 斯内克敦，美国亚利桑那州 霍霍卡姆人的主要群落，因其球场和与其他族群的广泛贸易而闻名。其鼎盛时期为公元前第二个千年早期。

Sounion，Greece 苏尼翁，希腊 希腊海神波塞冬的神庙，可追溯至公元前5世纪。

遗址位于一个海岬上，是水手的显著地标。

Star Carr, England 斯塔卡，英格兰 冰期后的狩猎遗迹，位于英格兰东北部，可追溯至公元前9200年。在该地区小湖边的小型桦皮平台上发现的骨头和木制人工制品十分引人注目。

Stillwater Marsh, Nevada 内华达州的静水沼泽 大约1000年前，在内华达州的卡森盆地形成的猎人采集者的遗址。

Stonehenge, England 巨石阵，英格兰 英格兰南部石圈，早在公元前2700年就形成的神圣场所，直到大约公元前1600年仍在使用。一些专家认为巨石阵是天文台，但这个观点存在争议。

Stones of Stenness, Scotland 斯丹尼斯立石，苏格兰 奥克尼群岛上的石圈，被认为与麦豪石室存在一定联系，年代为公元前3100年至公元前2900年。

T

Talepop, California 加利福尼亚的塔勒坡遗址 约1000年前，位于加利福尼亚州南部的丘马什印第安人的一个聚落点，因鱼类遗存而闻名。

Tehuacán Valley, Mexico 特瓦坎山谷，墨西哥 这个山谷证明了人们逐渐从打猎采集转向种植南瓜和小作物，继而是种植玉米。特瓦坎被人类使用的时间可早到公元前1万年，玉米的种植在公元前2700年前就已经出现。

Telloh, Iraq 铁罗，伊拉克 苏美尔城市，其文化最早被定名是在19世纪70年代被首次认可时。

Tenochtitlán, Mexico 特诺奇蒂特兰，墨西哥 位于墨西哥谷地的阿兹特克文明壮丽的都城，建立于公元1325年。被西班牙征服者赫尔南·科尔特斯于1521年摧毁。

Teotihuacán, Mexico 特奥蒂瓦坎，墨西哥 位于墨西哥高地上的一座前哥伦布时代的巨大城市，早在公元前200年就进入了繁盛期，直到公元750年左右开始衰退。这个城市与尤卡坦的玛雅文明保持着广泛的政治和贸易联系，以数量众多的公共建筑和金字塔闻名。

Tikal, Guatemala 蒂卡尔，危地马拉 位于危地马拉低地的著名玛雅城市，公元600年到达其鼎盛时期。

Tiwanaku, Bolivia 蒂瓦纳科遗址，玻利维亚 是公元1—10世纪繁荣于安第斯高原的的喀喀湖畔的重要仪式中心和国家。

Tollund, Denmark 图伦男子，丹麦 可追溯至大约2000年前，丹麦铁器时代的沼泽尸体遗存。这名男子显然是作为人祭被勒死的。

Tsoelike River Rockshelter, Lesotho 措尔莱克岩居，莱索托 以捕鱼场景绘画闻名的岩居，该图画描绘的是人们在船或独木舟上用长矛捕鱼的场景。具体年代不详，也许持续了1000年。

U

Uluburun, Turkey 乌鲁布伦, 土耳其 可追溯至公元前1305年的壮观的青铜时代沉船, 船中满载来自地中海东部的货物。

Ur, Iraq 乌尔, 伊拉克 位于伊拉克东部, 《圣经》中的城市, 由早在公元前4700年建立的一个农业小村庄发展而来。这里因早期苏美尔王朝墓葬而广为人知, 统治者的全部随从都有按惯例自杀的义务。

Uxmal, Mexico 乌斯马尔, 墨西哥 晚期著名玛雅城市和仪式中心, 位于尤卡坦北部。

V

Valley of the Kings, Egypt 帝王谷, 埃及 狭窄、干燥的峡谷, 这里是包括图坦卡蒙在内的埃及新王国法老的埋葬地。

W

Wroxeter, England 罗克斯特, 英格兰 英格兰中西部的罗马城市, 可追溯至耶稣纪元后最初的几个世纪。

延伸阅读

考古学技术文献的数量与日俱增，以至于没有人，或者至少所有相关的作者也不能全部看完。在这里，我想向读者介绍本书中主要主题的重要参考文献。如果你想得到更多的细节信息，请查阅这里列出的主要概要或询问你的导师。

总体概要

一些主要大学的课本提供了史前考古学理论与方法的综合背景。本书是拙著 *In the Beginning*, 13th ed.（Upper Saddle River, NJ: Prentice Hall, 2012）和 *Ancient Lives*, 3rd ed.（Upper Saddle River, NJ: Prentice Hall, 2007）前半部分的精缩版。大部分考古学综合调查方法可参考 Colin Renfrew 和 Paul Bahn 合著的 *Archaeology: Theories, Methods, and Practice*, 4th ed.（New York: Thames and Hudson, 2004）。了解世界史前史的主要发展可参考拙著 *People of the Earth*, 13th ed.（Upper Saddle River, NJ: Prentice Hall, 2012）和 *World Prehistory: A Brief Introduction*, 8th ed.（Upper Saddle River, NJ: Prentice Hall, 2011）。其他出色的著作还有 Douglas Price 和 Gary Feinman 合著的 *Images of the Past*（New York: McGraw Hill, 2010）。

考古学特殊领域

对于历史考古学，James Deetz 的 *In Small Things Forgotten*, 2nd ed.（New York: Natural History Press, 1996）是一个小部头经典，Charles Orser 的 *Historical Archaeology*（Upper Saddle River, NJ: Prentice Hall, 2004）和 Barbara Little 的 *Historical Archaeology*（Walnut Creek, CA: Left Coast Press, 2006）是基础教材，Simon Hornblower 和 Anthony Spawforth 等人编写的 *The Oxford Classical Dictionary*, 3rd ed.（New York: Oxford University Press, 1996）概述了古典考古学。关于《圣经》考古学，可以阅读 T. E. Levy 编著的 *The Archaeology of Society in the Holy Land*（New York: Facts on File, 1995）。George Bass 的 *Archaeology Underwater*（New York: Praeger, 1966）、*A History of Seafaring Based on Underwater Archaeology*（London: Thames and Hudson, 1972）和 *Ships and Shipwrecks of the Americas*（London: Thames and Hudson, 1988）介绍了水下考古学。文化资源管理方向可以参阅

Thomas W. Newmann 和 Robert M. Sanford 合著的 *Cultural Resources Archaeology*（Walnut Creek, CA: AltaMira Press, 2001）。考古学理论与方法的广泛文章可以参考 Herbert D. G. Maschner 和 Christopher Chippindale 等人编著的 *Handbook of Archaeological Methods*, 2 vols（Lanham, MD: AltaMira Press, 2005）。Wendy Ashmore 等编著的 *Voices in American Archaeology*（Washington, DC: Society for American Archaeology, 2010）也有广泛的学术价值。

地图集和百科全书

近年来涌现出了大量的考古学参考文献，然而综合且权威的著作并不多。对普通读者来说，最好的地图集仍是 Chris Scarre 编著的 *Past Worlds: The Times Atlas of Archaeology*（London: Times Books, 1988）。*The Oxford Companion to Archaeology*, 2nd ed.（New York: Oxford University Press, 2012）是一本全球范围内考古学领域的综合指南，它可以告诉你所有你想知道的考古学知识，也许还有一些你不想知道的事情。

主要考古学期刊

如今有很多国际、国家及地区的期刊。在这些杂志中，偶尔刊载考古学通俗文章的有 *Discover*, *National Geographic*, *Natural History*, *Smithsonian* 以及 *Scientific American*。*Archaeology* 是为考古爱好者准备的一本带有精美配图的杂志，*Current World Archaeology* 是一本在短时间内得到世界读者认同的英国杂志。*Antiquity, the Journal of World Prehistory* 和 *World Archaeology* 刊载了让专业考古学家产生广泛兴趣的文章。美国考古学家对于美国考古学会的 *American Antiquity* 和 *Latin American Antiquity* 有着严重的依赖。*American Anthropologist* 和 *Current Anthropology* 有时会收录考古类的文章，东半球的考古学家会在 *Nature* 和 *Proceedings of the Prehistoric Society* 上发表文章。另外，更加专业的考古学期刊比比皆是，如 *Journal of Anthropological Archaeology* 和 *Journal of Archaeological Science and Geoarchaeology*。*The Journal of Field Archaeology* 具有很高的技术价值，而且有关于文物掠夺问题的定期文章。

网　站

对于考古学家或普通人来说，万维网已经成为首选的交流媒体。对于那些不熟悉因特网的人来说，这是一个令人困惑的领域，尤其是因为许多东西一直都在变化。然而，其中许多网站一直没有变化，并且提供了许多其他重要网址的链接。请一定要认识到，网页和网址总是在不停地变化，所以这里提供的信息可能已经过时。许多人类学和考古学部门有自己的网站，你可以从ArchNet进行访问。所有东西都在统一资源定位器（URLs）上运行，我们在此仅列举一部分。谷歌也是一个不错的网站。世界范围内的考古学虚拟图书馆是ArchNet（http://archnet.asu.edu），这里有地理学的内容，涵盖了从理论方法到遗址旅游的一切澳洲考古学信息。此外，还列举了学术机构、博物馆和其他考古组织，甚至是期刊。ArchNet是一个极好的资源，虽然不能说是综合性的，但它覆盖了大部分的主题。ArchNet和Archaeological Resource Guide for Europe（ARGE）链接着任何你正在寻找的虚拟考古资料。如需更多资料，请访问本书的网站，也可以通过电子邮件联系作者（brian@brianfagan.com）。

第1章　化石、城市和文明：学科的诞生

除前文的总体概要以外，考古学的历史是很容易理解的。由Paul Bahn编著的 *Cambridge Illustrated History of Archaeology*（Cambridge, England: Cambridge University Press, 1997）是一本该科目的插图版全球概要。拙著 *A Brief History of Archaeology*（Upper Saddle River, NJ: Prentice Hall, 2005）是为初学者编著的。Gordon Willey和Jeremy Sabloff合著的 *A History of American Archaeology*, 2nd ed.（New York: W. H. Freeman, 1990）被广泛引用。Bruce Trigger的 *A History of Archaeological Thought*, 2nd ed.（Cambridge, England: Cambridge University Press, 2006）是该学科的权威著作。如想获得重要发现的第一手资料，可以参看本人编辑的 *Eyewitness to Discovery*（New York: Oxford University Press, 1996）。Marilyn Zeder的 *The American Archaeologist: A Profile*（Walnut Creek, CA: AltaMira Press, 1998）为学者和专业人士提供了权威标杆。Joe Watkins的 *Indigenous Archaeology: American Indian Values and Scientific Practice*（Walnut Creek, CA: AltaMira Press, 2001）和Roger C. Echo-Hawk的"Ancient History in the New World: Integrating Oral Traditions and the Archaeological Record", *American Antiquity* 65（2）（2000）: 267-290对选择性考古进行了讨论。

第2章　考古学与史前史

James Deetz的 *Invitation to Archaeology*（Garden City, NY: Natural History Press, 1967）

是考古学随笔中的瑰宝，其中涵盖了考古学的诸多观点。Grahame Clark 的 *Archaeology and Society*（New York: Barnes and Noble, 1965）是一本非常有价值的考古学政治用途的老书。Gordon Willey 和 Philip Phillips 的 *Method and Theory in American Archaeology*（Chicago: University of Chicago Press, 1958）是一部权威性参考书。Kenneth L. Feder 的 *Frauds, Myths, and Mysteries*, 6th ed.（Mountain View, CA: Mayfield, 2010）是对伪考古学的调查。Rose Macaulay 的 *The Pleasure of Ruins*（London: Thames and Hudson, 1959）是旅游者的福音。Massimo Pallotino 的 *The Meaning of Archaeology*（New York: Abrams, 1968）提出了富有思想性的问题。Karl Meyer 的 *The Plundered Past*, 2nd ed.（New York: Athenaeum, 1993）是一本发人深省的读物，在国际文物贸易中非常流行。如今情况变得非常糟糕。很可悲的是，没有人对考古学在现今世界中的角色作用进行讨论，我们的研究过于专业化。在世界史前史方向，详见之前所推荐过的书目。

第3章　文化与背景

很少有考古学家敢于写一篇涉及本章中容易引起争论问题的概要。Gordon Willey 和 Philip Phillips 的 *Method and Theory in American Archaeology*（Chicago: University of Chicago Press, 1958）是基本原则。V. Gordon Childe 见解深刻的 *Piecing Together the Past*（London: Routledge and Kegan Paul, 1956）是一本虽然年代较老，但在许多方面都很正确的书。R. L. Lyman 和 R. C. Dunnell 的 *The Rise and Fall of Culture History*（New York: Plenum, 1997）是对历史方法的最近评价，此外也可参见 Bruce D. Trigger 的 *A History of Archaeological Thought*, 2nd ed.（Cambridge, England: Cambridge University Press, 2006）。

第4章　解读过去

著作数量十分庞大。以 Matthew Johnson 的 *Archaeological Theory: An Introduction*, 2nd ed.（New York: Wiley-Blackwell, 2010）作为起点好了，还有就是 Bruce D. Trigger 的 *A History of Archaeological Thought*, 2nd ed.（Cambridge, England: Cambridge University Press, 2006）和 Lewis Binford 的 *In Pursuit of the Past*, rev. ed.（Berkeley: University of California Press, 2002）。后过程考古学产出了丰富的文章。一系列关于认知考古学的文章由 Colin Renfrew 和其他编者收录于 "What Is Cognitive Archaeology?", *Cambridge Archaeological Journal* 3(2)(1993): 247–270。Robert Layton 的 *An Introduction to Theory* in Anthropology（Cambridge, England: Cambridge University Press, 1997）是对一般人类学理论很有用的介绍。对于当代观点，可阅读Ian Hodder的 The Archaeological Process: An Introduction（Oxford: Blackwell, 1999）。Robert Preucel和Ian Hodder等人编写了一部关于过去20年内考古学理论的出色选集 Contemporary Archaeology in Theory: A Reader（Oxford, England: Blackwell, 1996）。对于当前理论方法的客观分析，可参见Michele Hegmon的文章 "Setting Theoretical Egos Aside: Issues and Theory in North American Archaeology"，American Antiquity 68（2）（2003）：213–243，还有Bruce Trigger的 "Archaeological Theory: The Big Picture"，Grace Shallit Memorial Lecture（Provo, UT: Brigham Young University, 2003）。

第5章　空间与时间

Thomas Hester、Harry J. Shafer和Kenneth L. Feder的 Field Methods in Archaeology, 7th ed.（Walnut Creek, CA: Left Coast Press, 2008）中有非常重要的地层学和测年方面的文章。没有人的著作可以在地层学的传统描述上与Mortimer Wheeler爵士的 Archaeology from the Earth（Oxford: Clarendon Press, 1954）相提并论。E. C. Harris和M. R. Brown III的 Principles of Archaeological Stratigraphy, 2nd ed.（New York: Academic Press, 1989）提供了更多技术分析。测年技术主要是在期刊文章中介绍，但M. J. Aitken的 Science-Based Dating in Archaeology（New York: Longman, 1990）提供了大量信息。R. E. Taylor的 Radiocarbon Dating: An Archaeological Perspective（Orlando, FL: Academic Press, 1987）是一部出色的著作。A. G. Wintle的论文 "Archaeologically Relevant Dating Techniques for the Next Century"，Journal of Archaeological Science 23（1996）：123–138是一篇走在时代前沿、富有技术性且非常重要的文章。对于空间主题的文章，V. Gordon Childe的 Piecing Together the Past（London: Routledge and Kegan Paul, 1956）是为数不多的综合性著作。Kent V. Flannery编辑的 The Early Mesoamerican Village（New York: Academic Press, 1976）包含一些关键概念，但是最好优先阅读第12章。对于与法规相关的文章，可以阅读John Rowe的经典论文 "Worsaae's Law and the Use of Grave Lots for Archaeological Dating"，American Antiquity 28（2）（1962）：129–137。

第6章　四处探寻：研究和发现考古遗址的过程

我在这里要介绍一系列精彩的概述考古研究过程的平装书。Larry J. Zimmerman和

William Green 的 *Archaeologist's Toolkit*（Walnut Creek, CA: AltaMira Press, 2003）是一套7册的短卷，涵盖了田野考古和实验室的必要工作。该系列是用真正田野考古学家的宝贵经验写成，每一卷都有很强的伦理取向，并且对学术研究与文化资源管理考古同样关注，任何一个真正的考古专业学生都应该阅读这套书。Stephen L. Black 和 Kevin Jolly 负责第一卷 *Archaeology by Design*，该卷向我们很好地概述了对考古研究规划的基础。James M. Collins 和 Brian Leigh Molyneaux 的第二卷 *Archaeological Survey* 用同样的方法进行调查，并且着重强调运用非干涉方法。

Martin Carver 的 *Archaeological Inverstigation*（London and NewYork: Routledge, 2009）是介绍考古田野工作的一本极好的入门书。在 Thomas Hester、Harry J. Shafer 和 Kenneth L. Feder 的 *Field Methods in Archaeology*, 7th ed.（Walnut Creek, CA: Left Coast Press, 2008）中，包含了调查和发掘方面极其重要的文章，并且涵盖了地层学和测年方法。任何正式的考古专业学生都可能在他们事业的某个阶段遇到这本书。专业性更强的著作包括 E. B. Banning 的 *Archaeological Survey*（Norwell, MA: Kluwer, 2002）、Irwin Scollar 与其他人合著的 *Archaeological Prospecting and Remote Sensing*（Cambridge, England: Cambridge University Press, 2009）。对于抽样方法的介绍，可以参看 Clive Orton 的 *Sampling in Archaeology*（Cambridge, England: Cambridge University Press, 2000）。H. D. G. Maschner 编辑的 *New Methods, Old Problems: Geographic Information Systems in Modern Archaeological Research*（Carbondale: Southern Illinois University Press, 1996）对于地理信息系统的使用是非常有用的，也可以参看 A. Clark 的 *Seeing Below the Soil*（London: Batsford, 1996）。此外，Lawrence B. Conyers 和 Dean Goodman 的 *Ground Penetrating Radar: An Introduction for Archaeologists*（Walnut Creek, CA: AltaMira Press, 1997）介绍了更多技术性内容。

第7章 考古发掘

Archaeologist's Toolkit 的其中一卷可以作为极好的开头——David L. Carmichael、Robert H. Lafferty III 和 Brian Leigh Molyneaux 的 *Excavation*（Walnut Creek, CA: AltaMira Press, 2003）是整套书的第四卷，富有强烈的保护主义思想和文化资源管理视野。Thomas Hester、Harry J. Shafer 和 Kenneth L. Feder 的 *Field Methods in Archaeology*, 7th ed.（Walnut Creek, CA: LeftCoast Press, 2008）包含了关于发掘的重要文章，是美洲考古工作的规范。H.S.Dancey 的 *Archaeological Field Methods: An Introduction*（Minneapolis: Burgess, 1981）也非常重要。Mortimer Wheeler 的 *Archaeology from the Earth*（Oxford:

Clarendon Press, 1954）是基于大型遗址的基本方法的经典著作，且不说其他优点，该书可读性极强。Phillip Barker 的 *Understanding Archaeological Excavation*（London: Batsford, 1986）是欧洲考古方向的书籍，但是洞察力极强。同样是 Phillip Barker 的 *The Techniques of Archaeological Excavation*, 2nd ed.（London: Batsford, 1993）和 Martha Joukowsky 的 *A Complete Manual of Field Archaeology*（Englewood Cliffs, NJ: Prentice Hall, 1981）是专业学生的基本知识来源。对于抽样方法，可参看 John A. Mueller 编辑的 *Sampling in Archaeology*（Tucson: University of Arizona Press, 1974）。两个历史上典型的考古发掘案例分别在 Ivor Noel Hume 的 *Martin's Hundred*（New York: Alfred Knopf, 1983）和 Kathleen Deagan 的 *Spanish St. Augustine: The Archaeology of a Colonial Creole Community*（New York: Academic Press, 1983）两本书中有所体现。

第8章 考古学分类与古代工艺

针对初学者的器物分析一般解释可以在 Charles R. Ewen 的 *Artifacts*（Walnut Creek, CA: AltaMira Press, 2003）中找到，这本书是 *Archaeologist's Toolkit* 的第四卷，该书应该结合 *Archaeologist's Toolkit* 系列的第六卷，由 Lynne P. Sullivan 和 S. Terry Childs 合著的 *Curating Archaeological Collections*（Walnut Creek, CA: AltaMira Press, 2003）一起阅读。V. Gordon Childe 的 *Piecing Together the Past*（London: Routledge and Kegan Paul, 1956）是关于排序问题最好的著作之一。Gordon Willey 和 Philip Phillips 的 *Method and Theory in American Archaeology*（Chicago: University of Chicago Press, 1958）对新世界中一些考古单位的利用进行了介绍。Robert Whallon 和 James A. Brown 共同编辑的 *Essays on Archaeological Typology*（Kampsville, IL: Center for American Archaeology, 1982）更新了早期文献，并且有许多基础资料。最新的主要讨论是 W. Y. Adams 和 Ernest W. Adams 的 *Archaeological Typology and Practical Reality*（Cambridge, England: Cambridge University Press, 1991）。对于考古学的定量方法，可以尝试参考 Stephen Shennan 的 *Quantifying Archaeology*, 2nd ed.（Orlando, FL: Academic Press, 1996），该书可以帮助初学者理解相关知识，或参考 Robert Drennan 的 *Statistics for Archaeologists: A Commonsense Approach*（New York: Plenum, 1996）。对于石制品，可参考 William Andrefsky 的 *Lithics: Macroscopic Approaches to Analysis*（Cambridge, England: Cambridge University Press, 2003）。制陶技术参考 Prudence Rice 的 *Pottery Analysis: A Sourcebook*（Chicago: University of Chicago Press, 1987）。James Muhly 和 Theodore Wertime 编辑的 *The Coming of the Age of Iron*（New Haven,

CT: Yale University Press, 1980）虽然较老，但是比较适合作为早期冶金技术的入门书籍。纺织品的相关内容，可参考Penelope E. Dooker和Leanne D. Webster编写的 *Beyond Cloth and Cordage*（Salt Lake City: University of Utah Press, 2000）。

第9章　现在与过去

遗址形成过程的研究是本章的基础。Michael Schiffer的 *Site Formation Processes of the Archaeological Record*（New York: Academic Press, 1987）是很好的入门读物。关于保存，Nicholas Reeves的 *The Complete Tutankhamun*（London: Thames and Hudson, 1990）会告诉你所有你想知道的关于少年法老的信息甚至比你想要的更多。Walter Alva和Christopher Donnan的 *The Royal Tombs of Sipán*（Los Angeles: Fowler Museum of Cultural History, 1992）是关于20世纪重大考古发现的综合类书籍之一。P. V. Glob的 *The Bog People*（London: Faber and Faber, 1969）介绍了丹麦沼泽中甚至连皮肤和内脏都保存完好的史前尸体。Ruth Kirk和Richard Daugherty的 *Hunters of the Whale*（New York: Morrow, 1975）介绍了著名的奥泽特遗址，Payson D.Sheets的 *The Cerén Site*（New York: Harcourt, Brace, Jovanovich, 1992）清晰、详明地介绍了该遗址的所有内容。Lewis Binford的 *In Pursuit of the Past*, rev.ed.（Berkeley: University of California Press, 2002）对中程理论进行了极好的概括归纳，他的另一本书 *Nunamiut Eskimo Ethnoarchaeology*（New York: Academic Press, 1977）是关于尝试解决中程理论与民族考古学关系问题的细节解释。对于生活考古学，可以参考Nicholas David和Carol Kramer编辑的 *Ethnoarchaeology in Action*（Cambridge, England: Cambridge University Press, 2001）。对于昆桑人的研究，参考Richard B. Lee的 *The !Kung San*（Cambridge, England: Cambridge University Press, 1979）。John Yellen的 *Archaeological Approaches to the Present*（Orlando, FL: Academic Press, 1977）涉及有关卡拉哈里沙漠民族考古学的内容，本书介绍了昆桑人生活方式的各个方面，John Coles的 *Archaeology by Experiment*（London: Hutchinson University Press, 1973）对这个主题做了最好的总结概括。若需要结合所有方法，可以参考Brian Hayden编辑的 *Lithic Studies among the Contemporary Highland Maya*（Tucson: University of Arizona Press, 1987）。还有Michael T. Searcy的 *The Life-Giving Stones: Ethnoarchaeology of Maya Metates*（Tucson: University of Arizona Press, 2011）。

第10章 古代气候与环境

　　Karl Butzer 的 *Archaeology as Human Ecology*（Cambridge, England: Cambridge University Press, 1982）是基础读物，他的 *Environment and Archaeology*, 2nd ed.（Chicago: Aldine, 1971）也是如此。Jared Diamond 的 *Guns, Germs, and Steel*（New York: W. W. Norton, 1997）为普通读者提供了讨论古代气候与环境变化重要性的优质文章。关于短期环境变化的文章很多，对普通读者来说，以下两本书是最好的概述：William Ryan 和 Walter Pitman 的 *Noah's Flood: The New Scientific Discoveries about the Event That Changed History*（New York: Simon & Schuster, 1998），这本书介绍了重建公元前5500年黑海灾难的特别探测工作，介绍了除专家圈外鲜为人知的古气候研究；拙作 *The Long Summer*（New York: Basic Books, 2004）分析了从1.8万年前开始的长期和短期气候变化对人类社会的影响。关于莫切文明，可阅读 Walter Alva 和 Christopher Donnan 的 *The Royal Tombs of Sipán*（Los Angeles: UCLA Fowler Museum of Cultural History, 1983）。L. Thompson 和其他学者所著的 "El Niño—Southern Oscillation and Events Recorded in the Stratigraphy of the Tropical Quelccaya Ice Cap"，*Science* 225: 50-53 和 "A 1500-Year Tropical Ice Core Record of Climate: Potential Relations to Man in the Andes"，*Science* 234（1986）: 361-364 介绍了对于安第斯冰芯的研究。树木年轮学研究很好的介绍性文章，可以参看收录于 Joseph A. Tainter 和 Bonnie Bagley Tainter 编著的 *Evolving Complexity and Environmental Risk in the Prehistoric Southwest*（Reading, MA: Addison-Wesley, 1996）中25—26页的 Jeffrey Dean 的论文 "Demography, Environment, and Subsistence Stress"，也可阅读他的 "A Model of Anasazi Behavioral Adaptation"，收录于 George Gumerman 编辑的 *The Anasazi in a Changing Environment*（Cambridge, England: Cambridge University Press, 1988），pp.25—44。

第11章 以何为生？

　　本章主题的入门书籍，请阅读 Kristin D. Sobolik 的 *Archaeobiology*（Walnut Creek, CA: AltaMira Press, 2003），该书为 *Archaeologist's Toolkit* 系列的第五卷。S. J. M. Davis 的 *The Archaeology of Animals*（London: Batsford, 1987）对动物考古学进行了很好的介绍，也可以参看 Elizabeth J. Reitz 和 Elizabeth Wing 所著的 *Zooarchaeology*（Cambridge, England: Cambridge University Press, 2008）。此外有两本研究较为进步的书籍，分别是 Richard Klein 和 Kathryn Cruz-Uribe 合著的 *The Analysis of Animal Bones from Archaeological Sites*

（Chicago: University of Chicago Press, 1984）与Donald Grayson的 *Quantitative Zooarchaeology*（New York: Academic Press, 1984）。Lewis Binford 的 *Bones*（New York: Academic Press, 1981）被广泛阅读且饱受争论，内容是考古遗迹内动物骨骼的基本问题。植物方面的书籍，Deborah Pearsall的 *Paleoethnobotany: A Handbook of Procedures*，2nd ed.（San Diego: Academic Press, 2009）是极好的入门读物。对于农业起源，可以参看Bruce Smith的 *The Emergence of Agriculture*（New York: Scientific American Library, 1994）。David Hams 和 Gordon Hillman等人所著 *Foraging and Farming*（London: Unwin Hayman, 1989）是所有植物遗存基本原则的来源。Andrew Moore、Gordon Hillman和Anthony Legge的 *Village on the Euphrates*（New York: Oxford University Press, 2001）不仅是关于重要遗址的专题论文，还是对早期农业开创式的尝试研究。对于贝丘，可以参看Julie Stein编辑的 *Deciphering a Shell Midden*（Orlando, FL: Academic Press, 1992）。

第12章 聚落与景观

K. C. Chang编辑的 *Settlement Archaeology*（Palo Alto: National Press, 1968）很基础，但是有点过时。此外，可阅读Kent V. Flannery编辑的 *The Early Mesoamerican Village*（New York: Academic Press, 1976），该书对于所有对该专业有兴趣的人来说都是必读书，只要是对这些迷人且有假定性的并传达了与当今考古学不同观点对话感兴趣的人。对于家族的研究，Penelope M. Allison编辑的 *The Archaeology of Household Activities*（London: Routledge, 1999）给出了一些有用的例子。关于特奥蒂瓦坎，可以参考René Millon和其他人所著 *Urbanization at Teotihuacán*，Mexico，vol.1（Austin: University of Texas Press, 1973）。聚落考古中极好的一部专著是W. T. Sanders、Jeffrey R. Parsons和Robert S. Santley的 *The Basin of Mexico: Ecological Processes in the Evolution of a Civilization*（New York: Academic Press, 1979）。较新的调查项目通常会发表在期刊上，你可以通过咨询导师来获取细节信息。Jefferson Reid和Stephanie Whittlesey的 *Grasshopper Pueblo*（Tucson: University of Arizona Press, 1999）是一部关于普韦布洛聚落考古的极好的畅销著作。对于古代景观的论著，Christopher Y. Tilley的 *The Phenomenology of Landscape*（Oxford, England: Berg, 1994）含有大量信息，但是针对的是有一定基础的人。

第13章 人的考古学

虽然Spindler的总结中更新了晦涩的新发表论文，但是Konrad Spindler在 *The Man in the Ice*（London: Weidenfeld and Nicholson, 1994）中对冰人做了很好的介绍。Simon Mays的 *The Archaeology of Human Bones*（New York: Routledge, 1998）是这个复杂科目的极其重要的指南。Clark Spencer Larsen的 *Skeletons in Our Closet*（Princeton: Princeton University Press, 2000）中有着生动的介绍。教材可以参看Jane Buikstra和Lane Beck的 *Bioarchaeology: The Contextual Analysis of Human Remains*（San Diego: Academic Press, 2006）。关于社会进化和复杂性的著作层出不穷而且非常混乱，Elman Service的 *Primitive Social Organization*（New York: Random House, 1973）（已过时）是经典的讨论人类社会的社会经济学分类的书。Robert Chapman等人编辑的 *The Archaeology of Death*（Cambridge, England: Cambridge University Press, 2009）很好地涵盖了社会等级制度的内容。种族多样性在考古学中是一个相对较新的问题，一些出色的文章收录在Randall McGuire和Robert Paynter编辑的 *The Archaeology of Inequality*（Oxford: Blackwell, 1991）64—78页中。Leland Ferguson的 *Uncommon Ground*（Washington, D.C.: Smithsonian Institution Press, 1991）是关于非裔美国人考古学的极好著作，揭示了历史考古学方法的部分潜力。还可以参看Sian Jones的 *The Archaeology of Ethnicity: Constructing Identities in the Past and Present*（London: Routledge, 1997）。还有Teresa Singleton编辑的 *I, Too, Am American*（Charlottesville, VA: University Press of Virginia, 1999）中关于美国黑人考古的文章。

关于性别考古的著作与日俱增。Joan Gero和Margaret Conkey编辑的 *Engendering Archaeology*（Oxford: Blackwell, 1991）仍然是毫无疑问的入门读物。Sarah Nelson的 *Gender in Archaeology*（Walnut Creek, CA: AltaMira Press, 1997）是带有丰富参考书目的性别考古学的评论文集。其他有用的书有Sue Hamilton等人编著的 *Archaeology and Women*（Left Coast Press, 2007）。Jeremy A. Sabloff和Karl Lamberg Karlovsky编著的 *Ancient Civilizations and Trade*（Albuquerque: University of New Mexico Press, 1975）以及E. Brumfiel和T. K. Earle编著的 *Specialization, Exchange, and Complex Societies*（Cambridge, England: Cambridge University Press, 1987）讨论了长距离交换。Robin Torrence的 *Production and Exchange of Stone Tools*（Cambridge, England: Cambridge University Press, 1986）是对爱琴海上黑曜岩交易的极好研究。对于原始宗教，我在 *From Black Land to Fifth Sun*（Reading, MA: Perseus, 1998）中做了尝试性的概括。有两个关于玛雅文明的出色研究，首先Linda Schele和Mary Miller的 *The Blood of Kings*（New York: Thames and Hudson, 1992）是基于

艺术和象形文字，而且对玛雅的观念和信仰进行了出色的讨论；其次是 Linda Schele 和 David Friedel 的 *A Forest of Kings*（New York: William Morrow, 1991），如果对玛雅文明产生了大量争议，那么这部书就将是宗教、肖像学和社会等级研究的宝藏，相同作者的 *Maya Cosmos*（New York: William Morrow, 1993）是一部翔实的续集。整个无形领域最好的系列文章是 "What Is Cognitive Archaeology？"，*Cambridge Archaeological Journal* 3（2）（1993）: 247—270。

第14章　管理过去

文化资源管理是一个复杂的主题，吸引了众多学科，并且术语十分复杂。被广泛运用的基础教材是 Thomas W. Neumann 和 Robert M. Sanford 所著的 *Cultural Resource Archaeology*（Walnut Creek, CA: AltaMira Press, 2001）。Thomas F. King 的 *Doing Archaeology: A Cultural Resource Management Perspective*（Walnut Creek, CA: Left Coast Press, 2005）是很好的基础指南。Stephanie M.Whittlesey 等人编著的 *Vanishing River: Landscapes and Lives of the Lower Verde Valley*（Tucson: SRI Press, 1998）是根据大规模文化资源管理研究的综合性范例。也可参看 Thomas F. King 的 *Cultural Resource Laws and Practice: An Introductory Guide*（Walnut Creek, CA: AltaMira Press, 1998）和 *Places That Count: Traditional Cultural Properties in Cultural Resource Management*（Walnut Creek, CA: AltaMira Press, 2000），他的 *Federal Palling and Historic Places: The Section 106 Process, 2001 Updated Printing*（Walnut Creek, CA: Left Coast Press,2001)被广泛阅读。此外，这里有一些文化资源管理考古工作者必备的关于法律和实践的基础指南书籍。在你进入技术文献领域之前，我强烈建议你去咨询文化资源管理考古学家。公众考古技术性的讨论在著作中广泛存在，其中大部分是案例研究。再次强调，寻求专家的指导是非常明智的。Cornelius Holtorf 的 *Archaeology Is a Brand*（Walnut Creek, CA: Left Coast Press, 2007）像这个主题的兴奋剂一般，值得每个人研读、消化。

第15章　你想成为考古学家吗？

出人意料地，只有极少文章是探讨考古学职业前景的。Marilyn Zeitlin 的 *The American Archaeologist: A Profile*（Walnut Creek, CA: AltaMira Press, 1997）对任何立志成为考古学家的人来说都是必读书。关于道德标准和现代世界考古学的文章也是寥寥无几，十分遗憾的是，这才是当今考古学学术的主要问题。Karl Meyer 的 *The Plundered Past*, 2nd ed.（New York: Athenaeum Press, 1993）是必读书。Charles McGimsey 的 *Public Archaeology*（New York: Seminar Press, 1972）强调了北美考古学上一代的危机，这个危机如今仍然存在。Colin Renfrew 的 *Loot, Legitimacy, and Ownership*（London: Duckworth, 2001）关注了文物国际贸易的问题。对一般考古学伦理道德的研究可以参考 Mark J. Lynott 和 Alison Wylie 编辑的 *Ethics in American Archaeology: Challenges for the 1990s*（Washington, D.C.: Society for American Archaeology, 1995）和 Lynott 的出色文章 "Ethical Principles and Archaeological Practice"，*American Antiquity* 61（1997）: 589–599。Karen Vitelli 编辑的 *Archaeological Ethics*（Walnut Creek, CA: AltaMira Press, 1997）是对于专业领域写作很有帮助的文集。

图书在版编目（CIP）数据

考古学入门：插图第 11 版 /（美）布赖恩·费根著；钱益汇，朱雪峰，邓晨钰译. -- 北京：北京联合出版公司, 2018.10（2020.4 重印）
（大学堂）
ISBN 978-7-5596-1880-1

Ⅰ.①考… Ⅱ.①布…②钱…③朱…④邓… Ⅲ.①考古学—普及读物 Ⅳ.① K85-49

中国版本图书馆 CIP 数据核字 (2018) 第 143001 号

Archaeology: A Brief Introduction 11th Edition/ by Brian M. Fagan
Copyright © 2012 by Taylor & Francis Group LLC. All rights reserved.
Authorized translation from English language edition published by Routledge, an imprint of Taylor & Francis Group LLC. All rights reserved. 本书原版由 Taylor & Francis Group LLC 出版公司出版，并经其授权翻译出版。版权所有，侵权必究。
POST WAVE PUBLISHING CONSULTING (Beijing) Co., Ltd is authorized to publish and distribute exclusively the Chinese (Simplified Characters) language edition. This edition is authorized for sale throughout Mainland of China. 本书中文简体翻译版权授权由后浪出版咨询(北京)有限责任公司独家出版。限在中国大陆地区销售。
No part of the publication may be reproduced or distributed by any means or stored in a database or retrieval system without the prior written permission of the publisher. 未经出版者书面许可，不得以任何方式复制或发行本书中的任何部分。
Copies of this book sold without a Taylor & Francis sticker on the cover are unauthorized and illegal. 本书封面贴有 Taylor & Francis 公司防伪标签，无标签者不得销售。

考古学入门（插图第 11 版）

著　者：［美］布赖恩·费根
译　者：钱益汇　朱雪峰　邓晨钰
选题策划：后浪出版公司
出版统筹：吴兴元
特约编辑：沙芳洲
责任编辑：刘　恒
营销推广：ONEBOOK
装帧制造：墨白空间·张莹

北京联合出版公司出版
（北京市西城区德外大街 83 号楼 9 层　100088）
北京天宇万达印刷有限公司印刷　新华书店经销
字数 456 千字　787 毫米 ×1092 毫米　1/16　27.5 印张
2018 年 10 月第 1 版　2020 年 4 月第 2 次印刷
ISBN 978-7-5596-1880-1
定价：80.00 元

后浪出版咨询(北京)有限责任公司常年法律顾问：北京大成律师事务所
周天晖 copyright@hinabook.com
未经许可，不得以任何方式复制或抄袭本书部分或全部内容
版权所有，侵权必究
本书若有质量问题，请与本公司图书销售中心联系调换。电话：010-64010019